V&R

Kritische Studien
zur Geschichtswissenschaft

Herausgegeben von
Helmut Berding, Jürgen Kocka, Paul Nolte,
Hans-Peter Ullmann, Hans-Ulrich Wehler

Band 181

Vandenhoeck & Ruprecht

Organisierte Geselligkeit

Deutsche und britische Vereine im 19. und 20. Jahrhundert

von

Klaus Nathaus

Vandenhoeck & Ruprecht

Umschlagabbildung
Taubenzüchterverein Heimatliebe, Essen, 1926.
Foto: Stadtbildstelle Essen

Bibliografische Information der Deutschen Nationalbibliothek

Die Deutsche Nationalbibliothek verzeichnet diese Publikation in der Deutschen Nationalbibliografie; detaillierte bibliografische Daten sind im Internet über <http://dnb.d-nb.de> abrufbar.

ISBN 978-3-525-37002-5

Gedruckt mit Unterstützung des Förderungs- und Beihilfefonds Wissenschaft der VG Wort

Satz: OLD-Media OHG, Neckarsteinach.
Druck und Bindung: ⊕ Hubert & Co, Göttingen.

Gedruckt auf alterungsbeständigem Papier.

Inhalt

Vorwort

Der vorliegende Text ist die überarbeitete Fassung meiner Dissertation, die im Januar 2008 am Institut für Geschichtswissenschaften der Humboldt-Universität angenommen wurde. Die Arbeit folgt dem Leitgedanken, dass freiwillige Vereinigungen im hohen Maße abhängig sind von Ressourcen, die sie selbst nicht generieren können – ein Theorem, das ich als Autor ohne Einschränkung auf mich selbst anwende und mich zu vielfachem Dank verpflichtet.

Christiane Eisenberg war eine ebenso interessierte wie motivierende Betreuerin der Studie. Sie ermutigte mich, lange Linien in den Blick zu nehmen und auf eine vergleichende Gesellschaftsgeschichte hinzuarbeiten. Professor Jürgen Kocka begutachtete die Dissertation und schlug das Manuskript zur Aufnahme in die Reihe der »Kritischen Studien« vor. In der von ihm geleiteten Arbeitsgruppe »Zivilgesellschaft: Historisch-sozialwissenschaftliche Perspektiven« am Wissenschaftszentrum Berlin für Sozialforschung waren die ersten Ideen zu der vorliegenden Arbeit gekeimt. Professorin Gabriele Metzler schrieb in kurzer Zeit ein drittes, im besten Sinne ergänzendes Gutachten.

Patrick Merziger und Holger Bösmann haben Teile des Manuskripts gelesen und mit ihren Kommentaren, ihrer Kritik und ihren Anregungen Klärungen eingefordert. Dr. Klaus Wisotzky, dem Leiter des Essener Stadtarchivs, Alfred Peter, Leiter der Heimatkundlichen Abteilung der Essener Stadtbücherei, Doug Hindmarch, Leiter der Sheffield Local Studies Library, und Peter Evans, Leiter des Sheffielder Lokalarchivs, sei auch stellvertretend für ihre Mitarbeiterinnen und Mitarbeiter für freundliche Unterstützung gedankt. Terry Barratt, geschäftsführender Vorstand des Sheffielder Firth Park Working Men's Clubs, überließ mir Dokumente des Klubs.

Die Friedrich-Ebert-Stiftung förderte die vorliegende Studie drei Jahre und drei Monate lang mit einem Graduiertenstipendium. Mein spezieller Dank gilt meinen großzügigen Eltern sowie Catherine, die mein Interesse für Englisches geweckt und meine Beschäftigung mit »Vereinsmeierlichem« ertragen hat, und dem kleinen Eric, der eine große Hilfe war, ohne sich dazu anstrengen zu müssen.

Berlin, im September 2008 Klaus Nathaus

Einleitung

Die vorliegende Studie beschäftigt sich mit dem historischen Wandel von Vergesellschaftungsprozessen und -effekten, die sich in und durch Vereine vollzogen. Sie fragt, welchen Bevölkerungsgruppen die Teilhabe an Vereinen offenstand, welche sozialen Beziehungen in Vereinen gestiftet wurden und in welcher Weise Vereine ihre Mitglieder in die Gesamtgesellschaft integrierten.

Die Vereine, die in dieser Untersuchung primär behandelt werden, sind zunächst einmal wie alle Non-Profit-Organisationen gekennzeichnet durch die Freiwilligkeit des Beitritts, die Eigenständigkeit ihrer Verwaltung, einen festgelegten Zweck, formale Mitgliedschaft sowie den Verzicht auf die Ausschüttung finanzieller Gewinne. Innerhalb des von Staat, Markt und Privatsphäre umgebenen Assoziationswesens sind die hier vorrangig thematisierten Vereine dem Privatbereich vorgelagert und erfüllen sozial-integrative Funktionen, d.h. sie bieten Individuen die Möglichkeit, mit Menschen außerhalb ihres Familienkreises in persönlichen Kontakt und dadurch in Gesellschaft zu treten. Im Einzelnen handelt es sich dabei um Assoziationen, die hierzulande meist als Freizeit- oder Geselligkeitsvereine bezeichnet werden und im britischen Vergleichsfall unter die Begriffe »club« und »society« fallen. Idealtypisch sind diese einerseits von Vereinigungen zu unterscheiden, die wie Parteien oder Nicht-Regierungsorganisationen im Vorfeld des Staates politische Entscheidungen zu beeinflussen versuchen. Andererseits lassen sie sich abgrenzen von marktnahen Assoziationen wie Wohlfahrtsvereinen und wirtschaftlichen Interessenverbänden, die dazu dienen, die ökonomische Position ihrer Klientel zu verbessern.[1]

Das historische Interesse an Vergesellschaftung im Verein ist nicht neu; die deutsche Geschichtswissenschaft hat sich wiederholt mit diesem Aspekt beschäftigt. Dabei ging und geht sie meist von der Annahme aus, Vergesellschaftung im Verein geschehe als politische Sozialisation, als Aneignung von Werten und Praktiken, die das politische Bewusstsein und Handeln der Mitglieder prägen und so über die Assoziation hinaus die Entwicklung des politischen Systems beeinflussen. In der Konsequenz vernachlässigt die Forschung entweder die vereinsmäßig organisierte Freizeit als politisch irrele-

1 Dieses Modell ist der Dritte-Sektor-Forschung entliehen. Vgl. *Zimmer* u. *Priller*; *Zimmer*, Zivilgesellschaft.

vant. Oder aber, und dies ist die Regel, sie rückt gesellige Vereine in das erweiterte Vorfeld der Politik und fragt nach ihrem Beitrag zur Vermittlung politischer Kultur.

Diese Sichtweise herrscht in der Geschichtswissenschaft vor, seitdem der Historiker Thomas Nipperdey Anfang der 1970er Jahre mit seinem Aufsatz zum »Verein als soziale Struktur im späten 18. und frühen 19. Jahrhundert« die historische Vereinsforschung anstieß. Der Forschungszweig konzentrierte sich zunächst auf das Assoziationswesen zur Zeit seiner Entstehung und charakterisierte den Verein als »kleine Republik«. Demnach bot der Verein einen Schutzraum, in dem sich im Medium nur scheinbar unpolitischer Kultur eine politisch mündige Öffentlichkeit im doppelten Wortsinne heran*bildete*, die mit ihrem Vernunftanspruch die überkommene Ständeordnung und den Obrigkeitsstaat unter Legitimationsdruck setzte.[2]

Sodann beschäftigten sich die Nationalismus- und die Bürgertumsforschung sowie die Arbeiterhistoriographie mit dem Verein als Sozialisationsagentur. Dadurch wurde nach der Entstehungsphase des Assoziationswesens die Zeit seiner allgemeinen Ausbreitung bis zum Ersten Weltkrieg in den Blick genommen. Im Zentrum der Untersuchungen steht die Frage nach dem Beitrag von Vereinen zur politisch-sozialen Bewusstseinsbildung ihrer jeweiligen Trägergruppen, nach »Verbürgerlichung«, Klassenbildung und sozialer Mobilisierung. Die auf politische Kultur gerichtete Perspektive blieb gewahrt, häufig ebenso die Einschätzung, die Organisationsform »Verein« fördere bei Mitgliedern prinzipiell demokratische Verhaltensweisen – wenngleich man auch feststellte, dass Assoziationen in der Realität nicht immer sozial offen und gemeinwohlorientiert waren.[3]

Dass in Vereinen politisch handlungsleitende Einstellungen erworben werden, ist eine Grundannahme der historischen Milieuforschung, die sich mit dem Assoziationswesen in der Weimarer Republik befasst. Ausgehend von der These, die deutsche Gesellschaft sei seit dem Kaiserreich sozial und politisch in gegeneinander abgeschlossene »sozial-moralische Milieus« (Lepsius) fragmentiert gewesen, und geleitet vom Ansatz der Politischen Kulturforschung, untersucht sie Vereine vom Arbeiterchor bis zum Kriegerverein als politische Vorfeldorganisationen. Diese Forschung kommt zu dem Ergebnis, dass Vereine in erster Linie den Zusammenhalt der Milieus stärkten und dadurch das Erreichen eines für den Erfolg der Republik notwendigen Konsenses erschwerten,

2 *Nipperdey*; *Hardtwig*, Strukturmerkmale und Entwicklungstendenzen; *Dann*; zuletzt in transnationaler Perspektive *Hoffmann, S.-L.* Einflussreich das Modell der »bürgerlichen Öffentlichkeit« von *Habermas*.

3 Zu Vereinen als Medium kultureller Nationsbildung siehe *Düding* sowie *Langewiesche*. Zu Verein und Bürgertumsforschung siehe *Hein*; *Hettling*, Bürgerliche Kultur. Zum Arbeitervereinswesen siehe *Tenfelde*, Vereinskultur im Ruhrgebiet; *Ritter* u. *Tenfelde*, bes. S. 830–835.

wenn sie nicht gar wie die Vereinigungen des konservativen Milieus ihren Anhängern antidemokratische Einstellungen vermittelten.[4]

Zurückverfolgen lassen sich die in der deutschen Geschichtswissenschaft vorherrschenden Sichtweisen auf Vereine bis in die erste Hälfte des 19. Jahrhunderts, als Vertreter des Liberalismus der Assoziation prinzipiell beimaßen, ihre Mitglieder demokratische Kompetenzen zu lehren und ihr politisches Bewusstsein zu wecken.[5] Informiert wurden Historikerinnen und Historiker zudem durch die Sozialwissenschaften, die sich seit Max Webers Vorschlag zu einer soziologischen Erforschung des Vereinswesens auf dem ersten Deutschen Soziologentag 1910 immer wieder für Vereine insbesondere als Vermittler politischer Kultur interessierten. Weber behauptete in seinem programmatischen Abriss einer »Soziologie des Vereinswesens«, dass auch Vereine, die sich selbst als unpolitisch betrachten, die weltanschauliche Orientierung ihrer Mitglieder prägen können. Einschlägig bekannt ist Webers Einschätzung zum Vergesellschaftungseffekt des Gesangvereins, wo »[e]in Mensch, der täglich gewohnt ist, gewaltige Empfindungen aus seiner Brust durch seinen Kehlkopf herausströmen zu lassen, ohne irgendeine Beziehung zu seinem Handeln [...] sehr leicht ein ›guter Staatsbürger‹ wird, im passiven Sinne des Wortes.«[6] Die Kopplung von vereinsinterner Sozialisation und politischer Außenwirkung wurde nach dem Zweiten Weltkrieg von der Politischen Kultur- und der Partizipationsforschung übernommen, die optimistischer als Weber Vereine als »Schulen der Demokratie« betrachten. Zuletzt erfuhren Vereine im Zusammenhang mit der Debatte um »Sozialkapital« und »Zivilgesellschaft« entsprechende Behandlung, wobei auch auf die »dunklen Seiten« der Vereinssozialisation hingewiesen wurde.[7]

Die vorliegende Studie teilt mit der etablierten historischen und sozialwissenschaftlichen Vereinsforschung durchaus die Einschätzung von der hohen Relevanz des Assoziationswesens. Sie geht ebenfalls davon aus, dass Assoziationen zur gesellschaftlichen Integration ihrer Mitglieder beitragen und dadurch auf ihre Umwelt einwirken können. Auch sie betrachtet Vereine als geeignete »Sonde«, um die in einer Gesellschaft vorherrschenden sozialen Beziehungen zu analysieren.

4 Einen Überblick bietet *Wirsching*, S. 89–94. Seither ist mit den Arbeiten von *Matthiesen* und *Bösch*, Das konservative Milieu, sowie zuletzt *Ders.*, Militante Geselligkeit, vor allem die Erforschung des konservativen Milieus vorangetrieben worden. Zum Ansatz der Politischen Kulturforschung siehe *Rohe*.

5 *Hardtwig*, Art. ›Verein‹, S. 815.

6 *Weber*, S. 445.

7 Zur sozialwissenschaftlichen Vereinsforschung im Überblick *Zimmer*, Zivilgesellschaft. Zu Vereinswesen und »Sozialkapital« in Deutschland siehe *Offe* u. *Fuchs* sowie *Gabriel u.a.* Das handlungslogisch begründete Konzept »Zivilgesellschaft« ist weiter gefasst als der Bereich des Assoziationswesens; freiwillige Vereinigungen bilden jedoch seinen organisatorischen Kern. Zur Definition siehe *Kocka*, Zivilgesellschaft in historischer Perspektive, zu den »dunklen Seiten« *Reichardt*.

In Abweichung vom »common sense« der Vereinsforschung wird allerdings vorgeschlagen, Vergesellschaftung im Verein nicht unter dem Aspekt ihres Beitrags zur politischen Sozialisation zu untersuchen. Denn die Vorannahme, dass Mitglieder durch ihre Vereinstätigkeit politische Kompetenzen und Einstellungen erwerben und diese dann außerhalb der Assoziation anwenden, ist empirisch kaum belegt und erscheint bei näherem Hinsehen sogar fragwürdig. Seltene Versuche, den Einfluss von Mitgliedschaft auf politisches Verhalten zu verifizieren, führen mitunter zu Ergebnissen, die eher am Zusammenhang zwischen Vereinssozialisation und politischer Haltung zweifeln lassen. So ergab eine auf neueren Umfragedaten basierende sozialwissenschaftliche Studie zwar, dass Mitglieder politisch-sozial engagierter Vereinigungen ein höheres Interesse an politischen und sozialen Angelegenheiten, größeres Vertrauen in die Politik sowie seltener Fremdenfeindlichkeit offenbarten als Menschen, die keinem Verein angehörten. Die diesbezüglichen Einstellungen von ebenfalls befragten Hobby- und Sportvereinsmitgliedern allerdings stimmten mit den Orientierungen von Nichtmitgliedern überein. Vereine zeitigen also nicht bereits durch ihre Struktureigenschaften politische Sozialisationseffekte. Vielmehr liegt die Vermutung nahe, dass die sozial und politisch stärker aufgeschlossenen Mitglieder der außenorientierten Vereine ihre Haltung nicht erst im Verein erwarben, sondern diese bereits mitbrachten.[8] Möglich ist daher, dass die auf politische Sozialisation ausgerichtete Perspektive die Vergesellschaftungsprozesse in den sozialintegrativen, ihrem Selbstverständnis nach unpolitischen Freizeitvereinen, um die es im Folgenden gehen wird, verfehlt.

Die vorliegende Arbeit hält diesen Verdacht für begründet. Sie vermeidet deshalb die Vorannahmen der etablierten Forschung und untersucht Vergesellschaftung im Verein nicht als Vermittlung politischer Kultur, sondern als organisierte Geselligkeit.

Mit dem Begriff der Geselligkeit findet ein Analysekonzept Anwendung, das der Soziologe Georg Simmel ebenfalls auf dem erwähnten Soziologentag von 1910 vorstellte, das aber anders als die Ausführungen Webers die Vereinsforschung nicht nennenswert beeinflusste.[9] Unter Geselligkeit ist nach Simmel ein Modus des sozialen Miteinanders zu verstehen, der zunächst einmal voraussetzt, dass »reale Interessen« politischer und wirtschaftlicher Art, »äußere« Unterschiede des sozialen Standes und des Vermögens sowie das »rein Persönliche«, etwa Verstimmtheit oder Depression, ausgeklammert werden. Gefüllt wird der entstehende Freiraum mit »unernsten«, gleichwohl »fesselnden« Inhalten, welche leicht anschlussfähig sind, die Aufmerksamkeit der Teilnehmer in Beschlag nehmen und den sozialen Austausch zwischen ihnen stimulieren. Simmel, der offenbar höfische Umgangsformen vor Augen hatte, nannte Ge-

8 *Braun* u. *Nagel*. Ähnliche Untersuchungen im Überblick bei *Erlach*, S. 74–84.

9 Zur Rezeption des Konzepts siehe *Ninomiya*.

sellschaftsspiele, die erotische Koketterie und das unterhaltsame Gespräch als Beispiele. Als potentiell geselligkeitsfördernde Inhalte ließen sich aber auch alle möglichen Vereinszwecke vom Sport über die Musik bis zur Philatelie anführen. Denn auch sie genügen der Anforderung, trivial, aber »interessant« zu sein, von »objektiven« sozialen Unterschieden der Akteure abzusehen und ihnen Gelegenheit zu bieten, ihr soziales Talent zu entfalten.[10]

Damit ein Austausch zwischen temporär Gleichgestellten stattfinden kann, muss sich die gesellige Konversation für ihre Dauer gegen die sie umgebende soziale Wirklichkeit abschotten. Gleichwohl steht Geselligkeit mit gesellschaftlicher Realität in Verbindung und ist daher weit mehr als folgenloses »gemütliches Beisammensein«. So weist etwa die Sportsoziologie darauf hin, dass individuelle Leistungen im Sport soziale Anerkennung erfahren, die abhängig von Kontextbedingungen über den Sport hinaus als »symbolisches Kapital« Gültigkeit beanspruchen kann.[11] Diese Beobachtung lässt sich grundsätzlich verallgemeinern und an weiteren Vereinssparten überprüfen.

Geselligkeit beansprucht also gesamtgesellschaftliche Relevanz. Diese liegt aber nicht etwa darin begründet, dass beim geselligen Umgang politische Werte und Verhaltensweisen vermittelt würden, welche dann bei anderer, »ernster« Gelegenheit zur Anwendung kämen. Sie resultiert vielmehr aus dem Eigenweltcharakter und der Unverbindlichkeit geselliger Situationen. Diese Eigenschaften erleichtern es, soziale Kreise zu öffnen und gewissermaßen zur Probe neue Beziehungen einzugehen, die sich dann unter günstigen Umständen in der umgebenden gesellschaftlichen Wirklichkeit etablieren können. Die »Spielform der Vergesellschaftung«, wie Simmel die Geselligkeit nennt, spiegelt im Idealfall nicht die gesellschaftliche Umwelt mit ihren sozialen Unterschieden und Zerklüftungen, sondern steht in einem Spannungsverhältnis zu ihr. Sie bietet die Voraussetzungen, um ein ihr eigentümliches soziales Erfahrungswissen zu generieren, das dann der Gesamtgesellschaft zur Verfügung steht. Auf diese Weise kann Geselligkeit sozialen Wandel vorwegnehmen und anregen.[12]

Der Begriff »Geselligkeit« dient der vorliegenden Studie als Maßstab, Vergesellschaftung im Verein zu beschreiben und die dort hergestellten sozialen Beziehungen im Verhältnis zur gesellschaftlichen Wirklichkeit außerhalb des Vereins zu betrachten. Zu fragen ist zunächst einmal, inwieweit im Verein die Entfaltung eines sozial offenen Austausches zwischen zeitweilig Gleichgestellten gelang. Darüber hinaus ist die Bedeutung der Vereinsgeselligkeit für die soziale Umwelt zu beleuchten: Bilden die im Verein etablierten Beziehungen

10 *Simmel*, Soziologie der Geselligkeit.

11 *Heinemann*, Einführung in die Soziologie des Sports, S. 210; *Weiß, O.*, S. 167f.

12 So *Gehring* in einem vereinzelten Versuch, Simmels Überlegungen zur Geselligkeit für die Gesellschaftsanalyse theoretisch weiterzuentwickeln.

die des gesellschaftlichen Umfeldes ab und festigen sie dadurch? Oder erweisen sich Vereine als »Laboratorien« des sozialen Wandels hin zu Gleichheit, Inklusivität und Verständigung, wie es die Struktur der Geselligkeit impliziert?

Ob Vereine Geselligkeit fördern, hängt zunächst einmal ab von der jeweiligen Vereinskultur, d.h. von der sozialen Praxis, vom Selbstverständnis der Mitglieder und von der Außendarstellung des Vereins. Ein Teil der Untersuchung besteht deshalb darin, diese Vereinskultur unter dem Gesichtspunkt ihres geselligen Potentials zu betrachten.

Doch die vorliegende Studie beschränkt sich nicht darauf, das Vereinsleben deutend zu beschreiben. Sie will überdies erklären, warum Vereine den sozialen Austausch zwischen zeitweilig Gleichgestellten teils mit mehr, teils mit weniger Erfolg gewährleisten und aus welchen Gründen sich dies im Laufe der Zeit änderte. Sie will schließlich den vergesellschaftenden Effekt von Vereinsgeselligkeit auf ihre gesellschaftliche Umwelt ermessen. Für die Betrachtung dieser Aspekte benötigt sie ein Modell, mit dem Vereinsgeselligkeit im sozialen, politischen und ökonomischen Kontext historischer Gesellschaften analysiert werden kann. Dazu bedient sie sich eines organisationssoziologischen Ansatzes, der in Ressourcenabhängigkeit und -mobilisierung den Schlüssel zum Verständnis der Vereinsentwicklung erkennt.[13]

Zu den für das Vereinsleben erforderlichen Mitteln gehören materielle Ressourcen wie Geld und Infrastruktur sowie immaterielle Rohstoffe wie Wissen, Ideen und Einsatzbereitschaft. Idealtypisch sorgen die Vereinsmitglieder selbst für diese Grundlagen, wobei zu berücksichtigen ist, dass oftmals nicht alle Mitglieder über dieselben Voraussetzungen verfügen. Zu fragen ist daher, welche Macht- und Abhängigkeitsverhältnisse innerhalb der Mitgliederschaft existieren und in welcher Weise sich diese Beziehungen auf den geselligen Vereinsbetrieb auswirken. Versuchen besser gestellte Förderer das Vereinsleben zu steuern, indem sie ihre Beiträge an Bedingungen knüpfen, oder vermag sich Geselligkeit gegen soziale Ungleichheit zu entfalten? Damit ist der für das Assoziationswesen im 19. Jahrhundert in beiden Vergleichsländern zentrale Aspekt der Patronage berührt und die Frage nach dem Verhältnis zwischen Arbeitern und Bürgern bzw. »middle class« gestellt.

Im weiteren Sinne stellen auch Dienstleistungen von Dachverbänden der Vereine eine Ressourcenerbringung durch Mitglieder dar. Verbände organisieren den Austausch zwischen Vereinen, indem sie diese beraten, informieren, regulieren oder als »Bewegung« mobilisieren. Verbände können als Genossenschaften auftreten, die den ihnen angeschlossenen Vereinen preisreduzierten Einkauf ermöglichen. Oder sie operieren als Lobbyorganisationen, um den

13 Grundlegend dazu *Horch*, Strukturbesonderheiten freiwilliger Vereinigungen, sowie *Ders.*, Zur Sozioökonomie freiwilliger Vereinigungen. Siehe auch *Eisenberg*, Soziologie, Ökonomie und ›Cultural Economics‹.

Vereinen staatliche Mittel zu verschaffen. Zu fragen ist, ob die von Dachorganisationen erbrachten Leistungen Vereinsgeselligkeit fördern oder in dieser Hinsicht negativ wirken. So birgt die Aktivität von Verbänden im Vorfeld von Staat oder Markt sowohl Chancen als auch die Gefahr, in Abhängigkeit zu geraten und sich den geselligen Interessen der Vereinsbasis zu entfremden.

Mit dem Übergang in das 20. Jahrhundert bezogen Vereine immer mehr Ressourcen von außerhalb des Assoziationswesens, nämlich aus den gesellschaftlichen Teilsystemen Staat und Markt. Nationale Regierungen wie Kommunen sorgten beispielsweise im Sport für Infrastruktur und begünstigten Vereine über Steuernachlässe, direkte Zuwendungen und durch öffentliche Anerkennung. Marktunternehmen popularisierten Freizeitaktivitäten und regten so Assoziationsbildung an; sie sponserten zu Werbezwecken Vereine oder unterstützten aus Interesse an einem festen Kundenstamm genossenschaftliche Unternehmungen von Verbänden. Der Markt schuf aber auch individuell konsumierbare Unterhaltungsangebote, die mit denen der Vereine konkurrierten. Erneut ist zu klären, welche Folgen sich aus der Ressourcenversorgung von staatlicher oder marktökonomischer Seite für die Vereinsgeselligkeit ergeben. Die Verhältnisse zwischen Vereinen, Verbänden, Staat und Markt zu erhellen ist schließlich Voraussetzung dafür, Vereine im gesamtgesellschaftlichen Gefüge zu verorten und ihren Vergesellschaftungseffekt zu ermessen.

Gegenüber der etablierten Vereinsforschung bietet der skizzierte organisationssoziologische Zugang den Vorteil, die Interdependenzen zwischen der Organisationsform »Verein« und den sie umgebenden Teilsystemen Staat und Markt differenziert zu betrachten. Dies ist – abgesehen von der restriktiven Vereinspolizei und -gesetzgebung für Deutschland im 19. Jahrhundert – bislang weitestgehend unterblieben. Was die Beziehung zwischen Vereinen und Markt betrifft, so folgt die Forschung zumeist der pauschalen Ansicht, dass im 20. Jahrhundert die kommerzielle Massenkultur die Bereitschaft zur Vereinsbildung allmählich aufgezehrt habe[14] – eine, wie die Untersuchung erweisen wird, zu einfache Sicht. Weitgehend vernachlässigt wird in den vorgelegten Studien der Einfluss staatlicher Förderung auf die Vereinsentwicklung.[15] Schließlich werden Dachverbände häufig undifferenziert wie Großvereine behandelt, indem man Funktionärsaussagen oder Stellungnahmen in der Verbandspresse zum Beleg für die Einstellungen und Interessen von Vereinsmitgliedern heranzieht.[16] Im Vergleich mit der bisherigen Vereinsforschung ist die

14 Kritisch dazu, aber ohne auf mögliche Interdependenzen zwischen Markt und Assoziationswesen einzugehen *Dussel* u. *Frese*.

15 Ausnahmen bilden die neueren sporthistorischen Arbeiten von *Eisenberg*, ›English sports‹, und *Havemann*.

16 So die Arbeiten zu »Solidargemeinschaft und Milieu« der Forschungsgruppe um die Politikwissenschaftler Franz Walter und Peter Lösche; zusammenfassend *Walter*. Siehe auch *Klenke*, Der singende ›deutsche Mann‹.

vorliegende Studie eher in der Lage, begründete Aussagen über die sozialintegrative Wirkung von Vereinen zu treffen. Sie muss diese Wirkung nicht voraussetzen, sondern kann sie mit Blick auf die Rolle des Vereins im gesamtgesellschaftlichen Kontext ausloten.

Die Untersuchung stellt die deutsche Entwicklung dem britischen Fall kontrastierend gegenüber. Der Vergleich bringt zunächst einmal allgemeine heuristische Vorteile, indem er alternative Entwicklungsmöglichkeiten und Probleme aufzeigt, die für die nationale Betrachtung im »toten Winkel« liegen. Er lässt diejenigen Besonderheiten hervortreten, die für die jeweilige nationale Entwicklung maßgebend waren, während andere Faktoren als weniger gewichtig erkennbar werden. Die Auseinandersetzung mit dem historischen Material, aber auch mit der Forschungsliteratur des »fremden« Vergleichslandes fordert zusätzliche Reflexion über Quellen, zeitgenössische Begriffe und Methoden.[17]

Abgesehen von den allgemeinen heuristischen Vorzügen verfolgt der deutsch-britische Vergleich im Besonderen die Entwicklungen unter zwei grundlegend verschiedenen Rahmenbedingungen: Während das deutsche Vereinigungswesen stärker von staatlichen Interventionen geprägt wurde und sich gegen den Markt abgrenzte, war die Geschichte des britischen Assoziationswesens in erster Linie von Marktentwicklungen bestimmt und blieb vom Staat weitgehend unbeeinflusst. Die vergleichende Analyse dieser Konstellationen liefert Aussagen darüber, in welcher Weise und mit welchen Folgen für soziale Beziehungen sich die Organisationsform »Verein« in einer vornehmlich staatlich geprägten und einer primär marktliberalen Umgebung entwickelte.

Die Frage nach möglichen staatlichen Einflüssen bedingt, dass in dieser Arbeit von Großbritannien und nicht von England die Rede ist, obwohl die Forschungsliteratur vor allem für die Zeit vor dem Ersten Weltkrieg sowie die lokale Quellenstudie für diese Arbeit Aussagen und Material für den englischen Teil des Vereinigten Königreichs liefern. Wales, Schottland und Nordirland liegen im Untersuchungszeitraum im Geltungsbereich des britischen Staates und werden in dieser Arbeit mit behandelt. Auf Unterschiede zwischen den Teilen Großbritanniens wird vereinzelt hingewiesen. Insgesamt aber werden solche Differenzen ebenso wie regionale Unterschiede im deutschen Fall um des nationalen Vergleichs willen vernachlässigt. Mit Deutschland ist für die Zeit nach dem Zweiten Weltkrieg die Bundesrepublik gemeint, da freiwillige Vereinigungen in der Deutschen Demokratischen Republik allenfalls eine Nebenrolle spielten.

Der Untersuchungszeitraum erstreckt sich für Großbritannien vom Beginn bzw. für Deutschland von der Mitte des 19. bis in das späte 20. Jahrhundert. Er reicht von der Phase der allgemeinen Ausbreitung und funktionalen Aus-

17 Zur Heuristik des Vergleichs siehe *Haupt* u. *Kocka* sowie *Siegrist*.

differenzierung des Assoziationswesens bis zu der Zeit, in der Vereine zum Gegenstand staatlicher Reformpolitik wurden und sich die Vereinsgeselligkeit der Konkurrenz allgemein verfügbarer kommerzieller Unterhaltungsangebote gegenübersah. Dieser lange Untersuchungszeitraum soll der Beobachtung Rechnung tragen, dass Vereinsstrukturen sich vergleichsweise langsam verändern, was, wie sich zeigen wird, besonders im britischen Vergleichsfall zutrifft. Der zeitliche Zuschnitt der Studie ergibt sich aus der vergleichenden Methode, die zu stärker generalisierenden Aussagen führt und dadurch die längeren Entwicklungslinien hervorhebt.

Zu bewältigen ist dieser lange Zeitraum, weil die folgende Studie bei allen Unterschieden in der Herangehensweise und des Interesses auf geschichts- wie sozialwissenschaftliche Vorarbeiten zurückgreifen kann.[18] Diese werden durch gezieltes Quellenstudium ergänzt.

Zur Rekonstruktion des lokalen Vereinslebens, das einen Schwerpunkt der vorliegenden Arbeit bildet, liegen für den deutschen Fall für das frühe 19. Jahrhundert und vor allem für das Kaiserreich zu einzelnen Orten und einzelnen Vereinssparten sozialgeschichtliche Arbeiten vor, die zumindest Aufschlüsse geben über Konjunkturen der Vereinsentwicklung und über die soziale Schichtung von Mitgliederschaften. Für die Zeit seit 1945 bieten Untersuchungen der Gemeindesoziologie, der Freizeit-, Partizipations- und seit den 1980er Jahren der Dritte-Sektor-Forschung die entsprechenden Informationen. Für die Weimarer Republik sowie die nationalsozialistische Diktatur ist die sozialgeschichtliche Erforschung des Vereinswesens dagegen noch kaum vorangekommen; im Zentrum des geschichtswissenschaftlichen Interesses steht allein das Thema der politischen Sozialisation in weltanschaulichen Milieus. Aus diesem Grund, und weil sich mit dem für diese Arbeit ausgewerteten lokalen Quellenmaterial die bestehenden Forschungslücken nicht schließen lassen, wird der in den Kapiteln zum 19. Jahrhundert herausgearbeitete und für »interwar Britain« ausführlich behandelte Klassenaspekt im Weimar-Kapitel dieser Arbeit in den Hintergrund treten.

Da die historischen Studien die hier relevanten geselligen und organisationssoziologischen Aspekte in der Regel vernachlässigen, wird für die Zeit zwischen 1850 und 1933 die Vereinsentwicklung in einer Lokalstudie eingehender analysiert. Die Stadt Essen wird nicht etwa als für die deutschen Verhältnisse repräsentative Stadt untersucht. Den Ausschlag für die Wahl gab neben der Existenz ergiebiger Quellen vielmehr die Überlegung, dass die im letzten Drittel des 19. Jahrhunderts rasant wachsende Industriestadt enorme Zuwanderung und scharfe Wirtschaftskrisen erlebte und dass deshalb das dortige Vereinswesen die hier zu untersuchenden sozialintegrativen Funktionen

18 Von einer Auflistung der betreffenden Titel wird in der Einleitung abgesehen; sie sind den Fußnoten der jeweiligen Kapitel zu entnehmen.

unter besonders hohem Druck zu erfüllen hatte. Essen erlaubt wegen des hohen Arbeiteranteils an der Bevölkerung die Beantwortung der Frage, inwieweit Vereine sich als sozial offen erwiesen und zur Verständigung zwischen den Schichten beitrugen.

Die Ausbreitung »geselliger« Vereine in Essen wird anhand von Festschriften, Lokalzeitungen, Vereinsnachlässen, Ortschroniken, Akten der Stadtverwaltung und des beim Amtsgericht geführten Vereinsregisters nachgezeichnet, die Mitgliederstruktur stichprobenweise untersucht, das Vereinsleben rekonstruiert, der Aspekt der Ressourcenabhängigkeit sowie das Verhältnis zu Dachverbänden und Kommunalpolitik beleuchtet. Diese Quellen flossen ein in Datenbanken, welche die Perioden von 1850 bis 1890, von 1890 bis 1914 und von 1919 bis 1933 abdecken und Angaben über Gründungsjahr, Versammlungsort, Mitgliederzahlen und -struktur, Verbandszugehörigkeit und Aktivitäten von Vereinen enthalten.[19]

Für den britischen Vergleichsfall ist die Grundlage der Forschungsliteratur deutlich breiter. Zwar erfährt in der britischen Geschichtswissenschaft die Entwicklung der Organisationsform »Verein« an sich geringere Beachtung als in der deutschen. Doch die Erforschung von »popular culture« bzw. »leisure«, von politikferner »working class« und »middle class culture«, die häufig in freiwilligen Vereinigungen organisiert waren, ist sehr viel weiter fortgeschritten. Die britische Sozialgeschichte beschäftigt sich seit den 1980er Jahren verstärkt vor allem mit dem Sport, aber auch der Musik und dem Amateurtheater. Im weiteren Unterschied zur deutschen Forschung neigt sie im Allgemeinen nicht dazu, diese Phänomene auf ihre politisch-kulturellen Implikationen hin zu deuten, sondern analysiert sie vor allem im Hinblick auf ihre Bedeutung für soziale Beziehungen, insbesondere für »class relations«. Mitunter gelingt die differenzierte Einbettung in den gesamtgesellschaftlichen Kontext; ein vorzügliches Beispiel ist die vom Sozialhistoriker Ross McKibbin unter dem Titel »Classes and Cultures« 1998 vorgelegte Gesellschaftsgeschichte der Zwischenkriegszeit, die Sport und Freizeit einen großen Stellenwert beimisst.

Für die Zeit nach 1945 existieren »community studies«, die ähnlich den Arbeiten der deutschen Gemeindesoziologie soziale Netzwerke in Stadtteilen und Kleinstädten rekonstruieren. Im Zuge der sozialwissenschaftlichen »leisure studies« sind schließlich detaillierte Feldstudien durchgeführt worden, welche tiefe Einblicke in die Selbstorganisation geselliger Freizeit gewähren. Um darüber hinaus Aspekte in den Blick zu bekommen, die sich durch die Sicht vom deutschen Fall aus eröffnen, wertet die vorliegende Arbeit für den Zeitraum bis zum Zweiten Weltkrieg Quellen zur Geschichte von Vereinen der nordenglischen Stadt Sheffield aus, deren Bevölkerungs- und Beschäftigungsstruk-

19 Die Datenbanken sind unter dem Titel »Dokumentation zum Essener Vereinswesen 1850–1933« auf einer CD-ROM gespeichert, die in der Essener Stadtbibliothek zugänglich ist.

tur der des deutschen Beispiels Essen ähnelt. Als ergiebigste Quelle erweist sich dabei die Lokalpresse. Berücksichtigt werden zudem Vereinsnachlässe und Vereinsfestschriften; letztere liegen allerdings in weit geringerer Zahl vor als im deutschen Fall. Anders als in Deutschland enthalten Akten und Veröffentlichungen der britischen Kommunalverwaltung kaum Informationen zur Vereinsentwicklung.

Zur Behandlung der Dachorganisationen kann die vorliegende Studie für Deutschland auf Arbeiten zur Geschichte der Verbände für Turnen und Sport, Chorgesang, Kleingartenwesen und Laientheater zurückgreifen. Diese Vereinssparten dürfen wegen ihrer Mitgliederstärke und Popularität eine gewisse Repräsentativität beanspruchen und stehen daher im Zentrum der folgenden Arbeit. Um die auf politische Kultur fokussierte Forschungsliteratur »gegen den Strich« lesen zu können und bisher vernachlässigte organisationssoziologische Aspekte der Verbandspolitik herauszuarbeiten, werden Verbandsveröffentlichungen wie Jahrbücher und Zeitschriften herangezogen, die neben den lokalen Dokumenten den zweiten wichtigen Quellenkorpus bilden.

Die entsprechenden britischen Verbände sind für die Zeit bis 1945 in den genannten Arbeiten zur Geschichte des Sports bzw. einzelner Sportarten, der Musik, des Kleingartenwesens und des Amateurtheaters behandelt worden, so dass die für diese Arbeit notwendigen Informationen zu Organisationsstruktur, Mitgliederentwicklung und Verbandspolitik vorliegen. Seit den 1970er Jahren führt ein gewachsenes staatliches Interesse am »voluntary sector of leisure« zu Studien, welche die Entwicklung und Leistungen von Freizeitorganisationen zum Gegenstand haben. Im Rahmen dieser Forschungen, die häufig bei Dachorganisationen ansetzen, werden auch Art, Umfang und Folgen staatlicher Freizeitförderung erörtert.

Die Verbandspublizistik enthält vor allem im deutschen Fall Informationen zum Verhältnis zwischen Vereinswesen und Staat. Dachorganisationen beschäftigten sich seit der Weimarer Republik sehr intensiv mit der Frage staatlicher Vereinsförderung. Im Zentrum steht dabei der Begriff der »Gemeinnützigkeit«. Die Diskussion um dieses Konzept wurde neben der Verbandspresse in der allgemeinen und der wissenschaftlichen periodischen Literatur geführt, die mit Hilfe der Internationalen Bibliographie der Zeitschriftenliteratur (IBZ) zu erschließen ist. Regelmäßig und in den vergangenen knapp zwanzig Jahren verstärkt befasste sich schließlich die Rechtswissenschaft mit der gesetzlichen Grundlage staatlicher Vereinsförderung, mitunter aus international vergleichender Perspektive. Die einschlägigen Studien werden hier herangezogen. Für den britischen Vergleichsfall ist die Verbandspresse, sofern sie überhaupt existiert, wenig ergiebig.

Ist das Verhältnis zwischen Staat und Vereinswesen zumindest in Teilen beleuchtet, wird der Beziehung zwischen Markt und Vereinen besonders in der deutschen Forschung kaum Beachtung geschenkt. Für den britischen Fall lassen sich aus der historiographischen Literatur zu »sports« und »leisure« immerhin Hinweise auf entsprechende Verbindungen zusammentragen. Deshalb wird von der britischen Erfahrung ausgehend für den deutschen Fall gezielt nach entsprechendem Vereins-Engagement von Presseverlagen und Brauereien gefragt. Diese stellten neben der privatwirtschaftlich geführten Eisenbahn eine wichtige Ressourcenquelle für britische Klubs und Dachverbände dar.

Die Analyse des Verhältnisses zwischen Markt und Assoziationswesen geschieht in dieser Studie überwiegend aus der Sicht von Vereinen und Verbänden auf der Grundlage der erwähnten Quellen. Eine weitergehende, von der Marktseite her fragende Analyse unternehmerischen Engagements im Vereinsbereich würde den Rahmen der Untersuchung übersteigen.

Die folgende Arbeit ist in sechs Darstellungs- und ein Ausblickskapitel gegliedert. Die Darstellungskapitel behandeln zunächst Entwicklungen der Organisationsform »Verein« und analysieren das Vereinsleben. Mit Ausnahme des ersten, einführenden Kapitels schließen sie jeweils mit einer Vergesellschaftungsbilanz, in der die zentralen Befunde unter der Frage nach der Ausgestaltung der Vereinsgeselligkeit und deren Relevanz für gesamtgesellschaftliche Entwicklungen zusammengefasst werden. Kapitel I skizziert die Entstehung des britischen wie des deutschen Assoziationswesens zwischen Marktentwicklungen und staatlicher Steuerung und beschreibt, welche sozialen Gruppen sich auf welche Weise in Assoziationen vergesellschafteten. Kapitel II und III behandeln britische und deutsche Vereine in der Phase ihrer allgemeinen Ausbreitung zwischen 1820 bzw. 1850 und 1914. Im Zentrum steht die Frage, welche Rolle Assoziationen für die Beziehungen zwischen Arbeiterschaft und Mittelschicht spielten. Kapitel IV und V beleuchten die weitere Entwicklung des mittlerweile ausdifferenzierten geselligen Vereinswesens in der Zwischenkriegszeit. Im Vordergrund steht dabei erneut die Rolle des Staates bzw. des Marktes für die Vereinsentwicklung. Kapitel VI verfolgt die weiterhin unterschiedlichen Grundlinien der Vereinsentwicklung zwischen Staat und Markt für die Zeit seit dem Zweiten Weltkrieg. Abschließend werden die zentralen Ergebnisse der Arbeit im Hinblick auf ihren Beitrag zu historischen Forschungsdiskussionen zusammengetragen und ein Ausblick auf offene Forschungsfragen gegeben.

I. Großbritannien und Deutschland: Unterschiedliche Entwicklungsverläufe des Assoziationswesens in das 19. Jahrhundert

1. Anfänge des marktnahen britischen Assoziationswesens: Vereinigungen zur Geselligkeit und Selbsthilfe

Der deutschen historischen Forschung gilt die Entstehung des Assoziationswesens als Ausdruck der Subjektwerdung des Bürgertums, das der Ständeordnung den auf Freiwilligkeit, Vernunft und prinzipieller Gleichheit basierenden Verein entgegensetzte. Der »bürgerliche« Verein etablierte sich seit der Mitte des 18. Jahrhunderts binnen weniger Jahrzehnte, die geprägt waren von einem politischen Ereignis, nämlich der Französischen Revolution.

Das moderne britische Vereinigungswesen entwickelte sich früher. Es wuchs kontinuierlich, reifte in einem sehr viel längeren Zeitraum und war von politischen Zäsuren vergleichsweise wenig beeinflusst. Ihm fehlte offenbar auch die – offensiv vertretene oder implizit angelegte – politische Stoßrichtung gegen eine ältere Herrschaftsordnung. Die frühen britischen Assoziationen werden in der Forschung durchaus nicht als Gegenentwurf zur Ständegesellschaft betrachtet. Organisationen wie die »trade guilds« dienten vielmehr als Vorbild, von dem die modernen Assoziationen Funktionen sowie Geselligkeits- und Organisationsformen übernahmen.[1] Freiwillige Vereinigungen mussten sich auch nicht gegen einen verbietenden oder intervenierenden Staat behaupten bzw. politische Ansprüche in unpolitische Geselligkeit kleiden. Eingriffe der Krone in das Assoziationswesen blieben in Großbritannien Episode, so dass zu der Zeit, in der deutsche Vereine eine latente politische Oppositionsbewegung bildeten, die britische Vereinigungsfreiheit allgemein als Errungenschaft galt. Dieser Konsens wurde nicht mehr in Frage gestellt, schon gar nicht von den Parlamentariern, die meist selbst Mitglieder in Assoziationen waren. Entsprechend gab es im Vereinigten Königreich zu dieser Zeit auch keinen Legitimitätsdiskurs um freiwillige Vereinigungen.[2]

1 *King*, S. 69f.
2 *Clark*, British Clubs and Societies, S. 177.

Prägend für die allmähliche, über gut zwei Jahrhunderte verlaufende Herausbildung neuzeitlicher Assoziationen waren nicht politische Ereignisse oder Ideen, sondern vor allem der ökonomische Wandel seit dem ausgehenden 17. Jahrhundert. Die allgemeine Durchsetzung der kapitalistischen Wirtschaftsordnung brachte die Gesellschaft in Bewegung; sie förderte Migration und Urbanisierung, ließ in der Mittelschicht neue Berufsgruppen entstehen, schuf neuen Reichtum und vergrößerte eine neue soziale Gruppe von Lohnempfängern mit übereinstimmender Interessenlage. Diese und verwandte Folgen des wirtschaftlichen Umbruchs bildeten den Kontext für die Ausbreitung des britischen Assoziationswesens in der Frühen Neuzeit.

Neben Selbsthilfevereinigungen, die weiter unten beschrieben werden, etablierten sich Assoziationen, die sich am besten als sozial exklusive Klubs charakterisieren lassen. Dieses Organisationsmuster war spätestens um 1600 in Grundzügen angelegt und prägte sich bis zur zweiten Hälfte des 18. Jahrhunderts in einer immerhin bald zweihundert Jahre dauernden Entwicklungsphase aus.[3] Die Assoziationsform des exklusiven Klubs umfasst eine große Vielfalt an künstlerischen, gelehrten und geselligen Gesellschaften, Freimaurerlogen, politischen und religiösen Vereinigungen. Eine Erhebung zu britischen »clubs« und »societies« zwischen 1580 und 1800, die im Wesentlichen auf Bestandslisten von Archiven und Bibliotheken sowie der Auswertung ausgewählter Zeitungen basiert, belegt für das Ende des 18. Jahrhunderts die Existenz von etwa 6500 dieser Assoziationen in der englischsprachigen Welt, davon allein 3000 in London.[4]

Die zunehmende Verbreitung der Klubs verdankte sich einem wachsenden Bedürfnis nach regulierter Geselligkeit, die einerseits unwillkommene Personen wirksam ausschloss, die aber andererseits für neu hinzukommende und als gleichrangig zu akzeptierende Individuen grundsätzlich offen stand. Diese Regulierungsfunktion vermochten die Klubs bestens zu erfüllen. Durch Ballotage, Aufnahmegebühren und Mitgliedsbeiträge begrenzten sie den Kreis potentieller Mitglieder, ohne dazu formale Teilnahmekriterien festlegen zu müssen. Auch die übliche Beschränkung der Mitgliederzahl legte die Klubs nicht endgültig fest; es war vielmehr gängige Praxis, bei Bedarf die Höchstgrenze anzuheben oder aufzugeben. Von dieser auch nach außen hin bekundeten Offenheit waren allerdings Frauen ausgenommen. Ihren Zutritt untersagten schon

3 Wann genau die Klubs in Großbritannien entstanden, muss als ungeklärt gelten. Der Historiker Peter Clark verspricht zwar im Untertitel seines Standardwerks zum frühen britischen Assoziationswesen Auskunft über die »origins of an associational world« zu geben, lässt die Frage nach dem Ursprung jedoch offen und beginnt seine Darstellung schlicht mit der ersten Zusammenkunft der Londoner »Antiquaries Society«, der ältesten von ihm nachgewiesenen Vereinigung im Jahr 1586. Siehe *Clark*, British Clubs and Societies, S. 26.

4 *Ebd.*, S. 128 (Tab. 4.1.) u. 131.

die ältesten Klubs, so dass der Ausschluss von Frauen zu den Grundzügen des Assoziationsmusters gehört.[5]

Das flexible Öffnen und Schließen sozialer Kreise war wichtig geworden, weil sich unter dem Eindruck der wirtschaftlichen Veränderungen die Sozialstruktur ständig änderte. Ärzte, Apotheker, Anwälte, Lehrer, Journalisten und Makler gehörten zur neuen Gruppe der »professional« oder Freiberufler, deren sozialer Status noch unklar war. Ähnliches galt für die neuen Reichen, die mit Fernhandel, Bankgeschäften und Produktion große Vermögen anhäuften und eine ihrer ökonomischen Bedeutung entsprechende gesellschaftliche Anerkennung erstrebten. Das Prinzip der Primogenitur sorgte für Abstiege aus der Oberschicht, weil nachgeborene Söhne adliger Landbesitzer gezwungen waren, sich selbst den Lebensunterhalt zu verdienen und den Weg in eine »bürgerliche« Berufskarriere einzuschlagen. Die zuvor in Zünften organisierte Handwerkerschaft teilte sich allmählich in Unternehmer und abhängig Beschäftigte; Ladenbesitzer profitierten einerseits von einer steigenden Kaufkraft, waren aber andererseits in zunehmendem Maße von Krediten abhängig, so dass auch der Status dieser gesellschaftlichen Gruppe sich veränderte.[6]

Äußere Statuszeichen wie Kleidung oder Standesbezeichnungen boten in dieser allgemeinen Bewegung des sozialen Gefüges keine zuverlässige Orientierung mehr, da die Moden zunehmend häufiger wechselten und sich immer mehr Männer aus der breiten, stark differenzierten Mittelschicht als »gentleman« bezeichneten. Wurde man nach der im frühen 17. Jahrhundert herrschenden Vorstellung noch als »gentleman« geboren, so galt hundert Jahre später derjenige als »gentleman«, den andere »gentlemen« aufgrund seines Vermögens und seines Habitus als solchen akzeptierten. Entsprechend stellte der in London erscheinende »Guardian« 1713 fest, »we have no adequate idea of what is meant by ›gentlemanly, gentleman-like, or much of a gentleman‹«, und in Indien galt das Sprichwort, »esquireship, like death, levels all distinctions«.[7]

Der sozio-ökonomische Wandel sorgte für den ständigen Bedarf, die sich verschiebenden sozialen Verhältnisse neu auszutarieren, und der Klub mit seinen flexiblen Ein- und Ausschlussmechanismen bot einen dafür geeigneten, abgeschirmten Raum. Vollzogen wurde die Neubestimmung gesellschaftlicher Beziehungen im Medium geselliger Kommunikation, die unbelastet von den »ernsten« Dingen des Lebens den Austausch zwischen den Beteiligten im Fluss hielt. Weil man nicht immer wusste, was man voneinander halten sollte und erwarten konnte, unterhielt man sich bevorzugt über unverfängliche Themen, sprach über die Jagd, über Frauen oder den neuesten Klatsch, und es war durchaus üblich, schleppende Konversation mit reichlich Alkohol und

5 *Ebd.*, S. 197 (begrenzte Mitgliederzahl) u. 49 (Ausschluss von Frauen).

6 *Porter*, S. 63–112.

7 Zitiert nach *Clark*, British Clubs and Societies, S. 156.

zotigen Gesängen in Schwung zu bringen.[8] Überaus verbreitet waren Wetten zwischen Klubangehörigen, die in »betting books« schriftlich fixiert wurden und in denen es um den Ausgang von Spielen ging, etwa ob es einem Mann gelingen würde, in mindestens einem von drei Versuchen einen Ball 150 Yards (etwa 135 Meter) weit zu schlagen, oder ob es jemand anderes vor Ablauf einer festgelegten Frist noch schaffen würde, eine bestimmte Fliege zu erschlagen.[9] Politische und religiöse Diskussionen waren dagegen unerwünscht, wenn nicht sogar satzungsmäßig untersagt,[10] da sie mit ihrer Ernsthaftigkeit den ungezwungenen Rahmen sprengen konnten. Gesellige, »unernste« Konversation ermöglichte Nähe und erlaubte gleichzeitig, Distanz zu wahren; sie sorgte dafür, dass Klubbesucher einander näherkommen konnten, ohne dass sie in ihren tiefsten Überzeugungen übereinstimmen mussten.

Gesellige Klubs boten mithin einen neutralen Boden, auf dem sich Angehörige unterschiedlicher politischer Lager und Konfessionen sowie Vertreter der sich verschiebenden Schichten trafen. Das Organisationsmuster war im gesamten breiten Spektrum der Mittel- und Oberschicht vom selbstständigen Handwerker über den kleinen Ladenbesitzer, den »professional« und den Unternehmer bis zum Angehörigen der landbesitzenden »gentry« verbreitet, wobei der einzelne Klub jeweils Angehörige einer bestimmten Bandbreite dieses Spektrums umfasste. Handwerker verkehrten also in der Regel nicht mit Bankiers. Es war aber möglich, Klubs als »Steigbügel« für den sozialen Aufstieg zu nutzen, indem man sich mehreren Vereinigungen anschloss und dort die »richtigen« Personen kennenlernte, die dann eine Aufnahme in einen Klub mit höherem Sozialprestige unterstützten.[11]

Bei aller Leichtigkeit der Konversation war die Klubgeselligkeit aber nicht unverbindlich. Weil das, was aus der sozialwissenschaftlichen Vogelschau als Verflüssigung der alten sozialen Ordnung erscheint, von den Einzelnen als Statusunsicherheit bis hin zur wirtschaftlichen Existenzangst erfahren wurde, war Geselligkeit fast immer gepaart mit materiellen Interessen, besonders bei den unteren Rängen der Mitglieder. Für die Freiberufler war die Zugehörigkeit zu Klubs ein »economic imperative: an important way of making contact, winning business and patronage, and consolidating public standing.« Ähnlich wichtig war es für Ladenbesitzer und selbstständige Handwerker, im Klub Kunden oder Kreditgeber zu finden. Zwar sollte die Geselligkeit vor allem entspannend und unterhaltsam sein, doch bei wechselseitiger Sympathie kam man sich näher und schließlich ins Geschäft. Über die informelle Kontaktaufnahme hinaus institutionalisierten die meisten Vereinigungen gegensei-

8 *Ebd.*, S. 225f. u. 228.

9 *Darwin*, S. 21f.

10 *Clark*, British Clubs and Societies, S. 181.

11 *Ebd.*, S. 218.

tige Hilfe, vor allem durch die Einrichtung von Unterstützungskassen, die an alte, kranke oder bedürftige Mitglieder zahlten.[12]

Die materiellen Vorteile, von der Versicherung gegen finanzielle Notlagen bis zur Gewinnung von Kunden, bildeten ein wichtiges Motiv, sich geselligen Klubs anzuschließen. Zudem sorgte die wechselseitige Verpflichtung zur Unterstützung für Zusammenhalt, ohne dass dafür ein gemeinsamer Lebensstil, die Zugehörigkeit zu einer ihrer selbst bewussten sozialen Schicht oder eine geteilte Weltanschauung notwendig gewesen wäre.

Wirtschaftliche Absicherung, gepaart mit Geselligkeit, boten auch die »friendly societies«. Sie entstanden, als Handwerksmeister andere Handwerker als Lohnarbeiter beschäftigten oder Mittelsmänner den Vertrieb der Erzeugnisse übernahmen und die Zünfte deshalb nicht mehr geeignet waren, das Gewerbe zu organisieren. »Cash nexus« und Eigenverantwortung traten an die Stelle paternalistischer Verpflichtung; die Zünfte gingen unter, und die »friendly societies« begannen seit Mitte des 16. Jahrhunderts, das entstehende Vakuum zu füllen.[13] Sie knüpften in vielfacher Hinsicht an die Zünfte an, übernahmen Geselligkeitsformen und Rituale[14] sowie die Aufgabe gegenseitiger Hilfe, indem sie Mitglieder gegen Verdienstausfälle versicherten, Begräbniskassen einrichteten oder Hinterbliebene unterstützten. Zuweilen agierten »friendlies« wie zuvor die Zünfte auf dem Arbeitsmarkt, indem sie Stellen vermittelten oder versuchten, Nicht-Mitglieder davon abzuhalten, ihre Arbeitskraft im betreffenden Gewerbe anzubieten.[15] Nach 1800, als der »Combination Act« die Bildung von Arbeitsmarktorganisationen durch Beschäftigte unter Strafe stellte, verbarg sich hinter mancher »friendly society« eine Gewerkschaft, welche die staatlich anerkannte Organisationsform als Fassade nutzte.[16]

»Friendly societies« erfuhren im 18. Jahrhundert stetig zunehmende Verbreitung. 1803 ermittelte das Parlament in einer Erhebung 9672 dieser Versicherungsvereine mit über 705000 Mitgliedern in England und Wales; in London gehörten laut dieser Statistik 40% der arbeitenden Bevölkerung einem solchen Unterstützungsverein an.[17] Die tatsächliche Zahl der »friendlies« dürfte noch deutlich höher gelegen haben, da es auf Seiten dieser Vereinigungen eine große Zurückhaltung gab, sich staatlich registrieren zu lassen.[18]

Es waren überwiegend männliche gelernte Handwerker, die sich entweder gewerbespezifischen oder offenen »societies« anschlossen. Daneben gab es Ver-

12 *Ebd.*, S. 151 (Zitat) u. 231f. (Unterstützungskassen).

13 *Kowalski Wallace*, S. 69, datiert die erste Gründung einer »friendly society« auf das Jahr 1555.

14 *Cordery*, S. 18.

15 *Clark*, British Clubs and Societies, S. 353.

16 *Cordery*, S. 53.

17 *Clark*, British Clubs and Societies, S. 350.

18 *Gorsky*, S. 494.

einigungen für Landarbeiter und für Frauen. Die Zahl der weiblichen Vereinigungen erreichte 1800 ihren Zenit – 1794 waren 15% der Mitglieder der 542 in London registrierten Gesellschaften weiblich[19] – und fielen danach ab, weil Frauen sich vom Arbeitsmarkt in die häusliche Sphäre zurückzogen. Schließlich existierten auch unter Angehörigen der unteren Mittelschicht wie Ladenbesitzern und Freiberuflern »friendly societies«. Sie bildeten aber nur eine kleine Minderheit, da sich diese Klientel eher auf die sozialen Netzwerke der Klubs verließ oder sich auf dem wachsenden Markt privater Versicherungen versorgte. Dass »friendlies« auch in der Mittelschicht existierten und ihre Gründung möglicherweise auch noch von den Organisationen der Handwerker inspiriert war, belegt aber, dass diese soziale Gruppe das Unterstützungswesen nicht aus Standesdünkel heraus ablehnte, sondern dieser Form der Absicherung schlicht weniger bedurfte als die unselbstständigen Handarbeiter.[20]

Überhaupt ähneln »friendly societies« mit ihrem Angebot aus Geselligkeit und Versicherung den Klubs der Mittel- und Oberschicht, so dass sie zunächst nur den in sozialer Hinsicht unteren Teil der Klublandschaft zu bilden scheinen. Aus der sozialen Stellung der Mitglieder ergaben sich jedoch Unterschiede, die sich im Laufe der Zeit weiter ausprägten. Was die Organisation selbst betrifft, so waren die »friendlies« in der Auswahl ihrer Mitglieder strenger und schlossen sich konsequenter als die Klubs nach unten ab, weil sie es sich nicht leisten konnten, die gemeinsame Kasse mit Älteren, mit Beschäftigten in gefährlichen Berufen oder mit unzuverlässig einzahlenden Gelegenheitsarbeitern zu belasten. Auch war die Zugehörigkeit zu einer einzigen »friendly society« für das jeweilige Mitglied vergleichsweise wichtiger als eine einzelne Mitgliedschaft für eine Person mittleren oder gehobenen sozialen Ranges, die oft in mehreren Klubs verkehrte.

Der entscheidende Unterschied zwischen »friendly societies« und Klubs lag jedoch nicht in Organisation oder Geselligkeit, sondern darin, dass die »friendlies« eine andere Position im gesamtgesellschaftlichen Gefüge einnahmen. Im Unterschied zu Klubs wurden sie zum Gegenstand von Kontroll- und Regulierungsversuchen des Gesetzgebers wie von unterschiedlich interessierten Privatleuten der Ober- und Mittelschicht. Die Haltung des Staates und der Bessergestellten gegenüber den Versicherungsvereinen war daher ambivalent: Einerseits fürchtete man die Vereinigung von Lohnempfängern, die dadurch effektiv mit Streiks drohen konnten und so die Arbeitskosten hochhielten. Andererseits versprach man sich vom Wirken der »friendlies« eine Kostenreduzierung der Armenfürsorge. In einer Zeit immer sichtbarer werdender Pauperisierung am Ende des 18. Jahrhunderts war dieses Argument so gewichtig, dass Angehörige der Mittel- und Oberschicht darüber nachdachten, wie man

19 *Cordery*, S. 24.

20 *Clark*, British Clubs and Societies, S. 355f.

die Unterstützungsvereine weiter verbreiten und auf eine stabilere finanzielle Grundlage stellen könnte. Der Geistliche John Acland schlug beispielsweise die Einrichtung einer nationalen »friendly society« vor, der mit Ausnahme von Landbesitzern jedermann angehören sollte. Personen, die nicht einzahlten, sollten mit roten Buchstaben das Wort »drone« (Schmarotzer) auf ihrer Kleidung tragen.[21]

Neben Steuerentlastungen im Besonderen versprachen sich die Förderer der »friendlies« ganz allgemein, dass die Unterstützungsvereine bei ihrer Klientel ökonomisches Denken und ein Bemühen um »Respektabilität« förderten. Mitglieder von »friendly societies« galten demnach als produktive Arbeitskräfte und zivile Individuen, solange man sie davon abhielt, ihr geringes Kapital durch einen allzu ausschweifenden Geselligkeitsbetrieb zu vergeuden oder sich gegen die Autoritäten zu verbünden.

Mit dieser Einschätzung versuchten Staat und Mittel- bzw. Oberschicht, die »friendlies« zu kontrollieren. Unternehmer unterstützten die Bildung derartiger Vereinigungen, Bankiers verwalteten die Kasse, Honoratioren leisteten als »Ehrenmitglieder« besondere Beiträge, um aus den Zuwendungen Rechte abzuleiten. Solche Art der Patronage war im 18. Jahrhundert »significant« und bis ins 19. Jahrhundert hinein zu verzeichnen.[22] Der Staat erließ nach mehreren Anläufen zu einer amtlichen Regulierung der Unterstützungskassen 1793 den »Friendly Societies Act« (»Rose's Act«), der den Vereinigungen Rechtsfähigkeit in Aussicht stellte, dazu aber Registrierung verlangte. Wie erwähnt, zögerten viele Zusammenschlüsse, sich der staatlichen Aufsicht zu unterstellen. Der nachholenden Verrechtlichung der »friendlies« wird daher im Urteil der Historiker nur geringe Wirkung beschieden: »The legislation followed friendly society development, it did not anticipate or even guide it to any marked degree.«[23]

Gegen späte und halbherzige Regulierungsversuche breiteten sich »friendly societies« im 18. Jahrhundert als weitgehend unabhängige Organisationsform unter großen Teilen der gelernten Arbeiterschaft aus. Unabhängig davon, ob sich diese Bewegung lediglich aus einer sich ausdifferenzierenden Klassenlage ergab oder bereits von einem Klassenbewusstsein getragen war, boten die »friendlies« eine Basis, auf der die Arbeiterschicht im 19. Jahrhundert ihr Organisationswesen aus Gewerkschaften, Genossenschaften und Versicherungen aufbauen konnte. In »friendlies« hatte ein großer Teil der späteren Arbeiterklasse Solidarität erfahren und die Grundregeln gelernt, wie man sich durch Selbstorganisation im Kapitalismus behaupten konnte.

21 *Ebd.*, S. 370.
22 *Ebd.*, S. 359.
23 *Gosden*, S. 8.

Der gesellige Klub und die »friendly society« als frühe Formen des britischen Assoziationswesens waren in zweierlei Hinsicht mit dem Marktgeschehen verbunden. Zum einen waren sie Produkte eines ökonomisch bedingten Wandels, der für die Nachfrage nach neuen Formen von Geselligkeit und sozialer Absicherung sorgte. Zum anderen erfüllten Klubs und »friendly societies« für ihre Mitglieder marktflankierende Funktionen, indem sie Gelegenheiten für informelle Geschäftskontakte boten und formell mit Unterstützungskassen notleidende Mitglieder auffingen.

Die frühen britischen Assoziationen waren also in erster Linie auf ökonomische Ziele ausgerichtet. Politik beeinflusste dagegen das Vereinigungswesen kaum. Weder steuerte der Staat Vereine in nennenswertem Maße, noch diente das Assoziationswesen vorrangig politischer Partizipation oder auch nur einer Selbstbewusstwerdung mit politischen Implikationen wie in Deutschland.

2. Vereinsleben im Spannungsfeld zwischen Selbstbildung und staatlicher Kontrolle: Entstehung und Verbreitung des »bürgerlichen« Vereins in Deutschland bis 1850

Bestimmte in Großbritannien die wirtschaftliche Entwicklung das frühe Assoziationswesen, so gilt der Aufstieg des Vereins in Deutschland von der zweiten Hälfte des 18. bis in das frühe 19. Jahrhundert primär als Ausdruck eines ideengeschichtlichen Wandels. Es waren die aufklärerischen Überzeugungen von der gleichen Vernunftbegabung und der Denk- und Handlungsfreiheit der Individuen, die dazu inspirierten, sich aus freiem Willen mit prinzipiell Gleichen zu vereinen und selbst gewählte Zwecke zu verfolgen.

Der maßgebliche Einfluss der Aufklärung auf die deutsche Vereinsentwicklung wird bereits daran erkennbar, dass der kulturelle Sektor sowohl den »Pionierbereich« des Assoziationswesens als auch das Feld seiner größten Ausdehnung darstellte. So bildeten die Lesegesellschaften, von denen es in der zweiten Hälfte des 18. Jahrhunderts über 500 gegeben haben dürfte, den zahlenmäßig stärksten Zweig des Assoziationswesens.[24] Freimaurerlogen, deren Zahl für den selben Zeitraum auf ca. 250 bis 350 Vereinigungen mit bis zu 20000 Logenbrüdern geschätzt wird, waren ebenso aufklärerischen Idealen verpflichtet wie die gemeinnützigen »patriotischen Gesellschaften«, die dem Staat bei der Erledigung öffentlicher Aufgaben assistierten und von denen Anfang der 1760er Jahre fünfzig bis sechzig mit 4000 bis 5000 Mitgliedern existierten.[25]

Bildung und Kultur war neben dem konkreten Vereinigungszweck das, was die Träger des frühen Assoziationswesens miteinander verband. Im Kern bestand die Mitgliederschaft der Vereine aus Vertretern des akademisch gebildeten Mittelstandes wie Ärzten, Pfarrern, Professoren und Beamten, wobei die Staatsdiener den von allen sozialen Gruppen größten Anteil an der frühen Assoziationsentwicklung hatten. Im Unterschied zu den »professionals«, die in Großbritannien die wichtigste Trägerschicht darstellten, liegen für die deutschen Beamten ökonomische Motive für die Vereinszugehörigkeit fern. Dagegen ist ihr Interesse nachvollziehbar, sich durch die Pflege von Bildung und Kultur außerhalb der Ständeordnung zu vergesellschaften. Im Unterschied zur gebildeten Mittelschicht fielen Angehörige einer Handelsbourgeoisie in den Gesellschaften der Aufklärer lange Zeit kaum ins Gewicht.[26] Adlige, die sich

24 *Stützel-Prüsener*, S. 71.

25 Zahlen nach *Dülmen*, S. 57 u. 69.

26 *Ebd.*, S. 11; *Stützel-Prüsener*, S. 78.

den Vereinen anschlossen, passten sich den Gleichheitsansprüchen der Vereinsgeselligkeit an.

Der maßgebliche Einfluss aufklärerischer Ideen auf die Assoziationsentwicklung prägte das Vereinsleben sowie das Verhältnis der Assoziation zu ihrer sozialen Umwelt. Indem die Mitglieder Freiheit beanspruchten und Gleichberechtigung praktizierten, setzten sie sich bewusst von der Ständeordnung ab. Der Verein wurde dadurch zu einer Art »Gegengesellschaft«, in der alternative Formen des sozialen Umgangs erprobt wurden. Um diesen Schutzraum zu eröffnen, suspendierte der Verein idealtypisch alle außerhalb von ihm bestehenden gesellschaftlichen Unterschiede und verlangte von seinen Mitgliedern, einander als gleichrangige Individuen, ja als »Brüder« zu begegnen.

Unter diesen Bedingungen fand im Verein eine intensive Beschäftigung mit den neuen Ideen statt, die von der »Verbesserung des Herzens« bis zu Problemen des Kleeanbaus reichten und die von den Mitgliedern als »Aufklärung« verstanden wurden. Konzepte, die man sonst nur vereinzelt durch Lektüre aufnehmen konnte, wurden im Verein diskutiert und erhärteten sich so zu Überzeugungen. Die Vereine bildeten gleichsam die Innenseite einer sich aufklärenden Öffentlichkeit, an der das Publikum die durch Buch und Zeitung verbreiteten allgemeinen Ideen zu eigenen, kollektiv geteilten Vorstellungen vertiefte.

Das geschah auf dem Wege des egalitären, demokratischen Umgangs miteinander, was nach Einschätzung der historischen Forschung durchaus kein bloßes Postulat der Satzung blieb.[27] Das Vereinsleben gestaltete sich anders als in vielen britischen »clubs« und »societies« alles andere als trivial und oberflächlich. Es leistete über den Kern der Mitglieder hinausweisend die kulturelle Homogenisierung einer der Aufklärung gegenüber aufgeschlossenen Schicht zum Bürgertum. Entsprechend konstatiert Thomas Nipperdey in seinem einschlägigen Beitrag zum frühen Vereinswesen in Deutschland: »Daß die innerhalb eines Vereins praktizierte gesellschaftliche Gleichheit integrierend für die Gesamtgesellschaft, eben im Sinne einer neuen gemeinbürgerlichen Schicht wirkte, ist nicht nur Feststellung des nachgeborenen Historikers, sondern war die Überzeugung schon der Zeitgenossen.«[28]

Das Assoziationsmuster »Verein« war also eng mit der Vorstellungswelt seiner wichtigsten Trägerschicht, des gebildeten Bürgertums, verbunden. Mit der Gleichrangigkeit seiner Mitglieder und der alleinigen Verpflichtung auf die universale Vernunft bildete der Verein bürgerliche Werte organisatorisch ab. Er bot einen halbprivaten Schutzraum für eine Art des sozialen Austausches, bei der sich die Anhänger aufklärerischer Ideen ihres gemeinsamen Selbstbewusstseins vergewisserten und sich zum Bürgertum amalgamierten. Das

27 *Dülmen*, S. 86.
28 *Nipperdey*, S. 185.

Gleichheitsprinzip, der Universalitätsanspruch der Vernunft und die prinzipielle soziale Offenheit des Vereins wiesen schließlich dem Bürgertum eine gesellschaftliche Führungsrolle als Vorreiter des allgemeinen Standes zu. Der Verein suspendierte einerseits die Geburts- und Standesprivilegien des Adels und sicherte andererseits dem Bürgertum Machtvorteile gegenüber unterbürgerlichen Schichten, denen es die Ressourcen Abkömmlichkeit, finanzielle Eigenständigkeit und kulturelles Kapital voraus hatte.[29]

Der funktional unbestimmte, auf Selbstbildung jenseits ökonomischer und politischer Interessen zielende »bürgerliche« Verein blieb in der ersten Hälfte des 19. Jahrhunderts das vorherrschende Assoziationsmuster. Zwar legte die beginnende Industrialisierung wirtschaftliche Interessenvertretung nahe. Auch erwuchs aus freier Selbstbildung der Wunsch nach offen politischer Mobilisierung und Partizipation, der sich unter dem Eindruck von Liberalismus, Nationalismus und frühem Sozialismus weiter verstärkte. Diese Tendenzen bewirkten jedoch noch kaum eine funktionale Differenzierung des Vereinswesens. Die Verfolgung ökonomischer und politischer Zwecke verblieb abgesehen von wenigen Ausnahmen in den Bahnen des bestehenden Assoziationswesens. Die Organisation notwendig partikularer Interessen geschah weiterhin im Medium allgemeiner, marktferner Bildung und war so von der Selbstverpflichtung auf Gemeinwohl und Vernunft überwölbt. Die Bildung bestandsfähiger Parteien und Wirtschaftsverbände blieb dem letzten Drittel des 19. Jahrhunderts vorbehalten.[30]

Die Dominanz des »bürgerlichen« Vereins unter den Assoziationen erklärt sich vor allem aus dem ambivalenten Verhältnis des Vereinswesens zum Staat. Dieser drängte zunächst einmal ganz im Sinne der Aufklärer die Ständeordnung zurück, indem er Vereinigungen förderte, die den technisch-wissenschaftlichen Fortschritt vorantrieben und den Fürsorgeetat entlasteten. Der Staat konnte daher den frühen Vereinsgründern geradezu als »Inaugurator und als Hüter der bürgerlichen Gesellschaft« und als »Agent der Freiheit« erscheinen.[31] Entsprechend trugen zumindest die staatlich anerkannten, zum Teil vom Staat geförderten und von städtischen Honoratioren geführten Vereine trotz ihrer freien Verfassung den Charakter öffentlicher Einrichtungen.[32]

Weil aber der Staat vor allem Hüter und Agent der Monarchie war, begrenzte er zugleich die Assoziationsbildung und verbot politische Vereine, die drohten, aus sozialer Selbstorganisation politische Mitbestimmungsrechte ab-

29 *Eisenberg*, Arbeiter, Bürger und der ›bürgerliche Verein‹, S. 52.

30 *Hardtwig*, Strukturmerkmale und Entwicklungstendenzen, S. 37 u. 39 (Gemeinwohlorientierung); *Ullmann*, S. 62–67 (Entwicklungsstand wirtschaftlicher Interessenverbände). Dass die Verbindung von Politik und Geselligkeit die Durchsetzung von Interessen nicht ausschloss, zeigt *Lipp*.

31 *Nipperdey*, S. 198.

32 *Baron*, S. 18.

zuleiten. Im Allgemeinen Preußischen Landrecht von 1794, das der Vereinsentwicklung bis zur Revolution von 1848/49 den gesetzlichen Rahmen absteckte, erkannte der Staat das Recht auf Assoziationsbildung zwar prinzipiell an. Er behielt sich aber vor, Vereine aufzulösen, wenn sie ihm als »anderen gemeinnützigen Absichten oder Anstalten hinderlich oder nachteilig« erschienen.[33] Mit Ausnahme von Baden und Württemberg, wo sich in den frühen 1830er Jahren ein liberaleres Vereinsrecht durchsetzte, blieb es in Deutschland bei der obrigkeitsstaatlichen Praxis, Vereine zu verbieten, die sich unerwünschterweise mit öffentlichen Dingen befassten. Der Staat erwies sich also insgesamt als den Vereinen gegenüber durchaus aufgeschlossen, versuchte jedoch, deren Entfaltung auf »gemeinnützige« Aufgaben wie Fürsorge und technische Bildung zu lenken oder auf harmlose Geselligkeit zu beschränken.

Unter diesen Bedingungen breitete sich das Assoziationsmuster des »bürgerlichen« Vereins in den ersten Jahrzehnten des 19. Jahrhunderts nach und nach vom gebildeten Bürgertum in andere Bevölkerungskreise aus. Im Zuge der Industrialisierung kamen Angehörige des neuen Mittelstandes hinzu. Unternehmer, leitende Angestellte wie Direktoren und Prokuristen, Ingenieure, Freiberufler wie Architekten und Generalagenten mischten sich in den Bürgergesellschaften allmählich mit Beamten und Akademikern. Wirtschaftsbürger übernahmen dabei ebenso wie das traditionelle Stadtbürgertum, das auch Handwerksmeister und Händler umfasste, die kultivierten Umgangsformen der aufgeklärten Bildungsbürger, wenngleich es auch Vereinigungen wie den Dortmunder Faß-Verein gab, deren rohe Geselligkeit wenig mit aufgeklärter Konversation zu tun hatten und die darin den im britischen Vergleichsfall vorherrschenden Klubs ähnelten.[34]

Das Verbrüderungspathos ließ die vereinten Bürger jedoch nur selten die Standesgrenzen nach unten überwinden. Stattdessen pflegten sie eine sozial exklusive Geselligkeit, indem sie hohe Beiträge und Eintrittsgelder forderten, die Mitgliederzahl begrenzten und über Neuaufnahmen geheim abstimmten. Durch den Bau von Gesellschaftshäusern schlossen sich die führenden Bürgergesellschaften auch räumlich gegen ihre Umwelt ab. Wie erstrebenswert eigene Räumlichkeiten für die Honoratiorenvereine waren, geht daraus hervor, dass viele Vereinigungen für ihre Finanzierung ein hohes Risiko eingingen.[35] Solcherart Vereinsbildung erhöhte im Widerspruch zum Selbstbild und den propagierten Idealen die Barrieren zwischen Honoratioren und den niedrigeren Bevölkerungsschichten, weil der Rückzug in Vereinshäuser und exklusive

33 Zitiert nach *ebd.*, S. 21.

34 Zur Geselligkeit in Bürgervereinen detailliert *Sobania*, S. 183–187, sowie *Laufer*. Zum Faß-Verein *Horstmann*.

35 *Sobania*, S. 172–174.

Geselligkeit Begegnungen unterband, die vormals in öffentlichen Gastwirtschaften möglich gewesen waren.[36]

Lohnabhängige Handwerker bzw. Arbeiter blieben aus Vereinen von Bürgern zunächst ausgeschlossen. Als sie gegen die Jahrhundertmitte in das Assoziationswesen eintraten, geschah dies jedoch ebenfalls auf der Bahn des funktional unspezifischen, in den aufklärerischen Idealen freier, diskursiver Vernunft wurzelnden, »bürgerlichen« Vereins. Das gilt für die Arbeitervereinsbewegung, die wie schon zuvor die Assoziationsentwicklung des Bürgertums im hohen Maße von aufklärerischen, antiständischen und implizit politischen Ideen angetrieben wurde. Den organisatorischen Ausgangspunkt bildeten neben sozialistischen Vereinen im Ausland vor allem die Arbeiterbildungsvereine, die vermehrt seit den 1840er Jahren von bürgerlichen Reformern zur Belehrung von Arbeitern gegründet worden waren. Mangels Alternativen traten Arbeiter diesen Vereinen bei, um sie dann möglichst unter eigene Kontrolle zu bringen. Dabei vollführten die einfachen Mitglieder eine doppelte Absetzbewegung: Erstens stellten sie die bürgerliche Führung in Frage, indem sie deren universale Ideale beim Wort nahmen und Freiheit und gleiche Rechte einforderten. Zweitens kappten sie Traditionslinien, die in die ständische Ordnung zurückreichten. Der allgemeine Verein erschien in Deutschland als Gegenmodell zu den noch nicht vollständig aufgelösten Zunftstrukturen und bot die Möglichkeit, sich frei über nachständische Gesellschaftsentwürfe auszutauschen. Berufsspezifische Unterstützungskassen und Assoziationen zur Arbeitsmarktregulierung, wie sie die zünftigen Gesellenbrüderschaften dargestellt hatten, boten dagegen kaum Anknüpfungspunkte für das Arbeitervereinswesen. Denn der Staat hatte nach zähen Auseinandersetzungen in der ersten Hälfte des 19. Jahrhunderts die Selbstständigkeit dieser Zusammenschlüsse beschränkt und sie als Versicherungen der Aufsicht von Behörden und Arbeitgebern unterstellt. Als Zwangskassen mochten die ehemaligen Brüderschaften die politische Selbstverständigung zwischen den Gesellen ermöglicht haben.[37] Unter der obrigkeitlichen Kassenaufsicht verloren sie jedoch ihren Charakter als Arbeitsmarktorganisationen. So war die kontinuierliche Entwicklung von den Gesellenschaften zu den Gewerkschaften, wie sie den britischen Fall kennzeichnet, in Deutschland unterbrochen.[38]

Das entstehende deutsche Arbeiterassoziationswesen unterscheidet sich damit grundlegend vom britischen Vergleichsfall. Standen dort mit den »friendly societies« und den darauf aufbauenden Gewerkschaften marktnahe Zusammenschlüsse am Beginn der Assoziationsbildung, übernahm die deutsche Arbeiterschicht das marktferne, auf Selbstverständigung und Identitätsbildung

36 *Schambach*, S. 188.

37 *Frevert*, S. 300.

38 *Eisenberg*, Deutsche und englische Gewerkschaften, S. 210f.

ausgerichtete »bürgerliche« Vereinigungsmuster. Das hatten nicht nur die bürgerlichen Gründer der Arbeiterbildungsvereine nahelegt. Es entsprach auch der Bedürfnislage deutscher Arbeiter, wie der Historiker Thomas Welskopp in seiner Entstehungsgeschichte der Sozialdemokratie zeigt. So konnten in Deutschland Arbeiterassoziationen nicht wie in Großbritannien auf Nachbarschaften und gemeinsame Betriebszugehörigkeit aufsatteln, sondern mussten überhaupt erst ihre Klientel zu einem Milieu verdichten. Für diese Aufgabe eignete sich – bei Arbeitern wie zuvor bei Bürgern – der allgemeine Verein.[39]

Die Arbeitervereinsbewegung steckte vor der Revolution von 1848/49 noch in den Anfängen; ihre quantitative Ausbreitung fiel in die zweite Jahrhunderthälfte. Die 1848 gegründete Arbeiterverbrüderung, die als erste zentrale Organisation eine starke Minderheit der Arbeitervereine repräsentierte, erreichte mit annähernd 20000 Personen ihre maximale Ausdehnung, was eine ungefähre Vorstellung von der Dimension dieses Vereinssegments gibt.[40] Zahlenmäßig bedeutsamer für die Teilhabe der entstehenden Arbeiterschaft am Vereinswesen waren Gesang- und Turnvereine, die am Vorabend der Revolution zusammen etwa 190000 Mitglieder zählten. In diesen Vereinen, die dem schichtenübergreifenden Ideal noch am ehesten nahekamen, bildeten Handwerker die größte Gruppe, wobei den Gesangvereinen mehr Meister, den Turnvereinen mehr Gesellen angehörten.[41] Ihre Expansion nach der Restaurationszeit wird in Kapitel III dieser Arbeit weiter zu verfolgen sein.

39 *Welskopp*, S. 231–233.
40 *Ebd.*, S. 33.
41 *Düding*, S. 256.

3. Die Bedeutung von Assoziationen für die Konstituierung der britischen »middle class«, 1780–1820

Das deutsche Bürgertum vergesellschaftete sich im allgemeinen Verein, der politische und wirtschaftliche Differenzen ausschloss und einen semi-privaten Raum eröffnete, in dem die Mitglieder über gemeinsame Überzeugungen zu einer selbstbewussten sozialen Gruppe zusammenfanden. Eine ähnliche kulturelle Homogenisierung unterblieb in der britischen Mittelschicht.

Die britische »middle class« war in sozialer, politischer und weltanschaulicher Hinsicht heterogener als die Gruppe, die sich in Deutschland im Verein zum Bürgertum formierte. Während das deutsche Bürgertum liberal gesonnen war, konnten sich im Vereinigten Königreich tiefe Gräben zwischen Liberalen und Konservativen auftun. Bekannte sich der deutsche Bürger eher zum protestantischen Glauben, verteilte sich die britische Mittelschicht auf diverse Religionsgemeinschaften, von denen besonders Nonkonformisten und Anglikaner im Konflikt zueinander standen. Auch war die »middle class« sozial stärker ausdifferenziert als das deutsche Bürgertum. Das Spektrum reichte von kleinen Ladenbesitzern, Schullehrern und gebildeten Angestellten über Freiberufler mit sehr unterschiedlichen Einkommen bis zu Großkaufleuten, Industriellen und nachgeborenen Söhnen adliger »peers«.[42] Dass Letztere familiär mit der Oberschicht verbunden blieben, machte es in Großbritannien schwieriger als in Deutschland, eine Trennlinie zwischen Adel und Bürgertum zu ziehen.

Heterogen war auch die Ideenwelt der britischen Mittelschicht, die über keine verbindende Ideologie verfügte, welche die Gemengelage aus unterschiedlichen Interessen sowie politischen und religiösen Ansichten hätte transzendieren können. Während das deutsche Bürgertum unter Berufung auf die Aufklärung partikulare Ansprüche zu universalen Prinzipien und sich selbst zum allgemeinen Stand erhob, waren in Großbritannien um 1800 unterschiedliche, durchaus miteinander in Spannung stehende Strömungen verbreitet, die vom Utilitarismus bis zum Evangelikalismus reichten.

Angesichts solcher Heterogenität wird seit den 1980er Jahren in der britischen Forschung darüber gestritten, was die breite Mittelschicht verband, ja

42 Zur Differenziertheit der Mittelschicht siehe *Langford*, S. 71–76. – Um 1800 lag nach Einschätzung von *Rogers*, S. 173, die Gesamtzahl der Arbeitgeber in der Landwirtschaft, der Händler, größeren Ladenbesitzer, selbstständigen Handwerker sowie der »professionals« der Medizin, des Rechts, der zivilen und militärischen Verwaltung in England und Wales bei knapp 700000 Personen. Dies waren weniger als 10% der Gesamtbevölkerung.

inwieweit man für die Zeit um 1800 überhaupt von einer kohärenten »middle class« sprechen kann. Der Befund, dass sich diese Zuschreibung nicht auf eine fest umrissene sozio-ökonomische Gruppe beziehen lässt, ist der schwerstwiegende Einwand gegen die ältere, »klassische« Erklärung der Entstehung der britischen Klassengesellschaft. Nach ihr dividierte die Industrielle Revolution zwischen 1780 und 1830 eine selbstbewusste »working class« und eine aufstrebende Mittelschicht auseinander und ließ eine ökonomisch definierte »middle class« politische Mitspracherechte erstreiten.[43]

Aus dem Fehlen eines sozio-ökonomischen Fundaments der einen Mittelschicht haben Forscher unterschiedliche Schlüsse gezogen. Ein Ansatz gibt die Suche nach der außersprachlichen Substanz von »middle class« auf, behandelt die Zuschreibung als ein Phänomen des politischen Diskurses und kommt zu dem Ergebnis, dass es sich bei der »middle class« um einen »Mythos« handelte, mit dem etablierte und aufstrebende Kreise in sich verändernden Konstellationen um 1800 ihre politischen Interessen verfochten.[44]

Eine andere Forschungsrichtung betont die Bedeutung von Kultur bei der Formierung der britischen »middle class«. Allerdings versteht sie unter Kultur weniger einen »bürgerlichen Wertehimmel« als vielmehr den Konsum bestimmter Waren und die damit verbundenen Praktiken. Demnach fühlten sich Männer und Frauen zur Mittelschicht gehörig, die im Kaufakt das Gefühl erfuhren, persönlich etwas erreicht zu haben, und die dies ihrer sozialen Umwelt durch Präsentation schöner Dinge im eigenen Heim oder in der Öffentlichkeit demonstrierten. Diese zweite Forschungsrichtung beschäftigt sich daher mit dem symbolischen Gebrauch von Waren, mit »shopping«, mit häuslicher Inneneinrichtung und mit Mode. Freiwillige Vereinigungen finden dabei allenfalls als Arenen für »conspicuous consumption« Beachtung.[45]

In der britischen Geschichtswissenschaft ist es also anders als im deutschen Vergleichsfall durchaus nicht selbstverständlich, die Assoziation als bevorzugten Ort für die Vergesellschaftung der »middle class« zu sehen. Gilt der allgemeine Verein in Deutschland geradezu als organisatorische Verkörperung bürgerlicher Werte, betrachtet die britische Forschung die Assoziation als ein Mittel neben anderen, mit dem Angehörige der Mittelschicht miteinander in sozialen Austausch traten, ohne dabei Standesunterschiede zu verwischen und sich zu einer kohärenten Gruppe zu formieren.

Unter den verschiedenen Erklärungen zur Entstehung der »middle class« ist es vor allem der vom Historiker Robert Morris vertretene Ansatz, der freiwilligen Vereinigungen eine zentrale Rolle zuweist.[46] Morris' Befunde und

43 *Briggs*.

44 *Wahrman*, S. 18.

45 Mit weiterführenden Literaturhinweisen die Sammelrezension von *Cohen*.

46 Zuletzt *Morris*, Urban Associations.

Argumente werden im Folgenden zusammengefasst, um die vergleichsweise geringe Bedeutung der Assoziation als Vergesellschaftungsform der britischen Mittelschicht zu ermessen.

Morris geht ebenfalls von einer ausgeprägten politischen, religiösen und sozialen Segmentierung der Mittelschicht aus. Diese hatte zur Folge, dass sich die »middle class« nicht positiv durch weltanschauliche Übereinstimmung vergesellschaftete, sondern zunächst einmal negativ durch Abgrenzung gegenüber anderen sozialen Gruppen: »More than any other major social group, the British middle class asserted its identity by defining its relationships with and its independence from other social groups rather than by ascribing labels and characteristics to itself.«[47] Aus diesem Grund organisierten sich nach Morris Angehörige der entstehenden »middle class« in Assoziationen, welche die moralische Erziehung anderer Gruppen, nämlich der Unterschichten, zum Zweck hatten. Bei allen politischen und religiösen Differenzen seien sich die Angehörigen der Mittelschicht vom »shopkeeper« bis zum großen Kaufmann einig gewesen im Bewusstsein ihrer moralischen Überlegenheit über die Besitzlosen, Ungebildeten und Ungläubigen.

So schlossen sie sich den seit Mitte der 1780er Jahre in zunehmender Zahl entstehenden Assoziationen an, die dies ausdrückten. Beispiele sind die »Proclamation Society« (1787) und die 1796 gegründete »Society for Bettering the Condition and Increasing the Comforts of the Poor«. Diese wollten auf der Basis »gesicherter Erkenntnis« und in Zusammenarbeit von Magistraten und besorgten Privatpersonen Moral und Tugend unter den »labouring poor« verbreiten, Selbsthilfe stärken und Abhängigkeit von Almosen beenden. Die »Society for the Suppression of Vice« (1802) bekämpfte Verstöße gegen Recht und Moral von blasphemischen Flüchen bis zu illegalen Lotterien. Sie verzeichnete 1804 rund 1 200 Beitragszahler, darunter gut 30% Frauen, bei denen es sich fast ausschließlich um Ehefrauen und Töchter männlicher Mitglieder handelte.[48]

Zu den »moral reform associations« der Mittelschicht zählt auch die »Sunday School Society«, die 1785 zu dem Zweck gegründet wurde, »to prevent the corruption of morals and advance the peace and felicity of the country«. Die Gesellschaft wollte lokale Eliten zur Einrichtung von Sonntagsschulen anregen, die wiederum einen Stimmungswandel in der Bevölkerung bewirken und dadurch u.a. die Kriminalitätsrate senken sollten.[49] Neben Sonntagsschulen wurden seit 1800 in stark zunehmendem Maße Krankenhäuser erbaut, die von Privatpersonen finanziert und verwaltet wurden. 1809 gab es allein in London dreizehn dieser »voluntary hospitals«.[50] Missionsgesellschaften wie die »British

47 *Morris*, Class, Sect and Party, S. 232.
48 *Roberts, M.J.D.*, S. 64–76.
49 *Ebd.*, S. 34.
50 *Waddington*, S. 357.

and Foreign Bible Society«, die »Religious Tracts Society« und die Missionsgesellschaften der Methodisten und der Anglikaner sammelten für die Christianisierung daheim und in fernen Ländern. Sie verbreiteten Berichte über die Zustände unter den Unzivilisierten, welche die britische Mittelschicht in ihrer Überlegenheit bestärkten.[51] »Visiting«, »benevolent« und »stranger's friend societies« warben um Spenden, die sie nach eingehender Bedürftigkeitsprüfung an die Empfänger weitergaben. Wer trotz der Aktionen der »Society for the Suppression of Vagrancy and Mendicity«, 1818 gegründet, noch immer bettelte, tat dies nach Ansicht der ca. 1500 Beitragszahler offenbar nicht aus Notwendigkeit, sondern aus freier Entscheidung, und gehörte demnach polizeilich verfolgt.[52]

Die Moralreform der »middle class« meinte, sehr weit in den Lebenswandel der Unterschichten eingreifen zu müssen. Wer Hilfe empfing, der hatte sich und sein Haus sauber zu halten, die Kirche zu besuchen und seine Kinder in die Sonntagsschule zu schicken. Am weitesten gingen »prosecution societies« wie die »Societies for the Prosecution of Felons«, welche die Verfolgung vermeintlicher Delinquenten und freiwillige Patrouillen organisierten. Ihre Gesamtzahl wird in der Forschungsliteratur für den Zeitraum vom letzten Drittel des 18. bis zum frühen 19. Jahrhundert in England und Wales zwischen 1000 und 4000 geschätzt.[53]

Zahlen über die Verbreitung der »moral reform associations« sind auf nationaler Ebene kaum zu ermitteln. An lokalen Beispielen lässt sich jedoch eine rasche Ausdehnung um die Wende zum 19. Jahrhundert und die Existenz einer Vielfalt von Vereinigungen mit jeweils spezifischen Zwecken und teilweise mit konfessionellem »bias« belegen. In Sheffield etwa entstand 1804 eine »Society for the Bettering the Condition of the Poor«; 1810 folgten die »Aged Female Society« und die »Bible Society«, zwei Jahre darauf die »Sheffield Sunday School Union«. Zwischen 1809 und 1815 wurden die »Lancasterian« und die »National School« gegründet. Die »Methodist«, die »London« und die »Church Missionary Society« datieren auf die Jahre zwischen 1813 und 1816.[54]

Für die Vergesellschaftung der britischen »middle class« waren »moral reform associations« übrigens weit bedeutsamer als entsprechende deutsche Vereine für den Zusammenhalt des deutschen Bürgertums. Die ersten dieser Vereinigungen datieren in Deutschland auf die Zeit des Vormärz und gingen auf einen ähnlichen Impuls zurück, nämlich die Einsicht in die sozialen Folgen der beginnenden Industrialisierung und die Furcht vor den daraus resultierenden politischen Bedrohungen. Das prominenteste Beispiel ist der Centralverein für

51 *Twells*, S. 61.

52 *Morris*, Voluntary Societies, S. 108; *Roberts, M.J.D.*, S. 108 (Mitgliederzahl).

53 *Philips*, S. 120.

54 *Twells*, S. 51.

das Wohl der arbeitenden Klassen, dessen Gründung 1844 vornehmlich von rheinischen Unternehmern betrieben wurde, die damit auf die blutige Niederschlagung des schlesischen Weberaufstandes reagierten. Die Bewegung stieß jedoch auf Hindernisse, als frühsozialistische Oppositionelle versuchten, die neuen Vereine zu unterwandern. Infolge dieser Politisierung zog der preußische Staat seine anfängliche Unterstützung des Centralvereins zurück und kontrollierte stattdessen verschärft die Vereinsbewegung. Dadurch hemmte er die bürgerliche Initiative und somit auch die Vereinigung der Mittelschicht unter dem Banner der Reformierung der Unterschicht.[55]

Die britischen moralreformerischen Vereinigungen standen häufig im Zusammenhang landesweiter Bewegungen, was bei den Mitgliedern den Eindruck verstärkte, dass ihr individueller Beitrag eine größere »Sache« mittrug, die den lokalen Bemühungen höhere Weihen verlieh. Zwar handelte es sich bei den Vereinigungen zunächst einmal um lokale Organisationen, da Mitglieder und Spenden aus der Umgebung kamen und sie – abgesehen von den überseeischen Missionsgesellschaften – im lokalen Umfeld wirkten. Zugleich aber waren sie in überregionale Netzwerke eingebunden. Bibel- und Missionsgesellschaften bildeten lokale Zweigvereine nationaler Organisationen, deren Hauptquartier meist in London lag, von wo aus sie mit Berichten über den Stand der Gesamtbewegung versorgt wurden. Andere Vereinigungen entstanden, indem man dem Beispiel benachbarter Städte folgte, in denen solche Gruppen bereits existierten. Mitglieder einer Reformassoziation waren sich daher bewusst, dass es andernorts andere gab, die in ähnlicher Situation ähnlich handelten. Das wiederum förderte das Selbstbewusstsein der lokalen Mittelschicht als einer »middle class«.[56]

Zum Teil antworteten die »moral reform associations« auf handfeste Krisen und Missstände, wie sie am Ende des 18. Jahrhunderts vermehrt vorkamen. Zu dieser Zeit zeigte die Industrialisierung mit zunehmender Armut, steigenden Nahrungsmittelpreisen infolge schnell wachsender Städte, mit Krankheit und Kriminalität ihre negativen Folgen. Solche Probleme waren dem wirtschaftlich rückständigen Bürgertum Kontinentaleuropas noch unbekannt. Vor ihrem Hintergrund erschien der britischen Mittelschicht die Französische Revolution schon nach kurzer Zeit nicht mehr als Zeichen bürgerlichen Aufbruchs, sondern als Signal dafür, dass auf der Insel eine lange Tradition schrittweiser politischer Reformen in Aufruhr abzugleiten drohte.[57] Die entstehende »middle class« sah daher auf der einen Seite die Notwendigkeit, ihre soziale Position zu verteidigen. Auf der anderen Seite erkannte diese Gruppe, die aufgrund des

55 Zum Centralverein siehe *Reulecke*, Die Vereinsbewegung für das Wohl der arbeitenden Klassen.

56 *Morris*, Clubs, Societies and Associations, S. 413f.

57 *Briggs*, S. 115f.

Wahlrechts von der Leitung staatlicher Institutionen ausgeschlossen war, die Chance, mit freiwilliger sozialer Intervention Autorität zu beanspruchen.[58]

Die Verbreitung der »moral reform associations« verdankt sich aber nicht nur konkretem Handlungsbedarf, sondern auch ihrer Eignung, eine heterogene Mittelschicht zusammenzuführen. Zum einen gab der Vereinigungszweck, die Erziehung der Unterschichten, Gelegenheit, sich durch Abgrenzung als soziale Gruppe zu formieren. Die Ablehnung von Armut, Verwahrlosung und Aufsässigkeit sowie die Bereitschaft, dagegen etwas zu unternehmen, boten einen ausreichend weiten Rahmen, um Liberale und Konservative, Nonkonformisten und Anglikaner, Händler, Produzenten und Freiberufler zusammenzubringen. Die Assoziationen riefen explizit alle Fraktionen der »middle class« zur Zusammenarbeit auf und betonten dabei ihren überparteilichen und überkonfessionellen Charakter.

Zum anderen wies die Organisationsform der Assoziation Struktureigenschaften auf, die es ermöglichten, Konfliktpotentiale und das Fehlen von Gemeinsamkeiten auszublenden. Politische und normative Auseinandersetzungen um Strategien und Ziele ließen sich vermeiden, weil Assoziationen auf ihrem je eigenen Aufgabenfeld nach selbst gewählten, anpassungsfähigen Methoden operierten, ohne damit Alleinzuständigkeit beanspruchen zu müssen. Falls sich doch einmal unterschiedliche Auffassungen zum Konflikt auswuchsen, wurde in kurzer Zeit eine neue Vereinigung gegründet, die neben anderen »voluntaries« ähnliche Zwecke verfolgte. Das geschah im Bereich der Sonntagsschulen-, der Missions- und der Antialkoholbewegung, deren Anhänger sich in diversen, nebeneinander wirkenden Assoziationen engagierten.[59]

Das Konfliktpotential, das sich aus sozialen Unterschieden innerhalb der Mitgliederschaft ergab, wurde ebenfalls durch die Organisation als solche entschärft. Morris bezeichnet die von der Mittelschicht präferierte Organisationsform als »subscriber democracy«, was den Zusammenhang von Besitz und Machtverteilung in der Assoziation auf den Punkt bringt. Die »subscriber democracies« sammelten Geld für wohltätige Zwecke, das die einzelnen Beitragszahler entsprechend ihren finanziellen Möglichkeiten spendeten. An der Beitragshöhe, die in Jahresberichten unter Angabe des Einzahlers veröffentlicht wurde, bemaß sich in der Regel auch der Einfluss, den ein Mitglied auf die Vereinigung hatte. Zwar war die Struktur der Assoziation formal egalitär; es galt die Regel »one subscriber, one vote«. Tatsächlich aber sorgten die Finanzkraft und die politische Macht der gehobenen Mittelschicht dafür, dass Angehörige dieser sozialen Gruppe in konfliktfreien Wahlen in den Vorsitz berufen wurden. Die freiwillige Arbeit in den »committees« wurde von weniger hoch gestellten Mitgliedern verrichtet, die nach sozialer Anerkennung trach-

58 *Morris*, Voluntary Societies, S. 101.

59 *Ders.*, Clubs, Societies and Associations, S. 414f.

teten und für ihr Engagement die »subscriptions« der Elite benötigten. Dieses Arrangement, das die sozialen Statusunterschiede innerhalb der »middle class« organisatorisch abbildete, war nach Morris »the perfect compromise between middle-class people striving for self-respect and independence, and the reality of a hierarchical society with its massive inequalities of wealth and power, even within the middle class.«[60]

Im Unterschied zum allgemeinen Verein in Deutschland, der aufklärerische Werte wie Freiheit, Gleichberechtigung und Vernunft hochhielt und dadurch Bürger kulturell homogenisierte, war die »moral reform association« die Organisationsform eines Kompromisses zwischen Angehörigen einer breiten, vielfach differenzierten Mittelschicht. Was das Verhältnis zwischen den einzelnen Mitgliedern betrifft, so ähnelte die »subscriber democracy« nicht der »kleinen Republik« des »bürgerlichen« Vereins. Vielmehr entlehnte sie ihre organisatorische Struktur der Aktiengesellschaft, in der Eigentümer entsprechend ihrem Anteil über den Kurs der Vereinigung bestimmten.[61]

Die Assoziationen der britischen »middle class« eröffneten anders als in Deutschland, wo sich der »bürgerliche« Verein gegen die Ständeordnung profilierte, keine »Gegengesellschaft«. Denn einerseits bewahrten sie die in der gesellschaftlichen Umwelt bestehenden Hierarchien. Andererseits klammerten sie Überzeugungen, Werte und Gefühle, die sich im »bürgerlichen« Verein durch den intensiven Austausch zu kollektiv geteilten Gewissheiten verdichteten, zum Teil kategorisch aus. Das gilt neben den erwähnten Vereinigungen zur moralischen Reform auch für die gelehrten Gesellschaften, die politische und religiöse Diskussionen per Satzung untersagten.

Tiefgehende Debatten lehnte man in britischen Assoziationen ab, weil Grundsätzliches latente Spannungen zu Konflikten hätte eskalieren können. Solche Konflikte zu vermeiden war einer der Zwecke der »Middle Class«-Vereinigungen, auch wenn sie Bildungsthemen zum Inhalt hatten. Das zeigt die Einschätzung eines der »secretaries« über die Funktion der 1813 gegründeten und von ihm mit geleiteten »Philosophical and Literary Society« in Bolton:

> »We contemplate not the scheme as furnishing an arena for disputation, but rather a refuge or an asylum from the contests of sects and parties, from political wranglings, from political controversies, and from all those unprofitable debates, in which those, who indulge, often find ›no end, in wandering mazes lost‹.«[62]

Als Rückzugsort vor konfliktträchtigen Diskussionen, die wohl in einer kaum beschränkten politischen Öffentlichkeit, nicht aber in der Sphäre privater Geselligkeit ihren Platz hatten, ähneln die gelehrten Gesellschaften den älteren

60 *Ebd.*, S. 413. Zur »subscriber democracy« siehe auch *Ders.*, Cities and Civil Society, S. 52–55.

61 *Ders.*, Voluntary Societies, S. 104.

62 Zitiert nach *Lewis*, S. 270.

Klubs, in denen zum gleichen Zweck eine oft triviale Geselligkeit vorgeherrscht hatte. Solche Klubs hatten jedoch um 1800 unter dem Eindruck einer neuen Ernsthaftigkeit und Moralisierung einen schweren Stand. Während sich viele von ihnen auflösten, verbreiteten sich Assoziationen, deren Mitglieder sich gehaltvolleren Themen wie der Wissenschaft, der Kunst und der Literatur widmeten. So erscheinen die »learned societies« nicht als Gegenentwurf zu den Klubs, sondern als deren Fortsetzung mit anderem, »ernsthafterem« Inhalt.

Während also in Deutschland der »bürgerliche« Verein das Assoziationswesen von seiner Entstehung im 18. bis zur Mitte des 19. Jahrhunderts dominierte, kam dieser Vereinigungsform zur selben Zeit in Großbritannien nur geringe Bedeutung zu. Zunächst einmal vergesellschaftete sich, wie gezeigt, die Mittelschicht vornehmlich in Assoziationen, die nur geringe Ähnlichkeiten mit dem »bürgerlichen« Verein aufweisen. Darüber hinaus stellten Vereinigungen zur Identitätsbildung der britischen »middle class« im Medium von Kultur und Bildung nur einen kleinen Teil des gesamten Assoziationswesens dar. Unabhängig davon, ob die britischen kulturellen bzw. gelehrten Gesellschaften nicht angemessener als Klubs oder als »subscriber democracies« zu charakterisieren sind, organisierte sich die britische »middle class« im Unterschied zum deutschen Bürgertum um 1800 nicht nur in »harmlosen« Bildungsvereinen, sondern vornehmlich in Wirtschafts-, Berufs- und politischen Interessenverbänden. Bei aller Verbreitung der »charitable« und »cultural societies« waren zu Beginn des 19. Jahrhunderts »business« und »professional associations« die zahlenmäßig stärksten Vereinigungen.[63] Politische »pressure groups« waren mit der Etablierung des Parlaments seit dem letzten Drittel des 17. Jahrhunderts zahlreich entstanden.[64]

Der Überblick über die Forschungsliteratur lässt es gerechtfertigt erscheinen, einen grundlegenden Unterschied zwischen deutschem und britischem Assoziationswesen festzuhalten: Marktentwicklungen prägten das britische Vereinigungswesen stärker als das deutsche. Letzteres unterstand vor allem dem Einfluss staatlicher Förderung und Überwachung. Dieser Unterschied äußerte sich unter anderem darin, dass in Großbritannien in erster Linie die »professionals« die Assoziationsbildung vorantrieben, während in Deutschland die aufgeklärten Beamten zunächst die wichtigste Trägerschicht bildeten. Auch existierten in britischen Vereinigungen generell Unterstützungskassen. In Vereinen des deutschen Bürgertums sind hingegen Hinweise auf institutionalisierte gegenseitige Absicherung selten.[65] Vergesellschaftung in Assoziationen war im britischen Fall üblicherweise von ökonomischen Motiven flankiert. Dagegen spielten in Deutschland finanzielle Interessen für die Gründung der

63 *Ebd.*, S. 249.

64 *Rogers*, S. 177f.

65 *Lipp*, S. 288, erwähnt Sozialkassen.

frühen bürgerlichen Vereine kaum eine Rolle. Vornehmlich ging es, folgt man der Forschung, ihren jeweiligen Mitgliedern um politisch-kulturelle Selbstverständigung. Dieses Element ging auch dann nicht verloren, als das entstehende Wirtschaftsbürgertum verstärkt am Vereinsleben teilnahm. Soweit erkennbar, spielten von jovialer Geselligkeit geprägte sozial exklusive Klubs nach britischem Beispiel in Deutschland eine vergleichsweise geringe Rolle.

Aus dieser Differenz resultierten eher unterschiedliche gesellschaftliche Funktionen von Assoziationen und vereinsmäßig organisierter Geselligkeit in den beiden Vergleichsländern. In Deutschland war die Durchsetzung des Vereins eng mit der Formierung des Bürgertums verbunden. Die Organisationsform blieb zunächst in ihrer sozialen Ausbreitung im Wesentlichen auf diese Gruppe beschränkt. Die im Verein betriebene Selbstbildung verstärkte, weil sie sich nicht nach außen offen politisch artikulieren durfte, innerhalb des Vereins das Gefühl bürgerlicher Identität.

In Großbritannien hingegen assoziierten sich neben der breiten und heterogenen Mittelschicht auch lohnabhängige Handwerker in großer Zahl. Die Organisationsform der freiwilligen Vereinigung war daher in Großbritannien weniger mit der Identität einer bestimmten sozialen Gruppe verbunden als in Deutschland. Sich aus freiem Willen zusammenzuschließen und selbstgesetzte Zwecke zu verfolgen, hatte darüber hinaus vergleichsweise geringe politisch-normative Implikationen. Zum einen bildeten individuelle ökonomische Interessen einen wichtigen, wenn nicht gar den primären Grund für den Beitritt zu Klubs und »friendly societies«. Zum anderen scheint es der »middle class« wichtiger gewesen zu sein, politische und religiöse Differenzen aus ihren Assoziationen auszuklammern, als die in der Vereinigungsform angelegten Gleichheitsansprüche zu verwirklichen. Ohnehin fehlten der britischen Mittelschicht die ständische Tradition und ein gängelnder Staat, gegen die sich Assoziationen als »Gegengesellschaft« hätten profilieren können.

II. Großbritannien 1820–1914: Das Scheitern der Patronage und die Herausbildung zweier schichtenspezifischer Assoziationswelten

1. Erfolglose Versuche sozialer Disziplinierung: Vereinigungsangebote der Mittelschicht an die »working class«, 1820–1914

Was die Beziehungen innerhalb der politisch, religiös und sozial segmentierten Mittelschicht betraf, so mochten die Assoziationen zur moralischen Reform erfolgreich dazu beigetragen haben, Konfliktpotential zu entschärfen. Das Verhältnis zwischen »middle« und »working class« jedoch wurde durch das Wirken dieser Vereinigungen erheblich verschlechtert. Versuche, sie nötigenfalls mit Zwang zu Gottesfurcht, Sauberkeit, Nüchternheit, Sparsamkeit und Pünktlichkeit zu erziehen, riefen unter Angehörigen der Arbeiterschaft zunehmend Widerwillen hervor.

Mit dem »Massaker von Peterloo« (bei Manchester) im Jahr 1819, bei dem eine Freiwilligenmiliz aus »shopkeepers on horseback« eine politische Versammlung angriff, dabei elf Demonstranten tötete und über 500 verletzte, waren die Klassenbeziehungen an einem Tiefpunkt angelangt. Die nachfolgenden Proteste führten der Mittel- und Oberschicht vor Augen, dass Zwangsmaßnahmen gegen die »working class« kontraproduktiv waren.[1] Um die moralische Überlegenheit zu wahren und den Unterschichten die eigenen Werte zu vermitteln, waren subtilere Formen der Beeinflussung gefragt. Ein bevorzugtes Mittel stellten freiwillige Vereinigungen dar, die nun nicht mehr nur dazu dienten, Konfliktlinien innerhalb der Mittelschicht zu überdecken, sondern primär die Aufgabe hatten, die sozialen Gegensätze zwischen den Schichten zu mildern. So unternahmen Angehörige der »middle class« von den frühen 1820er Jahren an wiederholt Versuche, Arbeiter in Assoziationen einzubeziehen, in denen sie die Führung behielten.

Zu den frühen schichtenübergreifenden Vereinigungsangeboten gehören die »mechanics' institutes«, die zuerst 1823 in Glasgow, London und Liverpool entstanden und von denen es bereits Mitte des Jahrzehnts im Vereinigten Königreich 104 gab. 1841 bezifferten die Förderer die Zahl der »institutes« auf

1 *Morris*, Clubs, Societies and Associations, S. 408.

261, und Mitte des Jahrhunderts variierten die Zahlenangaben von 560 bis 677 Assoziationen mit 103000 Mitgliedern.[2]

»Mechanics' institutes« waren Bildungsvereinigungen, die auf Initiative von Ärzten, Juristen, Bankiers, Kaufleuten oder Fabrikanten gegründet wurden und sich explizit an Handarbeiter (»mechanics«) richteten. Das Bildungsangebot der »institutes« bestand aus jeweils einer Bibliothek sowie Vorlesungen, die technisches Wissen, aber auch moralische Lehren zum Gegenstand hatten. Vorträge über die »sittliche Hebung« des Volkes durch die Kunst, über höhere Mathematik, Latein und Griechisch zielten auf eine Affizierung der einfachen Mitglieder mit den Werten der Mittelschicht. Politische Bildung, die Fragen nach gesellschaftlichen Herrschaftsverhältnissen aufwerfen würde, war dagegen in den frühen Vereinen kein Thema.

Ziel der »institutes« war es, Angehörige verschiedener Klassen im Medium gemeinsamer Bildung zu verbinden und Barrieren zwischen Arbeitern und Mittelschicht abzubauen. Nach dem Jahresbericht der »Yorkshire Union of Mechanics' Institutes« von 1861 boten die Vereine einen

»admirable ground whereon the rich and the poor, the educated and the ignorant might meet, might learn to understand each other better, and perhaps to respect each other more. The greatest social evil of the present day is the isolation – between the employer and the employed. Indifference to each other's interest is the normal condition of their relation, and active hostility in the form of strikes has of late years become a painfully frequent feature of the time.«[3]

Der Verweis auf Streiks deutet an, dass die Arbeiterbewegung den Gegenpol der »institutes« bildete, und in der Tat entstanden die Bildungsvereine schwerpunktmäßig in den 1830er und vierziger Jahren, als die Chartisten sich um die politische Mobilisierung der Arbeiterschaft bemühten. »Mechanics' institutes« stellten mithin den Versuch dar, der aufkommenden Arbeiterbewegung den Zulauf zu nehmen.

Besucht wurden die »institutes« anfangs von aufstiegsorientierten Handwerkern und qualifizierten Fabrikarbeitern, die aus den technischen Vorträgen berufspraktisches Wissen zu gewinnen hofften. Der Anteil dieser der Arbeiterschaft angehörenden Gruppe an der Mitgliederschaft ging jedoch mit der Zeit zurück. Vermehrt nahmen Vertreter der unteren Mittelschicht wie kleine Fabrikanten, Ladenbesitzer, Angestellte, dazu Jugendliche und »ladies« das Bildungsangebot wahr. Nimmt man die Mitgliederstruktur der 41 Vereinigungen zur Grundlage, zu denen entsprechende Zahlen vorliegen, dann stammte 1841 gut die Hälfte der Kursteilnehmer aus dieser Schicht.[4]

2 *Eisenberg*, Arbeiter, Bürger und der ›bürgerliche Verein‹, S. 62.

3 Zitiert nach *Golby* u. *Purdue*, S. 97.

4 *Eisenberg*, Arbeiter, Bürger und der ›bürgerliche Verein‹, S. 64.

Die Mitglieder zahlten einen niedrigen Beitrag. Deshalb waren die »mechanics' institutes« angewiesen auf vermögende Unterstützer, die aus ihrer Patronage Vorrechte ableiteten und das Bildungsprogramm vorgaben. Überdies hatten die »directors« den Kursteilnehmern Zeit und Sachkompetenz voraus, so dass die Mitsprachemöglichkeiten für einfache Mitglieder sehr begrenzt blieben.

Das Machtgefälle innerhalb der »institutes« empfanden die Mitglieder aus der Arbeiterschicht als Bevormundung, und der missionarische Gedanke, der hinter dem Bildungsangebot stand, provozierte Unzufriedenheit mit den vorgegebenen Kursinhalten. Die Folge war, dass lernwillige Arbeiter sich Bildungsmöglichkeiten außerhalb der »institutes« zuwandten, wo sie von Patronage unabhängig eigene Lerninteressen verfolgen konnten. Alternativen bot das vergleichsweise breite Bildungsangebot von Gewerkschaften, Genossenschaften und »friendly societies«.[5] Zudem schlossen sich »mutual improvement societies« auch an bereits bestehende Arbeitervereinigungen wie politische Gruppen oder Anti-Alkohol-Vereine an.[6]

Nicht immer konnten sich alternative Gründungen etablieren. Insbesondere wenn kleine, informelle Gruppen sich vergrößern wollten und entsprechende Räumlichkeiten benötigten, stiegen die Kosten, und die Vereinigungen liefen Gefahr, sich zu übernehmen und auf Patronage zurückgeworfen zu werden. In Manchester beispielsweise verlor die organisierte Arbeiterschaft auf diese Weise nach wenigen Jahren die unabhängige Trägerschaft der »Hall of Science«, der »People's Institutes« und der »Carpenters' Hall«.[7]

Obwohl die Emanzipation aus bürgerlicher Patronage mit großen Schwierigkeiten verbunden war, eröffneten sich immer wieder Möglichkeiten zur Abwanderung. Das wiederum übte Druck auf die Förderer der Bildungsvereine aus, ihr Angebot den Bedürfnissen der Arbeiterklientel anzupassen. Die »middle class« war zu Kompromissen gezwungen, wollte sie die Arbeiterschaft nicht aus ihrem Einflussbereich verlieren. Schrittweise wichen die Bildungsvereine vom ursprünglichen Konzept der »institutes« ab. Sie gaben der Forderung nach politischen Debatten statt; in Lesesälen wurden politische Zeitungen ausgelegt; die Mitspracherechte der einfachen Mitglieder wurden ausgeweitet; Diskussionen zwischen Lehrern und Lernenden hielten Einzug und ersetzten die reine Instruktion; statt Griechisch, Latein und höherer Mathematik wurden Grundkenntnisse in Schreiben und Lesen unterrichtet.[8]

Überdies traten immer mehr Unterhaltungsangebote an die Stelle von Bildung. So besuchten 1852 von knapp 12000 Vereinsmitgliedern in Yorkshire nur gut 2100 irgendeine Art von »educational class«. Der Rest nutzte die zu-

5 *Ebd.*, S. 73.
6 *Hewitt*, S. 128–130.
7 *Ebd.*, S. 137.
8 *Ebd.*, S. 139–149.

nehmend breite Palette an Freizeitangeboten vom Chorgesang bis zum Eisenbahnausflug. »Increasingly they [die »institutes«; d. Vf.] were becoming less specifically adult education establishments and much more places which provided a wide range of improving recreations.«[9]

Solche Zugeständnisse an die einfache Mitgliederschaft bedeuteten aber nicht nur einen politischen Kompromiss zwischen dem missionarischen Eifer der Mittelschicht und einer abwanderungsbereiten Klientel. Für viele kleinere Bildungseinrichtungen wurde darüber hinaus die Ausrichtung auf die Bedürfnisse der Kursteilnehmer zur betriebswirtschaftlichen Notwendigkeit. Der Grund dafür lag im organisatorischen »Wildwuchs« des Bildungsangebotes. Wie schon im Zusammenhang der »moral reform associations« erwähnt, tendierten Vereinigungen der Mittelschicht dazu, sich entlang politischer und religiöser Bruchlinien zu vervielfältigen. Bei den Missionsgesellschaften, aber auch bei Bildungsangeboten wie den »sunday schools« und den »lyceums«, einer demokratischeren Fortentwicklung der »mechanics' institutes«, führte dies zu einer Vielzahl nebeneinander bestehender Gesellschaften.

Die Flexibilität der Assoziationsbildung ermöglichte zwar, weltanschauliches Konfliktpotential innerhalb der Mittelschicht zu entschärfen. In betriebswirtschaftlicher Hinsicht jedoch erwies sich das Nebeneinander als Nachteil, da die Vereinigungen beim Fundraising um beschränkte Ressourcen konkurrierten und einander das Überleben erschwerten. In Chorlton bei Manchester beispielsweise motivierte die Gründung eines liberalen, auch an Sonntagen geöffneten »lyceums« die Verfechter einer strikten Einhaltung des Sabbats dazu, eine konkurrierende Einrichtung zu schaffen. Das Ergebnis war, dass beide Vereinigungen nach kurzer Zeit ihre Tätigkeit einstellen mussten.[10] Auch in anderen Fällen waren Vereinigungen nicht bereit, ein Stück ihrer Unabhängigkeit zugunsten einer Zusammenarbeit zu opfern, die eine kostengünstigere Unterhaltung der Bildungsvereine hätte ermöglichen können. Mehrere Versuche, die Bildungsvereine Manchesters zu einem Verband zusammenzuschließen, scheiterten an politisch-religiösen Differenzen. Der Kampf um begrenzte Spendengelder hatte zur Folge, dass die Beiträge der einfachen Mitglieder wichtiger und die Bildungsvereine in zunehmendem Maße dem Prinzip von Angebot und Nachfrage unterworfen wurden. Das wiederum verschaffte dem »Kunden« mehr Einfluss und minderte letztlich die Möglichkeiten derer, die die Arbeiterklientel zu bevormunden suchten.[11]

Der am Beispiel der Bildungsvereine aufgezeigte Kompromiss zwischen den Förderern aus der Mittelschicht und den einfachen Mitgliedern aus der Arbeiterschaft lässt sich auch an vielen anderen Organisationsangeboten erkennen, welche

9 *Golby* u. *Purdue*, S. 97.

10 *Hewitt*, S. 132.

11 Das Argument wird anhand weiterer Beispiele entwickelt *ebd.*, S. 132–135.

die Reformierung der »working class« und die Verbesserung der Klassenbeziehungen zum Ziel hatten. Dabei wird deutlich, dass sich das Angebot nur in eine Richtung entwickelte, nämlich sich schrittweise den Gewohnheiten, Bedürfnissen und Ansprüchen der Adressaten anpasste. Zunächst war mit den »mechanics' institutes« an die Stelle der zum Teil zwangsweisen Bekehrung die Belehrung getreten. Um die Jahrhundertmitte folgte eine weitere Verlagerung von der Unterrichtung zur Unterhaltung. Nachdem der Mittelschicht die Kontrolle über die Bildungsvereine entglitten bzw. die Arbeiterklientel abgewandert war, gaben sich Geistliche, Unternehmer und besorgte Angehörige der »middle class« nun bereits damit zufrieden, wenn sie Arbeiter von den schlimmsten Übeln, dem »public house« und den »verderblichen« kommerziellen Vergnügungen, abhielten.

Freizeit wurde zu dem Feld, auf dem sich Moralreformer und Philanthropen betätigten und unter dem Schlagwort »rational recreations« erbauliche, gesunde und harmlose Unterhaltung propagierten. Musik etwa, die zu Beginn des 19. Jahrhunderts eher noch als störende Ablenkung von ernsten religiösen Inhalten gegolten hatte, avancierte bis zur Jahrhundertmitte zum festen Bestandteil einer jeden Maßnahme zur Reformierung der Unterschichten und zur Verbesserung der Klassenbeziehungen. Begünstigt durch die Erfindung vereinfachter Notationssysteme hielten Anfang der 1840er Jahre Gesangskurse Einzug in »mechanics' institutes«, Sonntagsschulen und anderen von der Mittelschicht geförderten Einrichtungen. Wenige Jahre später begannen städtische Eliten, »people's concerts« zu veranstalten, die sich an alle Bevölkerungsschichten richteten und die Klassen zusammenführen sollten, wobei die besseren Plätze allerdings den »besseren Kreisen« vorbehalten blieben. In mittleren Provinzstädten wie Leeds und Manchester fanden um 1850 jährlich dreißig bis vierzig solcher Konzerte statt, und nachdem diese Veranstaltungen sich in den Städten etabliert hatten, hielten sie auch in kleineren Städten und Dörfern Einzug.[12]

Wahrten die Gesangskurse und »people's concerts« der 1840er und fünfziger Jahre noch einen hochkulturellen Charakter, so gingen diese Ansprüche mit den Angeboten der sechziger Jahre mehr und mehr verloren. Nun wollten Sozialreformer die Arbeiter dort abholen, wo sie standen, und sie dann vorsichtig führen, ohne sie zu verschrecken. Entsprechend ging beispielweise die vom unitarischen Geistlichen Henry Solly 1861 angestoßene Gründung von »working men's clubs« von der Einsicht aus, dass man Arbeiter nur dann gewinnen könne, wenn man zuerst ihr Geselligkeitsbedürfnis berücksichtige und ihnen eine vertraute Umgebung schaffe. Solly verfügte zu diesem Zeitpunkt über eine zwanzigjährige Erfahrung in der Bildungsarbeit mit Arbeitern und war zu der Überzeugung gelangt, »[w]hat the working men wanted was a place of amusement, a place of intercourse and fellowship.«[13] Unterhaltung

12 *Russell*, Popular Music, S. 26–28.

13 Zitiert nach *Cunningham*, Leisure in the Industrial Revolution, S. 183.

und Geselligkeit waren jedoch bloß als Mittel zum Zweck gedacht. Gehörten die Arbeiter erst einmal dem Klub an, dann sollten sich dort unter zurückhaltender Beeinflussung von Geistlichen und Angehörigen der »middle class«, gewissermaßen durch eine Art sozialer »Osmose«,[14] religiöse Einsichten und der Wunsch nach Bildung einstellen.

Die beachtliche Ausbreitung der »working men's clubs« spricht zunächst einmal für den Erfolg dieser Assoziationsform. 1874, 13 Jahre nach Beginn von Sollys Initiative, wurde die Zahl der Klubmitglieder immerhin auf ca. 90000 geschätzt.[15] Auch bestand die Mitgliederschaft der Klubs – anders als die der »mechanics' institutes« – tatsächlich in großer Mehrheit aus Arbeitern. Angaben zur Schichtzugehörigkeit von Mitgliedern sind zwar nur in einzelnen Fällen zu ermitteln, doch sie bestätigen diese Aussage über den sozialen Schwerpunkt der Mitgliederschaft. Von 97 Mitgliedern eines 1880 in Carbrook (Sheffield) gegründeten Klubs konnte mittels des Zensusberichts von 1881 die Berufszugehörigkeit ermittelt werden. 76 Männer gehörten demnach der Arbeiterschaft an, die meisten als Facharbeiter in der Stahlindustrie. 15 Arbeiter bezeichneten sich im Zensusbericht als »labourer« oder »general labourer«. Den Rest bildeten kleine Gewerbetreibende wie Metzger, Gemüsehändler, Wirte und Kohlenhändler sowie drei »clerks«. Nicht zu bestimmen waren 45 Namen, bei denen es sich aber mit hoher Wahrscheinlichkeit ebenfalls um Arbeiter handelte, da diese häufiger ihren Wohnort wechselten und daher vom Zensus nicht als Bewohner des Ortsteils Carbrook erfasst wurden.[16] Der Historiker Richard Price ermittelte an zwei Londoner Beispielen eine Mitgliederstruktur aus »mainly upper working-class but with substantial members of labourers«. Er erklärt den Befund unter anderem mit Verweis auf das Freizeitangebot der Klubs, das für die aufstiegsorientierte untere Mittelschicht wenig attraktiv gewesen sei.[17] Peter Bailey kommt unter Berufung auf zeitgenössische Berichte zu dem Schluss, dass die Klubs Arbeiter aus unterschiedlichen Berufsgruppen und im Allgemeinen aus derselben Nachbarschaft rekrutierten.[18]

Die »working men's clubs« fanden unter Arbeitern allerdings nur deshalb breite Akzeptanz, weil sie Anleihen beim »pub« machten und sich diesem immer weiter annäherten. So wurde, nachdem die ersten alkohol- und rauchfreien Assoziationen bald eingegangen waren, spätestens in den 1870ern der Bierkonsum freigegeben.[19] Ebenso wurde das Rauchen erlaubt, und widerwillig gestatteten die Klubvorstände Spiele wie »quoits« (Wurfringe) und »domi-

14 *Price*, S. 124.

15 *Bailey*, Leisure and Class, S. 118.

16 Carbrook Conservative Working Men's Club, Minute Book 1880–84, Sheffield Archives, Best. 1993/55.

17 *Price*, S. 124f.

18 *Bailey*, Leisure and Class, S. 119.

19 *Beaven*, S. 25. Nach *Tremlett*, S. 45, fiel das Alkoholverbot bereits 1865.

noes«, obwohl man befürchtete, dass sie zum Wetten Anlass boten. Bildungskurse waren dagegen rückläufig. Nach einer Umfrage Sollys unter elf Klubs in Manchester verfügten 1867 nur drei über irgendeine Form von Unterrichtsprogramm.[20]

Die Unterstützer der Klubs fanden sich also zu immer weitergehenden Zugeständnissen an das Unterhaltungsbedürfnis der Arbeiterklientel bereit. Solly selbst, der anfangs noch scharf vor Alkoholgenuss in den Vereinen gewarnt hatte, rechnete sich später den moderaten Bierkonsum als Missionierungserfolg an. Wenn der Arbeiter sich auf ein Glas beschränkte, habe er dann nicht die Werte der Mittelschicht verinnerlicht?[21] »Verwässert« wurde aber wohl weniger das Bier des Arbeiters als der Messwein der geistlichen Patrone. Das zeigt die weitere Entwicklung der »working men's clubs« zu Konsumvereinen für den vergünstigten Bezug von Alkohol und professionellem Entertainment. Darauf wird an späterer Stelle zurückzukommen sein.

Den Organisatoren der Bildungsvereine ebenso wie der »rational recreations«, zu denen neben den genannten Beispielen auch der Sport gerechnet wird, attestiert die Forschung, mit ihren Versuchen zur Missionierung und zur Kontrolle der Unterschichten größtenteils gescheitert zu sein. Betont wird dabei stets, dass Arbeiter die Organisationsangebote eigensinnig zu nutzen verstanden. Damit habe sich die Arbeiterschicht nicht nur jeder Beeinflussung durch die »middle class« entzogen, sondern darüber hinaus erhebliche Zugeständnisse an ihre eigenen Bedürfnisse und Gewohnheiten erzwungen. Mit der Hinwendung zur »recreation« – »the final nail in the coffin of middle-class moral imperialism« – schließlich habe sich das Verbürgerlichungsprogramm gewissermaßen selbst erledigt.[22]

Der alleinige Verweis auf Eigensinn wäre allerdings nur eine unvollständige Erklärung dafür, dass die Einbindung von Arbeitern in die von der »middle class« kontrollierten Assoziationen in Großbritannien weitgehend scheiterte. Das erweist sich im Vergleich mit Deutschland, wo, wie im folgenden Kapitel zu zeigen sein wird, die einfachen Mitglieder schichtenübergreifender Schützen-, Turn-, Gesang- und Kriegervereine zwar ebenfalls jeden sich bietenden Freiraum nutzten, ihrem Vergnügen nachzugehen. Das jedoch verhinderte nicht, dass dort die lokalen bürgerlichen Eliten durch die Vereine Arbeiter kontrollierten. Der Wille, sich den Zumutungen der Honoratioren zu entziehen, reichte also nicht aus, den schichtenübergreifenden Verein als Herrschaftsinstrument scheitern zu lassen. Dafür waren vielmehr Umstände entscheidend,

20 *Hewitt*, S. 169.

21 *Price*, S. 128.

22 Zuletzt *Beaven*, S. 39, u. August, The British Working Class, S. 135–139. Einen kurzen Überblick über ältere Positionen bietet *Reid*, S. 44f. Das Zitat stammt von *Hewitt*, S. 148; zum relativen Scheitern der »rational recreations« in Sport und Musik siehe *Holt*, S. 136–148, sowie *Russell*, Popular Music, S. 56–59.

die im sozialen Kontext der Klubs lagen. Auf struktureller Ebene, weniger in der Qualität der Vereinsgeselligkeit liegen die signifikanten deutsch-britischen Unterschiede.

Der erste Grund dafür, dass die schichtenübergreifende Assoziation sich in Großbritannien nicht etablieren konnte, bestand darin, dass für einen großen Teil der Arbeiterschaft in zweifacher Hinsicht die Möglichkeit bestand, ihre Organisationsbedürfnisse außerhalb des allgemeinen Vereins zu befriedigen, d.h. abzuwandern oder den von der Mittelschicht kontrollierten Vereinigungen von vorneherein fernzubleiben.

Auf der einen Seite existierte mit Gewerkschaften, Konsumvereinen und Unterstützungskassen ein expandierendes Vereinigungswesen, das die wirtschaftliche Benachteiligung von Arbeitern weitaus besser kompensierte als schichtenübergreifende Vereine, in denen das Kassenwesen unterentwickelt bleiben musste und ökonomische Hilfe eher in Form von Almosen geleistet wurde. Arbeiterselbsthilfevereine waren in Großbritannien weiter verbreitet als in Deutschland, wo staatlicher und unternehmerischer Druck ihre Expansion hemmte.

Die Zahl der Konsumvereine in England und Wales überschritt Anfang der 1870er Jahre die Tausendermarke; im bevölkerungsreicheren Deutschland lag sie etwa zur gleichen Zeit bei gut 350.[23] Noch deutlicher ist die Differenz bei den Gewerkschaften. In England zählte man Mitte der 1870er Jahre 1,2 Mio. gewerkschaftlich organisierte Arbeiter, in Deutschland deutlich weniger als 100000.[24] Den stärksten Zweig des britischen Assoziationswesens überhaupt bildeten jedoch die »friendly societies«, von denen es nach einem amtlichen Bericht von 1874 etwa 32000 mit insgesamt vier Mio. Mitgliedern gegeben haben soll.[25] In Deutschland, wo die Bildung unabhängiger Kassen behindert wurde, wo staatliche und betriebliche Versicherungen vorherrschten und der allgemeine, schichtenübergreifende Verein Ressourcen für anderweitige Organisationsbildung absorbierte, gehörten zur selben Zeit lediglich 30000 Personen einer »freien« Krankenkasse an.[26]

Angesichts der Vielzahl an Selbsthilfevereinigungen gab es in Großbritannien zumindest für Arbeiter, die nicht zu den »labouring poor« zu rechnen waren, immer geringere Veranlassung, einem schichtenübergreifenden Verein aus ökonomischer Notwendigkeit anzugehören. Entsprechend einfach war es daher auch für Arbeiter, aus einer von der Mittelschicht kontrollierten Assoziation auszutreten.[27] Das war in Deutschland anders, wo Arbeiter gezwungen

23 *Prinz*, S. 107.

24 *Kocka*, Die Trennung von bürgerlicher und proletarischer Demokratie, S. 11.

25 *Eisenberg*, Arbeiter, Bürger und der ›bürgerliche Verein‹, S. 57.

26 *Dies.*, Deutsche und englische Gewerkschaften, S. 200.

27 Dieses Abwanderungs-Argument entwickelt *Dies.*, Arbeiter, Bürger und der ›bürgerliche Verein‹.

waren, neben ihren geselligen auch wirtschaftliche Organisationsbedürfnisse im allgemeinen Verein zu befriedigen.

Auf der anderen Seite war die britische Arbeiterschaft auch nicht darauf angewiesen, Unterhaltung in schichtenübergreifenden Vereinen zu suchen. Sie fand sie auch anderswo, so in den Selbsthilfevereinen, in denen gegenseitige Unterstützung mit Geselligkeit einherging. Die Mitglieder von »friendly societies« etwa trafen sich gewöhnlich in »pubs« und bezahlten zuweilen ihre Getränke aus den Kassenbeiträgen. Darüber hinaus bestand ein großes und für viele Menschen erschwingliches Angebot käuflicher Vergnügungen, das zugkräftiger war als die »rational recreations« und sich als weitgehend resistent gegen sozialreformerische Beschränkungen erwies.

Auch in diesem Punkt offenbart der deutsch-britische Vergleich deutliche Unterschiede. In Deutschland waren, wie in Kapitel III zu zeigen sein wird, kommerzielle Vergnügungen wie Kneipe, Kirmes und Kino bis in das 20. Jahrhundert hinein behördlichem Druck ausgesetzt, was ihre Verbreitung hemmte und letztlich den Verein als Organisationsform von Unterhaltung begünstigte. In Großbritannien gab es zwar ebenfalls Versuche, populäre Unterhaltungsformen, die im Umfeld der »pubs« und der Volksfeste (»fairs«) gepflegt wurden, einzuschränken oder zu unterdrücken. Bürgerliche Sozialreformer, Geistliche und Unternehmer initiierten Kampagnen gegen »pubs«, das Wetten, gegen traditionelle Feste, die unkontrollierbare Massen anzogen, und gegen »blood sports« wie Hahnenkämpfe und Bullenhatz. Verurteilt wurde derlei Treiben auch von der politischen Arbeiterbewegung und den von Arbeitern getragenen Alkoholgegner-Vereinigungen. Allerdings hatten solche Initiativen nur geringen Erfolg. Zum Teil lag dies daran, dass im nationalen Parlament und in lokalen Magistraten die Meinungen zur populären Freizeitkultur oft geteilt waren. Entsprechend zögerlich wurden Verordnungen erlassen und halbherzig war deren Überwachung.[28] Vor allem aber konnte sich die Populärkultur gegen Regulierungsversuche behaupten, weil sie sich im 19. Jahrhundert kommerzialisierte und in ihrem Umfang die traditionelle Unterhaltung der »pubs« und lokalen Feste überstieg. Hatten die »pubs« noch effektiv von Magistraten kontrolliert werden können, denen die Lizenzierung und Überwachung oblag, und waren lokale Feiern noch von der Unterstützung örtlicher Patrone abhängig gewesen, überforderten überlokal beachtete und finanzierte Vergnügungen die Interventionsmöglichkeiten ihrer meist lokal organisierten Gegner. Die vergleichsweise hohe Kapitalisierung, überregionale Bekanntheit und massenhafte Nachfrage schützten die Populärkultur vor sozialreformerischen Angriffen.

Begünstigt wurde die Entwicklung von der lokalen zur nationalen kommerziellen Populärkultur, die spätestens Mitte des 19. Jahrhunderts erste

28 *Golby* u. *Purdue*, S. 82f.

Durchbrüche verzeichnete, durch Umstände des sozialen und ökonomischen Wandels, der Großbritannien früher als Kontinentaleuropa erfasste. Die Verstädterung war weiter fortgeschritten; nach dem Zensusbericht von 1851 lebten bereits über 30% der Engländer und Waliser in Städten mit mindestens 50000 Einwohnern.[29] Das normale Realeinkommen von Arbeitern stieg zwischen 1850 und 1914 um 90%.[30] Geschätzt wird, dass Arbeiter, die von diesem Einkommensanstieg profitierten, am Ende des 19. Jahrhunderts etwa ein Viertel ihres Lohns für Unterhaltungszwecke ausgaben.[31] Die Vereinheitlichung und Verringerung der Arbeitszeit – seit 1850 stritten die Gewerkschaften für den arbeitsfreien Samstagnachmittag[32] – waren ebenso wie die frühe massenhafte Mobilität – 1850 bestiegen in der Pfingstwoche über 200000 Menschen Ausflugszüge aus Manchester[33] – wichtige Voraussetzungen für die Entstehung kommerzieller, für Arbeiter verfügbarer Freizeitangebote. Die Arbeiterschaft, vornehmlich deren männlicher Teil, in geringerem Maße aber auch Frauen,[34] bildete damit in der zweiten Hälfte des 19. Jahrhunderts eine beachtenswerte Konsumentengruppe, die Investitionen in das Vergnügungsgeschäft lohnenswert erscheinen ließ.

Als Paradebeispiel für eine frühe und umfangreiche Kommerzialisierung von Populärkultur gilt die »music hall«. Sie entwickelte sich in den 1840er Jahren aus den in Hinterzimmern von »pubs« veranstalteten Unterhaltungs- und Konzertabenden, den »free and easies« und »singing saloons«, an denen oft noch Amateure auftraten und das Publikum mitsang oder sich selbst auf die Bühne wagte. Das Neuartige der »music hall« bestand darin, diese Unterhaltungsform zu professionalisieren und in große Veranstaltungshäuser zu überführen, in denen zuweilen mehrere tausend Menschen Platz fanden. Das 1849 in Leeds eröffnete »Casino« fasste bereits 2000 Zuschauer;[35] später erbaute Häuser erreichten mitunter die doppelte Kapazität.

Der Bau und die Ausstattung der »halls« sowie die Bezahlung von Personal und professionellen Künstlern erforderte Geld, das der einzelne geschäftstüchtige Wirt, der mit »singing saloons« seinen Gästen noch ein Zusatzangebot gemacht hatte, nicht mehr aufbringen konnte. Die dreißig »music halls«, die 1866 der Interessenvereinigung Londoner Music-Hall-Besitzer angeschlossen waren und durchschnittlich 1500 Plätze boten, verfügten nach Einschätzung Frederick Stanleys, des Anwalts der Vereinigung, im Durchschnitt über eine

29 *Hollen Lees*, S. 70 (Tab. 2.1.).

30 *Benson*, S. 56.

31 *Mason*, Sport and Recreation, S. 112.

32 *Eisenberg*, ›English sports‹, S. 45.

33 *Walvin*, S. 20.

34 Frauen bildeten beispielsweise einen nennenswerten Teil des Publikums der »music halls« seit deren Anfängen. Siehe *Höher*, S. 81.

35 *Kift*, Arbeiterkultur im gesellschaftlichen Konflikt, S. 25.

Kapitaldeckung von £10 000.[36] Finanziert wurden die größeren Häuser von finanzkräftigen Unternehmern oder, begünstigt durch ein 1862 erlassenes Gesetz, das die Bildung von »limited liability companies« ermöglichte, von Konsortien.[37] Die »music hall« wurde zum »big business«, das dank Popularität und wachsender Kaufkraft des Arbeiterpublikums gute Gewinne verhieß. In Manchester, einer Stadt mit ca. 350 000 Einwohnern, besuchten bereits Anfang der 1850er Jahre wöchentlich 25 000 Menschen die drei größten Häuser.[38]

Den Kritikern aus der Mittelschicht, die sich über Schund, Alkoholmissbrauch und Prostitution in und um die »music halls« beschwerten, gelang es nicht, mit Kommunalverwaltungen, Staat und Polizei eine Koalition gegen die angeblich verderbliche Massenkultur zu bilden. Zum einen dividierten lokale Interessengegensätze und politische Konfliktlinien die Front gegen den kommerziellen Vergnügungsbetrieb auseinander. Zum anderen übte sich der liberale Staat in Zurückhaltung. Erst 1888 erklärte die nationale Regierung die Lizenzierung der »music hall« für verbindlich, was allerdings nach Ansicht der Historikerin Dagmar Kift nicht als Zeichen für verstärkten Staatsinterventionismus, sondern als Nebenprodukt zunehmender Bürokratisierung zu werten sei.[39]

So erfuhren die Betreiber der Musiktheater, bei denen es sich nicht selten um angesehene Bürger ihrer Heimatstädte handelte, die gleiche Behandlung wie Unternehmer anderer Branchen. Die Magistrate, denen die Lizenzierung der »music halls« oblag, legten den steuerzahlenden Betrieben im Allgemeinen keine Steine in den Weg, und auch die Zentralregierung sah keine Veranlassung, gegen die Verbreitung der Theater vorzugehen. Das Unterhaltungsgeschäft, dessen Wurzeln in das Entertainment der »pubs« zurückreichten, hatte eine Dimension erreicht, an der die Regulierungsversuche ihrer Gegner ebenso scheiterten wie die Alternativangebote der »rational recreations«.

Im Schausport, der sich ebenfalls verstärkt in der zweiten Hälfte des 19. Jahrhunderts zu einer massenhaft konsumierbaren Alternative zur »sinnvollen« Freizeitgestaltung entwickelte, vollzog sich der Bedeutungszuwachs anders als bei den »music halls«. Im Unterschied zu deren Betreibern erzielten die Organisatoren von Sportveranstaltungen am Ende des 19. Jahrhunderts, als sich die Erhebung von Eintrittsgeldern etabliert hatte, selten und – wenn überhaupt – geringen direkten finanziellen Gewinn. Auch unternahmen sie anders als die Eigentümer der »music halls« keine Versuche, etwa durch bequemere Ausstattung von Stadien zahlungskräftigere Kundschaft anzusprechen. Das vorrangige Motiv für Investitionen in den Spielbetrieb war daher wohl weniger der

36 *Ebd.*, S. 28.

37 Zur Finanzierung von »music halls« bis 1914 detailliert *Crowhurst*, The ›Portly Grabbers‹, sowie *Ders.*, The Music Hall.

38 *Kift*, Arbeiterkultur im gesellschaftlichen Konflikt, S. 10.

39 *Ebd.*, S. 186–189.

Wille zur Profitmaximierung als vielmehr die Erwartung, mit der Unterstützung etwa des lokalen Fußballteams soziales Kapital zu akkumulieren.[40]

Kommerzialisierung und nationale Ausweitung der Nachfrage wurden im Sport offenbar nicht so sehr von den Klubs selbst vorangetrieben. Entscheidend war vielmehr das flankierende Geschäftsinteresse anderer Marktakteure wie Brauereibesitzer, Wirte oder Buchmacher, die indirekt von Sportveranstaltungen profitierten. Neben diesen lokalen Unternehmern sind die Presse und die Eisenbahngesellschaften als überregionale Interessenten herauszuheben. Sie überführten zugleich den Sport aus den Zusammenhängen lokaler Patronage und Kneipenunterhaltung in größere Dimensionen.

Überregionale Zeitungen und Zeitschriften berichteten bereits seit dem Ende des 18. Jahrhunderts in zunehmendem Maße von Sportereignissen. Sie popularisierten neue Sportarten, verbreiteten Regelwissen und Terminologie und förderten dadurch die Homogenisierung einer nationalen Sportkultur. Die Zahl der anhand von Zeitungskatalogen ermittelbaren »sporting magazines and journals« stieg von 28 in den 1870er Jahren auf 87 in den 1890ern.[41] Die Presse schuf mit Bilddarstellungen und persönlichen Geschichten schon früh nationale »Stars«. Dem 1822 verstorbenen Langstreckenläufer George Wilson beispielsweise waren vier Biographien gewidmet; zeitgenössische Stiche zeigen den Mann, der in 15 Tagen 750 Meilen zurückgelegt haben soll, in Aktion.[42]

Sportveranstaltungen wie »pedestrianism« (Gehen), Preisboxen und Pferderennen bekamen durch diese Art der Berichterstattung Ereignischarakter. Sie zogen ein immer größeres Publikum an und verselbstständigten sich so allmählich aus dem Rahmen des traditionellen Festtagskalenders und lokaler Patronage. Zeitgenössische Berichte erwähnen bisweilen Tausende von Zuschauern; bei einer Ruderregatta im Jahr 1832 sollen es gar 100 000 Sportinteressierte gewesen sein. Solche Zahlen sowie gelegentliche Hinweise in der Presse auf die soziale Zusammensetzung des Publikums stützen die These, dass es sich bei den Zuschauern zu einem beträchtlichen Teil um Arbeiter handelte.[43]

Zur Überführung des traditionellen, lokal organisierten Sports auf eine nationale Ebene trug auch die Eisenbahn bei, die seit den 1830ern immer mehr Orte für eine steigende Zahl von Menschen erschloss. Das Schienennetz wurde zwischen 1835 und 1845 von 471 auf 3 277 Meilen ausgeweitet; Züge steuerten neben Seebädern, Volksfesten und öffentlichen Hinrichtungen auch große Sportveranstaltungen an. Der Bahnanschluss ließ verkehrsgünstig gelegene Orte zu neuen Sporthochburgen aufsteigen, während ältere, ländliche Stätten

40 So *Holt*, S. 282–285. Siehe auch den kritischen Überblick über Forschungspositionen zu Investitionen in den Fußballsport von *Dixon u.a.*

41 *Mandle*, S. 356.

42 *Harvey*, S. 39.

43 *Ebd.*, S. 175f.

des Sports an Bedeutung verloren. Veranstaltungen wie beispielsweise Pferderennen wurden den Fahrplänen angepasst und damit ein gutes Stück aus dem Rahmen lokaler Patronage und ortsspezifischer Gepflogenheiten herausgelöst.[44]

Wie Presse und Eisenbahn Sportarten gegen Regulierungsversuche seitens Behörden und selbstorganisierter Gegner schützen konnte, veranschaulicht die Geschichte des Preisboxens. »Pugilism« war bereits im 18. Jahrhundert überaus populär und hatte nationale »Stars« hervorgebracht, geriet aber in der ersten Hälfte des 19. Jahrhunderts zunehmend in Verruf, nicht zuletzt weil hohe Wetteinsätze zu Manipulationen verführten. Bürgerliche Reformer initiierten Kampagnen gegen das Preisboxen; die Elite entzog dem Sport die Patronage; Friedensrichter untersagten Kämpfe als Gefährdung der öffentlichen Ordnung. Trotz der Anfeindungen und Verbote verzeichnete das Boxen einen Aufschwung, weil Presse und Eisenbahn die Popularität der Preiskämpfe weiter förderten und Wege eröffneten, das Publikumsinteresse zu befriedigen.

»Bell's Life in London«, 1822 erstmals erschienen und damit die erste Zeitung mit einem umfassenden Sportteil, veröffentlichte umfangreiche Kampfberichte und bot seiner Leserschaft Boxnachrichten vom »gossip of the ring« über das Sparring bis zur Vorschau auf kommende Ereignisse. Die Zahl der Kämpfe, über die berichtet wurde, stieg von den 1830ern bis zu den 1860ern kontinuierlich; die jährliche »Chronology of the Ring« listete in den frühen 1830ern um die dreißig Begegnungen; 1842 waren es neunzig und 1867 über 150 im Vereinigten Königreich sowie Australien und den Vereinigten Staaten. Zugleich wanderte das Preisboxen von London und dem Süden Englands in die industriellen Zentren der Midlands und des Nordens wie Birmingham, Manchester, Liverpool und Sheffield. Der Sport zog dorthin, wo Arbeiter, die einen steigenden Anteil der Boxanhängerschaft stellten, besser verdienten.[45]

Dass trotz lokaler Verbote Kämpfe stattfanden, dafür sorgten häufig Eisenbahnunternehmen, die Sonderzüge einsetzten, mit denen Boxinteressierte zu geheimen Schauplätzen reisten. Mitunter ereignete sich ein regelrechtes Katz-und-Maus-Spiel zwischen Polizei und Boxfans. Karten trugen den konspirativen Aufdruck »there and back«; der Kampf Perry gegen Paddock im Dezember 1850 etwa fand, nachdem die Polizei die Boxanhänger bereits an den zunächst vorgesehenen Austragungsorten in den Grafschaften Wiltshire und Hampshire erwartet hatte, nach langer Reise schließlich im County Surrey statt, wo der Zug auf einem Abstellgleis hielt und der Ring auf einer Freifläche eröffnet wurde.[46] Die Eisenbahn entzog das Boxgeschehen gerichtlichen Verboten, da, wie Samuel Smiles, als Verfasser von Büchern über Sparsamkeit und Selbsthil-

44 *Eisenberg*, ›English sports‹, S. 41f.

45 *Brailsford*, Barknuckles, S. 117f. u. 121.

46 *Ebd.*, S. 101.

fe selbst den Sozialreformern zuzurechnen, in seiner Eigenschaft als Sekretär der »South Eastern Railway Company« vor einem Ausschuss des Innenministeriums aussagte, die Nachfrage der Sporttouristen für die Unternehmen unwiderstehlich war.[47]

Die organisatorische Dimension mehr als der Behauptungswille der Anhänger des Preisboxens erwies sich als das Problem der Freizeitreformer, die meist auf lokaler Ebene wirkten. Hätte ein örtliches »pub« Preisboxen veranstaltet, hätten die Ortsbehörden das Geschehen kontrollieren können und nach einiger Zeit möglicherweise das Interesse der lokalen Anhängerschaft ausgetrocknet. Auf überlokaler Ebene war die Kontrolle weitaus schwieriger. Denn erstens bot die Eisenbahn Gelegenheiten, örtlichen Verboten auszuweichen. Zweitens befeuerte die nationale Presse die Begeisterung einer landesweiten Anhängerschaft und leistete organisatorische Hilfe, indem sie die Sportinteressierten publizistisch vernetzte, Preise ausschrieb und Schiedsrichter stellte. Die Presse erreichte nach der Mitte des 19. Jahrhunderts bald eine beachtliche Ausdehnung. Das Blatt »Sporting Life«, das 1859 erstmals erschien, wurde nach Verlagsauskunft in 260000 Exemplaren vertrieben und richtete sich mit einem Verkaufspreis von einem Penny an ein Massenpublikum.[48] Solche größeren Unternehmen wie Zeitungsverlage und Eisenbahngesellschaften vertraten weitaus gewichtigere Geschäftsinteressen als etwa der Wirt eines »pubs«. Weder der liberale Staat noch Magistrate mochten sich so einfach darüber hinwegsetzen.

Traditionelle Vergnügungen wie die Musikunterhaltung in »pubs« und Sport, aber auch der Zirkus, die populäre Presse und Volksfeste[49] entwickelten sich unter dem Eindruck des sozialen und ökonomischen Wandels im 19. Jahrhundert aus ihrem lokalen Rahmen heraus und erreichten größere Dimensionen bis hin zur veritablen, stark kapitalisierten Massenunterhaltung der »music halls«. Mächtige Profitinteressen, nationale Popularität und eine vielköpfige Anhängerschaft machten es für Sozialreformer schwer, Regulierungen gegen die populären Vergnügungen zu erwirken. »Rational recreations« in schichtenübergreifenden Vereinigungen standen folglich vor dem Problem, dass zumindest der Teil der Arbeiterschaft, der am Konsum teilhatte, sich gegen sie entscheiden konnte. Das führte dazu, dass reformerische Angebote der kommodifizierten Unterhaltung bis zum Verlust des missionarischen Zwecks angepasst wurden oder mangels Nachfrage verschwanden.

Neben der zweifachen Möglichkeit zur Abwanderung in Selbsthilfevereinigungen und auf den Markt kommerzieller Massenunterhaltung bildete schließlich das Fehlen einer kohärenten, allgemein geteilten Integrationsideologie einen

47 *Cunningham*, Leisure in the Industrial Revolution, S. 159.

48 *Mason*, Sport in Britain, S. 47.

49 *Cunningham*, Leisure in the Industrial Revolution, S. 164.

Grund für das Scheitern schichtenübergreifender Assoziationen in Großbritannien. Das wird deutlich, fragt man nach einer Entsprechung des Nationalismus, der, wie zu zeigen sein wird, in Deutschland die Krieger-, Schützen-, Gesang- und Turnvereine für eine sozial heterogene Klientel öffnete.

Solchen Vereinen entsprach im britischen Fall am ehesten die »Volunteer Force«. 1859 zum Heimatschutz gegen eine mögliche Invasion gegründet, sollte der militärische Freiwilligenverband bei andauerndem Frieden nach Ansicht seiner hochrangigen Förderer die Klassen unter dem nationalen Banner zusammenführen. Tatsächlich stieg die Mitgliederzahl von etwa 200000 im Jahr 1870 auf 242000 nach der Jahrhundertwende. Auch erfasste die »Force« Arbeiter, die 1862 gut die Hälfte, Anfang des 20. Jahrhunderts ungefähr drei Viertel der Truppenangehörigen stellten.[50]

Die Idealvorstellung, dass sich Arbeiter und »middle class« im gemeinsamen Einsatz für das Vaterland brüderlich vereinten, dürfte jedoch kaum verwirklicht worden sein. Beispielsweise ließen Angehörige der Mittelschicht, die 1859 in Sydenham die »8th Kent Volunteers« gründen wollten, aber allein nicht genügend Freiwillige stellten, zunächst nur widerstrebend »respectable artisans« als weitere Mitglieder zu. Deren Zahl beschränkten sie von vorneherein, um die eigene Majorität zu sichern. Im gemeinsamen Verein verbesserten sich die Beziehungen zwischen den Klassen durchaus nicht. So brachte die Leitung der Einheit einige ihrer der Arbeiterschaft angehörenden Mitglieder vor ein Zivilgericht, weil diese mit der Ratenzahlung für die Uniform im Verzug waren.[51]

Patriotismus vermochte weder soziale Unterschiede in der Truppe zu überdecken, noch war er das für den Beitritt von Arbeitern ausschlaggebende Motiv. Den wichtigsten Anreiz der »Volunteer Force« bildeten vielmehr deren Freizeitangebote. Die »Hallamshire Rifles« etwa unterhielten in den 1860ern einen Chor und einen Spielmannszug und veranstalteten Theateraufführungen, Picknicks und Sportfeste.[52] Blaskapellen, die von den meisten Einheiten unterhalten wurden, sorgten nicht nur für die musikalische Begleitung bei Militärparaden, sondern nahmen in großer Zahl an »Brass Band«-Wettbewerben teil. Viele Kapellen kümmerten sich kaum um die patriotischen Ideale der »Force«, weshalb sich die Klagen über die mangelhafte Disziplin von »bands« häuften. Die offizielle Verbindung mit den »volunteers« diente den »brass bands« vor allem zu materiellen Zwecken. Sie versorgte sie mit Geld für Instrumente und Kapellmeister und verschaffte ihnen Proberäume und Uniformen.[53]

50 *Ders.*, The Volunteer Force, S. 25 u. 50.

51 *Ebd.*, S. 22f.

52 *Ebd.*, S. 117.

53 *Herbert, T.*, S. 25–29.

»Volunteering«, urteilt der Historiker Hugh Cunningham knapp, »was primarily a recreation.« Das sahen schon die Zeitgenossen so. Lord Elcho, der prominenteste Befürworter der »Volunteer Force« im Parlament und selbst Anführer eines Londoner Regiments, erklärte 1865 vor einem Regierungsausschuss, dass vor allem das Preisschießen die Einheiten zusammenhalte. Knapp vierzig Jahre später hatte sich daran nichts geändert. 1904 bekundete ein Mitglied der »London Cyclist Volunteers« vor einer königlichen Kommission, dass Patriotismus die Freizeitsoldaten nicht einmal zu »5 per cent« antreibe: »They call it patriotism, but I think it is principally a desire for sport.«[54]

Patriotismus spielte auch deshalb eine geringe Rolle für eine Mitgliedschaft bei den »volunteers«, weil die Bereitschaft zur Vaterlandsverteidigung nicht unbedingt das Ansehen im sozialen Umfeld der Freiwilligen beförderte. Im Gegenteil waren die Freizeitsoldaten seit Entstehung des Verbandes Gegenstand von Hohn und Spott insbesondere der Unterschichten. Als ein übereifriger Freiwilliger 1860 in einem Park versehentlich einen Hund erschoss und der Vorfall durch die Presse große Verbreitung erfuhr, wurden die stolzen Uniformträger mancherorts mit dem Ruf »Who shot the dog?« begrüßt. In der Festschrift einer Einheit aus Middlesex heißt es, »it was almost impossible for an officer to appear in the streets without being subjected to some form of insult by the more uneducated and less intelligent of his fellow countrymen.«[55] Mitunter ging die Behandlung der »volunteers« noch über Spott und Beleidigung hinaus. So kam es vor, dass Jugendgangs Einheiten angriffen, sie mit Steinen bewarfen und Pferde mit Messern traktierten. Grund für solche Feindschaft war wohl die Furcht, dass die zum Teil der Arbeiterschaft entstammenden Freizeitsoldaten im Dienst der Herrschenden zur Bekämpfung rebellierender Unterschichten eingesetzt werden könnten.[56]

Aber nicht nur die Unterschichten standen der »Volunteer Force« distanziert gegenüber. Spötter gab es auch auf Seiten der Ober- und Mittelschicht. Der militärische Nutzen der Freizeittruppe wurde zunehmend in Zweifel gezogen, und die Presse karikierte die Schutztruppen als ungeordnete Haufen, bei Paraden Pfeife rauchend, mit improvisierten, einander bestenfalls ähnlichen Uniformen und stets verfolgt von einem Tross vorwitziger Kinder. Manche »volunteers« machten das Beste aus der Kritik und lachten über sich selbst.[57]

Die Geringschätzung, ja teilweise offene Feindschaft, die der »Volunteer Force« von unterschiedlichen sozialen Kreisen entgegengebracht wurde, zeigt, dass Werte wie Patriotismus, Disziplin und das Ideal schichtenübergreifender Vaterlandsverteidigung offenbar nicht so allgemein geteilt wurden, als dass sie

54 *Cunningham*, The Volunteer Force, S. 104, 111 u. 109.

55 Zitiert nach *ebd.*, S. 78.

56 *Ebd.*, S. 80.

57 Siehe die Abbildungen in *ebd.*

die realen sozialen Differenzen einer Klassengesellschaft hätten verdecken können. Das unterscheidet die »Volunteer Force« von deutschen Turn-, Schützen-, Krieger- und Gesangvereinen, deren nationales und militärisches Gepräge von keiner Seite wirkungsvoll kritisiert wurde. Während in Deutschland ein Nationalismus ohne vernehmbare Gegenstimmen sozioökonomische Unterschiede übertünchte und dem Arbeiter versprach, zum »Sohn« des Vaterlands aufsteigen zu können, konnte in Großbritannien die patriotische Rhetorik keine allgemeine Geltung beanspruchen, und die Zugehörigkeit zur Freiwilligentruppe beförderte im Unterschied zum deutschen Verein kaum das Prestige eines Mitglieds.

Der signifikante deutsch-britische Unterschied liegt also nicht in der persönlichen Motivation der Mitglieder, die etwa im deutschen Fall in nationaler Begeisterung bestanden hätte, während die britischen »volunteers« vom Patriotismus nicht affiziert worden wären. Auch die einfachen Mitglieder deutscher Schützen-, Krieger-, Turn- und Gesangvereine fokussierten, wie an späterer Stelle ausführlicher gezeigt wird, auf den Freizeitwert ihrer Vereine und organisierten bevorzugt populäre Vergnügungen vom Preisschießen über Turn- und Theaterkonkurrenzen bis zum Gesangwettstreit. Die Differenz lag weniger in der Mentalität der Mitglieder als vielmehr im gesellschaftlichen Diskurs und damit im sozialen Umfeld der Vereine: In Deutschland brachte die Zugehörigkeit zu einem nationalen Verein Anerkennung; in Großbritannien waren die Skepsis gegenüber bewaffneten Freiwilligenverbänden und die Bereitschaft zum Spott über die Hobbysoldaten so ausgeprägt, dass die patriotische »Volunteer Force« kaum einen Prestigegewinn versprach, ja der Beitritt sogar auf Widerspruch in der sozialen Umgebung stieß. Trotz ihrer beachtlichen Mitgliederzahlen blieb die »Force« eher ein gesellschaftliches Randphänomen. Demgegenüber standen in Deutschland die nationalen Vereine in der zweiten Hälfte des 19. Jahrhunderts fest im Zentrum der lokalen Gesellschaft.

Versuche der bürgerlichen Mittelschicht, Arbeiter in schichtenübergreifenden Assoziationen wie »mechanics' institutes«, »working men's clubs« oder die »Volunteer Force« einzubinden und in ihrer Lebensführung zu beeinflussen, waren bis 1870 entweder fehlgeschlagen, oder ihr Scheitern stand bevor. Ein großer Teil der Arbeiterschicht war dank eigener, unabhängiger Vereinigungen sowie kommerzieller Alternativangebote in der Lage, sich gegen »sinnvolle« Freizeitgestaltung zu entscheiden. Das setzte die Anbieter aus der »middle class« unter Druck, ihre Reformofferten den Bedürfnissen der Arbeiterklientel anzupassen. Die Folge war, dass der von den Sozialreformern intendierte Zweck in den Hintergrund trat oder dass Arbeiter zwar die Freizeitangebote der Assoziationen nutzten, sich aber der kulturellen Beeinflussung entzogen.

Gegen Ende des 19. Jahrhunderts verschlechterten sich die Bedingungen für die Organisation von Arbeitern in sozialreformerischen Assoziationen weiter. Philanthropie, Freiwilligkeit und Selbsthilfe unter Patronage der »middle class« bekamen vom Staat, vor allem aber von kommerziellen Anbietern Konkurrenz auf ihren angestammten Betätigungsfeldern. Die spendenfinanzierten Krankenhäuser etwa, Aushängeschild des viktorianischen Voluntarismus und um 1850 fast in jeder größeren Stadt zu finden, gerieten in die Kritik und sahen sich zunehmend mit der Alternative konfrontiert, Gesundheitsversorgung durch staatliche Institutionen zu organisieren. Im Bereich schulischer Erziehung wurde es üblich, Gebühren zu erheben statt Mitgliedsbeiträge und Spenden zu sammeln. Auf dem Freizeitsektor, wo Sozialreformer für »rational recreations« warben, wuchs mit dem Zuschauersport, billigen Tourismusangeboten, Unterhaltungsliteratur und später dem Kino die kommerzielle Konkurrenz.

Trotz widriger Umstände und früherer Fehlschläge bemühten sich reformerisch gesinnte Angehörige der Mittelschicht weiterhin, Arbeiter zu organisieren und ihnen Werte wie Sparsamkeit und eine gesunde Lebensweise, ein Interesse an Hochkultur, Selbstbeherrschung und Gehorsam, Vaterlandsliebe und Gottesfurcht zu vermitteln. Grund dafür war, dass in ihrer Wahrnehmung der Handlungsdruck wuchs. Die Urbanisierung schritt im letzten Drittel des 19. Jahrhunderts weiter fort, und in den hunderttausende Einwohner zählenden Städten sahen Sozialreformer immer deutlicher hervortretende Armut und moralische Verwahrlosung. »Poverty« avancierte zum politisch ausgiebig diskutierten und wissenschaftlich erforschten Gegenstand; die soziologischen Erkundungen von Philanthropen wie Charles Booth und Benjamin Seebohm Rowntree sind die bekanntesten unter den um 1900 veröffentlichten soziologischen Erkundungen der Armut. Viertel wie das Londoner »East End« standen für das Schreckensszenario der modernen Stadt, die von der aufgeklärten Mittelschicht verlassen ihren moralischen Zusammenhalt verlor und in deren Dickicht sich unhaltbare Zustände ausbreiteten. Drangvolle Enge brachte in der Sicht der »Times« geradezu naturwüchsig Kriminalität und Amoralität hervor:

»[A]s long as these frightful dens exist in which a large part of our city population is now crowded we shall go on breeding a new criminal population every year. It is a mere physical necessity. As long as children are born and brought up in human rabbit-warrens, they will grow up into a kind of human vermin. We may catch a few of them and put them in cages, moral or legal; but the mass of them will remain in their savage condition.«[58]

Um dem zu begegnen, griffen engagierte Bürger, Geistliche und Unternehmer im Wesentlichen auf die überkommenen, aber selten bewährten Mittel zurück. Arbeiter und in steigendem Maße deren Frauen und Kinder sollten in ihrer Freizeit an »rational recreations« herangeführt werden. Idealerweise sollte dies im persönlichen Kontakt mit Angehörigen der Mittelschicht geschehen.

58 The Times v. 30.11.1877, zitiert nach *Beaven*, S. 27.

Um diesen zu organisieren, bot sich die freiwillige Vereinigung an, in der die »middle class« dank ihres sozialen und ökonomischen Kapitals die Führung behielt.

Entsprechende Initiativen gingen von verschiedenen Trägern aus. Einzelne Wohltäter und lokale Vereinigungen, häufig in Verbindung mit den örtlichen Magistraten, legten öffentliche Parks an, stifteten Museen und Galerien, errichteten Bibliotheken und Schwimmbäder. Teils war dies Ausdruck von Bürgerstolz, teils wurzelten derlei Investitionen in der Überzeugung, Kultur werde Arbeiter zur Selbstbildung animieren. Die Ansicht, dass Bildung den Menschen aus Armut und moralischer Not erheben und dass Kultur die sozialen Kohäsionskräfte stärken könne, wurde in der zweiten Hälfte des 19. Jahrhunderts zum Gemeinplatz.[59]

Einen größeren Anteil als philanthropische Stiftungen und kommunale Maßnahmen hatten die Kirchen an der Schaffung »sinnvoller« Freizeitmöglichkeiten in entsprechenden Assoziationen. In anglikanischen, nonkonformistischen und katholischen Gemeinden entstanden in großer Zahl und Vielfalt Vereine für Männer, Frauen, Jugendliche und Kinder. Das kirchliche Assoziationswesen umfasste am Ende des 19. Jahrhunderts neben den bereits etablierten Einrichtungen zur religiös-moralischen Unterweisung wie Bibelklassen, Sonntagsschulen und Mäßigkeitsvereine Kultur- und Freizeitklubs von der »debating society« über den Chor und das Fußballteam bis zu alters- und geschlechtsspezifischen Klubs für Gemeindemitglieder, teilweise auch für Außenstehende.[60]

Ab den 1880ern kamen Zweigvereine der uniformierten Jugendverbände als neues Element hinzu. Nonkonformistische Gemeinden bildeten Einheiten der »Boys' Brigade« (1883) und später der »Boys' Life Brigade« (1899); die anglikanische Kirche reagierte mit der Gründung der »Church Lads' Brigade« (1891). Zeitlich verzögert entstanden Schwesterorganisationen wie die »Church Nursing and Ambulance Brigade for Young Women and Girls« (1901). Die ab 1908 gegründeten »Boy Scouts«-Gruppen fanden ihre organisatorische Basis ebenfalls in Kirchengemeinden.

Der Integrationserfolg kirchlicher Organisationsangebote ist jedoch insgesamt eher gering zu veranschlagen. Sie mochten die Loyalität derer gestärkt haben, die ohnehin enger mit der Gemeinde verbunden waren. Neue begeisterte Kirchgänger indes vermochten die Gemeinden vermittels ihrer geselligen Vereinigungen kaum zu gewinnen.[61] Gemeindliche Assoziationen durchliefen ähnliche Entwicklungen wie bereits zuvor »mechanics' institutes«, »working men's clubs« oder die »Volunteer Force«. Zum Teil stießen sie auf Desinteresse,

59 *Meller*, Leisure and the Changing City, S. 49–51 u. 100–109; *Hill*, S. 45.

60 Einen Überblick über die Vereinszwecke bietet *Cox*, S. 81–86.

61 *McLeod*, S. 89f.

weil sie mit »pubs« und unabhängigen Arbeiterklubs konkurrierten, in denen Alkoholkonsum erlaubt war und wo zumindest unter der Hand gewettet wurde, was in kirchlichen Klubs zur sofortigen Schließung führte.[62]

Manche Assoziationsangebote erreichten eher die untere »middle class«, auch wenn sie sich ursprünglich das Ziel gesetzt hatten, Angehörige der Unterschicht zu gewinnen. Das galt für die »Boy Scouts« schon aus dem Grund, dass ärmeren Jugendlichen das Geld für Uniform und Ausstattung fehlte. Hinzu kam, dass Uniformen in Arbeitervierteln Misstrauen und Widerstand hervorriefen, weil man dort die »Scouts« – zu Recht oder zu Unrecht – für eine paramilitärische Organisation hielt. »Scouts«, »Church Lads« und »Boys' Brigade« stießen mithin auf die gleichen Probleme wie die »Volunteer Force«, nach deren Vorbild sie konzipiert worden waren.[63]

Wenn sich Arbeiter bzw. Arbeiterinnen in nennenswerter Zahl kirchlichen Vereinen anschlossen, dann taten sie dies primär um konkreter, materieller Vorteile willen. Das weltliche Freizeitangebot oder die Servicefunktion einer Vereinigung verselbstständigten sich vom intendierten Zweck, Mitglieder zu missionieren oder auch nur zu guten Staatsbürgern zu erziehen.

Ein Beispiel ist die 1874 gegründete anglikanische »Girls' Friendly Society«, der sich bis 1913 annähernd 240000 Frauen anschlossen.[64] Die GFS war konzipiert als eine Art Ersatzfamilie für alleinstehende junge Frauen aus einfachen Verhältnissen, die durch moralisch-religiöse Unterweisung gegen die Gefahren der modernen Welt geschützt und praktisch auf eine berufliche Tätigkeit, meist als Hausangestellte, vorbereitet werden sollten. Diese Aufgabe übernahmen zunächst Aristokratinnen, später auch Frauen aus der Mittelschicht, die eine quasi mütterliche Beziehung zu den Mädchen knüpfen sollten. In der Organisation wurde entsprechend zwischen »members« – den Mädchen – und »associates« – den Mentorinnen – unterschieden, was das Distinktionsbedürfnis von Mittelschichtfrauen befriedigte und ihnen Gelegenheit gab, dem Vorbild der Aristokratinnen nachzueifern. Die »associates« machten vor 1914 etwa ein Sechstel der genannten Mitgliederzahl aus.

Der beachtliche Zuspruch, den die GFS unter jungen Frauen aus der Arbeiterschicht erfuhr, erklärt sich sicher auch durch die Faszination der Mädchen für ihre vermögenden Mentorinnen, deren Landsitze zu besuchen ein besonderes Erlebnis war.[65] Das zugkräftigste Motiv für einen Beitritt dürften jedoch die Serviceeinrichtungen der GFS gewesen sein, die bis zum Ersten Weltkrieg

62 *Cox*, S. 83.

63 *Beaven*, S. 98f.

64 *Harrison*, For Church, Queen and Family, S. 109 u. 119.

65 Siehe die Schilderung des Besuchs des Zweigvereins von Kidderminster auf Wribbenhall in der Verbandszeitschrift »Friendly Leaves«, zitiert in *ebd.*, S. 114. Aus dem Bericht geht u.a. hervor, dass der Ausflug der GFS ganz kurzfristig neue Mitglieder bescherte, die sich kurz vor Abfahrt noch spontan zum Beitritt entschlossen.

stetig ausgebaut wurden und die moralisch-religiöse Dimension immer stärker überlagerten. Die GFS unterhielt Erholungsheime und bot Übernachtungsmöglichkeiten in zahlreichen Städten; sie gab Hilfestellung für reisende Mitglieder und organisierte Fortbildungsmaßnahmen. Besondere Bedeutung hatte die Stellenvermittlung, die bereits Anfang der 1880er Jahre jährlich um die 4000 Beschäftigungsverhältnisse anbahnte. 1905 führte die GFS ihre regionalen Büros in einem »Central Employment Office« zusammen, das 1913 etwa 15800 Stellenangebote und 10500 Arbeitsgesuche bearbeitete. Als Institution mit hohem moralischen Anspruch und einem entsprechenden Ruf war die GFS bestens geeignet, Hausangestellte zu vermitteln, die etwa die Hälfte der »members« ausmachten. »If you wanted a job«, erinnerte sich ein früheres Mitglied in einem Interview, »and they knew that you'd been a member of the G.F.S., you got a job quite easily [...]. They knew that you were Christian people.«[66]

Obwohl die Führung weiterhin den religiösen Aspekt der GFS betonte, entwickelte sich die Assoziation allmählich zu einer säkularen »benefit society«.[67] Entsprechend veränderte sich die Mitgliederstruktur. Der Anteil der »associates« nahm gegenüber dem der »members« deutlich ab. Zum massiven Mitgliederverlust kam es zwar erst nach 1914, doch war der Niedergang der GFS schon früher angelegt. Der Ausbau der Servicefunktionen zeigte bereits an, dass Predigten, Gebete und moralische Empfehlungen mütterlicher Mentorinnen allein die Assoziation nicht zusammenhielten. Dienstleistungsangebote mochten die GFS zunächst konsolidieren, ja sogar neue Mitglieder anziehen. Langfristig jedoch verließ die Assoziation damit ihr angestammtes Feld der religiösen Vergemeinschaftung und geriet in einen Bereich, in dem sie mit weltlichen Organisationen konkurrierte. Im Falle der GFS war es der Staat, der in den Jahren vor dem Ersten Weltkrieg die Arbeitsvermittlung als sozialpolitische Aufgabe entdeckte und die Dienste der GFS schließlich überflüssig machte.[68]

Anzeichen für eine selektive Nutzung von Organisationsangeboten und den schleichenden Verlust des missionarischen Zwecks ziehen sich durch das kirchliche Vereinigungswesen. Religiöse Assoziationen gaben weltlichen Bedürfnissen statt und hielten dadurch zunächst Mitglieder. Allerdings geschah dies um den Preis einer ideologischen Aushöhlung. Mitglieder nahmen ein mehr und mehr funktionales Verhältnis zu den Gemeindevereinen ein, das sie bereit waren aufzukündigen, wenn die Gemeindeleitung die Erfüllung religiöser Pflichten einforderte.

66 *Ebd.*, S. 124–126.

67 Diese Entwicklung hatte die GFS gemein mit der »Young Men's Christian Association« (1844), die sich allerdings vornehmlich an Männer aus der unteren Mittelschicht richtete. Siehe dazu *Anderson*.

68 *Harrison*, For Church, Queen and Family, S. 136.

Das verdeutlicht schließlich auch die Entwicklung der kirchlichen Fußball- und Cricketklubs, die besonders im Norden Englands verbreitet waren und vor 1914 in den meisten Gegenden mehr Arbeitern Gelegenheit zur sportlichen Betätigung gaben als Kneipenteams und Werksvereine, die beiden wichtigsten organisatorischen Alternativen. In Bolton waren 1900 97 von insgesamt 111 Cricketteams und 26 von 65 Fußballteams mit einer Kirchengemeinde verbunden; in Burnley waren es 59 von insgesamt 81 Cricketteams und sieben von zwanzig Fußballteams.[69] Eine Auswertung der Birminghamer Lokalpresse für die Jahre von 1871 und 1884 ergab, dass etwa 21% der lokalen Cricketklubs und 25% der Fußballklubs eine eindeutige Verbindung mit einer Kirchengemeinde aufwiesen.[70]

Wenn aber die kirchlichen Sportklubs gegründet wurden, um junge Männer an die Gemeinde zu binden, sie zu gesunder Lebensführung und »fair play« anzuleiten oder gar für den Gottesdienstbesuch zu gewinnen, dann sind diese Hoffnungen wohl bald enttäuscht worden. So verstießen Kirchenteams durchaus nicht seltener gegen Spielregeln als Mannschaften aus einem säkularen Umfeld.[71] Darüber hinaus ereignete sich zwischen den Klubs ein reger Spielerwechsel, zuweilen über die Konfessionsgrenzen hinweg, was auf eine schwache Bindung der Spieler an die jeweilige Gemeinde hindeutet.

In Sheffields interkonfessioneller »Bible Class League« etwa sicherte sich »Attercliffe Church« die Dienste eines Spielers, an dem auch einige andere Klubs interessiert waren, während »Grenoside Bible Class« kurz vor Beginn der Saison die Teilnahme an der Meisterschaft zurückziehen musste, weil einige ihrer Spieler das Team unmittelbar vor Saisonbeginn verlassen hatten. Das Team der »Primitive Methodists« an der Roundel Street verstärkte sich um Spieler, die vormals im Klub der nahegelegenen anglikanischen Emmanuelkirche gekickt hatten.[72] Die Aktiven sahen offenbar kein Problem darin, die Bindung an ihren Gemeindeverein auch kurzfristig aufzukündigen und zu einem Klub anderer Konfession zu wechseln. Die Gemeindevereine selbst warben um leistungsstarke Spieler. Die sportinteressierte Öffentlichkeit schließlich behandelte die »Bible Class League« nicht anders als andere Ligen im Lokalsport, und Zeitungen berichteten unter rein sportlichen Gesichtspunkten. Eine Ausnahme stellten allenfalls Sportvereine der katholischen Minderheit dar, die zum Teil eigene, konfessionell geschlossene Ligen bildeten.

69 *Williams, J.*, Churches, Sport and Identities, S. 115 (Tab. 1).

70 *Mason*, Association Football, S. 26.

71 *Williams, J.*, Churches, Sport and Identities, S. 128.

72 Bible Class League, in: Sheffield Telegraph, Football and Sports Special v. 5.9.1908. Jack Williams' These, nach der der Einsatz für ein Gemeindeteam eine »denominational identity« ausdrückte, erscheint daher nicht überzeugend. Vgl. *Williams, J.*, Churches, Sport and Identities, S. 131.

Insgesamt aber lockerte der Sport, in dem politische oder religiöse Überzeugungen prinzipiell keine Rolle spielen, die Bindung von Spielern an ihre jeweilige Gemeinde. Zwar war der Gottesdienstbesuch für Sportler formell vorgesehen, und die Abhängigkeit der Teams von gemeindlicher Unterstützung, etwa bei der Pacht eines Platzes, gab den Geistlichen ein Druckmittel in die Hand, die Einhaltung dieser Bestimmung zu erwirken. Wenn aber Geistliche die Sportler zum religiösen Engagement zwangen, liefen sie Gefahr, dass diese sich von der Gemeinde abwandten.

Zum Teil knüpften die Sportler eigene Finanzierungsnetzwerke außerhalb der Kirchengemeinde. Erfolgreichere Mannschaften zogen »supporters' clubs« an, die mit Basaren, Festveranstaltungen oder Verlosungen Geld für den Spielbetrieb aufbrachten. In solche Klubs investierten auch kleinere Geschäftsleute, die sich von der Verbindung mit einer populären Mannschaft Werbewirkung versprachen. Leistungsfähigere Spieler wandten sich diesen Möglichkeiten in großer Zahl zu und wanderten aus Gemeindevereinen ab, was erklärt, warum nur sehr wenige »church clubs« in höheren Spielklassen vertreten waren und die Kirchenligen als diejenigen mit dem niedrigsten spielerischen Niveau galten.[73]

So verlief mit den gemeindlichen Klubs eine zweite Welle der »rational recreations« im Sande. Wie zuvor die frühen »working men's clubs« und die »Volunteer Force« hatten sie überhaupt nur dann eine nennenswerte Zahl von Arbeitern – bzw. Arbeiterinnen – gewinnen können, wenn sie Zugeständnisse machten an Bedürfnisse, die zum missionarischen Zweck der Vereinigung in Spannung standen. Freizeit- und sonstige Serviceeinrichtungen luden ein zu einer selektiven Nutzung des Organisationsangebots, die das normative Fundament der Gemeindevereine untergrub. Ergaben sich attraktivere Alternativen, kündigten die Mitglieder die funktional gewordene Beziehung auf.

73 *Ebd.*, S. 117 u. 119.

2. Das Vereinsleben in schichtenspezifischen Assoziationswelten, 1870–1914

2.1. Universalmoral und Exklusivität: Organisierte Geselligkeit der »middle class«

Versuche zur Verbreitung von »rational recreations« und zur Bildung schichtenübergreifender Assoziationen wurden trotz widriger Umstände und immer neuer Fehlschläge bis weit in das 20. Jahrhundert unternommen. Bereits das letzte Drittel des 19. Jahrhunderts war jedoch geprägt von einer quantitativen Ausdehnung und Profilierung zweier schichtenspezifischer Assoziationswelten, die von jeweils unterschiedlichen Formen der Vereinsorganisation und der geselligen Praxis gekennzeichnet waren.

Zum Vereinswesen der Mittelschicht[74] gehörten zunächst einmal semiprivate gesellige Klubs, wie sie in ähnlicher Form seit der Entstehung des britischen Assoziationswesens gegründet worden waren. Dazu zählen »gentlemen's clubs«, deren primäre Anziehungskraft sich nach wie vor aus dem Bedürfnis speiste, sich mit Gleichgestellten zu umgeben. Dazu gehörten aber auch Vereine mit kulturellem Zweck wie etwa »debating« oder »scientific societies«. Angehörige der Mittelschicht vereinigten sich zudem in Freimaurerlogen sowie in den gehobenen politischen Klubs der Konservativen und Liberalen, die als »›gastro-political‹ institutions« vornehmlich wegen ihrer kulinarischen Angebote und des behaglichen Ambientes besucht wurden.[75]

All diese Vereinsformen erfuhren zwischen 1870 und 1914 eine deutliche Zunahme. Die Zahl der Freimaurerlogen stieg zwischen 1870 und 1912 um 2329 auf insgesamt 3630, wobei die meisten Neugründungen aus der Zeit nach 1900 datieren.[76] Die geselligen Klubs erreichten nach Einschätzung des

74 Die »middle class« machte 1850 nach verbreiteter Einschätzung etwa ein Sechstel der englischen Gesamtbevölkerung bzw. drei Mio. Menschen aus. Dieser Anteil stieg bis 1950 insbesondere wegen der Ausdehnung der Angestelltenschicht auf etwa ein Viertel. Siehe *Trainor*, S. 678. In Übereinstimmung damit die Berechnungen auf der Grundlage von Einkommen und Berufsgruppen bei *McKibbin*, Classes and Cultures, S. 45f., der für das Jahr 1931 knapp 22% der Bevölkerung zur »middle class« zählt. Rechnet man für die Jahrhundertwende mit einem Bevölkerungsanteil von einem Fünftel, dann lag die absolute Zahl der der Mittelschicht Zugehörigen in Großbritannien bei 8,3, in England und Wales bei 6,5 Mio. Menschen. Bevölkerungszahlen nach *Cook* u. *Keith*, S. 232f.

75 *Gunn*, S. 94.

76 *Lowerson*, Sport and the English Middle Classes, S. 22.

Historikers Simon Gunn, der die öffentliche Kultur der »middle class« in Birmingham, Manchester und Leeds untersucht hat, um die Jahrhundertwende den Höhepunkt ihrer Bedeutung.[77] Dies wirkte sich auch in einer großen Steigerungsrate bei den behördlich registrierten Klubs mit Schanklizenz aus. Deren Zahl lag 1896 bei 3655 mit gut 880000 Mitgliedschaften und stieg bis 1904 auf 6371 Klubs. 1914 lag die Zahl bei 8738, allerdings einschließlich der »working men's clubs«, die einen noch vergleichsweise kleinen, aber wachsenden Anteil an der Klubexpansion hatten.[78]

Freimaurerlogen sowie gesellige und kulturelle Klubs der »middle class« standen in der Folge der geselligen Vereinigungen, wie sie bereits im 17. und 18. Jahrhundert existiert hatten. Auch sie definierten durch flexibles Öffnen und Schließen soziale Räume, in denen politische und geschäftliche Kontakte angebahnt und durch persönliche Bekanntschaft verbindlicher gemacht wurden. Entsprechend vereinigten Klubs Angehörige einer engeren sozialen Bandbreite, und die lokale Klublandschaft differenzierte sich in Vereinigungen mit höherem und niedrigerem sozialen Status aus. Auch blieben die Klubs wegen ihrer politischen und wirtschaftlichen Vorfeldfunktionen wie ihre historischen Vorläufer männlich dominiert. Als Grundsatz galt, je höher das soziale Prestige eines Klubs, desto rigider waren Frauen ausgeschlossen.[79]

Unterschiede zwischen den neueren »social clubs« gegenüber dem etablierten Muster des geselligen Männerklubs waren allenfalls graduell. Zu den Veränderungen gehört ein allmählicher Rückzug aus dem öffentlichen in private Räume. Zumindest die Klubs der finanziell Bessergestellten verließen die »pubs« und »inns« und fanden in möglichst luxuriös ausgestatteten, halbprivaten Gesellschaftshäusern ihr neues Domizil. Vermögendere Kreise zogen aus der Stadt in die Vororte, was zufällige Begegnungen an den öffentlichen Orten der Stadtzentren minimierte und eine stärker institutionalisierte Geselligkeit erforderte. Im Zuge dessen verschärften die Klubs die Verhaltensvorschriften für ihre Mitglieder. Die Vorgaben für eine Mitgliedschaft zielten auf größere Exklusivität, und diejenigen, die in den Klub aufgenommen wurden, hatten sich an Regeln zu halten, die etwa bestimmten, wie hoch Trinkgelder sein durften.[80] Im Zusammenhang mit einer stärkeren Institutionalisierung wuchs schließlich die Bedeutung der Klubsymbolik. Abzeichen, Krawatten, Ehrentitel, Gruppenfotos, Festschriften, ein spezifischer Klubjargon, Tischordnungen, Saalschmuck, Grußkarten, das »annual dinner« mit seinen Ansprachen, Liedern und Trinksprüchen fanden zunehmende Verbreitung und Beachtung.

77 *Gunn*, S. 91.
78 *Wilson*, S. 384, Tab. 22.
79 *Gunn*, S. 92.
80 *Ebd.*, S. 95.

Neben Freimaurerlogen und den verschiedenen geselligen Vereinigungen entstand aber auch ein Assoziationstyp, der sich deutlicher von den älteren »social clubs« unterschied und der zugleich die stärksten Zuwächse verzeichnete: der Sportklub. Genaue Zahlen für dessen Ausbreitung sind allenfalls punktuell zu ermitteln, doch geben Verbandsstatistiken einen Eindruck von der sprunghaften und erheblichen quantitativen Ausdehnung dieser Vereinigungsform.

Zu den vornehmlich von Angehörigen der »middle class« gepflegten Sportarten gehörten Radfahren und Tennis. Der »Lawn Tennis Association« waren 1900 300 Vereine angeschlossen; 1914 waren es etwa 1000. Der 1878 gegründete »Cyclists' Touring Club« (CTC), gemäß Selbstauskunft »›par excellence the club for professional men‹«,[81] erreichte mit über 60000 Radlern 1899 den Höhepunkt seiner Mitgliederentwicklung. Neben dem CTC, der als Lobbyorganisation für den Bau radfahrerfreundlicher Straßen wirkte und mit Hotelbesitzern günstige Übernachtungstarife aushandelte, überwachte die »National Cyclists' Union« den Sportbetrieb im Amateurlager. Ihr gehörten 1914 fast 1000 Klubs an.[82]

Golf und Croquet gehörten ebenfalls zu den von der Mittelschicht geschätzten Sportarten. Die »All England Croquet Association« (1896) zählte 1913 knapp 3000 angeschlossene Vereine, und die Zahl der Golfklubs wuchs von einigen Dutzend in den 1870er Jahren auf ca. 1200 im Jahr 1914. Beliebt waren auch Badminton – die Zahl der der »Badminton Association« (1893) angehörenden Vereinigungen stieg von 65 (1901) auf 263 (1912) – und das Hockeyspiel. Die »English Hockey Association« zählte zur Jahrhundertwende 200 Mitgliedsvereine, am Vorabend des Krieges waren es 518.

Bowling, Leichtathletik, Rudern und Rugby fanden Anhänger sowohl in der Mittelschicht als auch der Arbeiterschaft, wobei allerdings die »middle class« jeweils nach eigenen Regeln in eigenen Verbänden spielte. Rugby wurde 1895 nach einem Disput über die Rechtmäßigkeit von Zahlungen bei Verdienstausfall an Spieler in zwei Verbände, die »English Rugby Football Union« und die »Northern Union«, gespalten. Die erstere, die strikt am Amateurcode festhielt, vereinte 1893 481 Klubs. Die Amateurfrage bildete auch im Rudern Anlass zur Spaltung in getrennte Verbände. Allerdings untersagten beide Organisationen, die exklusivere »Amateur Rowing Association« und die 1890 infolge der Spaltung gegründete »National Amateur Rowing Association«, bei allen Unterschieden im Einzelnen das Rudern um Preisgelder, so dass es sich bei den Klubs, die ihnen angeschlossen waren, in der Regel um Vereine der Mittel-

81 Zitiert nach *Lowerson*, Sport and the English Middle Classes, S. 120.

82 The Union's Reserve Fund, in: The National Cyclists' Union Review and Official Record, Bd. 20 (1914), S. 70.

schicht handelte. Ein Adressbuch britischer Ruderklubs listet in seiner ersten Ausgabe 1898 gut 420 »amateur clubs« in England, Schottland und Wales.[83]

In der Leichtathletik war im 19. Jahrhundert unter Arbeitern der Wettlauf (»pedestrianism«) verbreitet, der als Wettgelegenheit genutzt wurde und ohne Verband blieb. Amateurathleten vornehmlich aus der »middle class« organisierten sich in der »Amateur Athletics Association«, die ihren Vereinen Wettkämpfe um Preisgelder verbot. 1880 waren der Assoziation noch 45, 1914 bereits 502 Klubs angeschlossen. Die »English Bowling Association«, 1914 mit 237 Klubs und 23 Regionalverbänden, definierte die Regeln für das im Süden Englands von der Mittelschicht gespielte »Flat Green Bowling«. Im Norden wurde meist von Arbeitern das »Crown Green Bowling«, bei dem das Spielfeld in der Mitte erhöht war, bevorzugt.[84]

Insgesamt gab es am Vorabend des Ersten Weltkriegs in England – in Schottland, Wales und Irland entstanden nach englischem Vorbild gesonderte Dachverbände – etwa 9000 verbandlich organisierte Sportvereine, die wegen strikter Amateurbestimmungen der Verbände, zum Teil auch angesichts der Kosten der jeweiligen Sportart als Mittelschichtenklubs gelten können. Daneben existierte eine Vielzahl von Vereinigungen, die keinem Verband affiliiert waren. Im Badminton und im Bowling sollen nach Schätzungen ebenso viele Klubs außerhalb der Verbände gestanden haben wie ihnen angeschlossen waren.

Das Neuartige der Sportklubs lag in einem eigenen Geselligkeitsstil, der sich von der mehr oder weniger unverblümten sozialen Exklusivität der älteren Klubs unterschied. Der Sport, um den herum die Klubs entstanden, eröffnete neue Möglichkeiten, soziale Beziehungen anzubahnen und gesellschaftlichen Status zuzuweisen. Das Konzept von Vergesellschaftung im Sport soll zu seinem vollen Verständnis zunächst theoretisch entfaltet werden, bevor die Entwicklung der »Middle Class«-Sportklubs weiter verfolgt wird.

Der Kern der sportlichen Geselligkeit lässt sich mit Georg Simmel als indirekte Konkurrenz beschreiben, welche die sozialen Beziehungen neben dem Sport unter anderem auf dem Markt kennzeichnet. Das Indirekte des Konkurrenzverhältnisses besteht darin, dass die Kontrahenten um die Gunst einer unabhängigen »dritten Partei« werben und der Wettstreit nicht durch die Ausschaltung des Mitbewerbers entschieden werden kann. Ebenso wenig wie es dem Kaufmann nutzt, den Geschäftskonkurrenten in ein negatives Licht zu stellen, wenn die Kundschaft an seinen eigenen Waren keinen Gefallen findet, gewinnt der Sportler einen Wettlauf, wenn er seinen Gegner von der Bahn drängt. Denn Publikum und Schiedsrichter würden ihm wegen »Foulspiels«

83 *Rees.*

84 Zahlen nach *Lowerson*, Sport and the English Middle Classes, S. 102f. (Crocket), 109 (Badminton), 113f. (Bowling), 120 (CTC) u. 125 (Golf), sowie *Tranter*, S. 23 (Tennis, »Athletics«, Hockey, Rugby).

die Anerkennung des Sieges verweigern. Sportliche Konkurrenz meint, »man kämpft mit dem Gegner, ohne sich gegen ihn zu wenden, sozusagen ohne ihn zu berühren«.[85]

Die Statuszuweisung im Sport basiert demnach zunächst auf dem Vergleich nach Maßgabe individueller Leistung. Zugleich vollzieht sich das Kräftemessen in einem zivilen, die Konkurrenz einhegenden Rahmen, da die »dritte Partei«, welche die soziale Anerkennung ausspricht, das tadellose Verhalten der Akteure in Rechnung stellt. Dadurch wiederum verliert der Sieg als Zeichen für größere Leistungsfähigkeit gegenüber der im Wettstreit gezeigten Haltung tendenziell an Bedeutung. Da nicht die Überwindung des Mitbewerbers, sondern die Gunst des Publikums das Ziel ist, müssen die Konkurrenten peinlich genau die Gebote der »Fairness« achten, um das Wohlwollen aller Beobachter einschließlich des unterlegenen Konkurrenten zu verdienen. Ein »schlechter« Gewinner, der im Siegestaumel seinen Gegner abzuwerten versucht, kann trotz aller Überlegenheit im Wettkampf die Gunst der »dritten Partei« verspielen, ein »guter« Verlierer umgekehrt an allgemeiner Achtung gewinnen.

Die Historikerin Christiane Eisenberg hat dieses Sportverständnis im Kontext der englischen Gesellschaft als eine klassenspezifische Moral der Mittelschicht gekennzeichnet, die zugleich als »Universalmoral« allgemeine Geltung beansprucht habe. Mit diesem Anspruch habe die »middle class« zum einen den Adel herausgefordert, weil sie mit der Vergesellschaftung durch Konkurrenz den Wert individueller Leistung betont und ererbte Privilegien als »unfairen« Vorsprung aufgedeckt habe. Zum anderen habe die sportliche Universalmoral die Vorherrschaft der »middle class« über die Unterschichten gesichert, weil sie definiert habe, was als »fair« gelten durfte und damit auch, wer soziale Anerkennung verdiente.[86]

So vertraten die von Angehörigen der »middle class« geführten »governing bodies«, die die Wettkampfregeln kodifizierten und ihre Einhaltung überwachten, rigorose Amateurbestimmungen. Diese sollten verhindern, dass sportfremde finanzielle Interessen in den gegen seine Umwelt geschlossenen Leistungsvergleich eindrangen. Der Wettkampf galt als »friendly meeting«, das nur einem geselligen Zweck, der wechselseitigen Anerkennung der Beteiligten als »good sports«, diente. Als solches musste man ihn nach Ansicht der Regelhüter gegen monetäre Begehrlichkeiten abschirmen, die hinter Zahlungen an Sportler, hinter Wetten und Geldpreisen gesehen wurden.

Auf den Sportplätzen führten die Amateurparagraphen zum Teil zu offenen Ausschlüssen. Ruderer beispielsweise, die als Fährmänner mit der Arbeit auf Booten ihren Lebensunterhalt verdienten, durften als »professionals« nicht an Wettkämpfen der Ruderverbände teilnehmen. Mindestens aber brachten die

85 *Simmel*, Soziologie der Konkurrenz, S. 224. Siehe auch *Eisenberg*, ›English sports‹, S. 56.
86 *Eisenberg*, ›English sports‹, S. 56–69.

Amateurbestimmungen eine massive Benachteiligung von Sportlern aus der »working class« mit sich, die sich eine an Siegprämien desinteressierte Beteiligung am Wettkampf nicht leisten konnten. Diese Athleten brauchten Preisgelder, um Reisekosten, Startgebühren und weitere Aufwendungen für den Sportbetrieb bestreiten zu können.[87]

Jenseits des eigentlichen Sportgeschehens, in Vereinen wie in der weiteren Öffentlichkeit, bedeutete die Definitionshoheit über »Fairness« darüber hinaus, dass die »middle class« auch die Statuszuweisung monopolisierte. Die Teilnahme am sportlichen Vergleich stand zwar allen Personen offen, und es war auch transparent, wer dank überlegener Fähigkeiten als Sieger daraus hervorging. Dass aber am Ende Angehörige der Mittelschicht den eigentlichen Preis, nämlich die soziale Anerkennung erhalten würden, daran kann kein Zweifel bestehen. Da die »middle class« den Sport definierte, war der Sportler aus ihren Reihen vertraut mit dem »fair play«, das sich eben nicht in der Einhaltung geschriebener Regeln erschöpfte, sondern die Unterwerfung unter den »spirit of the game« meinte.[88] Der Sportler aus der Mittelschicht wusste, mit welcher Haltung man sich an die Spielregeln hielt, wann man sich souverän über den geschriebenen Code stellte und wann man den Kontrahenten siegen ließ, um als eigentlicher Gewinner das Feld zu verlassen. Der wettkämpfende Arbeiter dagegen, der nicht eingeweiht war in die Etikette der »Fairness« und für den die »desinterestedness« des Amateurs unerschwinglich war, erschien in seinen Bemühungen um den Sieg schnell überehrgeizig und ungesellig. Das System der Statuszuweisung durch »fairen« Wettbewerb begünstigte also diejenigen, die sich »Fairness« leisten konnten.

Mit der indirekten Konkurrenz des Sports entdeckte die britische »middle class« ein Vergesellschaftungsprinzip, das sich analog verhielt zum freien, vernunftgemäßen Diskurs sowie zu dem Versprechen der nationalen Verbrüderung, die dem »bürgerlichen« Verein in Deutschland zugrundelagen. Alle drei eigneten sich als »Universalmoral«, welche die Angehörigen der Mittelschicht gegenüber Adel und Unterschicht begünstigte. Der Sport nach den Konventionen der »Fairness« stellt wie der rationale Diskurs und der Nationalismus ein Normensystem dar, das in allen sozialen Kreisen Geltung beanspruchte und zugleich die Mittelschicht bevorteilte. Sport, rationaler Diskurs und Nationalismus forderten einerseits die Ständeordnung heraus, weil sie prinzipielle Gleichheit – Chancengleichheit, gleiche Vernunftbegabung, gleiches Ansehen als Mitglied der Nation – beanspruchten. Andererseits stützten diese drei Vergesellschaftungskonzepte die Vormachtstellung der Mittel- gegenüber der

87 *Lowerson*, Sport and the English Middle Classes, S. 159 (Amateurbestimmungen beim Rudern) u. 156 (Preisgelder).

88 *Holt*, S. 98.

Unterschicht und reproduzierten entgegen dem Egalitätsversprechen soziale Ungleichheit.

Denn *erstens* erforderten die vereinsmäßige Organisation des Sports, des Diskurses und der nationalen Verbrüderung Ressourcen, über die eher das Bürgertum bzw. die »middle class« verfügte als Arbeiter. Bildung als das Wissen um den korrekten Verstandesgebrauch, »Fairness« als das Wissen um die richtige sportliche Haltung sowie Geld und Abkömmlichkeit hatte die Mittelschicht den Arbeitern voraus, weshalb ihnen in Sportklubs, Bildungs- und nationalen Vereinen eine Führungsrolle zufiel.

Zweitens blendeten alle drei bürgerlichen Vergesellschaftungsprinzipien sozio-ökonomische Unterschiede aus. Soziale Ungleichheit erschien mit dem Hinweis auf prinzipielle Gleichheit der Chancen, der Vernunftfähigkeit oder des Ansehens als Mitglied der Nation als äußerliches Problem. Dessen Begleiterscheinungen, nämlich politische und wirtschaftliche Interessen, mussten sogar explizit ausgeklammert werden, weil sie sonst die ergebnisoffene Konkurrenz, den vernünftigen Austausch von Argumenten bzw. die nationale Verbrüderung verhinderten. So erhielt sich soziale Ungleichheit nicht nur innerhalb von Sportklubs, Bildungs- und nationalen Vereinen. Sie wurde darüber hinaus auch auf gesamtgesellschaftlicher Ebene gefestigt, sofern es der Mittelschicht gelang, allgemeine Akzeptanz für ihre Vergesellschaftungsprinzipien zu finden. »Verbürgerlichten« sich Arbeiter, indem sie sich in schichtenübergreifenden Sport-, Bildungs- oder nationalen Vereinen integrierten, dann wurden ihre Ressourcen – Ideen, Engagement, Zeit und Geld – absorbiert, die dann bei der Schaffung alternativer Vergesellschaftungsformen fehlten.

In Deutschland, und damit sei die theoretische Entfaltung bürgerlicher Vergesellschaftungsformen beendet und die historische Entwicklung dieser Konzepte wieder aufgenommen, gelang diese »Verbürgerlichung« von Arbeitern, wie in Kapitel III dargestellt werden wird. In Großbritannien hingegen ließ sich die »faire« Konkurrenz als Grundlage bürgerlicher Hegemonie nicht allgemein durchsetzen.

Als hinderlich erwies sich ein älteres Sportverständnis, das der bürgerliche Sportsgeist letztlich nicht zu verdrängen vermochte. Sport war keine originäre Erfindung der britischen »middle class«. In der Frühen Neuzeit bereits waren in Großbritannien Sportveranstaltungen etabliert, für die sich der Adel und die »lower orders« – selbstverständlich getrennt voneinander – interessiert hatten. Fester Bestandteil dieses älteren Sports bildete das Wetten. Dieses war zwar beim Adel und bei den »einfachen Leuten« unterschiedlich motiviert: Der wettfreudige Adlige signalisierte, dass er über disponible Ressourcen verfügte; er betrieb mithin »conspicuous consumption«; dem Wetter mit begrenzten Mitteln ging es eher darum, Expertise in finanziellen Gewinn umzumünzen. Beide Formen des Wettens bedingten jedoch gleichermaßen, dass der Sieg im sportlichen Wettkampf entscheidend war und die Haltung der Athleten eher unwichtig; bei den verbreiteten Tierkämpfen liegt das auf der Hand. Kennzeichnend für die früheren Sportveranstaltungen war zudem, dass sie zu populären Spektakeln gerieten und dadurch Möglichkeiten für finanziellen Profit eröffneten. Entsprechend bildete das »pub« das Zentrum des frühneuzeitlichen Sports. Wirte organisierten die Wettkämpfe, schrieben Preise aus, boten Spielfelder, unterhielten eigene Mannschaften oder agierten als Buchmacher.[89]

Im Verdrängungswettbewerb mit diesem älteren Sportverständnis erzielten die Sportpropagandisten der »middle class« lediglich Teilerfolge. »Blood sports« wichen allmählich zivileren Sportarten, ohne allerdings ganz zu verschwinden. Die moralische Kritik an der Wettleidenschaft des Adels hatte zum Ergebnis, dass Aristokraten sich von der Veranstaltung mancher populärer Wettkämpfe zurückzogen und dadurch einigen »sports« ein wichtiger Pfeiler wegbrach. Insgesamt aber überlebte das auf Wettleidenschaft und Spektakel gründende Sportverständnis in neuer, kommerzialisierter Form, weil Marktakteure wie Eisenbahnunternehmer, Zeitungsverlage und Brauereibesitzer Chancen in der Förderung populärer Sportarten erkannten. Investitionen von dieser Seite kompensierten den Wegfall adliger Patronage und stellten das Sportspektakel auf eine neue ökonomische Grundlage.

Unternehmerisches Engagement bedeutet nebenbei bemerkt aber auch, dass der »bürgerliche Sportsgeist« durchaus nicht repräsentativ für die gesamte britische Mittelschicht war. Ökonomische Interessen und Amateurparagraphen kollidierten zuweilen, was die Klassenverhältnisse durcheinander bringen konnte. So galten nach den Bestimmungen der »National Cyclists' Union«, die wie die Statuten des Ruderverbandes Menschen vom Wettbewerb ausschlossen, die in ihrem zivilen Leben mit dem Sportgerät Geld verdienten, die vermögenden Hersteller von Fahrrädern als »professionals«, während sich deren Angestellte als »amateurs« geadelt sahen.[90]

Der kommerzialisierte Zuschauersport, der im letzten Drittel des 19. Jahrhunderts seinen Durchbruch erlebte, knüpfte an das ältere Verständnis von Sport an und popularisierte es über die Presse und durch landesweite Wettbewerbe mit entsprechender Reichweite. Angesichts solcher Präsenz wurden die bürgerlichen Reformer überhört. Die Entwicklung des Fußballspiels ist dafür ein gutes Beispiel. Zunächst von Angehörigen der Mittelschicht im Sinne des »bürgerlichen Sportsgeistes« praktiziert und von der 1863 gegründeten »Football Association« kodifiziert, geriet der Sport mit der Profiliga zum Massenspektakel, das Anfang des 20. Jahrhunderts wöchentlich bis zu 400 000 Besucher anzog und zur populärsten Unterhaltung für englische Männer avancierte.[91] Im Unterschied zu den von »Fairness« und »good manners« geprägten

89 *Brailsford*, A Taste for Diversions, S. 108–113.

90 *Lowerson*, Sport and the English Middle Classes, S. 167.

91 *Holt*, S. 161.

ten Begegnungen der bürgerlichen Fußballpioniere wurde in der Profiliga mit hohem physischen Einsatz hart an der Grenze des Erlaubten um den Sieg gekämpft. Spieler wurden für ihre Tätigkeit bezahlt, was, wenn auch die Summen verglichen mit Spielergehältern späterer Zeiten gering waren, dem Ideal des »desinterested amateur« grundsätzlich entgegenstand. Auch die Haltung der Zuschauer, die unabhängig von der gezeigten Leistung offen parteilich waren, trotz Verbots wetteten und Alkohol tranken, stand im Widerspruch zum bürgerlichen Sportverständnis.

An der Transformation des überkommenen Sportbegriffs durch die beschleunigte Kommerzialisierung im letzten Drittel des 19. Jahrhunderts änderten die Verfechter von »Fairness« und Amateurismus nichts. Im Gegenteil mussten sie nach langen Kämpfen die Professionalisierung einiger Sportarten gestatten, um zu verhindern, dass ihre »governing bodies« die Kontrolle über diese Bereiche ganz verloren. Die Sportpropagandisten der »middle class« hüteten zwar noch die Regeln, überwachten den Spielbetrieb und stellten häufig die Infrastruktur bereit, wie am Beispiel der kirchlichen Sportklubs verdeutlicht. Doch der »spirit of the game« lag für die große Mehrheit derer, die die populären Sportarten wie Cricket, Rugby oder Fußball verfolgten, im Sieg und im Spektakel. Die Mittelschichten waren mithin eher Sponsoren als Missionare des modernen Sports.[92]

Die »middle class« errang keine Definitionshoheit über den Sportdiskurs. Die breite Öffentlichkeit, darunter auch diejenigen Angehörigen der Mittelschicht, die den Profisport genossen und diejenigen, die geschäftlich davon profitierten, interessierte sich eher für die Wettkämpfe zwischen trainierenden »professionals« als für die tadellose Haltung der Amateure. Die wachsende Aufmerksamkeit für den wettbewerbsorientierten Sport wirkte wiederum auf das Sportverständnis der »middle class« selbst und damit auch auf die Geselligkeit in Sportvereinen zurück. Die Sicherheit, mit der die Mittelschicht »fairness« erkannte und belohnte, ging allmählich verloren; das Modell der Statuszuweisung geriet unter dem Eindruck des populären Sporttreibens ins Wanken.

Das betraf zunächst einmal die aktiven Mittelschicht-Sportler, die sich selbst bei vereinsinternen Wettkämpfen mit dem Verdacht konfrontiert sahen, mit dem für Profis typischen »übertriebenen« Ehrgeiz zur Sache zu gehen. Hatten beispielsweise die Fußballpioniere aus der »middle class« selbstverständlich auf Schiedsrichter verzichtet, schien man nun einen Unparteiischen zu benötigen, denn man konnte nicht mehr voraussetzen, dass sich die gegnerische Partei dem selben Verhaltenskodex verpflichtete und dass das Publikum »fair play« anerkannte. Bis hinunter auf die Ebene einzelner Mittelschichtenklubs wurden die Folgen des populären kompetitiven Sportverständnisses beklagt: »[T]he Sports and the Tournament had been killed by the antics of the professionals

92 *Tranter*, S. 49.

who only exerted themselves for the final sprint«, hieß es enttäuscht in der Festschrift des »Sharrow Cycling Clubs« in Sheffield, dem mehrheitlich Lehrer angehörten.[93]

Probleme mit der Statuszuweisung durch die indirekte Konkurrenz hatten zudem diejenigen, die sich im Sinne des Sportverständnisses der »middle class« öffentlich zum Sport äußerten. Wie sollte man überlegene Leistungen beurteilen, wenn sie möglicherweise mit übermäßigem Siegeswillen oder gar dank des verpönten Trainings zustande gekommen waren? Wie konnte man die Haltung des unterlegenen Kontrahenten ausreichend würdigen, wenn allgemein nur noch Ergebnisse zu zählen schienen?

In dieser Situation verfolgten die Propagandisten des »spirit of the game« und die Klubs drei Strategien, um die im spektakulären Zuschauersport hoch geschätzte »competitiveness« zu entschärfen. Die Publizistik bemühte den Humor, der die Spannung aus der sportlichen Konfrontation nahm, indem er sie ins Unernste zog. Humorige Texte und Zeichnungen begleiteten die Verbreitung des Mittelschichtensports; sie fanden Eingang in Magazine und die Tagespresse; ihnen waren Lieder und Bücher gewidmet. Mild karikierende Darstellungen von angestrengten Golfern und harmlos-fröhliche Geschichten um das Fahrradfahren luden die Akteure ein, ihr Treiben mit einer gewissen Distanz zu betrachten und ihm eine komische Seite abzugewinnen. Mit dem Angebot, über sich selbst zu lachen, nahm der verbreitete Sporthumor der Konkurrenz die für die »middle class« unangenehme Schärfe und erlaubte, den Sport als rein erholsamen Zeitvertreib zu sehen.[94]

Den Klubs standen zwei Strategien zur Verfügung. Die eine bestand darin, die sportliche Konkurrenz zu vermeiden, indem man die gesellige Seite des Vereinslebens stärker gewichtete. Vereinigungen wie die »Sheffield and District Lawn Tennis Association« ließen vereinsinterne Wettbewerbe ausfallen.[95] Der »Felixstowe Lawn Tennis Club« beispielsweise richtete 1895 gut besuchte »offene« Turniere für auswärtige Spieler aus, während nur eine Handvoll Mitglieder zur klubinternen Meisterschaft antrat.[96] Klubs veranstalteten immer größere Feste und wandelten sich allmählich zu »social clubs«, was man unter anderem an der steigenden Zahl derjenigen Mitglieder erkennen kann, die sich gar nicht sportlich betätigten. Aus einem Dutzend radfahrender Enthusiasten entwickelten sich Klubs mit um die einhundert Mitgliedern, von denen sich nur ein kleiner Teil aufs Rad schwang. In diesem Zusammenhang öffneten sich die Sportvereine im bemerkenswerten Maße für Frauen, für die die

93 *Cope* u. *Cowen*, S. 20.

94 *Lowerson*, Sport and the English Middle Classes, S. 140. Als Beispiele für »sporting humour« siehe *Jerome u.a.* sowie *Grover.*

95 *Sheffield and District Lawn Tennis Association*, S. 16.

96 *Felixstowe Lawn Tennis Club*, S. 6.

älteren Klubs verschlossen gewesen waren. Eine zeitgenössische Fachzeitschrift schätzte 1912, dass Frauen mit 40000 Spielerinnen ein Fünftel aller Golfaktiven stellten; »Ladies' sections« existierten in vielen Hockey-, Badminton- und Radfahrvereinen, und in einigen Tennisvereinen bildeten Frauen die Mehrheit.[97] Der Zuwachs an Mitgliedern, die häufig kein Interesse an der sportlichen Betätigung hatten, wirkte sich wiederum negativ auf den Sportbetrieb aus und konnte den gesamten Charakter des Vereins verändern, wie der »Northern Lawn Tennis Club« in der Rückschau feststellte.[98]

Klubs, die bei allem geselligen Betrieb nicht auf die physischen Aktivitäten verzichteten, nahmen diese zumindest auf das gesunde Maß der Körperertüchtigung zurück. Radfahrvereine beschränkten sich auf gemächliche Ausfahrten, die sogenannten »club runs«. Im Tennis wurde empfohlen, auf den »volley« zu verzichten, mit dem der Spieler den Ball retournierte, bevor dieser im eigenen Feld aufsprang. »The volleying game«, kommentierte der Manchester Guardian 1883, »is only for those who can devote themselves to a serious study of the art, and the tendency to make the game something too difficult and elaborate for ordinary people is only to be encouraged with reserve.«[99] Die von der Mittelschicht bevorzugten Sportarten Croquet, Bowling und Badminton erforderten ohnehin kaum körperliche Anstrengungen und eigneten sich für gemischtgeschlechtliche Teams. Das beliebte Golfen schließlich kam ohne Wettbewerb aus, da man es gegen sich selbst spielen konnte – ein Umstand, der stark zu seiner rasanten Verbreitung beitrug.[100]

Allerdings war der Leistungsvergleich nicht immer so einfach zu vermeiden. Der schwungvolle Tritt beim gemeinsamen Radausflug oder der Sprint zum Netz beim Tennismatch konnten unvermittelt die Wettkampfsituation herstellen und damit die Probleme heraufbeschwören, die mit dem eingehegten Vergesellschaftungsprinzip der indirekten Konkurrenz verbunden waren. Gegen diese Fälle ersannen die Klubs als letzte Strategie organisatorische Vorkehrungen. Um unbeabsichtigten Wettrennen vorzubeugen, zu denen sich Ausfahrten entwickeln konnten, schlug beispielsweise die Radlerabteilung der »Young Men's Christian Association« in Sheffield vor, nacheinander in drei geschlossenen Gruppen loszufahren, damit niemand in Rückstand gerate. Von dieser Ordnung, die man den »Harrier«-Klubs (Laufklubs) entlieh, versprach man sich, dass sie der Abteilung viele der YMCA-Mitglieder zuführen würde, die noch fürchteten, hoffnungslos zurückzubleiben oder sich überanstrengen zu müssen.[101]

97 *Lowerson*, Sport and the English Middle Classes, S. 216; *Tranter*, S. 84.

98 *Fell*, S. 21.

99 Zitiert nach *ebd.*, S. 7.

100 *Lowerson*, Sport and the English Middle Classes, S. 100 u. 128.

101 Free-Wheel, Cycling, in: Sheffield Telegraph, Football and Sports Special v. 9.11.1907, S. 2.

Eine andere Möglichkeit bestand darin, nicht die schnellsten Fahrer auszuzeichnen, sondern einen »best attendance cup« für die eifrigste Teilnahme auszuloben, der eher etwas über die verfügbare Zeit als die individuelle Leistungsfähigkeit aussagte und daher seltener Neid oder übertriebenen Ehrgeiz provozierte. Verbreitete Praxis der Radfahrklubs war es schließlich, ein Mitglied zum »captain« zu bestimmen, der dafür sorgte, dass kein Radler aus der Gruppe fiel. »Free-Wheel«, der Radfahr-Korrespondent des »Sheffield Telegraph«, empfahl:

»[W]hoever goes on in front, and whatever pace may be kept up, the sub-captain should always regard it as part of his duty not to press the back riders to hurry up, but to ride at their pace and make matters as pleasant as possible.«[102]

Damit die Klubradler sich den Anweisungen des Kapitäns fügten, legten Vereinssatzungen fest, dass kein Mitglied ihn überholen dürfe.[103]

Mit Humor, einer Aufwertung sportferner Geselligkeit oder per Satzung wurde die Konkurrenz als Vergesellschaftungsprinzip in den Hintergrund gedrängt. Zwar war der Sport in der Praxis bei aller Beschwörung, er trage zum Verständnis zwischen den Klassen bei, schon vorher ein Phänomen der verschärften Klassentrennung gewesen, wie die unterschiedlichen Sportpräferenzen von Mittelschicht und Arbeitern sowie die exklusiven Amateurbestimmungen der »governing bodies« belegen.[104] Um die Jahrhundertwende jedoch nahmen Klubs das im Sport angelegte Versprechen noch weiter zurück, dass es der Einzelne unabhängig von seiner sozialen Herkunft durch individuelle Leistung zu sozialer Anerkennung bringen könne.

Der Verfall des sportlichen Vergesellschaftungsprinzips in den Mittelschichtenklubs verstärkte die bestehende Trennung zwischen »middle class« und Arbeitern. Darüber hinaus hatte er aber auch Folgen für die sozialen Beziehungen innerhalb der »middle class«, die sich in Sportklubs vereinte. Die offene indirekte Konkurrenz als Form der sozialen Integration und der Statuszuweisung hatte ja auch unter Angehörigen der Mittelschicht die Möglichkeit zur zeitweiligen, spielerischen Umkehrung der geltenden sozialen Rangfolge eröffnet. So konnte der Sport, wenn er auch den Arbeiter nicht einbezog, zumindest das gleichberechtigte Gegenüber von Angehörigen einer breiten Mittelschicht, etwa die Begegnung zwischen einem Arbeitgeber und seinem Angestellten ermöglichen.

Solche Freiräume wurden nun durch die Eingrenzung des Wettkampfes und die verstärkte Formalisierung der Klubgeselligkeit verengt. Verstärkte Beachtung schenkte man in Ruderklubs »club badges« und Uniformen, die so-

102 *Ders.*, Cycling Notes and News, in: *Ebd.* v. 9.5.1908, S. 2.

103 Siehe etwa *Canterbury Cycle Club*, S. 7.

104 *Tranter*, S. 41.

wohl bei Ausflügen als auch bei Abendveranstaltungen getragen wurden. Der »Royal Chester Rowing Club«, im späten 19. Jahrhundert einer der führenden des Landes, hatte neben einer »Club uniform« noch eine »rowing uniform« mit weißer Jacke, Weste und Hose aus Flanellstoff mit dunkelblauen Absetzungen, jeweils vier »Club buttons« auf Ärmeln und Weste sowie einem Strohhut mit Hutband in den Vereinsfarben.[105] Geradezu militärisch traten Radfahrklubs auf, deren Mitglieder Formationen bildeten und auf Kommando, welches der »captain« per Signalhorn erteilte, auf- und abstiegen, abbremsten oder in Zweierreihe fuhren. Mitunter trafen sich mehrere Klubs einer Gegend zu sogenannten »processions«, bei denen sie uniformiert unter der Führung ihrer »captains« mit Begleitmusik durch den Ort radelten.[106]

Zwar wurden solche Formalisierungen mit Humor abgefedert; Scherzlieder waren für Radfahrklubs ebenso typisch wie Formationsfahrten. Dadurch unterschieden sich die Sportklubs der britischen Mittelschicht deutlich von der ernsten Feierlichkeit deutscher Schützen-, Turn-, Krieger- und Gesangvereine. In beiden Fällen jedoch indiziert die Aufladung der Organisationsstruktur durch Klubkrawatten und ähnliche Symbole einerseits und die Vorkehrungen gegen sportlichen Ehrgeiz andererseits eine eingeschränkte soziale Beweglichkeit, die in den deutschen Vereinen Arbeiter und Bürger betraf und sich in Großbritannien auf die Mittelschicht beschränkte.

Kennzeichnend für die Vereinsgeselligkeit der britischen »middle class« blieb mithin soziale Exklusivität, die von jeher den »social club« gekennzeichnet hatte. Das galt gerade auch – und zwar entgegen der Rhetorik von der Klassengrenzen überwindenden Macht des Sports – für das stark wachsende Segment der Sportklubs. Dort mussten die Verfechter des »bürgerlichen Sportsgeistes« feststellen, dass ihr Ideal des Amateursports sich gesamtgesellschaftlich nicht gegen konkurrierende Sportvorstellungen durchsetzen konnte. In der Folge wurden in den Klubs die Inklusionsansprüche des Sports problematisch und nach und nach zurückgenommen, so dass selbst innerhalb der Mittelschicht das gesellige Potential des Sports eng begrenzt blieb. Sportklubs dienten also längst nicht einfach der Organisation bestimmter Spiele. Sie leisteten vor allem soziale Differenzierung.[107]

Nach außen hin verstärkte die Zurückweisung der sportlichen Universalmoral die Abgrenzung gegenüber unterbürgerlichen Schichten, die mit dem Sport kommerzielle Spektakel verbanden. Exklusivität hielt nicht nur Nichtmitglieder draußen, sondern profilierte auch die Mitglieder gegen ihre Umwelt. Mittelschichtenklubs bezogen ihre Identität daraus, dass sie sich von ihrem sozialen Umfeld abhoben. In diesem Zusammenhang stehen die demonstrative

105 *Glass* u. *Max Patrick*, S. 46. Weitere Beispiele in *Rees*.

106 *Street*, S. 24f.

107 *Lowerson*, Sport and the English Middle Classes, S. 98.

Selbstaufwertung durch die Einführung von Abzeichen und Uniformen, der Rückzug aus »pubs« in Klubhäuser und Privaträume sowie das beharrliche, zunehmend defensive Festhalten der Sportklubs am exklusiven Amateurstatus.

2.2. Solidarität und Konkurrenz: Geselligkeit in Kneipenvereinen und genossenschaftlichen Freizeitverbänden der Arbeiterschicht

Während sich die Vereinigungen der Mittelschicht nach Möglichkeit aus den »pubs« zurückzogen, blieben die Vereine der Arbeiter bis in das 20. Jahrhundert hinein eng mit der Kneipe verbunden. In »pubs« versammelten sich »friendly societies«, die den mitgliederstärksten Zweig des Arbeiter-Assoziationswesens bildeten, sowie eine Vielzahl kleiner geselliger Vereinigungen vom Angel- oder Bowlingklub bis zu Tauben- und Pflanzenzüchtervereinen. Vereine zur Unterhaltung von Arbeitern sind in »pubs« bereits des späten 17. Jahrhunderts nachgewiesen. Ihre Entstehung wird auf die unternehmerischen Aktivitäten von Wirten zurückgeführt.[108]

Grundmuster dieser Arbeiterassoziationen bildete der Sparklub, der durch Flüchtigkeit und geringe Institutionalisierung gekennzeichnet ist. Solche Vereinigungen entstanden spontan, wenn die Verfolgung eines gemeinsamen Zwecks Organisation erforderte, und gingen ein, sobald das Ziel erreicht war. Sie hinterließen daher selbst kaum Spuren, und auch staatliche Stellen interessierten sich nicht für sie. So ist die Forschung in hohem Maße auf die zeitgenössischen Erkundungen der Lebensbedingungen von Unterschichten angewiesen, die Sozialreformer wie Charles Booth, Benjamin Seebohm Rowntree und Edward Cadbury seit dem späten 19. Jahrhundert unternahmen. Die Veröffentlichungen dieser Beobachter sind daher äußerst wertvoll, auch wenn zu bedenken ist, dass sie mit einem starken gesellschaftspolitischen »bias« verfasst wurden.[109]

Zweck der bei Booth, Rowntree und anderen beschriebenen Vereine war es, kollektiv die Mittel für teils gemeinsame, teils individuelle Anschaffungen zu erbringen. »Outing« und »party clubs« dienten der Finanzierung eines gemeinsamen Ausflugs bzw. einer Feier; die Mitglieder von »Christmas clubs« erwarben mit ihrem Ersparten Weihnachtsgeschenke; diverse »boot« und »clothes clubs« hatten den Zweck, dass sich ihre Einzahlerinnen und Einzahler entsprechende Kleidungsstücke zulegen konnten. Eine komplexere Struktur wiesen die von Booth beschriebenen »loan and investment societies« auf, die Kredite an ihre Mitglieder vergaben. Um Mitglied zu werden, zahlte man zunächst

108 *Clark*, The English Alehouse, S. 319–321, erwähnt u.a. »drinking«, »lottery« und »smoking clubs«.

109 Siehe dazu *McKibbin*, Class and Poverty.

eine kleine Aufnahmegebühr. Danach konnte man eine begrenzte Anzahl von Geschäftsanteilen erwerben, für die wöchentlich ein Beitrag fällig wurde. Nahm ein Mitglied einen Kredit, so wurde der Zinssatz, in diesem Fall 5%, bei Auszahlung einbehalten. Bis zum Jahresende erzielte der Verein auf diese Weise einen kleinen Überschuss, der an Weihnachten an die Mitglieder ausgezahlt wurde.[110]

Die Entstehung der Sparklubs war und blieb eng mit dem »public house« verbunden. Das »pub« war für die Vereine nicht nur Versammlungsort. Darüber hinaus spielten Wirte eine wichtige Rolle bei der Initiierung und Geschäftsführung von Klubs. Gewöhnlich übertrug man ihnen die Kassenführung, da bei ihnen das Risiko gering war, dass sie sich mit den Einlagen absetzen würden. Abgesehen davon verfügten sie über Wechselgeld.[111] Zuweilen leisteten sie einen gesonderten Beitrag, etwa wenn sie eine Flasche zu einem »party club« beisteuerten. Die von Seebohm Rowntree in seiner Studie zum Arbeiterleben in der Stadt York um die Jahrhundertwende beschriebenen »outing clubs« gingen auf die Anregung von Wirten zurück, die zudem bei der Brauerei, die das jeweilige »pub« belieferte, Spenden erwirkten. Die auf dem Ausflug zu konsumierenden Getränke führte der Kneipier mit.[112] Das Motiv für solches Engagement liegt auf der Hand, denn der Wirt verdiente direkt an allen Vereinen, die sich in dem von ihm geführten »pub« trafen.

Für die Wirte zahlte sich das kollektive Sparen der Klubs aus, da es wahrscheinlich war, dass zumindest ein Teil der Einlagen und Überschüsse bei ihnen umgesetzt werden würde. Was die Mitglieder anbetrifft, so ist die Frage nach der Effizienz des Sparklubs allerdings differenzierter zu beantworten. Zunächst einmal ist festzuhalten, dass die Sparklubs kein Kapital vermehrten. Sieht man ab von der möglichen Zugabe des Wirtes, bekamen in der Summe alle Einzahler nie mehr Geld heraus, als sie insgesamt eingezahlt hatten. Das galt auch für die »loan societies«, die zwar einen Zins auf die Kreditvergabe erhoben, deren Mitglieder jedoch voneinander erwarteten, dass sie zu irgendeiner Zeit alle einmal Geld aufnehmen würden, so dass niemand einen als ungerecht empfundenen Vorteil aus dem Klub ziehe.

Ökonomisch sinnvoll erscheint daher zunächst einmal nur, dass jedes Mitglied auf dem Weg der kollektiven Selbstbesteuerung regelmäßig einen bestimmten Betrag zurücklegte, von dem es später eine größere Anschaffung tätigen konnte. Sparklubs hatten somit eine wichtige Disziplinierungsfunktion. Sie verlangten regelmäßige Beiträge von Menschen, die wegen ihrer geringen und unsicheren Einkünfte meist kein Sparkonto eröffneten und die bei

110 *Booth*, S. 111.

111 *Harrison*, Drink and the Victorians, S. 53.

112 *Seebohm Rowntree*, Poverty (1902), S. 312f.

der Methode des »Strumpfsparens« der hohen Versuchung ausgesetzt waren, in schlechten Zeiten die Rücklagen zu verkonsumieren.[113]

Aber auch darin erschöpft sich der Sinn des kollektiven Sparens nicht. Kompliziert wird die Sache weiterhin dadurch, dass die Auszahlung in manchen Vereinen an eine Lotterie gekoppelt wurde. So veranstalteten Fabrikarbeiterinnen, die in einen »boot club« einzahlten, am Zahltag eine Verlosung. Die Gewinnerin erhielt das gesamte Geld, um sich davon ein Paar Schuhe zu kaufen.[114] Ähnlich verfuhr man in den von Seebohm Rowntree beschriebenen »Christmas clubs«, wo das Losglück über den jeweiligen Wert des individuellen Weihnachtsgeschenks bestimmte. Auch diese zufallsgesteuerte Auszahlungspraxis war unter den gegebenen Umständen ökonomisch sinnvoll. Denn wenn das individuelle Kapital selbst nach wochenlangem Sparen nicht dazu ausreichte, sich ein Paar Schuhe zu kaufen, dann vergrößerten sich die Chancen dazu erheblich, wenn man sich auf eine Lotterie einließ.

Es wäre jedoch zu kurz gegriffen, würde man die Sparklubs allein auf ökonomische Motive zurückführen. Neben dem finanziellen Zweck erfüllte das kollektive Sparen, besonders aber der individuelle Umgang mit dem Ersparten, vergesellschaftende Funktionen. Der Historiker Paul Johnson hat in seinen Untersuchungen zum Spar- und Konsumverhalten britischer Arbeiter darauf hingewiesen, dass Ersparnisse auch dem Zweck dienten, die soziale Position des Sparenden anzuzeigen. Aus dieser Perspektive erscheinen die Ausgaben für und die Mitgliedschaft in diversen Vereinen als »conspicuous consumption«, als Prestigekonsum, der Finanzkraft und Souveränität in der Kaufentscheidung demonstrieren und so das eigene Ansehen heben sollte.[115]

Die Vereine bildeten demnach ebenso eine Infrastruktur des gemeinsamen Sparens, wie sie die Bezugsgruppe für den demonstrativen Konsum stellten. Ausflüge etwa, für die man gemeinsam gespart hatte, unternahm man auch im Kollektiv, weil man Bekannte benötigte, die diesem Akt des Prestigekonsums beiwohnten. Dieser Befund lässt sich auch auf die anderen »saving clubs« übertragen, deren Mitglieder einander demonstrierten, dass sie im Vergleich der Finanzkräfte mithalten konnten und die ausgezahlten Beträge souverän und geschmackssicher einzusetzen wussten. Das gilt auch und gerade für Begräbniskassen, die für Arbeiter eine höhere Priorität besaßen als Krankenversicherungen, übrigens sehr zum Unverständnis von Beobachtern aus der »middle class«, die Maßnahmen gegen das Sterben für wichtiger hielten als Vorkehrungen für die Bestattung. Angehörige von Unterschichten bis hin zu Insassen von »workhouses« zahlten in kommerzielle oder selbstorganisierte Sterbeversicherungen ein, weil ein Begräbnis im Unterschied zur Krankheit eine öffentliche

113 *Johnson*, Saving and Spending, S. 38.

114 *Parratt*, S. 40.

115 *Johnson*, Conspicuous Consumption, S. 38f.

Angelegenheit war, bei der die Familie des Verstorbenen um ihres sozialen Status willen die Erwartungen der Nachbarschaft erfüllen musste.[116]

Die Sparklubs, die das Grundmodell der britischen Arbeitervereine darstellten, kennzeichnete zum einen eine solidarische Komponente. Mit Solidarität ist allerdings weniger ein abstraktes Klassenbewusstsein gemeint, das im Antagonismus von Kapital und Arbeit wurzelte, als vielmehr die konkrete Einsicht, dass man den finanziellen Unwägbarkeiten der Arbeiterexistenz nur durch Selbstverpflichtung auf gegenseitige Unterstützung begegnen konnte. Zum anderen war das Verhältnis der Klubmitglieder durch individuelle Konkurrenz geprägt, in der die jeweils anderen die »peer group« bildeten, die es mit Prestigekonsum zu beeindrucken galt. Solidarität und Konkurrenz hielten einander in Spannung, weil bei aller Dynamik des Distinktionsstrebens sich die Vereinsmitglieder ihrer limitierten individuellen Kaufkraft bewusst waren.

Die auseinanderstrebenden Komponenten Solidarität und Konkurrenz lassen sich auch in den »friendly societies« entdecken. Diese stehen gemeinhin für das Solidarprinzip, das sie mit entsprechenden Losungen, einer reichen Symbolik und Festumzügen betonten. Die Symbolik, die auf den ersten Blick Zusammenhalt demonstrierte, befriedigte jedoch zugleich das Distinktionsbedürfnis der Mitglieder. Die jährlichen Paraden, begleitet von Blasmusik und elaborierten Ritualen, boten Gelegenheit, Zugehörigkeit zu einer »friendly society« anzuzeigen und damit das »badge of the skilled worker« vorzuweisen.[117] Mitglieder hängten die aufwendig gestalteten Mitgliedsurkunden für Besucher und neugierige Nachbarn sichtbar auf, um zu demonstrieren, dass sich der Haushalt den Versicherungsschutz leisten konnte. Dass vor allem der Wille zur Unterscheidung und weniger das Bekenntnis zur Einheit der Gleichen derartige Präsentationen motivierte, dafür spricht die Tatsache, dass man mit den Beitragsbüchern von kommerziellen Versicherungsunternehmen in der gleichen Weise verfuhr.[118]

Die »friendly societies«, so inklusiv sie als Ganzes gesehen auch sein mochten,[119] gliederten sich grob in die landesweit organisierten »affiliated orders« mit vergleichsweise hohen Beiträgen und die niedriger angesehenen Nachbarschaftsvereine und Begräbnisversicherungen, die im Rahmen ihrer Möglichkeiten ebenfalls versuchten, mit Symbolen und Ritualen ihre Organisation und damit ihre Einzahler aufzuwerten.[120] Innerhalb dieser Zweiteilung waren feinere Differenzierungen möglich. Die »friendlies« gaben damit zugleich Ge-

116 *Ders.*, Saving and Spending, S. 85.

117 *Ebd.*, S. 66f.

118 *Ders.*, Conspicuous Consumption, S. 39.

119 *Cordery*, S. 72.

120 *Johnson*, Saving and Spending, S. 66.

legenheit, eine den individuellen Wünschen entsprechende Versicherung zu wählen und mit dieser Wahl die eigene soziale Stellung anzuzeigen.

Gelten »friendly societies« als Paradebeispiel für Arbeitersolidarität, das erst bei näherem Hinsehen eine Vergleichskomponente aufweist, so fällt bei der Betrachtung der Arbeiterfreizeitvereine, die sich in »pubs« und aus »friendlies« heraus entwickelten, zuerst der hohe Stellenwert der Konkurrenz auf. Nicht nur die Sportvereine im engeren Sinne wie Fußball-, Bowls- oder Cricketklubs traten in Wettbewerb. Auch »unsportlich« anmutende Hobbys wie Gärtnern, Taubenzüchten, Angeln und Musizieren waren durch und durch versportlicht. Johnsons These, dass »personal competition« den Kern der sozialen Beziehungen zwischen Arbeitern bildete, und zwar eine Konkurrenz, die nicht auf die Annäherung an Standards der Mittelschicht, sondern auf die individuelle Etablierung innerhalb der »working class community« zielte,[121] lässt sich problemlos von den von ihm untersuchten Versicherungsvereinen auf den Bereich der Freizeitklubs übertragen.

Im deutlichen Unterschied zu den Sportklubs der Mittelschicht, die sich seit dem späten 19. Jahrhundert um Milderung des Leistungsvergleichs bemühten, scheint in den Vereinigungen der Arbeiterschicht jeder Zeitvertreib versportlicht. Das Wettfischen etwa dominierte den Angelbetrieb unter Arbeitern in dem Maße, dass diejenigen, die sich rein zum Vergnügen ans Wasser setzen wollten, praktisch zur Teilnahme an »fishing matches« gezwungen waren. Ganz im Gegensatz dazu beklagten Angler aus der »middle class«, die beim Fischen die Stille schätzten, häufig den Lärm und die Wettbegeisterung der Arbeiterangler, bis diese durch die Eingrenzung von Gewässern und die Einführung von Pachtgebühren verdrängt wurden.[122]

Eine vergleichbare Klassendifferenz lässt sich unter Hobbygärtnern beobachten, deren Mehrheit in »pubs« um Geldpreise konkurrierte. Der »Sheffield Independent« berichtete 1907 im September, dem bevorzugten Monat für »horticultural shows«, von über dreißig Ausstellungen und gab davon in 21 Fällen den Veranstaltungsort an. 16 dieser Schauen fanden in und um »pubs« statt; die anderen fünf wurden in Schulen, öffentlichen Hallen sowie einem »working men's club« abgehalten. Bei einigen Wirtshausausstellungen konkurrierten nur zwei, drei Dutzend Mitglieder des im betreffenden »pub« beheimateten Vereins. Bei anderen handelte es sich um offene Wettbewerbe, die bis über 200 Teilnehmer verzeichneten. Einige Wettbewerbe wurden zunächst ohne Vereinsorganisation von den Wirten ausgeschrieben; jedoch formierten sich Gärtnerklubs, wenn sich eine Ausstellung etablierte.[123]

121 *Ebd.*, S. 223f.

122 *Lowerson*, Brothers of the Angle, S. 107.

123 Sheffield Independent v. 2.9., 9.9., 16.9. u. 28.9.1907.

Die Geldpreise beliefen sich in ihrer Gesamtsumme auf ein paar Pfund, die durch die Bildung zahlreicher Starterklassen und die Belohnung nicht nur der Erstplatzierten in viele Kleingewinne geteilt wurden. Die »Toft Wood Gardeners' Allotment Society« in Sheffield bewertete bei ihrer Jahresausstellung 1913 in 29 Klassen Gewächse vom Rosenkohl bis zur Dahlie, wobei der kleinste Geldpreis in Höhe von einem Schilling an den viertplatzierten Züchter in der Rosenklasse ging. Zum Teil finanzierte der Klub den Wettbewerb über Startgebühren und Zuschauereinnahmen. Den größten Einzelposten bei den Einnahmen jedoch bildeten Zuschüsse seitens des Vereinswirts, der zugleich als Kassenwart fungierte.[124]

Der eng mit dem »pub« verbundenen, auf sportlichen Vergleich ausgerichteten Gärtnerei standen vereinzelte Veranstaltungen wie die der »Birley Carr and District Floral and Horticultural Society« gegenüber. Die bot zur Förderung des alleinigen hortikulturellen Interesses ihrer Mitglieder akademische Vorträge und zielte auf die Ansprüche derjenigen, »who have an aversion to associating gardening with the public-house.«[125]

Beim Gärtnern und beim Angeln, bei den »brass bands«, bei Taubenzüchtern und beim Sport bildete der Wettkampf den Höhepunkt des Vereinslebens. Tendenzen zur Milderung der Konkurrenz wie bei den Sportklubs der »middle class« sind nicht auszumachen. Im Gegenteil erhöhte sich der Einsatz mit steigenden Preisgeldern, die gegen Ende des 19. Jahrhunderts mehr und mehr von größeren Sponsoren wie Brauereien und Zeitungsunternehmen gestiftet wurden. Das hatte unter anderem zur Folge, dass sich professionelle Gärtner an Wettbewerben beteiligten und erfolgreiche Preisfischer mit Schauangeln Geld verdienten.[126]

Die Neigung zum verschärften Wettbewerb bildete nur die eine, wegen der Öffentlichkeit der Blumenkonkurrenzen, des Preisfischens und der Blasmusikwettbewerbe sichtbarere Seite der Arbeiterfreizeitvereine. Darunter jedoch wird eine starke solidarische Komponente sichtbar. Anglervereine etwa operierten meist auch als »benefit societies«, in die regelmäßige Beiträge und Überschüsse aus Wettbewerben flossen und die an bedürftige Mitglieder auszahlten.[127] Im Fußball war es üblich, zugunsten von verletzten Mitspielern Solidaritätsspiele auszutragen, deren Zuschauereinnahmen Verdienstausfälle und

124 Toft Wood Gardeners' Allotment Society, 5. Annual Show of Flowers and Vegetables, 30.8.1913 (Sheffield Local Studies Library).

125 New Society's Creditable Enterprise, in: Sheffield Independent v. 9.9.1907, S. 10.

126 Dass sich Berufsgärtner an Wettbewerben beteiligten, lässt sich daraus schließen, dass einige Konkurrenzen explizit auf nichtgewerbliche Aussteller begrenzt wurden. Siehe etwa den Bericht über die 3. Jahresausstellung der »Hackenthorpe Cottage Gardeners' Society«, in: Sheffield Independent v. 2.9.1907, S. 6. – Professionelle Angler gab es seit den 1890er Jahren. Siehe dazu *Lowerson*, Brothers of the Angle, S. 122f.

127 *Ebd.*, S. 117.

Behandlungskosten kompensierten. Darüber hinaus unterhielten Vereine und Ligen Unterstützungskassen. Sheffields »Free Churches League« etwa erhob 1913 ein Eintrittsgeld von drei Pennies und danach einen wöchentlichen Beitrag in Höhe von einem Penny. Im Schadensfall zahlte die Kasse bis zu zehn Wochen wöchentlich sieben Schilling und sechs Pennies; die Versicherung trug sich allein durch die Beitragszahler.[128]

Die von Solidarität und Konkurrenz gekennzeichneten, eng mit »pubs« verbundenen Vereine bildeten die unterste Ebene des Arbeiterassoziationswesens. Sie unterschieden sich von den Mittelschichtenklubs dadurch, dass das Vergleichsmoment eine primäre Rolle bei der Statuszuweisung spielte, während die stärker formalisierte Geselligkeit der Mittelschichtenklubs dazu tendierte, äußere Statusdifferenzen im Verein zu erhalten. Sie unterschieden sich auch von deutschen Vereinen, weil in ihnen das kollektive Sparen bedeutsamer war als in den in Deutschland dominierenden schichtenübergreifenden Assoziationen, in denen, wie zu zeigen sein wird, Patronage für Finanzierung und damit zugleich Abhängigkeit sorgte.

Im Unterschied zu deutschen Vereinen und den Klubs der Mittelschicht luden die Mitglieder der britischen Arbeitervereine ihre Organisation nicht mit zusätzlicher symbolischer Bedeutung auf. Da die Klubs meist nicht auf Dauer angelegt waren, wurden keine Jubiläen begangen, keine Festschriften veröffentlicht, keine Abzeichen entworfen, keine Mitgliederstatistiken erhoben, Zugehörigkeit mit keinem Diplom geehrt. Diese symbolische Dimension, die für deutsche Vereine große Bedeutung hatte, fehlte fast völlig für die Freizeitvereinigungen der britischen Arbeiterschicht. Recherchen in Sheffield förderten neben dem bereits zitierten Programm des »Toft Wood«-Gartenvereins, das im Unterschied zu vergleichbaren deutschen Publikationen keinen Abriss zur Vereinsgeschichte enthält, nur die vereinzelte Festschrift einer »brass band« zutage. Deren Verfasser bemerkt in seinen einleitenden Worten, eine solche Veröffentlichung sei »unique, and certainly original as far as brass bands are concerned«.[129]

Arbeitervereine waren in Großbritannien Mittel zum Zweck. Die rudimentären Sparklubs lösten sich auf, wenn das jeweilige Sparziel erreicht war. Tragfähigere Gebilde, wie sie zur Organisation von Blasmusikkapellen oder Sportteams notwendig waren, blieben Infrastruktur und dienten der Finanzierung und der Organisation der jeweiligen Aktivität, während – wie zu zeigen sein wird – im deutschen Verein mit seinen Ämtern, Fahnen, Jubiläen und Mitgliederstatistiken häufig die Organisation den Vereinszweck überlagerte. Entsprechend brachte die Übernahme eines Amtes in britischen Arbeitervereinen auch kein soziales Kapital, sodass man die Organisationsarbeit gerne denjeni-

128 *Fishwick*, From Clegg to Clegg House, S. 20.
129 *Grimesthorpe Prize Brass Band.*

gen überließ, die an Klubs das größte finanzielle Interesse hatten, was faktisch meist die Wirte waren.

Oberhalb der sich kaum verändernden Struktur der Kneipenvereine entwickelte sich ab dem letzten Drittel des 19. Jahrhunderts eine zweite Organisationsebene des Arbeiterassoziationswesens. Zum Teil auf Anregung, unter Zusammenarbeit und vor allem mit Mitteln von Seiten kommerzieller Unternehmen entstanden Zusammenschlüsse, die als genossenschaftliche Verbände im Freizeitbereich die Kaufkraft einer größeren Mitgliederzahl bündelten. Die Entwicklung dieser wirtschaftlich geprägten Freizeitverbände verlief damit weiterhin parallel und in Interaktion mit Marktentwicklungen: So wie im Kleinen die Wirte im hohen Maße die Bildung von Arbeitervereinen förderten, so übernahmen im Falle der stadtweit oder überregional organisierten Freizeitverbände Unternehmen wie Brauereien, Eisenbahngesellschaften und Zeitungsverlage die Rolle des Initiators, Kreditgebers und Geschäftspartners und trieben die Bildung entsprechend dimensionierter, genossenschaftlicher Assoziationen voran.

Das bekannteste Beispiel einer solchen Organisation stellt wohl der »working men's club« dar, den der Schriftsteller George Orwell in den 1930ern treffend als eine Art »glorified co-operative pub« bezeichnete.[130] Diese Klubs waren, wie in Abschnitt II.1 erwähnt, als Angebote zur »rational recreation« gegründet worden und wandelten sich am Ende des 19. Jahrhunderts zu einer Art Konsumvereinsbewegung.[131]

Schon bald nach ihrem ersten Erscheinen hatten sich die »working men's clubs« schrittweise den »pubs« angeglichen, um potentielle Mitglieder nicht zu verprellen bzw. Abwanderung vorzubeugen. Die Förderer aus Mittel- und Oberschicht hatten seit den frühen 1860er Jahren widerwillig Alkoholkonsum und Glücksspiele gestattet, während die von ihnen intendierte Missionierung allmählich in den Hintergrund geraten war.

An der organisationsstrukturellen Abhängigkeit der »working men's clubs« von Patronage aber hatte diese Verschiebung von der Instruktion hin zur kneipenähnlichen Geselligkeit zunächst einmal nichts geändert. Ein grundlegender Wandel vollzog sich erst, als sich in den 1880er Jahren der aufgestaute Unmut der einfachen Mitglieder gegen die Bevormundung durch die hochgestellten Förderer sowohl in einzelnen Klubs als auch in der Dachorganisation, der »Working Men's Club and Institute Union« (CIU), in offenen Konflikten entlud.

130 *Orwell*, S. 77.

131 Trotz ihres Konsumvereinscharakters und der beachtlichen Zahl ihrer Mitglieder werden »working men's clubs« nicht im Kontext der Genossenschaftsbewegung behandelt. Vgl. etwa den Forschungsüberblick von *Wrigley* sowie die im Folgenden zitierten Arbeiten zur Klubbewegung.

Die CIU war ursprünglich 1862 von Henry Solly, dem unitarischen Geistlichen und »geistigen Vater« der »working men's clubs«, ins Leben gerufen worden. Ihr Zweck bestand zunächst darin, einflussreiche und vermögende Personen der Ober- und Mittelschicht zur Unterstützung für die Klubs zu gewinnen und gesammelte Spenden für lokale Gründungen zu verteilen. Die CIU diente also im Wesentlichen als Fundraising- und Propagandaorganisation. Solly führte die Geschäfte, während Aristokraten und Angehörige der gehobenen Mittelschicht den ehrenamtlichen Vorstand besetzten.

In den 1870er und 1880er Jahren drängten Vertreter einzelner Klubs verstärkt darauf, an der Führung der CIU beteiligt zu werden. Daraufhin schuf man für sie ein »delegate council«, dem allein beratende Funktion zugestanden wurde. Zwischen 1872 und 1883 ließ das von Angehörigen der »upper« und »middle class« kontrollierte »Union Council«, das Führungsgremium des Verbandes, schrittweise Klubdelegierte in seinen Reihen zu. Die Strategie der vorsichtigen Öffnung stieß 1883 an Grenzen, als sich die Delegierten mit der ihnen angebotenen paritätischen Besetzung des Vorstandes nicht mehr zufrieden gaben. Eine weiter reichende Demokratisierung der »Union« hätte nun mehr erfordert als folgenlose Zugeständnisse der Gönner an die Basis. Die Honoratiorenstruktur stand grundsätzlich in Frage.

In der Auseinandersetzung trat der Zusammenhang zwischen sozio-ökonomischer Ungleichheit und dem Einfluss auf die Verbandsführung offen zutage. Die Honoratioren leugneten ihn ganz im Sinne der bürgerlichen Vereinsidee, indem sie den Klubdelegierten vorhielten, mit falscher Klassenkampfgesinnung die vorurteilsfreie, rationale Diskussion zu politisieren und damit zu verzerren. Die auf grundsätzliche Reformierung der CIU drängenden Delegierten indes benannten die ökonomische Dimension der Bevormundung in aller Klarheit und sahen in der Überwindung der finanziellen Abhängigkeit die einzig mögliche Zukunft des Verbandes: »The Union had now reached a crisis in its history. It must either be patronising or self-supporting, it cannot be the former and must either become the latter or cease to exist.«[132]

Um den politischen Konflikt um die Klubführung für sich zu entscheiden, mussten die einfachen Mitglieder die Organisation auf eine neue materielle Basis stellen. Für die dazu nötige Anschubfinanzierung sorgte nun, nach dem Rückzug vermögender Förderer, die einmal gehofft hatten, mit den Klubs Arbeiter vom Alkohol fernhalten zu können, ausgerechnet die Brauindustrie. Brauereien gewährten Kredite und versprachen sich davon neben der Rückzahlung mit Zinsen regelmäßige Bestellungen.[133]

132 So der Delegierte des »St. James and Soho Club«, einem der ältesten in London, auf der Jahresversammlung der CIU im November 1883. Zitiert nach *Price*, S. 137. Siehe auch *Bailey*, Leisure and Class, S. 118.

133 *Ashplant*, S. 245.

Für die Unternehmen lagen solche Investitionen nahe, weil lizensierte Klubs im Allgemeinen und die »working men's clubs« im Besonderen einen zunehmend wichtigen Wachstumsmarkt darstellten. Viele Brauereien waren seit Ende der 1880er Jahre an die Börse gegangen, was einen gewaltigen Konzentrationsprozess in der Branche ausgelöst hatte. Im Zuge dieser Konzentration entbrannte ein Kampf um die »pubs«, die vertraglich an die jeweiligen Brauereien gebunden wurden und faktisch als deren Verkaufsstellen fungierten. 1890 waren 70% der »pubs« »tied houses«; 1900 waren es fast 90%.[134] Zugleich ging die absolute Zahl der »pubs« seit dem »Licensing Act« von 1872 zunächst langsam und nach dem Konzessionsgesetz von 1904, das die lokalen Behörden zur Schließung von Kneipen ermächtigte, rapide zurück. Dagegen stieg die Zahl der rechtlich bevorteilten lizensierten Klubs.[135] Insbesondere die »working men's clubs«, die mit Arbeitern die größte Konsumentengruppe ansprachen, gewannen eine herausragende strategische Bedeutung für die britische Brauindustrie.

Die Klubs investierten das geliehene Geld in bauliche Verbesserungen und möglichst hochklassiges Entertainment, um mehr Mitglieder anzuziehen, die mit ihrem Konsum für den nötigen Umsatz sorgten. In London, wo sich der Kommerzialisierungstrend früh vollzog, waren nach dem Höhepunkt der ersten Bauphase Ende der 1880er Jahre Säle mit 200 bis 300 Plätzen und Bühnen mit entsprechender Ausstattung Standard. Klubs, die in kleinen, behelfsmäßig hergerichteten Räumen entstanden waren, boten ihren Mitgliedern nun einen beachtlichen Komfort. Seit den 1890ern engagierten die Klubs außerdem üblicherweise professionelle Bühnenkünstler, statt sich wie zuvor mit Darbietungen von Mitgliedern zu begnügen. Theatergruppen tourten mit dem gleichen Programm durch Klubs und »music halls«, was belegt, dass die »working men's clubs« die kommerzielle Konkurrenz nicht mehr zu scheuen brauchten.

Die Rechnung der Klubs ging auf. Die Konzentration auf erschwingliche, populäre Unterhaltung führte ihnen neue Mitglieder zu, wodurch der organisationsstrukturelle Vorteil der Genossenschaft immer stärker zum Tragen kam. Je größer die Zahl derer wurde, die im Klub konsumierten – Beiträge fielen demgegenüber kaum mehr ins Gewicht; die Bar wurde, so Charles Booth, zum »pole of the tent«[136] –, desto höhere Erträge wurden erzielt, die eben anders als in kommerziellen Unternehmen nicht als Rendite abgeschöpft wurden, sondern in der Assoziation verblieben und den Mitgliedern über niedrige Preise und geringe Beiträge zugute kamen. Das wiederum verstärkte die Attraktivität der Klubs und zog weitere Mitglieder an. Die Ausbreitung des Klubwesens lässt sich an der Entwicklung der CIU ablesen. 1896 zählte die »Union«

134 *Collins* u. *Vamplew*, S. 14 u. 16.

135 *Wilson*, S. 380, Tab. 19.

136 *Booth*, S. 96.

531 angeschlossene Klubs; bereits acht Jahre später wurde die Tausendermarke übertroffen. 1913 gehörten der CIU über 500 000 Männer in 1 558 Vereinigungen an.[137] Nach frühen Schätzungen existierte neben den affiliierten Klubs eine große Zahl nicht verbandlich organisierter Vereinigungen; ihnen zufolge gab es bereits 1883 mehr als 500 000 »Clubmen«. Zu diesem Zeitpunkt sollen drei Viertel aller Klubs finanziell unabhängig gewesen sein.[138]

Kennzeichnend für die im späten 19. Jahrhundert entstandenen genossenschaftlichen Freizeitverbände ist deren enge Verbindung mit kommerziellen Unternehmen, die der Assoziationsbildung Impulse gaben und Mittel bereitstellten. Der »working men's club« verdankte seinen Aufstieg eben nicht nur dem Organisationstalent seiner Mitglieder, sondern auch den für ihn günstigen Entwicklungen in der Brauindustrie. Ähnliches lässt sich auch bei den Anglerverbänden beobachten, die ebenfalls Zusammenschlüsse von Freizeitkonsumenten aus der Arbeiterschicht darstellen.

»Anglers' associations« entstanden im letzten Drittel des 19. Jahrhunderts in zahlreichen größeren Städten vor allem Nordenglands und den Midlands. Sie repräsentierten die in »pubs« beheimateten Anglervereine und dienten vor allem dem Zweck, Preisermäßigungen für Eisenbahnfahrten auszuhandeln. Das war deshalb bedeutsam, weil Angler aus der »middle class« die näher gelegenen Fischereigewässer pachteten und dadurch Arbeiterangler in das weitere Umland der Städte verdrängten. Diese Situation war sehr ausgeprägt in Sheffield, wo die wenigen sauberen, stadtnahen Gewässer vergeben waren und Angler aus der Arbeiterschicht mindestens achtzig Kilometer Fahrt in Kauf nehmen mussten. Fast folgerichtig entstand dort der erste Verband, als sich 1869 führende Vereine zur »Sheffield Anglers' Association« zusammenschlossen. Deren Mitgliederzahl stieg insbesondere nach 1890 stark an. 1901 vereinte sie etwa 13 700 Angler, und am Vorabend des Ersten Weltkriegs zählte die Organisation über 21 000 Mitglieder von etwa 500 Vereinen.[139]

Neben der »Association« existierte mit der »Sheffield Amalgamated Anglers' Society« ein zweiter Verband. Die »Society« hatte sich 1896 vermutlich im Streit um das Sonntagsangeln von der »Association« abgespalten und zählte bereits einen Monat nach ihrer Gründung etwa 1 000 Mitglieder von 26 Klubs.[140]

Wie bei den »working men's clubs« verdankten die Anglerverbände ihren organisatorischen Aufstieg dem interessierten Entgegenkommen aufgeschlossener Marktakteure. Bei den Anglern waren es die Bahnunternehmen, die die Selbstorganisation der Vereine begrüßten, denn dies garantierte einen festen

137 Zahlen nach *Wilson*, S. 384, Tab. 22, u. *Tremlett*, S. 296f., App. 7.
138 *Bailey*, Leisure and Class, S. 118.
139 *Lowerson*, Brothers of the Angle, S. 113f.
140 Sheffield Independent v. 15.4.1896.

Kundenstamm und erleichterte die Verkehrsplanung. Das Interesse war derart ausgeprägt, dass Unternehmen Zusammenschlüsse von Anglern zum Teil aktiv vorantrieben. In London drängten die Gesellschaften die untereinander zerstrittenen kleineren Assoziationen, eine Föderation, die »London Anglers' Association«, zu bilden, die dann 620 Vereine repräsentierte.[141]

Die Bereitschaft britischer Eisenbahngesellschaften, mit Reisegruppen reduzierte Tarife auszuhandeln und Sonderzüge bereitzustellen, war einmalig; vergleichbare Angebote gab es in Kontinentaleuropa nicht. Zu diesem Ergebnis kam eine von der Regierung beauftragte Kommission, die 1909/10 Management und Praxis nationaler Eisenbahnen in Europa untersuchte. Der Ausschuss konstatierte, dass auf dem Kontinent kaum Ausflugszüge bereitgestellt würden. Große Unterschiede bestünden zu Deutschland, wo preisreduzierte Bahnfahrten ausschließlich nach Maßgabe der Verwaltung und zu den Hauptferienzeiten angeboten wurden und lediglich ein, zwei Sonderzüge zur Küste oder ins Gebirge verkehrten. In England dagegen beförderten im Jahr 1911 Ausflugszüge allein auf der Strecke zwischen London und Brighton etwa 4,25 Mio. Fahrgäste.[142]

Aus deutscher Perspektive betrachtet, lag die kundenfreundliche Politik der britischen Eisenbahn zum einen in der unterschiedlichen Größe beider Länder begründet. Während in Deutschland Berg- oder Küstenbesucher meist sehr weit reisen mussten, war Großbritannien prädestiniert für Tagesflüge an die See, was den Bahnunternehmen ausverkaufte Rückfahrten garantierte. Zum anderen verdienten britische Arbeiter durchschnittlich mehr als ihre Kollegen auf dem Kontinent.[143] Schließlich wurde die britische Eisenbahn privatwirtschaftlich und nicht vom Staat betrieben, und das schuf Freiraum für den »enterprising agent«, der zwischen Anbietern und Konsumenten vermittelte.[144] Diese Rolle übernahmen privatwirtschaftliche Unternehmer wie Thomas Cook, aber auch Konsumentenverbände wie die »anglers' associations«.

Dass die Anglerkooperativen stark reduzierte Tickets vermittelten und die Unternehmen zum Einsatz von Sonderzügen bewegten – die Sheffielder »association« organisierte in der Saison 1893 den Transport von 40000 Anglern in solchen Zügen – bewegte viele Anglervereine zum Beitritt. Die Verbände investierten Gewinne aus dem Fahrkartenverkauf in die Pacht und das Aufstocken von Gewässern sowie die Veranstaltung von Angelwettbewerben, was ihre Attraktivität für potentielle Mitglieder weiter erhöhte.[145]

141 *Lowerson*, Brothers of the Angle, S. 114.

142 *Simmons*, S. 290.

143 *Breuilly*, S. 135–137.

144 *Simmons*, S. 291.

145 *Lowerson*, Brothers of the Angle, S. 117.

Dank steigender Mitgliederzahlen avancierten die Anglerverbände zu Ansprechpartnern nicht nur für Eisenbahngesellschaften, sondern auch für weitere Unternehmen, die Angler als potentielle Kundschaft betrachteten. Brauereien und Zeitungsverlage sponserten von den »associations« ausgeschriebene Wettbewerbe, weil sie sich einen Werbeeffekt versprachen. Die erste wirkliche nationale Angelmeisterschaft etwa, seit 1906 von der wenige Jahre zuvor gegründeten »National Federation of Anglers« ausgetragen, erhielt die Unterstützung der »Daily Mail«.[146] Beim kleineren Sheffielder Verband, der »Amalgamated Anglers' Society«, lässt sich schließlich auch eine Verbindung zwischen Assoziation und einem Produzenten von Angelzubehör nachweisen. Der »fishing tackle manufacturer« William Fox führte seit Gründung des Verbandes dessen Geschäfte.[147]

Im Fall der »working men's clubs« und »anglers' associations« förderten Investitionen kommerzieller Unternehmen wie Brauereien, Eisenbahngesellschaften, Zeitungsverlage und Freizeitausstatter die Verbandsbildung. Bei den »brass bands«, die ebenfalls im hohen Maße von unternehmerischer Unterstützung profitierten, blieb die Gründung eines Dachverbandes aus, da Marktakteure selbst organisatorische Funktionen erfüllten. Kommerzielle Veranstalter richteten ab Mitte des 19. Jahrhunderts die ersten größeren Bandwettbewerbe aus. Die jährlichen »contests« in Manchesters »Belle Vue«, einem Tierpark und Vergnügungskomplex, wurden in den 1850er und 1860er Jahren von bis zu 25 000 Zuschauern besucht. Eisenbahngesellschaften stellten Sonderzüge für die zahlreichen Band-Touristen bereit. Mit den 1880ern gewannen Presseverlage zunehmend Einfluss auf die »brass band community«. Erste Zeitschriften erschienen, die die Kommunikation zwischen den Bands erleichterten und den »Stars« der Szene zu nationaler Bekanntheit verhalf. Der Verleger John Henry Iles installierte 1900 die erste, jährlich stattfindende »National Brass Band Championship« und avancierte damit zur zentralen Figur in der Wettkampfwelt.[148]

Neben einer geschickten Vereinigung individuell begrenzter Kaufkräfte begründete also die enge Zusammenarbeit mit kommerziellen Unternehmen die Unabhängigkeit der Arbeiterfreizeitverbände von bürgerlicher Patronage. Weder die »working men's clubs« noch die Anglerkooperativen benötigten dank alternativer Ressourcen die Mittel und den Rat wohlmeinender Förderer. Die Klubs hatten sich der Bevormundung durch Honoratioren entledigt; die »anglers' associations« blieben unabhängig von solcher Beeinflussung, selbst wenn einige von ihnen Angehörige höherer Schichten in Ehrenämter beriefen.[149] Im

146 *Ebd.*, S. 121–123.

147 Sheffield Anglers' Association. Annual Meeting, in: Sheffield Independent v. 5.3.1896, S. 6.

148 *Bevan*, S. 105–109; *Bythell*, S. 154.

149 *Lowerson*, Brothers of the Angle, S. 117.

Fall der »brass bands« regten privatwirtschaftliche Einflüsse zwar keine Verbandsbildung an, wirkten aber den Abhängigkeitsverhältnissen des von Honoratioren kontrollierten Vereins entgegen. So scheiterte der Versuch zur Etablierung einer »National Amateur Brass Bands Association«, die jede Form von Zahlung an Musiker unterbinden wollte, am Widerwillen der Bands, die zur Finanzierung ihres Betriebes auf Preisgelder angewiesen waren.[150]

Organisatorische Unabhängigkeit wiederum eröffnete Freiräume für kulturelle Eigenständigkeit. Die Anglerverbände verbreiteten ungeachtet der Kritik von Anglern aus der Mittelschicht, die beim Fischen ein kontemplatives Ambiente bevorzugten, den mit Preisgeldern, Wetten und lautstarkem Jubel verbundenen Angelsport. Für die »brass bands« gilt Ähnliches. Sie übernahmen zwar das von der Mittelschicht geschätzte Repertoire klassischer Musik, adaptierten es jedoch für den Wettbewerbsbetrieb. Den wiederum lehnten Kritiker aus der Hochkultur wegen des »sportlichen« Virtuosentums, der Punktewertung und der Geldpreise als »musical prize fight« ab.[151] »Working men's clubs« schließlich bewahrten Unterhaltungsformen der »music hall«, als diese sich gegen Ende des 19. Jahrhunderts zunehmend an ein besser betuchtes Mittelschichtenpublikum richteten.[152]

Ein solches Maß an Eigenständigkeit erreichten vereinsmäßig organisierte Arbeiter in Deutschland, wie zu zeigen wird, nicht. Dort behinderte zunächst der Staat massiv die Bildung reiner Arbeitervereine. Später, als die sprunghafte Ausdehnung des geselligen Vereinswesens eine effektive polizeiliche Kontrolle unmöglich machte, fehlten den Assoziationen Ressourcen von privatwirtschaftlicher Seite, so dass die meistenteils schichtenübergreifenden Vereine von Honoratioren abhängig blieben und Freizeitverbände des genossenschaftlichen Typs, den »working men's clubs« oder »anglers' associations« vergleichbar, in Deutschland erst gar nicht entstanden.

Deutsche Verbände dienten allenfalls nachrangig den Dienstleistungsinteressen ihrer Mitglieder, denn sie betrachteten sich generell als Speerspitzen politischer Bewegungen. Das gilt nicht zuletzt für Freizeitverbände, die sich explizit an Arbeiter richteten und im Vorfeld der sozialdemokratischen Partei die Integration eines weltanschaulichen Milieus bezweckten. Von einer solchen Politisierung waren britische Freizeitorganisationen für Arbeiter weit entfernt. Entweder spielten politische Orientierungen dort kaum eine Rolle, oder Vereinigungen bekamen nur geringen Zulauf, wenn sie ihre Mitglieder weltanschaulich zu vergemeinschaften suchten.

Parteinahe britische Freizeitverbände verzeichneten deutlich geringere Mitgliederzahlen als entsprechende deutsche Vereinigungen. Die 1895 gegründete

150 *Herbert, T.*, S. 35.
151 *Ebd.*, S. 49–51.
152 *Booth*, S. 101.

»Clarion Vocal Union« beispielsweise, der größte sozialistische Chorverband Großbritanniens, vereinte 1910 ganze 23 Chöre; dem »National Clarion Cycling Club« (1895) gehörten 1914 etwa 15000 Mitglieder an. Demgegenüber zählte der Deutsche Arbeiter-Sängerbund kurz vor dem Ersten Weltkrieg etwa 83000 Aktive und der Radfahrerbund »Solidarität« im Jahr 1910 130000 Mitglieder.[153] Es mag sein, dass die Mitglieder »Labour«-naher Vereine sich intensiv mit politischen Fragen beschäftigten und es in diesem Punkt qualitative Ähnlichkeiten zwischen beiden Vergleichsländern gab, wie der Historiker Stefan Berger in seiner komparativen Studie zur SPD und »Labour Party« konstatiert.[154] Dies ändert jedoch nichts daran, dass die große Mehrheit der britischen Arbeiter Freizeitangebote im politischen Vorfeld gar nicht wahrnahmen. Für eine Ähnlichkeit zwischen den Vergleichspartnern spricht wohl nicht so sehr die vermeintlich unterschätzte Bedeutung britischer »Labour«-Vereine als umgekehrt die Tatsache, dass im deutschen Fall die Reichweite der SPD-Freizeitorganisationen überschätzt wird. Wie im folgenden Kapitel gezeigt werden wird, verbrachte auch in Deutschland nur eine Minderheit der Arbeiter ihre freien Stunden in parteinahen Assoziationen.

Neben den Parteien boten Genossenschaften Möglichkeiten des geselligen Miteinanders und der aktiven Freizeitgestaltung. Über diesen Aspekt der Genossenschaftsgeschichte herrscht in der Forschung noch Unklarheit; umstritten ist überdies, wie stark Werte die Genossen einten. Während etwa Paul Johnson im Einklang mit älteren Arbeiten zur Genossenschaftsbewegung den Idealismus führender Aktivisten gegenüber den rein ökonomischen Interessen der breiten Mitgliederschaft als unbedeutend verwirft,[155] bemüht sich der Historiker Peter Gurney darum, gegen die etablierte Forschungsmeinung die Genossenschaftsbewegung als moralische Opposition gegen den Kapitalismus zu rehabilitieren und die Bedeutung einer »Genossenschaftskultur« aufzuwerten. Dabei geht er soweit, das gesellige Leben im Umfeld der »co-ops« in die Nähe der Vorfeldorganisationen der SPD zu rücken.[156]

Abgesehen davon, dass eine solche Ähnlichkeit bereits in quantitativer Hinsicht kaum zu belegen ist, bleibt ein grundsätzlicher qualitativer Unterschied zwischen den Vergleichspartnern festzuhalten: Anders als die Freizeitvereine der SPD versuchten die britischen Konsumvereine nicht, ein proletarisches Gegenmilieu zu bilden. Sie hielten in liberaler Tradition fest an staatsferner Selbsthilfe und akzeptierten den Handlungsrahmen des Marktes. Entsprechend spannungsvoll war ihr Verhältnis zum jüngeren sozialistischen Flügel

153 *Hall, D.*, S. 63 (»Clarion Vocal Union«); *Holt*, S. 195 (»Clarion Cycling Club«); *Klenke* u. *Walter*, S. 153 (DAS); *Geary*, S. 95 (»Solidarität«).

154 *Berger*, S. 171.

155 *Johnson*, Saving and Spending, S. 142. Zum Stand der Genossenschaftsforschung siehe den Überblick von *Wrigley*.

156 *Gurney*, S. 59f.

der Arbeiterbewegung, der in staatlicher Reformpolitik das geeignete Mittel zum Zweck erkannte.[157] In Deutschland dagegen, wo umgekehrt der Durchbruch der Genossenschaften dem der Partei folgte und die Konsumvereine ihren Aufstieg nach 1890 im hohen Maße der sozialdemokratischen Arbeiterbewegung verdankten, verband sich wirtschaftliche Selbsthilfe mit der Partei unter dem Primat der Politik.[158]

Versuche, Arbeiter in einer politisierten Gegenkultur zu vergemeinschaften, blieben in Großbritannien marginal, sowohl in quantitativer als auch in qualitativer Hinsicht. Die Gründe dafür waren dieselben wie die für das Scheitern der schichtenübergreifenden Vereinigungen: Zum einen verfehlte das Angebot die Zielgruppe, weil die Propagandisten politisierter Arbeiterfreizeit Wertvorstellungen und Begriffe der bürgerlichen Sozialreform übernahmen. Orientiert am Leitbild der »rational recreations« verzweifelten sie an der vermeintlichen Ignoranz der potentiellen Gefolgschaft und der Verführungskraft kommerzieller Unterhaltung. Die daraus resultierende Ungeduld sozialistischer Aktivisten wirkte noch einmal abschreckend auf den Großteil der Klientel.[159] Zum anderen verfügte die britische »working class« mehr als jede andere Arbeiterschaft Europas mit selbstständigen, unpolitischen Vereinen und kommerziellen Vergnügungen über Alternativen, um sich gegen jedwede Politisierung ihrer Freizeit entscheiden zu können.[160]

Dem generellen Befund schwach politisierter Freizeitvereinigungen scheint zunächst die »Primrose League« entgegenzustehen. Denn ausgerechnet die Vorfeldorganisation der elitären Konservativen Partei fand unter allen parteinahen Freizeitvereinigungen den größten Zuspruch bei Arbeiterinnen und Arbeitern. Die Liga, 1883 gegründet und benannt nach der (vermeintlichen) Lieblingsblume des verstorbenen Premierministers Benjamin Disraeli, zählte bereits 1887 im Vereinigten Königreich gut 550000 Mitglieder in 1200 Zweigvereinen. 1890 übertraf die Mitgliederzahl die Millionenmarke. Auch wenn zu berücksichtigen ist, dass beendete Mitgliedschaften oft nicht gelöscht wurden und die Zahlen deshalb nach unten zu korrigieren wären, avancierte die »Primrose League« zur größten und am weitesten verbreiteten politischen Organisation ihrer Zeit.[161]

Die Liga vereinte Aristokratinnen und Aristokraten, die dort noch einmal in die Rolle volksnaher Patrone schlüpften und politische Kontakte knüpften, sowie Angehörige der Mittelschicht, die sich als »Knights« bzw. »Dames« von einfachen »associate members« abhoben und Tuchfühlung mit der Elite hiel-

157 *Ebd.*, S. 182f.

158 *Prinz*, S. 301f.

159 *Waters*, S. 187f.

160 *McKibbin*, Why was there no Marxism in Great Britain?, S. 13.

161 *Pugh*, The Tories and the People, S. 27f.

ten. Sie rekrutierte allerdings auch zahlreiche Arbeiterinnen und Arbeiter. Deren Beitritt dürfte entscheidend durch das Freizeitprogramm motiviert gewesen sein, das sich zwischen »music hall« und Erntedankfest bewegte. Die Liga veranstaltete Unterhaltungsabende, bei denen Mitglieder ihr Showtalent beweisen konnten. Sie brachte professionelles Entertainment auf die Bühne, richtete Sportwettkämpfe aus, gründete Abteilungen wie das »Primrose League Cycling Corps«, lud ein auf die Landsitze ihrer hochgestellten Förderer, unternahm preisgünstige Eisenbahnausflüge, veranstaltete Gartenpartys und Tanzabende, die offen waren für Nichtmitglieder und die oft erst gegen drei, vier Uhr morgens zu Ende gingen.[162]

Das Unterhaltungsprogramm der Liga zielte auf die ganze Familie und bot einen »respektablen« Rahmen für die Begegnung von Frauen und Männern aus der Arbeiterschaft. In diesem Sinne wurde die Vereinigung nur halb im Scherz als »matrimonial agency« bezeichnet.[163] Die Liga besetzte damit eine Marktlücke, die kommerzielle Vergnügungen ebenso wie die Geselligkeit in »pubs« offen ließen.

Die »Primrose League« rekrutierte deshalb so viele Arbeiterinnen und Arbeiter, weil sie ihren politischen Zweck unpolitisch verpackte. Doch selbst wenn die Liga zumindest bis zur Jahrhundertwende auf diese Weise dazu beitrug, der konservativen Partei Wähler aus der Arbeiterschaft zuzuführen, bildete sie bei näherem Hinsehen keine Ausnahme von den allgemein gering politisierten Freizeitorganisationen. Vielmehr gehört sie in den Kontext letztlich erfolgloser schichtenübergreifender Vereinigungen. Wie diese passte sich die Liga, um ihre Attraktivität unter Arbeitern zu steigern, dem populären Geschmack an und lud zur selektiven Nutzung ihrer Angebote geradezu ein.

Dass die »Primrose League« in diesem Zusammenhang stand, zeigt neben ihrer überkommenen Rhetorik, welche die unpolitische Überbrückung der Klassengegensätze beschwor, auch der Niedergang der Organisation zwischen dem Tod Königin Viktorias und dem Ersten Weltkrieg. Die Betonung von Geselligkeit und Unterhaltung, der die Liga zunächst ihren Aufstieg verdankte, erwies sich im beginnenden 20. Jahrhundert als größte Schwäche, da sie die Beteiligung einfacher Mitglieder an der politischen Arbeit nicht zuließ. In der Folge wandten sich Mitglieder entweder von der Liga ab, weil sie keine Möglichkeiten zur politischen Betätigung sahen. Oder sie interessierten sich nur noch für das unterhaltsame Beiwerk und ließen sich bei Wahlen nicht mehr mobilisieren.[164]

Der Schwäche vorpolitischer Geselligkeitsvereine entspricht die Stärke der rein wirtschaftlich ausgerichteten Freizeitverbände, die sich politisch kaum

162 *Ebd.*, S. 137.
163 *Ebd.*, S. 30.
164 *Ebd.*, S. 167f.

instrumentalisieren ließen. Die »anglers' associations« hatten ohnehin nie eine »Bewegung« repräsentiert, geschweige denn eine politische Zielrichtung verfolgt, nicht zuletzt weil die einzelnen Anglervereine eine rein funktionale Beziehung zu ihnen unterhielten und im Wesentlichen vergünstigten Transport von ihnen erwarteten.[165]

In den »working men's clubs« dagegen spielte Politik in den 1870er und 1880er Jahren noch eine prominente Rolle. Eine ansehnliche Zahl von Vereinigungen waren als »Liberal« bzw. »Radical Clubs« explizit mit politischer Zwecksetzung gegründet worden; aber auch in den nicht offen parteilichen Klubs hatte die Auseinandersetzung mit politischen Fragen ihren Platz, und Mitglieder ließen sich zuweilen zur Teilnahme an Demonstrationen oder zum Fundraising für politische Zwecke mobilisieren. Die Kommerzialisierung, die zum Aufstieg der genossenschaftlichen Freizeitverbände führte, trug jedoch dazu bei, dass die Beschäftigung mit Politik in den Hintergrund geriet. Der wirtschaftliche Erfolgsdruck, dem sich viele Klubs ihrer Unabhängigkeit willen aussetzten, förderte die Fokussierung auf zugkräftige Unterhaltung, denn politische Vorträge und Bildungsangebote vermochten die Umsätze offenbar nicht zu steigern. Die Durchsetzung der genossenschaftlichen Organisationsstruktur in den »working men's clubs« löste deren Verbindung mit dem früheren Radikalismus der Arbeiterbewegung.[166]

165 *Lowerson*, Brothers of the Angle, S. 115.
166 *Ashplant*, S. 259f.

3. Vergesellschaftungsbilanz: Schichtenspezifische Wege in die Konsumgesellschaft

Politikferne, die Ausdruck fand in der verstärkten Hinwendung zu »unpolitischer« Freizeitgestaltung und im Zulauf zu politisch perspektivlosen, wirtschaftlich ausgerichteten Selbsthilfeorganisationen, brachte der britischen Arbeiterschicht der zweiten Hälfte des 19. Jahrhunderts das Verdikt der älteren historischen Forschung ein, sich mit einer »culture of consolation« (Kultur des Trostes) begnügt zu haben. Diese habe sich zwar sozialreformerischer Bevormundung entzogen. Die Beschränkung auf materielle Kompensation und Unterhaltung habe jedoch zugleich bedeutet, dass die »working class« die herrschende Klassengesellschaft als alternativlos hinnahm, so das Argument.[167]

Diesen pauschalen Befund relativieren jüngere Studien, indem sie zumindest den Vorwurf völliger Passivität entkräften. Andrew August bescheinigt mit einem stark erweiterten Politikbegriff einem breiten Spektrum devianten Arbeiterverhaltens Widerständigkeit und politische Relevanz.[168] Peter Bailey zeigt, dass die »music hall« ihr Arbeiterpublikum nicht etwa mit Songs affirmativen Inhalts zur Schicksalsergebenheit verführte, sondern dass die besondere Performanz mit ihren zur Seite gesprochenen Kommentaren, ihren Auslassungen und ironischen Nachahmungen eingeweihte Zuschauer gegen die Normen der Mittelschicht verschwor. Der These von der »Kultur des Trostes« hält Bailey den Verweis auf eine »culture of competence« entgegen.[169] Ross McKibbin gesteht der Vielzahl unabhängiger Freizeitklubs zu, dass sie durchaus die Intelligenz, die Bereitschaft zum Engagement und die Fähigkeit zur Selbstorganisation unter Arbeitern förderten. Gesellige Vereine mochten so die für politische Mobilisierung notwendigen Energien gebunden haben; dies sei jedoch nicht mit Apathie zu verwechseln.[170]

Solche Einwände gegen die »Kultur des Trostes« deuten an, dass die Erwartung einer sozialen und politischen Revolutionierung der Klassengesellschaft einen wenig geeigneten Maßstab darstellt, um die Vergesellschaftung der britischen Arbeiterschicht zu erfassen. Folglich wird hier die Frage nach der sozialen Integration von Arbeitern in und durch gesellige Vereinigungen innerhalb des Rahmens der Konsumgesellschaft beantwortet. In dieser gesellschaftlichen

167 *Stedman Jones*, S. 480 u. 499.

168 *August*, A Culture of Consolation?, S. 218.

169 *Bailey*, Conspiracies of Meaning, S. 168.

170 *McKibbin*, Why was there no Marxism in Great Britain?, S. 15.

Sphäre waren ihre wirtschaftlich orientierten Assoziationen angesiedelt; als Konsumenten handelten sie dort ihren sozialen Status aus.

Dass Arbeiter in dieser Weise an der Gesellschaft teilhatten, muss nicht als Ausdruck ihrer mangelnden Politisierung, sondern kann auch als Stärke ihres ökonomisch ausgerichteten Assoziationswesens betrachtet werden. Der Vergleich mit der deutschen Entwicklung legt diese Deutung nahe.

Zur Stärke des britischen Arbeiter-Assoziationswesens gehört zunächst einmal die bereits erwähnte organisatorische wie kulturelle Unabhängigkeit von der Patronage der Mittelschicht. Arbeiter entzogen sich nicht nur den Zumutungen der Honoratioren, sondern etablierten mit Kneipenvereinen und genossenschaftlichen Verbänden ein eigenständiges Assoziationswesen. Dieses Vereinigungswesen funktionierte nach anderen Prinzipien als das der »middle class«. Es war deutlich stärker wirtschaftlich ausgerichtet, und es wurden andere Geselligkeitsformen gepflegt als in den Klubs der Mittelschicht, wo der Umgang zwischen den Mitgliedern stärker formalisiert und die soziale Beweglichkeit eingeschränkt war.

Die Existenz zweier distinkter Assoziationswelten unterscheidet den britischen vom deutschen Fall. In Deutschland gehörten, wie im nächsten Kapitel zu zeigen sein wird, Arbeiter mangels Alternativen in großer Zahl Vereinen an, die von Honoratioren kontrolliert wurden. Eine starke Minderheit organisierte sich in sozialdemokratischen Vorfeldorganisationen, die allerdings auf den Prinzipien des »bürgerlichen« Vereins fußten, inklusive der antikommerziellen Komponente.

Diese zweifache »Verbürgerlichung« von Arbeitern führte nun aber gerade nicht dazu, dass Arbeiter gleichberechtigt in die deutsche Gesellschaft integriert worden wären. Schichtenübergreifende Vereine stellten ein Mittel zu ihrer Kontrolle dar, während die Arbeiterbewegungsvereine eine Parallelwelt aufbauten. Im britischen Fall verhält sich dies anders: Gerade weil sich dort die Arbeitervereine und -freizeitverbände in ihrer Funktionsweise von denen der Mittelschicht unterschieden, d.h. darauf ausgerichtet waren, als Spar- und Konsumvereine ökonomische Benachteiligung zu kompensieren, konnten sie innerhalb der Konsumgesellschaft um die kulturelle Hegemonie konkurrieren. Das Beispiel des Sports, wo Arbeiter auf ihrer stärkeren Wettbewerbsorientierung beharrten und das Amateurideal der Mittelschicht nicht verfing, hat gezeigt, dass dies durchaus auf Augenhöhe geschah.

Die Frage nach der Vergesellschaftung in und durch Vereinsgeselligkeit betrifft neben der Integration in das soziale Umfeld auch die Beziehungen von Arbeitern untereinander. Wie steht es nun damit im britischen Fall?

Paul Johnson und andere Historiker argumentieren überzeugend, dass sich ein solidarisches Klassenbewusstsein nicht einfach aus dem Konflikt zwischen Arbeit und Kapital ergab, sondern dass Solidarität einen vertraglichen Kern hatte und den Fliehkräften der Individualisierung durch Konkurrenz ausgesetzt war. Dieser Hinweis auf die Zerbrechlichkeit von Solidarität wiegt umso schwerer, je geringer man die Politisierung der britischen Arbeiterschaft veranschlagt, da Politisierung noch am ehesten einen abstrakten Klassengegensatz in handlungsleitende Einstellungen zu übersetzen vermag.

Vor diesem Hintergrund muss man einerseits feststellen, dass bereits die kleineren, in den »pubs« existierenden Vereine zur Finanzierung von Ausflügen oder Weihnachtsgänsen, insbesondere aber die größeren genossenschaftlichen Freizeitverbände ihren Mitgliedern anschaulich vermittelten, wie man durch Selbstorganisation kollektiv an der Konsumgesellschaft teilhaben konnte. Welche Folgen sich daraus für den Zusammenhalt zwischen Mitgliedern oder gar für »Klassenbewusstsein« ergaben, darüber kann man auf der Basis des Gesagten plausible Vermutungen anstellen. Es ist wahrscheinlich, dass die übereinstimmende Erfahrung der Macht von Kooperation unter den Mitgliedern von Arbeiterassoziationen das Selbstbewusstsein befördert hat. Vielleicht hat sich darüber hinaus die konkrete Verständigung über Ziele und Strategien zu einem kooperativen Handlungsmuster vertieft, das auch außerhalb der Assoziation leitend wurde. Es ist einerseits gut möglich, dass im Fall der »working men's clubs« die vom Dachverband CIU betriebene Stilisierung als »Bewegung« den Zusammenhalt unter den Mitgliedern gefördert hat. Vermutlich haben die Erfolge von Selbstorganisation über den Kreis der Mitglieder hinausgewiesen und auf (noch) Unorganisierte inspirierend gewirkt.

Dass aber andererseits die gelebte Solidarität von *Mitgliedern* zur Verfestigung eines allgemeinen *Klassen*bewusstseins beitrug, scheint fraglich. Dagegen spricht nicht nur die bereits geschilderte Praxis, dass Arbeiter ihre Zugehörigkeit zu einer bestimmten »friendly society« als Prestigekonsum markierten, um sich von ihren »peers« abzuheben. Wichtiger ist, dass das partielle Interesse der Mitglieder von wirtschaftlich ausgerichteten Vereinigungen mit den Prinzipien einer allgemeinen, sich auf die gesamte Arbeiterschaft erstreckenden Solidarität kollidierte.

Deutlich wird dies am Beispiel der »working men's clubs«, unter denen die größten in den 1890er Jahren begannen, ihre Konzertorganisation bezahlten Agenten zu übertragen. Die wiederum engagierten Bühnenkünstler zu möglichst geringen Gagen, um selbst einen größeren Gewinn einzustreichen. Diese Praxis stieß zwar anfangs bei der Mehrheit der Klubs auf Kritik, breitete sich aber dessen ungeachtet im 20. Jahrhundert weiter aus. Die Entertainer selber, aber auch die CIU klagten über regelrechte Ausbeutung, die auf die geringe Neigung der Klubmitglieder zurückzuführen ist, für professionelles Entertainment entsprechend zu bezahlen. »[W]hile there is great readiness to see and applaud capable artists, there is great unwillingness to pay the expenses«, stellte das Verbandsorgan »Club and Institute Journal« Anfang 1894 fest.[171] So

171 Zitiert nach *Taylor, J.*, S. 67–69.

wandelten sich in der Genossenschaft Arbeiter zu Konsumenten, die mit abnehmendem Skrupel ihren Marktvorteil zu Lasten anderer Lohnempfänger ausspielten.

In einer Vergesellschaftungsbilanz ist schließlich zu berücksichtigen, dass die Freizeitgenossenschaften bei allem Wachstum zunächst nur die Minderheit der besser verdienenden, männlichen Arbeiter vereinten. Sheffields »anglers' associations« etwa mochten um 50% verbilligte Zugtickets vermitteln. Jedoch kostete die preisreduzierte Fahrt zu einem Fischereigewässer ein Sechstel dessen, was ein Scherenschleifer durchschnittlich in einer Woche verdiente, und stellte damit selbst für Facharbeiter eine beträchtliche Ausgabe dar.[172]

Einem großen Teil der britischen »working class« dürfte am Beginn des 20. Jahrhunderts Selbstorganisation daher noch nicht als gangbarer Weg zur Teilhabe an der Konsumgesellschaft erschienen sein. Geselligkeit fand für viele Angehörige der Arbeiterschicht auf der Straße statt, was neben schlecht bezahlten oder arbeitslosen Männern besonders für Frauen galt. Sehen und gesehen werden auf der Straße – die sogenannte »monkey parade« –, Besuche von Parks und Märkten oder informelle Spiele unterhielten den großen Teil der Bevölkerung, der sich kommerzielle Vergnügungen nicht leisten konnte.[173] Die Mitgliedschaft in Freizeitvereinen, die neben Ausrüstung regelmäßige Beiträge erforderte, blieb dieser Schicht vorenthalten.

Mit Blick auf Arbeiterfrauen und diejenigen, die als arm galten und weder für kommerzielle Vergnügungen noch für eine Vereinsmitgliedschaft die Mittel hatten, fällt die Vergesellschaftungsbilanz der unabhängigen Arbeitervereinigungen gemischt aus. Für den finanziell besser gestellten, männlichen Teil der Arbeiterschaft bot sie eine Möglichkeit zur Teilhabe an der Konsumgesellschaft. Die Einbeziehung einer größeren Zahl von Arbeitern und Arbeiterinnen indes blieb späteren Zeiten vorbehalten.

172 *Lowerson*, Brothers of the Angle, S. 117 u. 113.
173 *Davies*, Leisure in the ›Classic Slum‹, S. 127.

III. Deutschland 1850–1914: Die Dominanz des schichtenübergreifenden Lokalvereins

1. Entstehung und Aufstieg schichtenübergreifender Lokalvereine, 1850–1890

Auf die »Inkubationszeit« des deutschen Assoziationswesens folgte in der zweiten Hälfte des 19. Jahrhunderts die Phase seiner allgemeinen Ausbreitung. Die Vereinsbewegung, bis zur Revolution im Wesentlichen vom städtischen Bürgertum männlichen Geschlechts getragen, erfasste nach der Jahrhundertmitte im steigenden Maße unterbürgerliche Schichten und bürgerliche Frauen, drang in den konfessionellen Bereich vor und erreichte schließlich auch den ländlichen Raum. Die Zahl der Vereine stieg schnell und stetig, so dass am Beginn des 20. Jahrhunderts das Assoziationswesen zumindest in Großstädten kaum mehr zu überblicken war. In München etwa verzwanzigfachte sich die Zahl der Vereine zwischen Jahrhundertmitte und -wende auf etwa 3000, während sich die Bevölkerung versechsfachte. Expansionen ähnlichen Ausmaßes sind in der Forschung für weitere Städte dokumentiert.[1]

Für die Dynamik dieser zweiten, größeren Vereinigungswelle sorgten nicht mehr primär Ideen wie Aufklärung oder Nationalismus, die auf ihre Artikulation im Verein gedrängt hätten. Zwar spielte, wie weiter unten zu zeigen sein wird, die politisch-kulturelle Dimension eine wichtige, wenngleich nicht zu überschätzende Rolle. Entscheidend wurde die weitere Assoziationsentwicklung jedoch von der Industrialisierung vorangetrieben, welche die massenhafte Arbeitswanderung, das Städtewachstum, die Ausdifferenzierung sozialer Schichten und die Auflösung traditioneller Bindungen in Gang setzte. Um die gesellschaftlichen Folgen des tiefgreifenden wirtschaftlichen Wandels zu verarbeiten, bediente man sich in Deutschland wie in Großbritannien des Prinzips freiwilliger Zusammenschlüsse.

Während sich aber im britischen Fall unter dem Eindruck wirtschaftlicher Veränderungen schon früh ein sozial und funktional spezifisches Vereinswesen herausbildete, verzögerte sich in Deutschland diese Ausdifferenzierung. Das

1 *Tenfelde*, Die Entfaltung des Vereinswesens, S. 58f., mit Hinweisen auf die entsprechenden Lokalstudien.

galt im geringeren Maße für Zusammenschlüsse des Bürgertums, in denen Geselligkeit, Selbstbildung, Interessenverfolgung und wechselseitige Unterstützung noch eine Zeitlang miteinander verwoben blieben. Das mit starken Wertvorstellungen verbundene Muster des multifunktionalen, allgemeinen Vereins wirkte nach. Auch zu politischen Zwecken organisierte sich das liberale Bürgertum noch bis in das 20. Jahrhundert hinein bevorzugt im Verein, während es den Aufbau effizienter Parteiapparate eher als »notwendiges Übel« erachtete.[2] Umgekehrt durchwehte scheinbar rein instrumentelle Organisationsformen noch der »Assoziationsgeist« des frühen 19. Jahrhunderts. Selbst die Aktiengesellschaft galt den Zeitgenossen noch nicht als bloßes Mittel der Kapitalbeschaffung, sondern im Sinne der Vereinsideologie als Assoziation mit ethischem und gesellschaftsbildendem Mehrwert.[3]

In noch stärkerem Maße trifft der Befund verzögerter Ausdifferenzierung auf das Assoziationswesen von Arbeitern zu. Zwar entstanden in den 1860er Jahren im Zuge der »Trennung der proletarischen von der bürgerlichen Demokratie« (Gustav Mayer) unabhängige Arbeitervereine, welche die Basis der politischen Arbeiterbewegung darstellten. Doch verblieben diese Zusammenschlüsse noch in den Bahnen des allgemeinen Vereins und bezweckten stets mehr als allein politische Interessenvertretung.[4] Die Bemühungen um funktional spezifische Organisationen wie Gewerkschaften oder Konsumvereine kamen dagegen erst gegen Ende des Jahrhunderts zum Durchbruch. Grund für diese Verspätung waren in diesem Fall allerdings weit weniger die Beharrungskräfte überkommener Vereinsvorstellungen als vielmehr äußere Hemmnisse. Bestrebungen von Arbeitern, den eigenen Bedürfnissen entsprechende Organisationen zu bilden, blieben zwischen Vereinigungsverboten und sozialpolitischen Zugeständnissen gewissermaßen eingekeilt.

Auf der einen Seite verhinderten bzw. hemmten die deutschen Einzelstaaten die Bildung unabhängiger Arbeitervereine zunächst durch ihre restriktive Vereinsgesetzgebung und Überwachung. Zwar blieb die in der Revolution von 1848/49 errungene grundsätzliche Vereinigungsfreiheit in den Landesverfassungen bestehen. Vorbehalte gegen Zusammenschlüsse, die »eine Erwirkung auf öffentliche Angelegenheiten bezwecken«, wie es im preußischen Vereinsrecht von 1850 hieß, schränkten die Assoziationsfreiheit jedoch erheblich ein. Vereine, die sich nach Auffassung der Behörden mit öffentlichen Dingen befassten, mussten stets aktuelle Mitgliederlisten bei der Ortspolizei einreichen; ihnen durften keine Frauen, Schüler oder Lehrlinge angehören; ihre Versammlungen bedurften behördlicher Genehmigung; der Zusammenschluss zu Verbänden war ihnen untersagt. Die Behörden wandten diese Bestimmun-

2 *Hettling*, Politische Bürgerlichkeit, S. 200.

3 *Tenfelde*, Die Entfaltung des Vereinswesens, S. 88.

4 *Eisenberg*, Arbeiter, Bürger und der ›bürgerliche Verein‹, S. 51. Siehe auch *Welskopp*.

gen auch auf Konsumvereine, Gewerkschaften und Unterstützungsvereine an.[5] Nachdem verschiedene Einzelstaaten mit Beginn der »Neuen Ära« in den 1860er Jahren die Vereinsgesetze zurückhaltender handhabten, verlegten sie sich darauf, mit sozialpolitischen Maßnahmen der entstehenden Arbeiterbewegung den Zulauf zu nehmen. Diese Doppelstrategie aus Verboten und Alternativen behielt die kaiserliche Regierung bei. Auf der anderen Seite drängten interessierte Bürger die Behörden zu Maßnahmen gegen Arbeiterverbindungen und versuchten ihrerseits, unabhängiger Vereinsbildung mit konkurrierenden Angeboten zuvorzukommen.

Wie das Zusammenwirken von Staat und Bürgern die Selbstorganisation von Arbeitern hemmte, lässt sich beispielhaft an der Entwicklung der Konsumvereine beobachten. In der Restaurationszeit der 1850er Jahre ging der Staat zunächst direkt gegen diese vor und unterdrückte sie als »politische« Zusammenschlüsse. In den 1860ern standen die ersten Konsumvereine zum einen im Schatten von Produktivgenossenschaften kleiner Handwerker, welche die frühe Genossenschaftsbewegung prägten. Zum anderen mussten sie gegen betriebliche Konsumanstalten konkurrieren, die einen Gründungsboom erlebten und mitunter die Geschäfte gescheiterter Selbsthilfevereine fortführten. Mitte der 1870er Jahre gab es allein in Preußen mehrere hundert solcher von Unternehmen kontrollierter Handlungen. Außerdem gingen die preußischen Behörden dazu über, Konsumvereine als Gewerbebetriebe zu besteuern, was ihren auf Mitglieder beschränkten Verkauf ökonomisch unsinnig machte und organisationsstrukturelle Vorteile des selbstverwalteten Vereins in Wettbewerbsnachteile verwandelte. Die konsumvereinsfeindliche Abgabenpolitik wiederum ging unter anderem zurück auf die Agitation des gewerblichen Mittelstandes, der die Konsumvereine als Konkurrenten auszuschalten versuchte. Gebremst durch Verbote und hohe Besteuerung, mittelständische Agitation und betriebliche Sozialmaßnahmen gelang dem Konsumvereinswesen erst um 1890 der Durchbruch.[6]

Eine ähnliche Entwicklung durchliefen »freie« und christliche Gewerkschaften, die einerseits vom Staat in der Restauration, unter dem Sozialistengesetz und im »Kulturkampf« unterdrückt und gegängelt wurden und denen andererseits staatliche und unternehmerische Gegenangebote den Zulauf nahmen. Gewerkschaften erreichten daher erst gegen Ende des 19. Jahrhunderts einen Grad der Zentralisierung, der dem Stand der industriellen und politischen Entwicklung entsprach. Wie die Konsumvereine fanden sie in Regionen, in denen die Schwerindustrie mit Großbetrieben und mächtigen Unternehmern dominierte, besonders widrige Umstände vor, die ihre Durchsetzung

5 *Baron*, S. 61–64. Zur staatlichen Unterdrückung der Arbeiterbewegung im westlichen Ruhrgebiet detailliert *Schäfer*.

6 *Prinz*, S. 171 (Werkskonsum) u. 155 (Besteuerung).

dort noch weiter aufschoben. Bei Krupp in Essen beispielsweise gehörten 1910 nur 3000 der insgesamt 70000 Beschäftigten einer Gewerkschaft an.[7]

Staat und Unternehmer hemmten die Bildung funktional differenzierter, unabhängiger Arbeiterassoziationen. Zudem wurden in den 1850er Jahren selbst gesellige Vereine scharf überwacht, so dass die an der 1848er-Revolution beteiligte Arbeiterbewegung kaum in Tarnorganisationen wie Turn- oder Gesangvereinen überdauern konnte.[8] Unter diesen Bedingungen boten bis in die 1880er Jahre hinein vor allem von Bürgern ausgehende oder unterstützte Organisationsangebote Arbeitern die Möglichkeit, sich einem Verein anzuschließen und so zumindest begrenzt von den Vorteilen des freiwilligen Zusammenschlusses zu profitieren. Zu diesen Organisationsangeboten gehören die in den frühen 1860er Jahren kurz florierenden, von bürgerlichen »Vereinsgönnern« abhängigen Arbeiterbildungsvereine sowie konfessionelle Vereine, die sich an Arbeiter und Bürger gleichermaßen richteten und durch Belehrung und persönlichen Austausch die wachsende Kluft zwischen den sozialen Schichten zu schließen versuchten.[9] In erster Linie interessieren jedoch im Folgenden die Schützen-, Krieger-, Gesang- und Turnvereine, da diese quantitativ bedeutsamer waren, sich als bestandsfähiger erwiesen und wegen ihres Veranstaltungs- und Festbetriebs für die Frage nach Vereinsgeselligkeit höchste Relevanz besitzen.

Gesang- und Turnvereine waren bereits im Vormärz recht zahlreich entstanden und hatten schon zu dieser Zeit einen beachtlichen Anteil an Handwerksgesellen organisiert. Kriegervereine wurden seit den Kriegen 1813/15, zunehmend seit den 1860er Jahren zur Pflege gemeinsamer Erinnerungen und zur gegenseitigen Unterstützung gegründet. Später nutzten ihre Mitglieder, bei denen es sich teils um Veteranen der Reichseinigungskriege, teils um kriegsunerfahrene Anhänger des Wehrpflichtgedankens handelte, das symbolische Kapital des Militärs, um das eigene Ansehen im lokalen gesellschaftlichen Umfeld zu heben.[10] Schützenvereine stellten sich zwar in die Tradition stadtbürgerlicher Wehrverbände des Mittelalters, wandelten sich aber in der zweiten Hälfte des 19. Jahrhunderts schnell zu betont schichtenübergreifenden, geselligen Vereinen.[11]

Kennzeichnend für diese Assoziationen waren eine relativ große soziale Offenheit sowie ein ausgeprägter Ortsbezug; aus diesem Grund werden diese Vereine hier als schichtenübergreifende Lokalvereine bezeichnet. Soziale Öffnung drückte sich zunächst in Satzungen aus, in denen sich Vereine Zwecke gaben wie die »Annäherung und ein gemeinschaftliches Leben in allen Stän-

7 *Schneider*, S. 116 (Einschätzung des Entwicklungsstandes) u. 89 (Krupp).

8 *Offermann*, S. 154.

9 Zu Arbeiterbildungsvereinen siehe *ebd.*, S. 280–295. Zu schichtenübergreifenden konfessionellen Vereinen siehe *Hofmann* und *Bachem-Rehm*, Die katholischen Arbeitervereine im Ruhrgebiet, sowie auf lokaler Ebene *Reif*, S. 341–344, und *Schmidt*, S. 226–232.

10 *Rohkrämer*, S. 27; *Ziemann*, S. 161.

11 *Stambolis*, S. 202.

den herbeizuführen, solches zu fördern und dauernd zu erhalten.«[12] Singgesellschaften erklärten sich zu »allgemeinen« Liedertafeln, richteten Gründungsaufrufe an »alle Bürger« und kamen Aufnahmewilligen finanziell entgegen, indem sie Neumitgliedern das Eintrittsgeld erließen.[13]

Anders als in älteren Bürgervereinen, in denen Bekenntnisse zu sozialer Öffnung toter Buchstabe geblieben waren, realisierten die neueren Vereine dieses Satzungsziel zu einem gewissen Grad. Dass ein hoher Anteil von Arbeitern und Handwerksgesellen Gesang-, Turn-, Krieger- und Schützenvereinen angehörte, belegen nicht nur mehrere Lokalstudien.[14] Daneben zeugen auch zeitgenössische Erhebungen in einzelnen Vereinszweigen auf nationaler Ebene von einer breiten sozialen Basis der Vereine. Am genauesten führte die Deutsche Turnerschaft (DT) Buch über ihre Mitgliederschaft. Der Verband zählte 1869 etwa 129 000 Mitglieder. Nach den Erhebungen aus den 1860er Jahren gehörte den DT-Vereinen eine gemessen an der Gesamtbevölkerung überproportional große Gruppe akademisch Gebildeter an (zwischen 4,5 und 7,6%). Um 20% der Mitglieder waren Kaufleute; immerhin 6,7 (1862) bis 7,8% (1869) der Verbandszugehörigen rechnete zu den Hand- und Fabrikarbeitern, ca. 5% waren Bürogehilfen und Schreiber. Die größte Gruppe stellten Handwerker mit um 45%, von denen etwa zwei Drittel unselbstständig gewesen sein dürften. Auf Grundlage dieser Zahlen schätzt Christiane Eisenberg den Anteil unterbürgerlicher Schichten an den DT-Vereinen auf ca. 42% und kommt zu dem Urteil, dass »[d]ie soziale Basis der ›bürgerlichen‹ Turnbewegung […] in der Reichsgründungszeit durchaus gemischt, geradezu ›volkstümlich‹« war.[15]

Für die Kriegervereine fehlen auf nationaler Ebene frühe Zahlen, doch ermittelte der Deutsche Kriegerbund 1911 folgende Sozialstruktur in seinen Mitgliedsvereinen: 28,8% Landarbeiter und kleine Landbesitzer, 27,8% gewerbliche Arbeiter, 24,9% Gewerbetreibende und Handwerker, 18,5% Beamte und Angestellte. In Großstädten wie Gelsenkirchen lag der Anteil von Arbeitern in den Vereinen zum Teil bei über 75%.[16]

12 Schützenverein zu Wattenscheid in der Satzungsänderung von 1863, zitiert nach *Ueberhorst*, Wattenscheid, S. 200. Weitere Beispiele für Turnvereine bei *Illig*, S. 406f.

13 Stiftungsfest der allgemeinen Liedertafel am 24. und 25. August 1851, in: Allg. Politische Nachrichten v. 31.8.1851.

14 Zu Duisburg siehe *Kosok*, Arbeiterfreizeit und Vereinswesen, S. 410, 423f. u. 432; Beispiele für Düsseldorf bei *Lenger*, S. 193f. Zuletzt für Erfurt *Schmidt*, S. 186 u. 240.

15 *Eisenberg*, ›English sports‹, S. 132. Vgl. dagegen *Krüger*, S. 56–58, der davon ausgeht, dass es sich bei den in der Statistik geführten Handwerkern meist um Selbstständige handelte und die Turnvereine daher von Kleinbürgern dominiert sieht. Die hohe Fluktuation sowie der hohe Anteil von Mitgliedern unter dreißig Jahren sprechen jedoch dafür, dass es sich bei den Handwerkern vornehmlich um Unselbstständige handelte.

16 *Rohkrämer*, S. 34f. Lokale Stichproben für Schleswig-Holstein bei *Zimmermann*, S. 838 u. 841; für das Ruhrgebiet *Tenfelde*, Sozialgeschichte der Bergarbeiterschaft, S. 351; für Duisburg *Kosok*, Arbeiterfreizeit und Arbeiterkultur, S. 119f.

Ein ähnliches Bild sozial gemischter Mitgliederschaften zeigten auch die Gesangvereine, wenngleich detaillierte Erhebungen ähnlich denen für die Turnbewegung fehlen.[17] Am Beispiel eines Essener Männerchors lässt sich die Anfang der 1860er Jahre stattfindende soziale Öffnung von Gesangvereinen im Detail nachvollziehen. Der Abgleich von Versammlungsprotokollen des 1860 unter anderem von einem Wirt, einem Bürogehilfen, einem Schriftsetzer und einem Händler gegründeten Chorvereins Sanssouci mit Einwohnerbüchern ergab, dass der Verein in der Zeit zwischen 1862 und 1870, für die Quellen vorhanden sind, regelmäßig Handwerker, Facharbeiter und sogar Tagelöhner aufnahm. In den Protokollen wurden die mit exklusiver Geselligkeit konnotierten Begriffe »Gesellschaft« und »Direktorium« durch die des »Vereins« und des »Vorsitzenden« ersetzt. Zudem änderte der Chor 1862 die Zahlungsweise der Beiträge, nachdem Mitglieder in Rückstand geraten waren. Waren zuvor monatlich fünf Silbergroschen fällig gewesen, wurde fortan wöchentlich ein Silbergroschen gefordert.[18] Dieser Betrag war in seiner Höhe für einen Tagelöhner, der zu dieser Zeit abhängig von Alter und Art seiner Tätigkeit täglich zwischen zwölf und zwanzig Silbergroschen verdiente,[19] grundsätzlich erschwinglich und dank der wöchentlichen Fälligkeit bei unregelmäßiger Beschäftigung eher zu leisten als ein Monatsbeitrag.

Im Verein verbanden sich also mit gelernten, zum Teil auch ungelernten Arbeitern, mit Handwerksgesellen und -meistern, kleinen Gewerbetreibenden, Lehrern und Beamten Arbeiterschaft und kleines bis mittleres Bürgertum, und dies mit Unterstützung von Unternehmern und politischer Elite.

Neben ihrer schichtenübergreifenden Mitgliederbasis war ein demonstrativ öffentliches Auftreten typisch für die Lokalvereine. Das Vereinsleben fand seinen glanzvollen Höhepunkt zumeist beim jährlichen Stiftungsfest, das an zentralen Orten und mit einem Umzug durch die Straßen des Stadtviertels gefeiert wurde. Mit Böllerschüssen, Glockengeläut, Zapfenstreich und Marschmusik machten die Vereine akustisch auf sich aufmerksam. Gesang- und Turnvereine gaben öffentliche Vorführungen; die Mitglieder der Kriegervereine erwiesen verstorbenen Kameraden geschlossen die »letzte Ehre«. Bei all diesen Anlässen präsentierte ein Verein ein ganzes Ensemble an Symbolen wie die Fahne, Uniformen, Säbel, Schützenketten und diverse Abzeichen. Kriegervereine sorgten mit den von ihnen gestifteten Denkmälern für eine kontinuierliche Präsenz im öffentlichen Raum.[20]

17 Daher zur sozialen Basis der Vereine nur pauschal *Klenke*, Der singende ›deutsche Mann‹, S. 18.

18 Protokollbuch des Männerchors Sanssouci 1862–1870, Sta E, Best. 421/B 8a (unpaginiert).

19 *Devens*, S. 250f.

20 Nachweisung der im Landkreise Bochum vorhandenen Krieger-Denkmäler, in: *Ergänzung*, S. 255–257.

Mit ihren öffentlichen Auftritten positionierten sich die Vereine in der Mitte der jeweiligen Stadtteilgesellschaft und nahmen vielfältigen Bezug auf ihren Heimatort. Anders als die für die erste Jahrhunderthälfte typischen exklusiven Bürgergesellschaften, die sich »Humor«, »Casino«, »Glocke«, »Borussia« oder »Erholung« genannt hatten, führten die neuen Vereine den Namen ihres Stadtteils im Vereinsnamen. Der erste Essener Turnverein von 1859 wählte die Stadtfarben Gelb und Blau als Vereinsfarben. Gesucht wurde eine enge Beziehung zur politischen Führung der Stadt. Man trug dem Stadtoberhaupt die »Ehrenmitgliedschaft« bzw. das »Protektorat« an und bat Angehörige der Stadtverwaltung, auf Veranstaltungen eine Rede zu halten.

Symbolisch verdeutlichen die Umzüge, die einen festen Programmpunkt der jährlichen Feste bildeten, die Beziehung zwischen Stadt und Verein. Bei diesen Gelegenheiten demonstrierten die Vereine nicht nur den Zusammenhalt ihrer Mitglieder, sondern verbanden zudem die Straßen des Viertels, dessen Bewohner sie zuvor per Zeitungsanzeige zur Beflaggung ihrer Häuser aufgerufen hatten.[21] Der Verein lud also die Ortsbevölkerung ein, den Repräsentationsanspruch des Vereins anzuerkennen und sich anzuschließen. Aus bloßen Zuschauern wurden so Teilnehmer am repräsentativen Akt des Festzugs. Der Verein präsentierte sich selbst und zugleich die Einheit der Stadtteilgesellschaft.[22]

Diese Repräsentation gemeindlicher Verbundenheit durch die Demonstration schichtenübergreifender Organisation bildete den eigentlichen Zweck der Lokalvereine. Dem blieben die in Satzung und Vereinsnamen genannten Aktivitäten wie Schießen, Singen oder Turnen untergeordnet. Turnstunden waren zuweilen so schlecht besucht, dass man zur »Motivation« sogar über die Einführung von Strafgeldern nachdachte.[23] Dass die Prioritäten bei der Repräsentation lagen, zeigt außerdem die Tatsache, dass die Vereine bald nach ihrer Gründung den größten Teil ihres Kapitals in seidene, goldbestickte Fahnen, Abzeichen und sogenannte Vereinsschränke für das Versammlungslokal investierten.[24]

Auf den zentralen Festveranstaltungen der Lokalvereine war das Singen und Turnen nur Nebensache. Festreden und -sprüche, Fahnenweihe, Umzüge, Jubilarehrungen, Gottesdienste und »Bürgerbälle« nahmen den größten Teil der Zeit in Anspruch. Bei schlechtem Wetter ließ man eher das Turnen als den

21 Siehe etwa den Aufruf des Essener Turnvereins in der Essener Zeitung v. 2.7.1865.

22 *Hartmann*, S. 133. In der Forschungsliteratur wird öffentliche Festkultur im Deutschland des 19. Jahrhunderts überwiegend im nationalen Kontext betrachtet, wodurch die lokalen Bezüge übersehen werden. Einschlägig *Düding u.a.*; mit grundsätzlichem Bewusstsein für die städtische und regionale Dimension bürgerlicher Feste, aber ohne diesbezügliche Analyse *Hettling* u. *Nolte*.

23 *Kaupert*. – Im Essener Turnverein von 1859 führte dreimaliges unentschuldigtes Fernbleiben von den Turnstunden zum Ausschluss aus dem Verein. Vgl. *Satzungen*.

24 Siehe die Angaben zu Vereinsvermögen in der Übersicht der Krieger- und Landwehr-Vereine, in: *Statistik des Landkreises Bochum*, S. 349–353. Hinweise auf den frühen Erwerb von Repräsentationsgegenständen finden sich üblicherweise in Festschriften.

Festzug ausfallen. Ohnehin besuchte nur ein Teil der Mitglieder regelmäßig die turnerischen und sängerischen Veranstaltungen. In der Regel gehörte mindestens die Hälfte der Mitglieder den Vereinen als Unterstützer an.[25] Diese »passive« Mitgliedschaft darf man allerdings nicht als folgenlose Zählmitgliedschaft unterschätzen, da die Unterstützer an den repräsentativen Festen teilnahmen und ihre Namen mit dem Verein assoziierten.

Die Etablierung des schichtenübergreifenden Lokalvereins vollzog sich im Ruhrgebiet mit zunehmender Dynamik zwischen etwa 1860, dem Beginn der »Neuen Ära«, und 1880. Danach hatte das Assoziationsmuster eigentlich seinen Zenit überschritten, wenngleich sich die Organisationsstruktur erhalten konnte. Davon wird weiter unten noch ausführlich die Rede sein.

Die genauesten Zahlen zur Vereinsentwicklung liegen für die Kriegervereine vor. Ihre Zahl stieg im Landkreis Essen zwischen 1861 und 1882 von drei Vereinen, die bereits in den 1840ern gegründet worden waren und denen insgesamt 471 Mitglieder angehörten, auf 33 mit 2319 Mitgliedern. Von diesen Vereinen entstanden in den 1860ern neun, im darauffolgenden Jahrzehnt 16. Mit seinem höheren protestantischen Bevölkerungsanteil verzeichnete der Landkreis Bochum ein noch weitaus größeres Wachstum. Dort gab es 1875 58 Krieger- und Landwehrvereine mit 5869 Angehörigen; Anfang der 1880er waren es bei fast gleicher Wohnbevölkerung von gut 200000 Menschen 74 Vereine mit 6671 Mitgliedern. Zwei dieser Vereine wurden in den 1850ern, 14 in den sechziger und 58 in den siebziger Jahren gegründet.[26]

Eine ähnliche Entwicklung vollzog sich unter den Gesang-, Turn- und »Geselligkeitsvereinen«, von denen 1881 im Landkreis Bochum insgesamt 250 polizeilich gemeldet waren. Davon waren bis 1860 sieben entstanden; 16 weitere kamen in den 1860er Jahren hinzu. Zwischen 1870 und 1873 wurden 26 gegründet, ab 1874 jährlich zwischen 15 und zwanzig; 1879 waren es 28 neue Vereine und 1880 und 1881 42 bzw. vierzig. Die Gesamtzahl der Mitgliedschaften betrug nach der 1881 veröffentlichten offiziellen Statistik 14767, wobei unterstützende Mitglieder in den meisten Fällen offenbar nicht mitgezählt wurden. Unter den fast 15000 Mitgliedschaften fielen allerdings etwa 2000 bis maximal knapp 5000 auf Vereine, die offenbar nur gegründet worden waren, um die Verweigerung einer Schankkonzession zu umgehen. Entsprechende Assoziationen stechen mit gewaltigen Mitgliederzahlen von bis zu 1500 Angehörigen, durch unspezifische Vereinszwecke wie »gemüthliches Zusammensein« sowie durch das Fehlen öffentlicher Festveranstaltungen heraus, die sonst in der Statistik angegeben wurden.[27]

25 *Klenke*, Der singende ›deutsche Mann‹, S. 12.

26 *Devens*, S. 398f.; *Statistik des Landkreises Essen*, S. 476–478; *Ergänzung*, S. 245–254.

27 *Ergänzung*, S. 245–254; Auswertung der Gründungsdaten bei *Tenfelde*, Sozialgeschichte der Bergarbeiterschaft, S. 351f.

Für die Stadt Essen und Umgegend führte die Auswertung von Vereinsfestschriften, die Durchsicht ortsgeschichtlicher Literatur sowie die stichprobenweise Überprüfung von Lokalzeitungen zu dem Ergebnis, dass dort zwischen 1860 und 1880 neben den genannten 33 Kriegervereinen mindestens 67 Gesang- und elf Schützenvereine existierten. Die Turnvereinsbewegung setzte am Ort vergleichsweise spät ein, so dass bis 1880 erst fünf solcher Assoziationen entstanden waren. In den 1880ern holten die Turnvereine jedoch schnell auf, so dass es 1890 im heutigen Stadtgebiet über dreißig dieser Vereinigungen gab.[28]

Die historische Forschung führt die große Verbreitung der schichtenübergreifenden Krieger-, Schützen-, Turn- und Gesangvereine vor allem auf weltanschauliche Ursachen zurück. Sie identifiziert eine von den assoziierten Kriegern, Turnern, Sängern und Schützen geteilte »nationalkriegerische[] Weltsicht« und attestiert dieser »eine charismatische, ja religionsähnliche Qualität«. Politisch-kulturelle Vorstellungen hätten ab den frühen 1860er Jahren ein »Gesinnungsmilieu« entstehen lassen und »bis zu einem gewissen Grad soziale, regionale, parteipolitische und konfessionelle Differenzierungen zu überspielen« vermocht.[29]

Plausibel ist diese These insoweit, als der Nationalismus die für die Bildung schichtenübergreifender Vereine notwendige Integrationsideologie lieferte. Für unterprivilegierte Deutsche bedeutete er prinzipielle Gleichberechtigung, die in der Teilhabe am patriotischen Vereinswesen realisierbar erschien. Eine solche Vereinigung im Zeichen der Nation war zugleich für das Bürgertum akzeptabel, weil sich nationale Gemeinschaft und bestehende Gesellschaftsordnung in Einklang bringen ließen. Der Nationalismus versprach Gleichheit und Einheit, was einerseits denen eine Perspektive bot, die von Ungleichheit benachteiligt waren, und andererseits diejenigen versicherte, die an dieser Ungleichheit festhalten wollten. Beide Gruppen in der Nation – und das hieß praktisch: im vaterländischen Verein – zusammenzuführen, schien die Lösung des Problems.[30]

Dass aber der Nationalismus schichtenübergreifende Vereine nicht nur denkbar werden ließ und zu ihrer Bildung anregte, sondern sie darüber hinaus dauerhaft zusammengehalten haben soll, scheint zweifelhaft, wenn man die Perspektive auf die lokale Ebene des Vereinsalltags verlagert. Dann zeigt sich, dass sich nationale Begeisterung nicht auf Dauer stellen ließ. Der Essener Kriegerverein Meisenburg von 1881 etwa zeigte wenige Jahre nach seiner Gründung diesbezügliche Ermüdungserscheinungen, als zur Kaisergeburtstagsfeier

28 Datenbank »Essener Vereine 1850–1890«; zu Turnvereinen *Wick u.a.*, S. 14.

29 In dieser Zuspitzung bei *Klenke*, Zwischen nationalkriegerischem Gemeinschaftsideal und bürgerlich-ziviler Modernität, S. 208.

30 Zu den Grundzügen des Nationalismus siehe *Wehler*, S. 941–945.

kaum Mitglieder und noch weniger zahlende Gäste erschienen, so dass das »Hoch« auf das Geburtstagskind matt ausfiel und man sich den »Toast« auf das Heer lieber ersparte.[31] Es ist daher auch unwahrscheinlich, dass nationale Begeisterung so vertieft war, dass sie allein das Konfliktpotential in den schichtenübergreifenden Vereinen entschärfen konnte.

Für die Verbreitung und den langfristigen Bestand schichtenübergreifender Zusammenschlüsse sorgten daher – neben der Tatsache, dass alternative Assoziationsbildung erschwert wurde – wohl eher die konkreten Vorteile der Vereinszugehörigkeit sowie die Ausgestaltung der Vereinspraxis, welche die latente Spannung zwischen Arbeitern und Bürgern minderte.

In der Tat lagen im schichtenübergreifenden Verein für alle Mitgliedergruppen Vorteile, wobei die integrierten Schichten in verschiedener Weise und in unterschiedlichem Maße davon profitierten. Arbeitern boten die weltlichen wie die kirchlichen Vereine eine erste Anlaufstelle und konkrete Unterstützung, Möglichkeiten zur Gewinnung sozialer Anerkennung und Gelegenheit zur Zerstreuung. Zur praktischen Hilfe gehörten die Kranken- und Hinterbliebenenkassen, die üblicherweise etwa in den Kriegervereinen unterhalten wurden. Der Kriegerverein Überruhr im Landkreis Essen operierte darüber hinaus sogar als Konsumverein.[32] Überdies bot jeder Verein Gelegenheiten zu informellen Kontakten, welche die Kreditvermittlung oder die Wohnungs- und Arbeitssuche erleichtert haben dürften.

Neben der praktischen Hilfe eröffnete der Verein dem Arbeiter einen Zugang zur lokalen Gesellschaft, denn er war die Organisation, die den Arbeiter zum »ehrbaren« und »unbescholtenen Bürger« seiner Gemeinde erhob, wie es in den satzungsmäßigen Voraussetzungen für eine Aufnahme hieß.[33] Die Mitgliedschaft im Verein verhalf zu Ansehen, und Mitglieder waren dank des öffentlichen Auftretens der Vereine bekannt. Das Prestige eines Mitglieds nahm zu mit der Dauer der Mitgliedschaft, die bei runden Jubiläen besondere Ehrung erfuhr. Das soziale Kapital ließ sich wiederum praktisch verwenden, denn wer sich als zuverlässiger Vereinskamerad erwies, konnte auf Unterstützung des Vereinsnetzwerkes hoffen.

Besonders in den jungen, schnell wachsenden Großstädten in Industrieregionen mit ihren noch defizitären Unterhaltungsmöglichkeiten avancierten die Vereine für die Arbeiterschaft schließlich zu den wichtigsten Freizeitanbietern. Neben dem Kneipenbetrieb und religiösen Festen waren es immer mehr die Vereine, die mit Versammlungen und großen Feiern Arbeitern Ablenkung boten. Der Umfang vereinsförmiger gegenüber kommerzieller Unterhaltung

31 *Bockemühl*, S. 7.

32 Siehe *Devens*, S. 260, *Statistik des Landkreises Essen*, S. 476–478, sowie *Ergänzung*, S. 245–254.

33 *Kosok*, Arbeiterfreizeit und Arbeiterkultur, S. 329.

nahm zu, denn Kneipe und Kirmes wurden, wie im folgenden Abschnitt noch eingehender gezeigt wird, von Behörden und Bürgern – zumindest denen, die nicht am Rummel verdienten – eingeschränkt, weil sie nur schwer zu kontrollieren waren. Umgekehrt konnten die Vereine, vorausgesetzt, sie gerieten nicht in den Ruf eines reinen »Vergnügungsvereins«, mit größerer Konzilianz der Behörden rechnen und beispielsweise eine Verlängerung der Polizeistunde erwirken.[34]

Lokale Gewerbetreibende wie Metzger, Bäcker, Schuster oder Schneider profitierten von einer Teilhabe am Vereinswesen, weil sie so Kundschaft banden, wenn ihnen nicht sogar das Vereinstreiben selbst ein Geschäftsfeld eröffnete. Bei den Wirten lag dieses Interesse auf der Hand, denn das Vereinsleben war mit regelmäßigem Alkoholkonsum, Saalnutzung und großen Veranstaltungen verbunden. Vereine bedeuteten Stammkundschaft; und aus diesem Grund boten Wirte »ihren« Vereinen die Möglichkeit, ihre Insignien in der Wirtschaft auszustellen und sich so ihr »Vereinsheim« zu schaffen. In den Sälen von Kneipen wurden Turnstunden abgehalten und Konzerte veranstaltet. Auch beteiligten sich Kneipiers an der Gründung von Vereinen, wenn sie nicht sogar Anschubfinanzierung leisteten, beispielsweise für die Anschaffung von Turngeräten.[35]

Einen Nutzen sah schließlich auch die bürgerliche Elite der Unternehmer und Kommunalpolitiker, welche die Vereine als »Protektoren«, »Ehrenmitglieder« oder Angehörige von »Ehrenausschüssen« mit Geld und Einfluss unterstützten. Ihr Interesse lag darin begründet, dass der schichtenübergreifende Lokalverein einem langfristig wohl nicht zu unterdrückenden Organisationsbedürfnis eine Form gab, die sich in die bestehende soziale Ordnung einpasste. Die Vereine ließen sich vergleichsweise einfach kontrollieren, schon weil ihre Gründung und ihre Versammlungstätigkeit bei den Behörden angezeigt werden musste. Vor allem aber blieben sie abhängig vom Geld und vom Einfluss ihrer bürgerlichen Förderer. Dort, wo lokale Honoratioren diesen Nutzen der Vereinsunterstützung nicht erkannten, wiesen staatliche Stellen sie darauf hin. Das preußische Handelsministerium etwa begrüßte Mitte der 1860er Jahre ausdrücklich die Initiative standesbewusster Bergleute, sich zu Knappenvereinen zusammenzuschließen, und empfahl den lokalen Bergbeamten, sich um der sozialen Kontrolle willen persönlich an den Vereinen zu beteiligen und die Gründung weiterer Vereine anzuregen.[36] Die Militärführung legte Offizieren nahe, den Kriegervereinen beizutreten, und Landesregierungen erstatteten ihren Beamten die Kosten für den Besuch von Kriegervereinsfesten.[37]

34 *Rohkrämer*, S. 68 u. 76.
35 Siehe z. B. *Turnerbund*.
36 *Bachem-Rehm*, Die katholischen Arbeitervereine im Ruhrgebiet, S. 35.
37 *Rohkrämer*, S. 39.

Obwohl die Vereinszugehörigkeit allen assoziierten Gruppen Vorteile versprach, blieb ein Spannungspotential, das sich im Vereinsalltag entladen konnte. Dem beugte die vereinsinterne Differenzierung der Mitgliederschaft nach sozialem Rang, nach Interessen und Sympathien vor. Eine erste grobe Differenzierung entlang sozio-ökonomischer Grenzen unterschied zwischen »aktiven«, »passiven« und »Ehrenmitgliedern«. Die »Aktiven« besuchten regelmäßig die Vereinsabende, an denen sie sangen, turnten, tranken und sich mitunter in einer Weise benahmen, die besser gestellte Mitglieder abschreckte. Gebildete und Vermögende wiederum unterstützten als »Passive«, als besonders herausgehobene »Ehrenmitglieder« oder »Protektoren« das Treiben mit Beiträgen, außerordentlichen Spenden und allgemein ihrem Einfluss. Dank höherer Bildung und Abkömmlichkeit waren diese Männer auch überproportional in den Vereinsvorständen vertreten.[38]

Bei Bedarf ließ sich die Gruppe der aktiven Mitglieder weiter differenzieren. Dazu dienten Abteilungen, in denen unterschiedliche Aktivitäten gepflegt werden konnten und die die Möglichkeit eröffneten, innerhalb des Großvereins einander auszuweichen. Der Essener Turnverein von 1859 beispielsweise gründete bereits 1860 eine Gesangabteilung; im darauffolgenden Jahr kam eine Turnerfeuerwehr hinzu. Im selben Jahrzehnt baute man eine Turnschule auf und rief eine Jugend-, eine Lehrlings-, eine Theater- und eine Fechtabteilung ins Leben. In den 1880ern wurden eine Altersriege, eine Krankenträger- und eine Schwimmabteilung gebildet. Die Damenabteilung entstand 1899, die Tennisabteilung im Jahr 1900.[39] In Turnvereinen wurde es auch üblich, die Aktiven nicht mehr nach turnerischem Vermögen einzuteilen, sondern sie nach Sympathie Riegen bilden zu lassen, die dann sogar eigene Jubiläen feierten.[40] Derart aufgefächert konnte der Verein Menschen unterschiedlicher sozialer Herkunft, verschiedenen Alters, später auch Geschlechts, mit differenten Interessen und unterschiedlicher finanzieller Leistungsfähigkeit aufnehmen, ohne dass dies zu Konflikten führte. Die Chancen auf schichtenübergreifende Geselligkeit, so unwahrscheinlich sie ohnehin war, wurden dadurch ebenfalls minimiert.

38 Zur Differenzierung der Mitgliederschaft nach sozialer Stellung am Beispiel bayrischer Turnvereine siehe *Illig*, S. 431f. u. 444–446.

39 *Kaupert*, S. 70. – Bei der Fechtabteilung ist unklar, ob dort tatsächlich Klingen gekreuzt wurden oder ob mit »Fechten« wie bei den »Fechtschulen« der Kriegervereine das Sammeln von Spenden für wohltätige Zwecke gemeint war.

40 *Eisenberg*, ›English sports‹, S. 139f.

2. Populärkultur unter Patronage: Die gehemmte Entwicklung vom Lokal- zum Freizeitverein, 1890–1914

Zwischen 1890 und 1914 wandelten sich die Bedingungen, unter denen der schichtenübergreifende Lokalverein zur vorherrschenden Vereinigungsform aufgestiegen war. Zunächst einmal verstärkte der fortschreitende wirtschaftliche Wandel den sozialen Integrationsdruck. Die Arbeitsmigration ließ innerhalb einer Generation »Industriedörfer« zu Großstädten anwachsen, wobei die Zuzügler von immer weiter her kamen. Die Zahl der im Reich lebenden Ausländer stieg zwischen 1871 und 1910 von gut 200000 auf 1,26 Mio.;[41] die Zuwanderung zog immer weitere Kreise, so dass die Migranten, die im Falle des Ruhrgebiets häufig aus den preußischen Ostprovinzen und Polen kamen, kaum mehr kulturelle Gemeinsamkeiten mit der ansässigen Bevölkerung teilten. Zudem wechselten viele der neu Zugezogenen häufig den Arbeits- und Wohnort. Zwischen 1900 und 1914 entfielen im Bereich des Allgemeinen Knappschaftsvereins Bochum auf je 100 Mann Belegschaft fast in jedem Jahr mehr als 100 Wechsel; 1913 waren es 147. Von 1898 bis 1900 war nach Erhebungen zeitgenössischer Statistiker gut die Hälfte der Essener Haushalte einmal umgezogen.[42] Die zunehmend geballte, kulturell diverse und hochgradig mobile Bevölkerung benötigte Gelegenheiten, in einem sich rasch verändernden Umfeld soziale Netze zu knüpfen. Entsprechend stieg die Nachfrage nach Geselligkeit.

Des weiteren hatte sich das Assoziationswesen aufgrund der Erfolge im Kampf um die Partei-, Gewerkschafts- und Konsumvereinsbildung allmählich ausdifferenziert. Aufgaben, die zuvor – wenn überhaupt – mehr schlecht als recht in allgemeinen Vereinen erfüllt werden mussten, fielen um die Jahrhundertwende zunehmend an funktional spezifische Organisationen. Geringe Kaufkraft kompensierten mehr und mehr die Konsumvereine, Arbeitnehmerinteressen vertraten in wachsendem Maße Gewerkschaften, und die SPD war bis zum Ende des Jahrhunderts zur Partei gereift, wenngleich sie noch starke Züge des allgemeinen Vereins aufwies.

Diese Ausdifferenzierung des Assoziationswesens brachte es mit sich, dass Vereinsgeselligkeit immer weniger von ökonomischen und politischen Motiven umlagert war und sich als eigener Organisationszweck herausschälte. Diesen noch dazu bei steigender Nachfrage zu erfüllen, waren die überkom-

41 *Wehler*, S. 545.

42 *Brüggemeier*, S. 60f. u. Tab. 5 u. 8. Solche Wanderungsstatistiken qualifiziert *Bleek*, der darauf hinweist, dass Umzügler häufig im Viertel verblieben.

menen Lokalvereine jedoch immer weniger imstande. Mit ihrer Traditionsverhaftung verfehlten sie die Bedürfnisse einer immer aufbruchbereiten Klientel; mit ihrer Heimatverbundenheit überforderten sie die Bereitschaft und Fähigkeit der Fremden zur Anpassung. Die Dimension der Bevölkerungsentwicklung überstieg ihren an der Größe überschaubarer Stadtviertel ausgerichteten Bezugsrahmen, und ihre an Jubiläen und Feiertage gebundenen Feste konnten die nach dem modernen Arbeitsrhythmus strukturierte Freizeit nicht füllen. Nicht zuletzt hemmte die Organisationsstruktur des schichtenübergreifenden Vereins die Entfaltung von Geselligkeit, da sie soziale Ungleichheit, Abhängigkeiten sowie Erwartungen der bürgerlichen Förderer im Vereinsleben präsent hielt.

Trotz dieser Unzulänglichkeiten blieb die Nachfrage nach geselliger Unterhaltung weiterhin vor allem an die überkommenen Lokalvereine verwiesen. Die neuen alternativen Freizeitangebote der Sozialdemokratie wie Arbeiterturn- und -gesangvereine jedenfalls stellten in dieser Hinsicht keine Konkurrenz dar, weil sie den Freizeitaktivitäten politische Ansprüche aufluden. Folglich blieben, wie weiter unten zu zeigen sein wird, Arbeiter, die »nur« Entspannung suchten, diesen Vereinen zumeist fern.

Das Geselligkeitsbedürfnis zu befriedigen oblag auch deshalb den Lokalvereinen, weil kommerzielle Unterhaltungsangebote nur unzureichend vorhanden oder gar rückläufig waren. Der wichtigste Grund dafür war behördliche Gängelung. Die in Rheinland-Westfalen populären Kirmesfeiern etwa, die sich in der zweiten Jahrhunderthälfte von religiösen Festen zu Rummelplatzveranstaltungen gewandelt hatten, wurden von kommunalen und staatlichen Stellen zeitlich verkürzt, auf die selben Tage gelegt oder untersagt. Gab es 1860 in Essen und Umgegend 16 Kirmessen, waren es 1912 noch acht, von denen nur eine in der Stadt selbst stattfand und drei auf denselben Termin gelegt worden waren.[43] Wirte, Bäcker, Metzger und andere interessierte Kleingewerbler organisierten zwar Proteste, denen sich zumeist Arbeiter auf Unterschriftenlisten anschlossen. Dies jedoch ließ die Lokalbehörden unbeeindruckt. Sie erfüllten die Forderungen der Industrie, die auf lange Ausfallzeiten an den Kirmestagen verwies, und scheinen darüber hinaus die Klagen über einen durch Kirmestrubel ausgelösten »Sittenverfall« durchaus Ernst genommen zu haben. So erkundigte sich die Essener Verwaltung bei den örtlichen Ärzten, ob im Zusammenhang mit Kirmesveranstaltungen die Zahl der Geschlechtserkrankungen gestiegen sei.[44]

43 Essener Zeitung v. 14.6.1860; Kirmeswesen im Stadt- und Landkreise Essen, in: Essener Volkszeitung v. 10.4.1912.

44 Aufhebung der Kirmes, Sta E, Rep. 102, Abt. XIV, Nr. 267. Zum Streit um die Kirmes in anderen Städten des Rheinlands und Westfalens siehe auch *Kosok*, Arbeiterfreizeit und Vereinswesen, S. 385, sowie *Abrams*, Workers' Culture in Imperial Germany, S. 43–48.

Der Eröffnung weiterer Kneipen, den wohl wichtigsten kommerziellen Anbietern von Unterhaltung, wurde ebenfalls ein Riegel vorgeschoben. Handhabe dazu bot eine Änderung der Gewerbeordnung von 1879, die für die Erteilung einer Schankkonzession einen Bedarfsnachweis verlangte. Dass die kommunalen Behörden diesen Vorbehalt weidlich nutzten, zeigen die Beispiele Duisburgs und Dortmunds, wo zwischen 1879 und 1912 die Zahl der Gastwirtschaften bei gleichzeitiger Verfünffachung der Bevölkerung konstant blieb. Die restriktive Konzessionspolitik betraf ab 1896 auch die von Arbeitern frequentierten »Schnapskasinos«, die bis dahin als Konsumvereine keine Lizenz benötigt hatten. Kinos sowie die unter dem Namen »Tingel-Tangel« bekannten Singspielhallen schließlich mussten sich ebenfalls gegen behördliche Beschränkungen entfalten. In Dortmund gab es vor dem Ersten Weltkrieg trotz zahlreicher weiterer Anträge lediglich fünf Singspielhallen, in Duisburg nie mehr als sechs. In ihrer Verbreitung blieben sie weit hinter den vergleichbaren britischen »music halls« zurück.[45]

Verbote, Beschränkung und Kontrolle kommerzieller Freizeitangebote begünstigten zunächst einmal mittelbar den Verein als Organisationsform geselliger Unterhaltung. Unter anderem förderte die Zurückhaltung bei der Vergabe von Schanklizenzen die bauliche Erweiterung existierender Kneipen, so dass Säle und Gesellschaftszimmer entstanden, die nach einer Nutzung durch Vereine geradezu verlangten.[46] Die Begünstigung der Vereine gegenüber dem Kommerz war aber nicht nur eine indirekte Folge, sondern von den Behörden beabsichtigt. So empfahl beispielsweise der Regierungspräsident für die Preußische Rheinprovinz im Jahr 1911, Kirmesfeiern, sofern sie sich nicht auf anderem Wege beschränken ließen, durch »Volksfeste« mit Beteiligung der Schuljugend und der Vereine zu ersetzen. Zur Nachahmung zitiert das Rundschreiben den ausführlichen Erfahrungsbericht des Bürgermeisters von Hamborn, das seit 1910 jährlich ein solches Fest ausrichtete. Der Bericht gewährt einen Einblick in die an der Organisationsform »Verein« orientierten Leitvorstellungen der Behörden.

Der Gemeindevorsteher zählte von den Freiwilligen Feuerwehren bis zu den Knappenvereinen zunächst die Vielzahl der Vereine auf, die sich vor dem Rathaus zum gemeinschaftlichen Festzug aufstellten und dann »unter Marschtritt« zum Gemeindewald zogen. Dort begann das Programm mit der Präsentation der Vereine. Der Festzug marschierte auf; dem schloss sich ein »Hoch« auf den Kaiser und das Auflassen von Brieftauben an. Danach gab es einen Parademarsch der Feuerwehren, Kriegervereine, der Sanitätskolonnen, der Militäranwärter-, Post-Unterbeamten-, Knappen- und Hüttenvereine zu sehen, be-

45 *Kosok*, Die Reglementierung des Vergnügens, S. 63f. (Konzessionen) u. 66f. (Singspielhallen).

46 *Ebd.*, S. 65. – In Berlin dominierte hingegen der Typ der kleineren Eckkneipe.

vor die vereinigten Gesangvereine ein Lied anstimmten. Es folgten Frei- und Stabübungen, Keulenschwingen, Tauziehen, Gewichtheben und Bockspringen von Turnvereinen und der Schuljugend, unterbrochen von Chorvorträgen der Gesangvereine. Den Abschluss des sportlichen und turnerischen Programms bildete ein Fußballspiel zwischen zwei örtlichen Sportvereinen; die Veranstaltung beendeten ein Auflassen von Luftballons und ein Feuerwerk. Danach zogen die Vereine zu ihren Lokalen ab.[47]

Das »Volksfest« war also ein Aufmarsch der vereinsmäßig organisierten Hamborner; sein Zweck bestand nach Auskunft des Bürgermeisters darin, »die einzelnen Schichten der Bevölkerung einander näher zu bringen«. Das spannungsarme Programm, das Verbot von Schaubuden und die Beschränkung des Alkoholausschanks auf wenige, kleine Verkaufsstellen sorgten dafür, dass beim Zusammentreffen der Schichten nicht die Leidenschaften ausbrachen. Mit der Betonung von Ordnung und Organisation sowie der Absicht, die gesamte Ortsbevölkerung unter dem Banner von Stadt und Nation und im Geiste »gesunder« Unterhaltung zu einen, basierte das Hamborner Fest auf denselben Grundsätzen, die den Lokalvereinen zugrunde lagen. Zusammenfassung sollte das Vereinsprinzip an die größere Dimension rasch gewachsener Städte anpassen und so erodierenden Tendenzen entgegenarbeiten. Hamborns Bürgermeister blickte auf eine »nach vielen Tausenden zählende Zuschauermenge«, verzeichnete eine Beteiligung von 5000 Personen am Festprogramm und stellte fest, dass der Versuch gelungen sei. Fragwürdig ist allerdings, inwieweit dieser Erfolg sich dem Unterhaltungswert des Festes verdankte. Vor allem dürfte der Zuspruch wohl darauf zurückzuführen sein, dass die Veranstaltung angesichts des Kirmesverbots konkurrenzlos war.

Auch andernorts unternahmen Kommunal- und Provinzialbehörden um die Jahrhundertwende Schritte, um ein »Idyll« wie in Hamborn Wirklichkeit werden zu lassen. Essen feierte seit 1910 das »Stadtwaldfest«, an dem neben Schülern die örtlichen Vereine der Jugendpflege und Leibesübungen teilnahmen.[48] Oberhausen veranstaltete wie viele andere deutsche Städte »Sedan-« und »Kaisergeburtstagsfeiern«, auf denen der Gleichschritt der Vereine Einigkeit der auseinanderdriftenden Bevölkerungsgruppen stiften sollte.[49]

Zu nennen sind in diesem Zusammenhang auch die sogenannten Volksunterhaltungsabende, die viele deutsche Städte seit der zweiten Hälfte der 1880er Jahre veranstalteten, um Arbeitern zum niedrigen Preis lehrreiche, unanstößige Unterhaltung zu bieten und sie durch kulturelle Verbürgerlichung

47 Rundschreiben des Regierungspräsidenten v. 20.7.1911, Sta E, Rep. 102, Abt. XIV, Nr. 360.

48 1. Essener Stadtwaldfest. Vaterländische Spiele, in: Essener Volkszeitung v. 18., 25. u. 30.7. sowie vom 2.8.1910.

49 *Reif*, S. 328–330.

gegen die Sozialdemokratie zu immunisieren.[50] Zwar standen Vereine bei diesen Veranstaltungen nicht so sehr im Mittelpunkt wie bei den »Volksfesten«. Doch bestritten Turn- und Gesangvereine als kostengünstige Alternativen zu professionellen Orchestern und Theaterensembles meist zumindest einen Teil des Programms. Die Essener Stadtverwaltung zog lokale Gesangvereine bereits bei der Konzeptionierung der »Volksunterhaltungsabende« in Betracht und ließ einen der ersten Abende allein von Turnern gestalten. Auch in Katernberg, das später der Stadt Essen eingemeindet werden sollte, griff man auf Amateure zurück und verhalf unter anderem dem örtlichen Knappengesangverein zu einem Auftritt. Bildungs- und konfessionelle Standesvereine übernahmen den Kartenverkauf für die »Volksunterhaltung«.[51]

Zur Bevorzugung der Vereine gehörte schließlich, dass Kommunalbehörden sie bei der Genehmigung von Bällen privilegierten, indem sie ihnen erlaubten, unangemeldet und unbeschadet der für andere Vergnügungen geltenden Polizeistunde geschlossene Veranstaltungen durchzuführen.[52] Mitunter gingen die Städte so weit, Vereinsveranstaltungen materiell zu unterstützen. In Essen sicherte die Stadtkasse das vom Turnverein 1859 und vom Turnerbund im Jahr 1890 gemeinsam veranstaltete Kreisfest der Deutschen Turnerschaft mit einem Garantiefonds von 3000 Mark gegen finanziellen Verlust ab. Dieser Betrag entsprach fast einem Drittel der veranschlagten Gesamtausgaben für das Fest.[53]

Die starken Beschränkungen von Kirmes, Kneipe, Kino und Singspielhalle einerseits und die Begünstigung des Vereinswesens andererseits lassen – das sei nebenbei bemerkt – die in der Forschung mitunter vertretene Datierung des Durchbruchs einer kommerziellen Populärkultur bzw. eines massenhaften Freizeitkonsums »um 1900« als zu früh erscheinen.[54] Nicht nur im Vergleich zum britischen Fall, sondern auch gemessen an den Voraussetzungen – potentielle Massenmärkte durch Urbanisierung, Mobilität, definierte und synchronisierte Freizeit, verfügbares Einkommen und ein deutlich erkennbarer Bedarf – sowie dem Stand des Vereinswesens zeigten sich kommerzielles Unterhaltungsangebot und Vergnügungsgeschäft im Kaiserreich eher rückständig.

50 Zum sozialreformerischen Diskurs um die »Volksunterhaltungsabende« siehe *Reulecke*, ›Veredelung und Volkserholung‹; zum »Volksunterhaltungsabend« in Essen siehe Musikbrief aus Essen, in: Die Sängerhalle 40 (1900), S. 148f.

51 Zur Konzeption siehe Verwaltungsbericht Zweigert, Volksunterhaltungsabende, Sta E, Rep. 102, Abt. I, Nr. 294; zum Programm eines Abends in Katernberg siehe Rheinisch-Westf. Anzeiger v. 16.3.1905; zur Organisation der Abende in Essen siehe Sta E, Rep. 102, Abt. VIII, Nr. 21.

52 *Kosok*, Die Reglementierung des Vergnügens, S. 70f.

53 *Schloer*, S. 62. Zum finanziellen Gesamtaufwand der Veranstaltung siehe den Turnfest-Artikel in der Rheinisch-Westf. Zeitung v. 14.5.1890.

54 Diese These vertreten aus einer kulturwissenschaftlichen Perspektive *Kaschuba*, S. 85, sowie vergleichend *Maase*, S. 20–22, u. *Abrams*, Freizeit, Konsum und Identität.

Festzuhalten bleibt, dass die Beschränkung kommerzieller Unterhaltungsangebote einerseits und die Begünstigung des Vereinswesens andererseits das wachsende Bedürfnis nach Ablenkung von den »ernsten« Dingen des Lebens in einer Organisationsform hielt, die ihrer sich verändernden sozialen Umwelt immer weniger entsprach.

Die steigende Nachfrage nach Geselligkeit und der Mangel an Alternativen setzten die Lokalvereine unter Veränderungsdruck, dem sie begrenzt stattgaben. Der Zweck, die Verbundenheit und soziale Ordnung der Gemeinde zu repräsentieren, trat zurück; gesellige Unterhaltung erhielt größere Freiräume. Stand zuvor die Organisation mit ihrer »stolzen« Geschichte, der großen Zahl ihrer »treuen« Mitglieder und der engen Verbundenheit mit ihrem Heimatort allein im Vordergrund, wurde nun den im Vereinsnamen genannten Tätigkeiten, dem Singen, Schießen und Turnen, vermehrt eigene Bedeutung beigemessen. Zudem öffnete sich das Vereinswesen neuen Unterhaltungsformen und Aktivitäten. Der Lokalverein entwickelte sich in Richtung Freizeitverein.

Die Aufwertung des Freizeitzwecks wurde begünstigt durch neue, unterhaltsame und Geselligkeit stiftende Aktivitäten, die zum großen Teil aus dem westeuropäischen Ausland nach Deutschland kamen und hierzulande von den Vereinen aufgenommen wurden. Zu den frühen Importen zählten die in Rheinland-Westfalen bald sehr populären Gesangwettstreite und Brieftaubenwettflüge; um die Jahrhundertwende kamen dann die englischen Sportarten hinzu.

Bei Gesangwettstreiten traten Chöre teils mit verschiedenen, teils mit demselben Lied, dem sogenannten Pflichtchor, nacheinander auf, wurden zumeist von drei bis fünf Preisrichtern nach Kriterien wie Tempo, Tongenauigkeit und künstlerischem Ausdruck bewertet und entsprechend ihrer Platzierung im Leistungsvergleich mit Geld- und Sachpreisen belohnt. Die Anfänge dieser Veranstaltungsform lagen in Ostflandern, wo sich um 1830 die ersten Wettstreitvereine gebildet hatten. Belgische Chöre luden deutsche Gruppen aus nahegelegenen Städten wie Aachen und Köln ein, die dann das Wettsingen nach Deutschland einführten. Etwa zur selben Zeit fand ein ähnlicher Austausch zwischen Chören aus der Schweiz und Südwestdeutschland statt. Einen deutlichen Anstieg der Gesangwettstreite in Rheinland-Westfalen verzeichnete Otto Elben, Mitbegründer des Deutschen Sängerbundes und früher Chronist des Männergesangs, ab 1880.[55] Der Befund deckt sich mit der Vereinsgeschichte von elf älteren Wettstreitchören in Essen, die ihren Wettstreitbetrieb seit den 1880ern auf einen ein- bis zweijährigen Rhythmus verstetigten.[56]

Gesangwettstreite dienten möglicherweise als Vorbild für Theaterkonkurrenzen, über die abgesehen von ihrer kurzen Erwähnung in der Lokalpresse

55 *Elben*, S. 267.

56 Datenbank »Essener Vereine 1890–1914«.

nichts Näheres zu erfahren ist. Ein Verwandtschaftsverhältnis liegt nahe, weil im Zusammenhang mit Theaterwettstreiten von »Couplet-« und »Duett-Wettbewerben« die Rede war.[57]

Wie der Gesangwettstreit stammte auch der Brieftaubensport aus Belgien. Bei diesem Sport verschickten Züchter ihre Vögel, um sie zum Leistungsvergleich in den heimischen Schlag zurückfliegen zu lassen. Über Aachen soll der Sport bereits um 1830 nach Deutschland gekommen sein. In den Ruhrgebietsstädten entstanden die ersten Vereine in den 1870er Jahren. Essen hatte seit 1875 einen Brieftaubenverein;[58] in Dortmund verselbstständigte sich 1879 eine erste Taubenliebhaberabteilung aus einem Geflügelzüchterverein. Seit den 1880ern gewann der Sport durch die Gründung von Reisevereinigungen an Dynamik. In diesen örtlichen Zusammenschlüssen organisierten die Vereine gemeinsame Wettflüge. Die bis dahin üblichen vereinsinternen Konkurrenzen wurden so in einen weiteren Rahmen überführt. Mehr Züchter nahmen teil, und die Distanzen wurden länger, weil mit steigender Mitgliederzahl die Finanzkraft der Reisevereinigungen zunahm. Die weiten Flüge – die Züchter im Ruhrgebiet schickten ihre Tauben bis nach Posen und Königsberg – machten den Sport für eine Öffentlichkeit interessant, was wiederum die Assoziationsbildung begünstigte.[59]

Der Wettstreit als neue Veranstaltungsform fand nicht nur bei Taubenzüchtern, Schauspielern und Sängern begeisterte Annahme. Daneben verbreiteten sich am Ende des 19. Jahrhunderts, wie der Blick in die Lokalpresse zeigt, vermehrt Turnwettkämpfe, Tierschauen mit Prämierungen, Wettschreiben der Stenographenvereine, Kegelturniere, Konkurrenzen von Zithervereinen sowie »Tambourwettstreite« von Spielleutevereinen. Kleingärtner stritten um den Preis für den größten Kohlkopf und den dicksten Kohlrabi. Ausgeschrieben wurden sogar Rauchwettbewerbe, bei denen sich Klubs wie »Voll-Qualm-Voraus« oder »Immergrün« entweder im sparsamen oder schnellen Tabakverbrauch maßen. Dass sich das Berliner Innenministerium mit der Frage nach der Gesundheitsschädlichkeit des Wettrauchens befasste, ist ein Indiz dafür, dass dieser ganz und gar nicht leibesertüchtigende Sport eine gewisse Popularität erlangt hatte.[60]

Aus England, dem Mutterland des Sports, importierte Aktivitäten wie Fußball, Tennis und Boxen breiteten sich, beginnend in Städten mit Verbindungen nach Großbritannien wie Hamburg und Hannover, seit dem späten 19.

57 Rheinisch-Westf. Anzeiger v. 7.6.1905, S. 5.

58 Essener Volkszeitung v. 24.5.1876.

59 *Döring*.

60 Rheinisch-Westf. Anzeiger v. 26.5.05, S. 5; *ebd.* v. 21.6.05, S. 5; *ebd.* v. 4.5.1905, S. 3; *ebd.* v. 2.7.1905, S. 5; Allg. Beobachter v. 17.5.1905. Zitherwettbewerbe bei *Feldens*, Musik und Musiker, S. 213; Gärtnerwettbewerbe erwähnt bei *Abrams*, Entwicklung einer kommerziellen Arbeiterkultur, S. 47; zum Wettrauchen siehe *Brüggemeier*, S. 151.

Jahrhundert aus, als zumindest in Westdeutschland mit Brieftaubenwettflügen, Gesang- und Turnwettkämpfen bereits ein »Sport vor dem Sport« Fuß gefasst hatte. Im Ruhrgebiet bildeten sich die ersten Fußballvereine Mitte der 1890er; in Essen organisierte der Essener Sportverein 1899 als erster das Fußballspiel. Wenige Jahre zuvor war der erste Ruderklub gegründet worden, der sich jedoch, ähnlich den seit Mitte der 1880er Jahre entstehenden Radfahrvereinen, zumeist auf Ausflugsfahrten beschränkte. Die Anfänge des vereinsmäßigen Hockeys, Tennis und Boxens lagen in Essen erst im 20. Jahrhundert.[61]

Unter dem Eindruck der größtenteils importierten Freizeitaktivitäten erweiterte sich die Bandbreite der Vereinszwecke seit 1880 enorm. Hatte das gesellige Vereinswesen bis dahin im Wesentlichen aus Krieger-, Gesang-, Turn- und Schützenvereinen bestanden, bildeten sich nun immer mehr Vereine für Instrumentalmusik und Philatelie, Fisch-, Vogel-, Hunde- und Kaninchenzucht, Kleingartenpflege, Theaterspiel und -besuch, Lotterie, Schach, Stenographie, Wandern, Kegeln, Pfeiferauchen sowie die Sportarten Fußball, Tennis, Radfahren, Kraft- und Pferdesport, Fechten, Rudern und Schwimmen.

Die Zahl der um die Jahrhundertwende entstandenen Vereine lässt sich selbst am lokalen Beispiel nur annäherungsweise bestimmen. Durch die Auswertung von Festschriften, Adressbüchern, Kommunalakten und der wenigen Vereinsnachlässe sowie die stichprobenweise Durchsicht von Lokalzeitungen jedoch entsteht der Eindruck einer in einzelnen Sparten beeindruckenden Verbreitung. Ermittelt wurden am Beispiel Essens für den Zeitraum zwischen 1900 und 1914 begrenzt auf das heutige Stadtgebiet 122 Männergesangvereine, von denen mindestens dreißig an Gesangwettstreiten teilnahmen. Zwischen 1901 und 1914 verzeichnete die Stadt 175 Gründungen von Sport- oder Turnvereinen, wobei sich viele der letzteren an Preisturnkämpfen beteiligten. Am Vorabend des Ersten Weltkriegs gab es in Essen mindestens achtzig Taubenzüchtervereine, 29 Vereine für Kaninchenzucht, 17 Theatervereine – davon wurden elf im Zusammenhang mit Theaterwettstreiten erwähnt –, neun Kanarienzüchtervereine, vier Hundezüchtervereine, sechs Zithervereine, drei Spielleutevereine, drei Philatelistenvereine, 25 Stenographenvereine, fünf Kulturvereine, neun Karnevalsvereine, zwei Aquarienvereine allein in Essen-West sowie einen Pfeifenraucherklub.[62]

Anzumerken ist dabei erstens, dass von einer Dunkelziffer derjenigen Vereine auszugehen ist, die sich nur lose organisierten und daher in Verbandsstatistiken und der Lokalpresse keine Spuren hinterließen. Zweitens blieben in der Erhebung die zahllosen Gesang-, Theater- und Sportabteilungen unberücksichtigt, die in vielen älteren Lokalvereinen gebildet wurden. Bis zur Jahrhun-

61 *Wick u.a.*, S. 16, 19 u. 33.

62 Datenbank »Essener Vereine 1890–1914«; zu Turn- und Sportvereinen siehe *Nielsen*, S. 358.

dertwende waren die neuen Hobbys längst auch bis in die Kriegervereine vorgedrungen. Mitglieder formierten sich zu Chören und studierten Theaterstücke ein. Auch in den konfessionellen Standesorganisationen wie den katholischen Gesellen- und Jünglingsvereinen sowie den evangelischen Männervereinen hatten die neuen Freizeitbeschäftigungen Fuß gefasst. In den Theaterabteilungen kirchlicher Vereine wurde durchaus weltliches Repertoire gepflegt, und es gibt Beispiele dafür, dass konfessionelle Chöre an Gesangwettstreiten außerhalb ihrer jeweiligen Gemeinde teilnahmen.[63] Neue Freizeitinhalte verbreiteten sich schließlich auch über nationale Herkunftsgrenzen hinweg. Das Wettsingen setzte sich in polnischen Gesangvereinen als beliebter Zeitvertreib durch,[64] wenngleich die hier ausgewerteten Festschriften und Zeitungsberichte keinen Hinweis darauf liefern, dass sich polnische Chöre mit deutschen maßen.

Im Zuge der Vereins- und Abteilungsgründungen erreichten die neuen Aktivitäten und Veranstaltungsformen breite soziale Schichten. Die wettstreitenden Männergesangvereine Gemütlichkeit Frohnhausen und Sängerfreund Altendorf zählten Arbeiter, Gesellen und selbstständige Handwerker zu ihren aktiven Mitgliedern;[65] die Sänger des MGV Harmonie 1888 arbeiteten bei Krupp und auf den umliegenden Zechen, der Vereinsvorsitzende eben dort als »Schreiber«;[66] bei den Mitgliedern des MGV Lyra 1888 handelte es sich um Beamte und »Kruppsche Facharbeiter«.[67] Taubensport, der aus Kosten- und Platzgründen zunächst von Bürgern getrieben wurde, hatte seit den 1890er Jahren Anhänger in der Arbeiterschaft.[68] Der Brieftaubenzüchterverein Nach der Heimat, der die Essener Verwaltung 1912 um die Stiftung eines städtischen Ehrenpreises für eine Ausstellung bat, vereinte nach Einschätzung des mit der Anfrage betrauten Beamten »Geschäftsleute und Arbeiter von einwandfreier Gesinnung«.[69] Vorwiegend um Arbeiter handelt es sich bei den Mitgliedern der drei Vereine, die den Stadtverband der Vogelschutz- und Kanarienzucht-

63 Etwa der Evangelische Sängerbund (Essener Volkszeitung v. 30.7.1894), der St. Gregorius-Verein Borbeck (Ausfüllungsformular zum Gesangwettstreit (1885), Sta E, Best. 421/B13), der Katholische Männerchor, später MGV Cäcilia 1886 (Essener Volkszeitung v. 5.8.1911) und der Evangelische MGV Concordia Katernberg (*Feldens*, Musik und Musiker, S. 232f.).

64 *Kleßmann*, S. 98.

65 Ausfüllungsformular zum Gesangwettstreit (1885), Sta E, Best. 421/B 13 (unpaginiert).

66 Verwaltungsinterner Kommentar zur Anfrage nach einer städtischen Beihilfe v. 4.6.1913, Sta E, Best. 102, Nr. 2235, Bl. 81.

67 Verwaltungsinterne Stellungnahme zur Anfrage nach einer städtischen Beihilfe v. 10.7.1913, *ebd.*, Bl. 69.

68 Zur sozialen Schichtung in Dortmunder Taubenzüchtervereinen siehe *Döring*, S. 324f. Die 15 Mitglieder des Essener Taubenzüchtervereins Telephon waren zum großen Teil bei der Stadt und bei Krupp beschäftigte Arbeiter, siehe Anfrage des Vereins nach einem städtischen Ehrenpreis, *ebd.*, Bl. 189.

69 Anfrage v. 6.1.1912 an die Stadt Essen betr. städtischen Ehrenpreis, Sta E, Best. 102, Nr. 2233, Bl. 157.

vereine bildeten;[70] die Mitglieder des Kanarienzuchtvereins Eintracht waren Beamte und Handwerker.[71] Zum Kaninchenzuchtverein Rellinghausen zählten neben zwölf Bergleuten unter anderem ein Gemüsehändler, ein Lehrer, zwei Wirte und ein Schuhmachermeister.[72] Das der Essener Verwaltung als Anlage zu einem der zahlreichen Anträge auf die Stiftung einer städtischen Auszeichnung vorgelegte Mitgliederverzeichnis des Spielleutevereins Essen-West führt neben Fabrik- und Facharbeitern u.a. einen Milchhändler, einen Schneidermeister, einen Metzgermeister und einen Bürobeamten auf.[73] Im Zitherverein Ruhrtal betätigten sich 41 Männer, darunter elf Beamte bzw. »Bürobeamte«, neun Schlosser, fünf Techniker, zwei Kaufleute, zwei Mechaniker, ein Maler, ein Schneidermeister und ein Wirt.[74]

Vereinsfußball wurde zunächst von höheren Schülern und von modern gesinnten Bürgern gespielt.[75] Eine entsprechende soziale Struktur weist der erste Essener Fußballklub, der Essener Sportverein 1899, auf, der am Human-Gymnasium gegründet worden war. Nach einem Mitgliederverzeichnis von 1913 vereinte er – abgesehen von einer vierzig Mitglieder starken Jugendabteilung – 98 Männer, die als Angestellte, zuweilen in führenden Positionen, als Angehörige technisch-kaufmännischer Berufe wie Ingenieure, Architekten oder Kaufleute sowie als Studenten, Praktikanten und Referendare zur »modernen« Mittelschicht zählten. Abgesehen von drei Wirten und einem Konditor fehlten Vertreter des traditionellen Mittelstandes, ebenso wie Handwerker und Arbeiter.[76] In anderen Vereinen hatte der Fußball zu dieser Zeit aber auch Anhänger in der Arbeiterschaft gefunden. Zu den 23 Mitgliedern von Rot-Weiß Essen zählten mehrheitlich Arbeiter wie Bergleute, Dreher, Schlosser und Schmiede, daneben gab es einen Laboranten, einen Kaufmann und einen Koksmeister; der Vorsitzende Heinrich Melches war Betriebsführer.[77] Dem Verein gehörte zudem schon früh ein polnisches Mitglied an, was zeigt, dass gemeinsame Freizeitinteressen zumindest ansatzweise auch Unterschiede nationaler Herkunft überwanden.[78]

Mit Ausnahme etwa von kostspieligen Hobbys wie dem Automobil oder dem Segeln waren Bürger und Arbeiter wenn auch nicht immer in den selben

70 Schreiben des Stadtverbandes Essen der ver. Vogelschutz- und Kanarienzuchtvereine an die Essener Verwaltung betr. Bewilligung eines Ehrenpreises v. 6.12.1912, Sta E, Best. 102, Nr. 2235, Bl. 1.

71 *Ebd.*, Bl. 18.

72 Mitgliederverzeichnis, Sta E, Best. 102, Nr. 2233, Bl. 205.

73 Mitgliederverzeichnis, *ebd.*, Bl. 121.

74 Mitgliederverzeichnis, Sta E, Best. 102, Nr. 2232, Bl. 106–108.

75 *Eisenberg*, Deutschland, S. 99.

76 Mitgliederverzeichnis, Sta E, Best. 102, Nr. 2233, Bl. 257f.

77 *Schrepper* u. *Wick*, S. 17.

78 *Lenz*, S. 197.

Vereinen, so doch gerade im Vergleich mit dem britischen Fall bemerkenswert häufig in den selben Freizeitsparten zu finden. Das gilt allerdings nur für den männlichen Teil der Bevölkerung. Die Beteiligung von Frauen an Freizeitvereinen hielt sich in engen Grenzen. Am ehesten öffneten sich alteingesessene Turnvereine weiblichen Mitgliedern durch die Schaffung entsprechender Abteilungen. An Gesangwettstreiten, Turnwettkämpfen oder Ähnlichem nahmen Frauen nicht aktiv teil. Ihre Rolle beschränkte sich, so weit erkennbar, auf die Anwesenheit im Publikum und die Mithilfe bei Veranstaltungen, etwa durch Spendensammeln. Ob die von Männern aktiv betriebene Vereinskultur weiblicher Konversation zumindest als Thema diente, ist mangels Quellen nicht festzustellen.

Aktivitäten wie das Wettsingen, das Preisschießen und -turnen, die Zitherkonkurrenzen, Kleintierschauen und Sportspiele, die von den Vereinsaktiven selbst betrieben und quantitativ wie sozial sehr weitreichend verbreitet wurden, lassen sich mit dem Begriff »Populärkultur« fassen. Diese Kultur entstand und verbreitete sich vor allem deshalb so schnell, weil sie ein Mittel gegen Eintönigkeit und soziale Immobilität darstellte, welche die älteren Lokalvereine prägten. Während dort mitunter Mitglieder mit der Androhung von Strafgeldern zu regelmäßigem Erscheinen bewegt werden mussten, füllten Freizeitaktivitäten wie das Singen oder Theaterspielen die Zeit und boten dem Vereinsleben ein Ziel.

Wie wichtig Unterhaltung für den Zusammenhalt von Vereinen war, zeigt die Entwicklung der Kriegervereine, zu deren Gründung häufig militärische Siege oder die Reichseinigung Anlass gegeben hatten und die nun geselligkeitsfördernder Maßnahmen bedurften, um das Interesse der Mitglieder wach zu halten. Im erwähnten Essener Kriegerverein Meisenburg, bei dessen Monatsversammlungen große Unpünktlichkeit herrschte und dessen Stiftungsfest zum Fehlschlag geriet, äußerten einige Mitglieder offen Kritik an den Zuständen und drängten auf die Verbesserung des Unterhaltungsangebots, um die Situation zu ändern. Sie stießen damit auf allgemeine Zustimmung bei den übrigen Vereinskameraden, und so bildete man eine Gesangabteilung, die sich auch für Theateraufführungen, die Darbietung »lebender Bilder« und Deklamationen zuständig erklärte. Zudem kündigte man an, für Vereins- und öffentliche Feste »wirklich gute Musik zu besorgen« und den Versammlungen »durch Vorträge, gemeinsame Gesänge und andere passende Unterhaltung mehr Inhalt zu geben.« Die Neuerungen brachten bald Erfolge: Mitglieder zeigten sich zum Engagement bereit; die Feste waren gut besucht, was sich positiv auf die Vereinsfinanzen auswirkte.[79]

Populärkultur förderte aber nicht nur das Vereinsengagement. Sie bot zudem Gelegenheit, unabhängig von »Vereinstreue« und gesellschaftlichem Stand

79 *Bockemühl*, S. 8–11.

soziale Anerkennung zu gewinnen, etwa als leistungsfähiger Sänger, der mit seinem Können seinem Verein zu Erfolgen verhalf. Populärkultur legte es nahe, sozialen Status auf der Grundlage individueller Leistungen und Interessen zuzuweisen. Diese gesellschaftliche Aufstiegsmöglichkeit räumte der überkommene Lokalverein, der die soziale Rangordnung seiner Umwelt abbildete, seinen Mitgliedern nicht ein.

Das Vergesellschaftungspotential der Populärkultur erstreckte sich schließlich auch auf die interessierte Öffentlichkeit, die die Vorstellung eines Theatervereins besuchte und über die Siegeschancen der Fußballmannschaft diskutierte. Die von den Mitgliedern betriebenen Aktivitäten sorgten für Gesprächsstoff, der dank einfacher Verständlichkeit und befreit von der Last der »ernsten« Dinge des Lebens in vielen sozialen Situationen einsetzbar war, sei es am Arbeitsplatz oder beim Bier in der Kneipe. Die Anteilnahme eines Publikums wiederum verschaffte den aktiven Vereinsmitgliedern die Möglichkeit, ihr durch besondere Leistungen erworbenes soziales Kapital auch im Umfeld des Vereins einzusetzen.[80]

Populärkultur stand somit in latenter Spannung mit der in Lokalvereinen üblichen Art der Vergesellschaftung. Sie verfügte über das Potential, die starren, sozial undurchlässigen und in ihrem Umfeld vor allem Langeweile verbreitenden Lokalvereine zu sprengen. Deutlich wird dieses Vermögen an der Entwicklung von Fußballvereinen, die als Spielabteilungen in Turnvereinen entstanden und diese dann verließen,[81] sowie an Turn- und Gesangabteilungen, die sich aus Kriegervereinen verselbstständigten.[82] Die Spannung zwischen Populärkultur und überkommener Vereinsorganisation zeigte sich auch in konfessionellen Standesvereinen, deren geistliche Vorstände bereits Mitte der 1870er Jahre mit Sorge beobachteten, dass die in den Gemeindeorganisationen gebildeten Gesang-, Turn- und Schießklubs mit weltlichen Vereinen in Kontakt traten.[83]

Zuweilen führte das Interesse am Singen, Turnen und Theaterspielen die Mitglieder konfessioneller Freizeitabteilungen aus dem Gemeindeverband heraus zu organisatorischer Eigenständigkeit. Zehn Essener Männergesangvereine erwähnen in Festschriften, dass sie als evangelischer Gesangverein, als (katholischer) »Cäcilienverein« oder Gesangabteilung eines konfessionellen Knappenvereins entstanden waren und die kirchliche Bindung um 1900 gelöst hätten.[84] Die gleiche Entwicklung hatte auch die Zither-Vereinigung Essen 1888 ge-

80 Zum Aspekt der sozialen Anerkennung im Bereich »Sport« siehe *Weiß, O.*, bes. S. 147–151; zum Sport als Gesprächsstoff siehe *Bette*.

81 Beispiele bei *Gehrmann*, S. 83–86.

82 *Wick u.a.*, S. 20 (zum Turnverein 1877 Kupferdreh); *60 Jahre MGV ›Einigkeit‹*.

83 *Schwank*, S. 34f.

84 Datenbank »Essener Vereine 1890–1914«. Den gleichen Trend konstatiert am Beispiel der Stadt Münster *Heemann*, S. 166–168.

nommen, die von Angehörigen der Gesangabteilung eines Christlichen Arbeitervereins in Essen-West zunächst als Tiroler Club Alpenveilchen ins Leben gerufen worden war.[85] Im Zuge solcher Ausgründungen nahmen Vereine nicht nur konfessionell neutrale Namen an, sondern auch Angehörige anderer Glaubensrichtungen auf. Die Abnabelung von der Kirchengemeinde vollzog sich mitunter durchaus im Streit, was die Wirkmächtigkeit des Geselligkeitsmotivs unterstreicht.[86] Häufig ließ sich der offene Konflikt vermeiden und Ortsgeistliche und Kirchenbehörden zu Zugeständnissen bewegen, wenn Vereine andeuteten, dass sie sich durchaus außerhalb der Gemeinde neu konstituieren könnten.[87]

Das gesellige Potential der entstehenden Populärkultur dürfte auch ein wichtiger Grund gewesen sein, warum die Freizeitorganisationen der Arbeiterbewegung sehr viel geringere Mitgliederzahlen aufwiesen als Arbeiterpartei, Gewerkschaften und Konsumvereine. Während am Vorabend des Ersten Weltkriegs die Freien Gewerkschaften gut 2,5 Mio. Mitglieder zählten, die SPD knapp 1,1 Mio. Anhänger verzeichnete und den Vereinen des sozialdemokratischen Zentralverbands deutscher Konsumvereine um 1,7 Mio. »Genossen« angehörten, vereinte der Arbeiter-Turnerbund (ATB) einschließlich Jugendlicher ca. 180 000, der Deutsche Arbeiter-Sängerbund (DAS) etwa 108 000 und der Radfahrerbund »Solidarität« ungefähr 130 000 Personen.[88] Die etwa 70 000 Mitglieder zählende Volksbühnen-Bewegung war wesentlich auf Berlin begrenzt und hatte bürgerliche Mitglieder in ihren Reihen.[89] In anderen mitgliederstarken Sparten spielte die Arbeiterkulturbewegung überhaupt keine Rolle. Gesonderte Verbände wie für Arbeiter-Schützen oder -kegler sollten entweder erst noch in der Weimarer Republik entstehen oder waren, was ihre Mitgliederzahlen anbetrifft, vernachlässigenswert. So vereinte der 1906 gegründete Deutsche Arbeiter-Theaterbund 1913 reichsweit lediglich 66 Vereine mit knapp 1 000 Mitgliedern. Allein in Berlin soll es zu dieser Zeit 250 nebenberufliche Theatergesellschaften gegeben haben, zu deren Mitgliedern vor allem Arbeiter und kleine Angestellte zählten.[90]

Im internationalen Vergleich mögen 180 000 organisierte Turner und über 100 000 Arbeitersänger beeindruckend erscheinen. In Anbetracht der Menge an »bürgerlichen« Vereinen, denen in großer Zahl Arbeiter angehörten, relativiert sich die Bedeutung der Arbeiterkulturvereine jedoch stark. Besonders

85 *Feldens*, Musik und Musiker, S. 214.

86 So im Falle des ab 1908 selbstständigen Johannis-Chors 1876. Siehe *ebd.*, S. 255.

87 *Bachem-Rehm*, ›... die sittliche und materielle Hebung‹, S. 201.

88 Zahlen nach *Lidtke*, Burghers, Workers and Problems of Class Relationships, S. 35 (Gewerkschaften u. SPD); *Kaufmann*, S. 333 (Konsumvereine); *Klenke* u. *Walter*, S. 153 (DAS); *Eisenberg*, ›English sports‹, S. 129 (ATB); *Geary*, S. 95 (Radfahrerbund).

89 *Lilje*, S. 250–253.

90 *Rüden*, S. 177; *Alexander*, S. 8f.

deutlich wird dies aus lokaler Sicht, zumal im Ruhrgebiet, wo die Arbeiterkulturbewegung ohnehin nur schwer Fuß fasste. Gab es in Essen, wie erwähnt, zwischen Jahrhundertwende und Erstem Weltkrieg insgesamt 175 Turn- und Sportvereinsgründungen, zählte der dortige Arbeiter-Turnerbund ebenso wie in den anderen Großstädten an Rhein und Ruhr lediglich einige hundert Mitglieder.[91] Viele Arbeiter, möglicherweise sogar gewerkschaftlich oder genossenschaftlich organisierte, sangen, turnten und schauspielerten in »bürgerlichen« Vereinen. Diese kamen offenbar ihren Freizeitbedürfnissen eher entgegen als die stark politisierten Freizeitangebote im Vorfeld der Arbeiterbewegung, die wahrzunehmen überdies eine hohe Bereitschaft voraussetzte, sich politisch zu bekennen.[92]

Die Entwicklung vom Lokal- zum Freizeitverein verdankte sich in kultureller Hinsicht einer entstehenden Populärkultur und deren Potential, die starke Nachfrage nach geselligkeitsstiftender Unterhaltung zu befriedigen. Materiell unterstützten diese Entwicklung kleine Gewerbetreibende, die in solchem Vereinstreiben Profitmöglichkeiten erkannten. Vor allem den Wirten versprachen Turnkämpfe und Gesangwettstreite weit größeren Gewinn als nur regelmäßige Vereinsversammlungen, die ohne Ziel oft an Zugkraft verloren. Gesangwettstreite und Turnwettkämpfe lockten leicht mehrere hundert Aktive an, die ebenso wie das zahlende Publikum bewirtet werden wollten. An einem viertägigen Wettstreit des Essener MGV Teutonia im Jahr 1894 nahmen insgesamt 48 Vereine mit ca. 1 500 Sängern teil,[93] und zu den größten Veranstaltungen wie dem Wettsingen des Kölner Liederkranzes kamen 1880 sogar 132 Vereine mit gut 6 500 Sängern aus Deutschland, Österreich, der Schweiz, Belgien und den Niederlanden zusammen.[94] Entsprechend bereitwillig unterstützten Wirte solche Vorhaben finanziell und organisatorisch. Beim Gesangwettstreit des Essener Männerchors Sanssouci im Jahr 1885 etwa kam die höchste Spende bei der Sammlung unter den »Damen des Vereins« von der Gattin des Vereinswirts, an den auch ein Teil der Wettstreit-Korrespondenz gerichtet war.[95] Der Essener MGV Gemütlichkeit zählte 1910 insgesamt 227 passive Mitglieder, darunter allein 46 Gastwirte.[96]

Die Kneipiers waren die wichtigsten, aber nicht die einzigen lokalen Geschäftsleute, die vom Treiben der Vereine zu profitieren hofften. Auch Metzger, Bäcker, Friseure und weitere Gewerbetreibende assoziierten sich gerne mit Vereinen, weil diese für Betrieb und Aufmerksamkeit sorgten. Dekorateure,

91 *Ueberhorst u.a.*, S. 56.
92 Darauf verweist auch *Schmidt*, S. 128.
93 Berichte über den Wettstreit in der Essener Volkszeitung v. 4. u. 8.8.1894.
94 *Klenke*, Der singende ›deutsche Mann‹, S. 159.
95 Gesangwettstreit des MGV Sanssouci (1885), Sta E, Best. 421/B 13 (unpaginiert).
96 *Festbuch zur 50jährigen Jubelfeier*, S. 22–24.

Schneider, Buchhändler und Feuerwerksfabrikanten lieferten Bedarfsartikel für Theatervereine;[97] Händler stellten in ihren Schaufenstern Wettstreittrophäen aus; Handwerksmeister zahlten für eine Anzeige in der Festschrift, und selbstverständlich unterstützte man den Verein als »passives« Mitglied.[98] Die lokalen Gewerbetreibenden trugen wesentlich zur Finanzierung von Aktivitäten bei, die sich die oft zur Arbeiterschicht zählenden Aktiven allein nicht hätten leisten können.

Fernab des lokalen Vereinsgeschehens sorgte schließlich auch Kaiser Wilhelm II. dafür, dass die Populärkultur in den Vereinen eine Aufwertung erfuhr. Um sein Ansehen in der breiten Bevölkerung zu heben, unterstützte der Kaiser populäre Aktivitäten, indem er seinen Namen mit ihnen verband und zentrale Veranstaltungen initiierte. Den Gesangwettstreit förderte er, indem er ab 1899 mehrere »Kaiserpreissingen« ausschrieb, an dem große und besonders leistungsstarke Chöre aus dem Reichsgebiet teilnahmen und bei denen er persönlich anwesend war.[99] Wilhelm II. stiftete auch für kleinere Veranstaltungen Preise und gab 1907 eine kostengünstige Volksliedersammlung heraus, die von vielen Chören verwendet wurde. Das Ansehen der Taubenzüchtervereine hob er, indem er 1888 das Protektorat des noch jungen Verbandes übernahm.[100] Gerne assoziierte sich der Kaiser auch mit englischen Sportarten und ließ sich gemeinsam mit seinen Söhnen und seinem Bruder als »sportsman« abbilden.[101]

Durch solche Verbindungen »adelte« Wilhelm II. eine entstehende Populärkultur, die zum großen Teil von Angehörigen der Arbeiterschicht und des unteren Bürgertums getragen war. Das Interesse des Monarchen wiederum förderte die Bereitschaft lokaler Honoratioren, es »Seiner Majestät« gleichzutun und die örtlichen Vereine zu unterstützen, denn was der Kaiser für förderungswürdig erachtete, konnte im Kleinen nicht grundsätzlich falsch sein.

Das Geselligkeitspotential der entstehenden Populärkultur, die Profitaussichten der kleinen Gewerbetreibenden und das Wohlwollen des Kaisers förderten einen recht weitgehenden kulturellen Wandel der Vereinsfreizeit, wie die Vervielfältigung der Vereinszwecke, die immer schneller steigende Zahl von Vereinsgründungen und die Bildung entsprechender Abteilungen in Lokalvereinen belegen. Einfachen Mitgliedern eröffnete dieser Wandel die Möglichkeit, mit individuellen Leistungen im Gesangverein, in der Turnerei oder der Taubenzucht Anerkennung zu erfahren. Diese meritokratische Art der Status-

97 Richard Jsca, Berliner Vereine, in: Deutsche Theater-Vereins-Zeitung 2 (1888), S. 43–45, 49f. u. 55f.

98 Die beim Wettstreit des MGV Sanssouci zu erringenden Preise stellte ein Tabakwarenhändler aus; im Geschäft konnten auch die Eintrittskarten erworben werden. Siehe die Anzeige zum Jubiläumsfest in der Essener Volkszeitung v. 18.6.1885.

99 Das Kaiserpreissingen (Aus zeitgenössischen Berichten), in: *Ewens*, S. 371–387.

100 *Döring*, S. 323f.

101 *Eisenberg*, ›English sports‹, S. 157.

zuweisung brachte Populärkultur in ein Spannungsverhältnis zum Lokalverein, dessen Vergesellschaftung darauf zielte, die außerhalb des Vereins bestehende soziale Ordnung in der Assoziation zu verdoppeln und so zu festigen.

Doch der Lokalverein erwies sich noch als stabil. Der kulturelle Wandel verlief innerhalb der etablierten Organisationsstrukturen; die Populärkultur blieb in das überkommene Assoziationsmuster eingezwängt und vermochte nicht, es zu sprengen. Erstes Indiz dafür ist, dass die für Lokalvereine kennzeichnenden repräsentativen Elemente nicht verschwanden. Zwar fanden nun regelmäßig Turnwettkämpfe, Gesang- und Theaterwettstreite statt. Sie waren jedoch an Vereinsjubiläen gebunden und als ein Programmpunkt in den für Lokalvereine typischen zeremoniellen Rahmen eingebettet, der, wie gezeigt, nicht gerade zur Förderung von Geselligkeit beitrug.

Das Festhalten der Vereine am repräsentativen Aufwand hat organisationsstrukturelle Ursachen und lag darin begründet, dass die einfachen, an Unterhaltung interessierten Mitglieder weiterhin von der Unterstützung hochgestellter Förderer abhängig blieben. Welche Zwänge in welcher Weise wirkten, lässt sich im Detail an einem Gesangwettstreit nachvollziehen, den der Essener Männerchor Sanssouci im Jahr 1910 anlässlich seines 50jährigen Bestehens veranstaltete.

Die Abhängigkeit der einfachen Mitglieder von den lokalen Honoratioren geht zunächst einmal aus der Abrechnung hervor (Tab. 1). Die Gesamtausgaben für den Wettstreit beliefen sich auf gut 13 100 Mark. Auf der Soll-Seite schlugen neben den Geldpreisen in Höhe von insgesamt knapp 4 500 Mark und 1 000 Mark für die Vergnügungssteuer, die an die Stadtkasse abgeführt wurde, die Kosten für die Veranstaltungsorganisation mit insgesamt gut 7 100 Mark stark zu Buche. Dazu zählten im Einzelnen Ausgaben für Zeitungsanzeigen und Plakate, Saaldekoration und Musik, Gagen für fünf Preisrichter (600 Mark), Noten für die Pflichtchöre (gut 800 Mark), hohe Portokosten und sogar Reisen zu teilnehmenden Vereinen. Da kein Dachverband die Durchführung des Wettstreits unterstützte, etwa indem er die Kommunikation zwischen Vereinen erleichtert oder Preisrichter gestellt hätte, musste »Sanssouci« alle diesbezüglichen Arbeiten selbst erledigen und die Kosten selbst tragen.

Den größten Einnahmeposten stellte mit insgesamt 7 500 Mark der Kartenverkauf dar. Die höchsten Erlöse wurden übrigens bei den für den Wettstreit wichtigsten Veranstaltungsteilen erzielt, was zeigt, dass sich das Publikum vor allem für den eigentlichen Wettstreit, am wenigsten für den abschließenden Ball interessierte. Weitere 2 800 Mark erhielten die Veranstalter von den konkurrierenden Vereinen, die neben Teilnahmegebühren Partituren für die zu singenden Stücke abnehmen mussten. Den geringsten Anteil an den Einnahmen mit 1 200 Mark hatten die Gelder von insgesamt 144 lokalen Gewerbetreibenden, die in der Festschrift zum Preis von fünf bis zwanzig Mark Anzeigen platzierten. Dass die Veranstaltung dennoch mit einem deutlichen finanziellen

Überschuss abschloss, lag in erster Linie an den ca. 5000 Mark aus Sammlungen unter Mitgliedern und Spendern. Gustav Krupp von Bohlen und Halbach allein gab 1500 Mark. Die Stadt Essen, deren Oberbürgermeister dem Verein als Protektor angehörte, überließ dem Chor den Städtischen Saalbau mietfrei als Veranstaltungsort.

Tab. 1: Bilanz des Gesangwettstreits des MGV Sanssouci im Jahr 1910 (in Mark, gerundet)

Einnahmen	*Ausgaben*
7500 M aus Kartenverkauf	7100 M für Veranstaltungsorganisation
5000 M aus Spenden	4500 M für Wettstreitpreise
2800 M von teilnehmenden Vereinen	1000 M für Vergnügungssteuer
1500 M aus »Sponsoring«	500 M für die »Damen des Vereins«
Gesamt: 16800 M	Gesamt: 13100 M

Quelle: Abrechnung über Einnahmen u. Ausgaben des Jubelfestes 1910 einschl. internationalem Gesang-Wettstreit, Sta E, Best. 421/B 14.

Auffällig ist an dieser Rechnung, dass die Unterstützung von privatwirtschaftlicher Seite insgesamt gering war und sich im Wesentlichen auf Beiträge kleiner Geschäftsleute beschränkte. Größere Unternehmen, die sich von der Förderung eines Gesangwettstreits eine Werbewirkung hätten erhoffen können, gaben kaum etwas oder fielen als Sponsoren komplett aus. Lediglich zwei Brauereien spendierten zusammen 230 Mark; von Fachbetrieben inserierten ein Musikalienhändler und zwei Musikverleger in der Festschrift. Der Verlag Fredebeul & Koenen, an den der Verein insgesamt etwa 1300 Mark für Zeitungsanzeigen und den Druck des Festbuches zahlte, hatte darin nicht einmal eine Anzeige. Da also das »Sponsoring« weitgehend ausblieb und weder die Zuschauereinnahmen noch die Beiträge der lokalen Gewerbetreibenden zur Deckung der Gesamtkosten ausreichten, war der Verein auf die von der Stadt und führenden Bürgern gewährten Mittel angewiesen.

Abhängigkeit bestand aber nicht nur in materieller Hinsicht. Da keine unabhängige, mit Sanktionsgewalt ausgestattete Instanz den Ablauf des Wettstreits überwachte, war diese Veranstaltung wie alle Gesangwettstreite latent einem Betrugsverdacht ausgesetzt. Preisrichterentscheidungen waren schwer nachvollziehbar, weil Bewertungskriterien für jeden Wettstreit neu definiert werden mussten; Chöre hatten lediglich per »Ehrenwort« versichert, keine vereinsfremden Sänger für den Wettstreit zu verpflichten. Die fehlende Autorität der Jury konnte am ehesten die lokale politische und wirtschaftliche Elite kompensieren, indem sie die Veranstaltung demonstrativ unterstützte. Dazu baten Vereine hochgestellte Persönlichkeiten um die Übernahme der »Schirmherrschaft«

ihres Wettstreits und setzten das symbolische Kapital prominenter Förderer bereits bei der Ausschreibung ein, wenn sie den Namen ihres »Protektors« in der Anzeige der Sängerzeitung nannten.[102] Die Honoratioren vermochten der Veranstaltung eine »Würde« zu verleihen, die den Teilnehmern versicherte, dass es bei aller Unvollkommenheit der Wettstreitorganisation »reell« zuging. So benötigte »Sanssouci« neben Geld und Infrastruktur auch immaterielle Ressourcen, die dem Chor von keiner anderen Seite geboten werden konnten als von den Ortsvorstehern und prominenten Bürgern. Das erklärt, warum auch dieser gut besuchte Wettstreit in die für den älteren Lokalverein typischen repräsentativen Zeremonien eingebettet werden musste.

Der Wettstreit des Männerchors war kein Einzelfall. Zwänge zur Repräsentativität sind im Essener Vereinswesen vor dem Ersten Weltkrieg allgemein zu beobachten; ähnliche Tendenzen dürften auch andernorts zu finden sein. Klar erkennbar ist, dass die Vereine nicht einfach aus Gründen der Traditionspflege oder aus Freude an militärischem Gehabe an feierlichen Reden und Fahnenweihen festhielten. Traditionen erwiesen sich bei näherem Hinsehen vielmehr als brüchig, denn die Aktiven mussten in besonderer Weise zu ihrer Befolgung motiviert, mitunter gezwungen werden. Explizit geschah dies in den Regeln von Gesangwettstreiten, die als Bedingung für die Wettstreitteilnahme vorschrieben, dass gemeldete Vereine mit Vereinsabzeichen und Fahne zum »offiziellen« Teil der Veranstaltung erschienen.[103] Bei Turnwettkämpfen wurden Preise nicht nur für turnerische Leistungen, sondern auch für besonders geordnetes Auftreten im Festzug vergeben.[104] Der 1910 gegründete Spielleuteverein Essen-West, der die Essener Bürgermeisterei um eine Beihilfe für einen »Tambourwettstreit« anlässlich des ersten Stiftungsfestes 1911 anging, nannte »Pünktliches Erscheinen« und »Sauberer Anzug« als erste Teilnahmebedingungen.[105]

Die im schichtenübergreifenden Verein angelegten Abhängigkeiten bestanden weiterhin, und so behielten die Honoratioren vom kulturellen Wandel unbeschadet die Kontrolle über die Freizeitaktivitäten der »kleinen Leute«. Die Vereine brauchten das Geld finanzkräftiger Förderer, und sie benötigten die Erlaubnis der Behörden, öffentliche Veranstaltungen durchzuführen. Nur mit Rückendeckung wohlwollender Honoratioren ließen sich weitere Unterstützer gewinnen, ohne deren Beitrag zugkräftige Gesangwettstreite und Turnwettkämpfe kaum zu realisieren waren. Die Eisenbahnbehörden etwa gewährten

102 *Heemann*, S. 240–242.

103 Bedingungen für den nationalen Gesang-Wettstreit des MGV Cäcilia in Altenessen, in: *Fest-Buch zum 50jährigen Jubelfest*, S. 46f.; Ordnung für den Wettstreit des Männerchors ›Sanssouci‹ am 28./29. Juni 1885, Sta E, Best. 421/B 13 (unpaginiert).

104 Bericht über das Jubiläumsturnfest des Turnklub Kupferdreh von 1885, in: Rheinisch-Westf. Anzeiger v. 2.5.1905, S. 5; siehe auch *Ueberhorst u.a.*, S. 134.

105 Schreiben des Spielleutevereins Essen-West an die Essener Bürgermeisterei (1911), Sta E, Best. 102, Nr. 2233, Bl. 121.

auf Antrag Tarifvergünstigungen für Sammelfahrten von Vereinen, und da war es hilfreich, wenn die Veranstalter auf namhafte Fürsprecher verweisen konnten.[106] Tageszeitungen berichteten über populärkulturelle Aktivitäten meist nur dann, wenn es sich zugleich um bedeutende Vereinsveranstaltungen mit prominenten Rednern handelte.

Um sich aus dieser strukturellen Abhängigkeit von den Eliten zu befreien, fehlten den Vereinsaktiven die Mittel. Eine kommerzielle Förderung vereinsmäßig organisierter Populärkultur blieb im Kaiserreich weitgehend aus, weil naheliegende Sponsoren wie Brauereien, Zeitungsverlage sowie Händler und Hersteller von Freizeitbedarf Werbemöglichkeiten noch kaum erkannten oder vor Reklame zurückschreckten. Der Werbeetat der Münchener Löwenbrauerei, für die dieser Aspekt erforscht ist, lag um die Jahrhundertwende bei wenigen tausend Mark und betrug damit nicht einmal 0,1% der Gesamtaufwendungen.[107] Die Zurückhaltung der großen Geldgeber wiederum konnten die lokalen Wirte, Metzger und Friseure mit ihren Mitgliedsbeiträgen und Spenden nicht vollständig kompensieren.

Neben dem Geld fehlte es an Mitteln, mit denen sich die in vielen Orten verteilten populärkulturellen Vereine vernetzen und zu »Szenen« hätten verdichten können. Die Reichsbahn erfüllte diese Funktion kaum, weil sie Fahrpreisermäßigungen und Sonderfahrten nur den Gruppen einräumte, die von den Eliten protegiert wurden. Besonders aber mangelte es an einer Fachpresse, welche die Begeisterung der Enthusiasten befeuert und den Informationsaustausch zwischen ihnen übernommen hätte. Bei den existierenden Fachzeitschriften handelte es sich weit überwiegend um Verbandszeitungen,[108] die ihre Mitgliedsvereine über Organisatorisches aus dem Verbandsleben unterrichteten und entsprechend dem Selbstverständnis der Verbände Populärkulturelles mindestens vernachlässigten.

Auch die Tagespresse trug wenig dazu bei, Außenstehenden das Turnen, Singen oder Taubenzüchten als Selbstzweck näherzubringen und zur Nachahmung anzuregen. Der Blick in die Lokalzeitungen erweist, dass die Journalisten für manche Vergnügungen – etwa den Sport – spät, für manche – beispielsweise den Gesangwettstreit – nie eine angemessene Form der Berichterstattung fanden. Wenn sie sich überhaupt mit derartigen Veranstaltungen befassten, enthielten sie sich aller Schilderungen, die Eindrücke gaben von den Emotionen, von Spannung und Überraschung, spontanem Jubel, überschwänglicher Begeiste-

106 Der Männerchor Sanssouci erwirkte 1885 für eine Fahrt nach Bochum eine 50prozentige Ermäßigung. Siehe das Schreiben des Eisenbahn-Direktions-Bezirks Köln an den Vorstand der »Sanssouci« v. 29.7.1885, Sta E, Best. 421/B 13 (unpaginiert).

107 *Schäder*, S. 128.

108 Siehe dazu die in Sperlings Zeitschriften- und Zeitungs-Adreßbuch 47 (1912) geführten Zeitschriften für Turnen, Chorgesang, Radsport, Schach, Kegeln und Angeln.

rung und bodenloser Enttäuschung. Gefüllt wurden die Zeitungsspalten stattdessen mit wortgetreuen, langen Auszügen der Festreden.

Ging ein Artikel einmal näher auf Darbietungen ein, verfehlte dieser den eigentlichen Sinn des Gebotenen. Gesangwettstreite handelte man in Konzertkritiken ab, die von der Warte hoher Kunst über die Köpfe der Laienchöre und deren Publikum hinwegsprachen:

»Dass beim Gesangesvortrag ein merklicher Unterschied in der Betonung von Haupt- und Nebensilben gemacht werden muss, liegt auf der Hand und weiß Jeder, aber nun die schweren Taktheile so zu belasten, dass die leichten halbtheiligen und tonlosen Silben ganz verschwinden, ist eine bedauerliche Geschmacksverirrung, die dem Dirigenten allein zur Last zu legen ist. [...]«[109]

Aus solcher Sicht blieb den Rezensenten die sportliche Note fremd bis hin zur Ablehnung. Sie mahnten, »die Palme des Sieges im Dienste der reinen Kunst zu erringen«, und warnten vor den »Schattenseiten« des Wettstreits, vor »Neid«, »Mißgunst« und »Leidenschaften«. Hinter solchen »Auswüchsen« vermutete man finanzielles Gewinnstreben und prangerte die Vergabe von Geldpreisen an, mit denen die teilnehmenden Chöre in Wirklichkeit allenfalls einen Teil ihrer Ausgaben decken konnten.[110]

Geld, Infrastruktur und mediale Aufmerksamkeit blieben den der neuen Populärkultur frönenden Vereinen schon deshalb vorenthalten, weil an Sponsoring noch kaum gedacht wurde und der deutsche Journalismus Belehrung als seine Aufgabe verstand.[111] Erschwerend kam hinzu, dass, wenn Mittel für Vereine flossen, sie meist von Verbänden und deren Mitgliedsorganisationen absorbiert wurden. Bei den Verbänden handelte es sich, angefangen von den älteren patriotischen Bünden wie dem Deutschen Sängerbund (DSB, 1862), der Deutschen Turnerschaft (DT, 1861) und dem Deutschen Schützenbund (1860) über die in den 1890ern entstandenen Kulturorganisationen der Arbeiterbewegung – etwa den Freien Arbeiter-Turner-Bund (ATB, 1893) – bis zu konfessionellen Spartenverbänden um Organisationen, die ihre Mitglieder zur Demonstration politisch-sozialer Gesinnungen mobilisierten. Diesem Zweck blieb das Turnen, Singen oder Schießen als solches untergeordnet; wie in den Lokalvereinen dienten Turnvorführungen und Schützenparaden nur der Zurschaustellung organisatorischer Stärke. Folglich machten die Verbände an die Begeisterung für Populärkultur nur widerwillig Zugeständnisse, wenn sie nicht gar die Entwicklung zum »bloßen Vergnügungsbetrieb« als Symptom der »Verflachung«, des »Materialismus« oder des »sittlichen Verfalls« brandmarkten. In starken Worten sprach sich der DSB gegen Gesangwettstreite aus.

109 Gesangwettstreit, in: Essener Volkszeitung v. 30.6. u. 1.7.1885.

110 Zitate in: Jubelfeier zum 25jährigen Bestehen des Männer-Gesangvereins Teutonia, in: *Ebd.* v. 4.8.1894.

111 Zum journalistischen Selbstverständnis siehe *Requate*, S. 270f. u. 366–382.

Die Verbandsfunktionäre gingen in ihrer Ablehnung so weit, Wilhelm II., der 1895 einen reichsweiten Chorwettbewerb ankündigte, mangelnde »nationale« Gesinnungstreue zu bescheinigen.[112] Der Schützenbund verurteilte das aufkommende Interesse am Preisschießen als Zeichen für abnehmenden Patriotismus.[113] Die DT verbot ihren Mitgliedsvereinen, sich an Turnwettbewerben um Wert- und Sachpreise zu beteiligen. Mit teilweise anderen Argumenten, aber ebenso eindeutig und vehement wandten sich sozialdemokratische Dachorganisationen gegen den Amüsierbetrieb in ihren Vereinen, was durchaus Widerstand auf Seiten der einfachen Mitglieder hervorrief.[114]

Mit dieser vergnügungsfeindlichen Haltung fielen die Verbände zunächst einmal als Organisationshelfer von Populärkultur aus. Interessenvertretung, Versicherung, Beratung und Informationsaustausch, gar die Festlegung von Wettstreitregeln oder die Entsendung von Schiedsrichtern konnten die an Populärkultur interessierten Vereine von dieser Seite nicht erwarten. Erschwerend kam hinzu, dass in erster Linie die Verbände, vor allem die regierungstreuen, die Mittel absorbierten, welche die Populärkultur treibenden Vereine so dringend benötigten.

So floss das wenige Geld größerer gewerblicher Förderer nicht an die jüngeren, kleineren und meist verbandsfernen Vereine und deren geselligkeitsstiftende Veranstaltungen, sondern an die Großkundgebungen der etablierten und effizient organisierten Verbände. Der einzige Fall größerer privatwirtschaftlicher Unterstützung, der bei der Recherche zum Essener Vereinswesen zum Vorschein kam, war das vom Essener Turnerbund und vom Turnverein 1859 gemeinsam ausgerichtete DT-Kreisturnfest im Jahr 1890, bei dem die Essener Actien-Brauerei einen »Frühfreitrunk« spendierte, was in der Presse gesondert erwähnt wurde.[115]

Wie die Verbände aufgrund ihrer Größe und ihres hohen Organisationsgrades privatwirtschaftliche Investitionen anzogen, zeigt sich auch im Bereich der Freizeit-Fachzeitschriften, der von Verbänden dominiert wurde. Mit auflagenstarken Verbandszeitschriften, deren Bezug mitunter an den Mitgliedsbeitrag gekoppelt war, ließen sich zuverlässig Profite in nennenswerter Höhe erzielen. Die DT etwa erwirtschaftete mit der Deutschen Turnzeitung 1906 einen Überschuss von gut 7000 Mark, was gut ein Sechstel der Jahresgesamteinnahmen des Verbandes ausmachte.[116] Solche Gewinnaussichten motivierten zum

112 *Klenke*, Der singende ›deutsche Mann‹, S. 160.

113 *Michaelis*, S. 583.

114 Zu Konflikten zwischen Funktionären und Mitgliedern von Arbeiter-Turn- und -Gesangvereinen siehe *Lidtke*, The Alternative Culture, S. 67–74, zur übereinstimmenden Verurteilung der »Preisjägerwut« durch die DT und den ATB *Hauck* u. *Malvache*, S. 59f. u. 65–67, sowie *Eisenberg*, ›English sports‹, S. 138.

115 Rheinisch-Westf. Zeitung v. 8.7.1890.

116 Die Kasse der deutschen Turnerschaft, in: Jahrbuch der Turnkunst 2 (1908), S. 39.

einen Verleger, die Nähe zu den Verbänden zu suchen, was bis zur personellen Verflechtung ging. Das 1910 eingeführte Verbandsblatt des Turnkreises VIIIb, das aus den Beiträgen von über 55 000 DT-Mitgliedern finanziert wurde, produzierte ein Krefelder Verleger namens Gippers, dessen namentliche Übereinstimmung mit dem Kassenwart des Verbandes wohl nicht zufällig war.[117] Zum anderen waren Verbandsorgane, die eine große und sichere Abnehmerschaft vorweisen konnten, auch für Anzeigenkunden attraktiv, was wiederum die Erfolgschancen für unabhängige Konkurrenzprodukte verringerte.[118]

Überdies betätigten sich mitgliederstarke Verbände selbst als Wirtschaftsunternehmen. Der Deutsche Sängerbund etwa vertrieb Chorliteratur und hatte bereits 1869 26 000 Liederbücher und 3 250 Partiturbände verkauft. Demnach war die Hälfte der Bundessänger im Besitz eines DSB-Liederbuches[119] und sah ihren Bedarf damit möglicherweise gedeckt. Als Wirtschaftsbetriebe waren die Verbände privilegierte Anbieter für ein teilweise beachtliches Marktsegment, was wie bei der Fachpresse die Gewinnaussichten verbandsunabhängiger Unternehmungen trübte.

Schließlich wurden zumindest die patriotischen Verbände von der staatlichen Vereinsförderung begünstigt. So bevorzugten Kommunen staatstreue DT-Vereine bei der Zuteilung von Turnhallenzeiten.[120] Mitgliedsvereine des Taubenzüchterverbandes, der personell und finanziell eng an das Kriegsministerium gebunden war – Brieftauben galten als militärisch bedeutsame Nachrichtenübermittler –, erhielten günstige Eisenbahntarife und zeitweilig direkte Zuschüsse. Ein Brieftaubengesetz stellte die Tauben unter rechtlichen Schutz, und das Ministerium zahlte Prämien für den Abschuss der für Tauben gefährlichen Raubvögel.[121]

Gegen derart privilegierte und effizient organisierte Verbände alternative Dachorganisationen zu bilden, die den Bedürfnissen der Anhänger von Populärkultur entsprachen und gewissermaßen von der Basis aus wuchsen, erwies sich als überaus schwierig, nicht zuletzt, weil die bestehenden Verbände ihren Einfluss nutzten, um potentielle Konkurrenten klein zu halten. Die Folge war, dass sich in einigen Segmenten wie etwa dem Männergesangwettstreit erst gar kein Verband bildete. In anderen Sparten wie dem Wettturnen blieben

117 *Schroeder.*

118 Siehe die Auflagenzahlen und Werbetexte in Sperlings Zeitschriften- und Zeitungs-Adreßbuch 47 (1912), S. 185f. u. 230–240. – Die Einnahmen für die Deutsche Turnzeitung setzten sich in etwa zu zwei Dritteln aus Bezugsgebühren und zu einem Drittel aus Anzeigenverkäufen zusammen. Siehe den DT-Kassenbericht über die Jahre 1911/12 in der Deutschen Turnzeitung 58 (1913), S. 620–625, hier S. 623.

119 *Klenke*, Der singende ›deutsche Mann‹, S. 17.

120 Nach dem Jahrbuch der Turnkunst 2 (1908), S. 90, turnten 714 DT-Vereine in vereinseigenen und 1 697 in Gemeinde- und Schulturnhallen.

121 *Brüggemann*, S. 79.

Dachorganisationen interessierter Vereine sporadisch und regional begrenzt,[122] und auch der 1899 gegründete Westdeutsche Spielverband, ein Zusammenschluss rheinisch-westfälischer Fußballvereine und später Mitglied im Deutschen Fußball-Bund, musste sich von Beginn an Angriffen der DT erwehren.[123] Ohne Verbände und überregionale Medien, im Wesentlichen getragen von der Unterstützung lokaler Kleingewerbler und vom Enthusiasmus der Vereinsaktiven, blieben viele populärkulturelle Aktivitäten eine lokale Angelegenheit, die vom Wohlwollen einzelner Förderer abhing.

122 *Voß* u. *Wachholz*, S. 10f.
123 Leider ohne auf Einzelheiten einzugehen: *Jubiläums-Schrift*, S. 22.

3. Vergesellschaftungsbilanz: Der Lokalverein als Herrschaftsmittel

Mit praktischer Hilfe und relativ niedrigschwelligen Möglichkeiten, soziale Anerkennung zu erfahren, erleichterten die sich seit etwa 1860 rasch verbreitenden Gesang-, Schützen-, Krieger- und Turnvereine sowie die schichtenübergreifenden kirchlichen Vereine den massenhaft in die Industriestädte einwandernden Arbeitern die Orientierung in neuer Umgebung. Für die angestammte Bevölkerung, die sich dank des starken Ortsbezugs der Lokalvereine ihrer Identität versichern konnte, milderte die verlässliche Ordnung des Vereinslebens die Folgen des rasanten wirtschaftlichen und sozialen Wandels. Der gemeinsame Nenner einer nationalen Integrationsideologie sorgte dafür, dass der Prozess der »Akkulturation« von Einheimischen und Ansässigen unter dem gemeinsamen Dach des Vereins geschah, was prinzipiell die Chance eines Austausches zwischen den assoziierten Gruppen bot.[124]

Tatsächlich aber gab es nur wenige Gelegenheiten, diese Chancen zu verwirklichen. Zwar propagierten die Lokalvereine schichtenübergreifendes Miteinander und bildeten es auch organisatorisch ab. Sie boten jedoch kaum Möglichkeiten für geselligen Austausch. Dazu erwiesen sich die Lokalvereine als zu starr. Sie waren vom Willen der politischen und wirtschaftlichen Elite geprägt, die bestehende soziale Ordnung zu konservieren, und verdoppelten daher die in ihrer Umwelt geltende Hierarchie, etwa durch die Rangbezeichnung von Mitgliedern, die deren gesellschaftlichen Status außerhalb des Vereins entsprach. Zudem verengte die Monotonie der jährlichen Stiftungsfeste, Jubilarehrungen und genau festgelegten Festabläufe die für Geselligkeit notwendigen Spielräume. Mit ihren starken Bezügen auf Heimat und Tradition, Nation und Monarchie verlangten die Vereine von potentiellen Mitgliedern vor allem Anpassung, was am Ende des Jahrhunderts nicht unwesentlich die starke weltanschauliche Profilierung alternativer Vereinswelten etwa von Sozialisten oder Ruhrgebietspolen befördert haben dürfte. Solche Gegenreaktionen finden im britischen Vergleichsfall in sehr viel geringem Maße Entsprechung.

Wirksamer als bei der Integration erwies sich daher der schichtenübergreifende Lokalverein beim Erhalt der bestehenden sozialen Ordnung. Diese repräsentierte er nicht nur, sondern stützte sie auch dadurch, dass er zunächst die Stelle verhinderter, sozial und funktional spezifischer Assoziationen wie Gewerkschaften oder Konsumvereinen einnahm. Der allgemeine Verein ver-

124 *Tenfelde*, Sozialgeschichte der Bergarbeiterschaft, S. 395; *Ders.*, Vereinskultur im Ruhrgebiet, S. 30–33.

dankte seine Dominanz ebenso der Tatsache, dass die Ausdifferenzierung des Assoziationswesens gehemmt wurde, wie er seinerseits zu dieser Verzögerung beitrug.

Gegen Ende des 19. Jahrhunderts nahm die Nachfrage nach Möglichkeiten zur Geselligkeit zu. Die fortschreitende Industrialisierung versetzte die Bevölkerung sozial wie räumlich in immer stärkere Bewegung, so dass Menschen Strukturen benötigten, um neue soziale Bindungen zu knüpfen. Die wachsende Nachfrage nach Geselligkeit richtete sich weiterhin vor allem an die Vereine, weil die Behörden einerseits kommerziellen Unterhaltungsangeboten wie Kirmesfeiern, Kneipen, Kinos und Singspielhallen Hindernisse in den Weg stellten und andererseits die Vereine gezielt begünstigten, indem sie ihnen spätere »Sperrstunden« gewährten oder sie bisweilen direkt subventionierten.

Wachsende Nachfrage und verhinderte Alternativen setzten die Lokalvereine unter Druck, geselliger Unterhaltung größere Freiheiten einzuräumen. Der ursprüngliche Vereinszweck, die Einheit und die Rangordnung der Stadt(teil)-gesellschaft zu repräsentieren, trat zugunsten des Freizeitzwecks ein Stück weit zurück. Das Vereinswesen öffnete sich neuen Aktivitäten und Unterhaltungsformen. In Kriegervereinen ebenso wie in konfessionellen Standesvereinen entstanden immer mehr Hobby-Abteilungen; das Singen, Turnen und Schießen begann, sich zu verselbstständigen; Spezialvereine für allerlei Vergnügungen von der Brieftaubenzucht über die Aquarienkunde bis zum Fußballspiel wurden gegründet. In den letzten beiden Jahrzehnten des 19. Jahrhunderts entwickelte sich in den Vereinen eine Populärkultur, und der starre, auf Repräsentation und Bewahrung der bestehenden sozialen Ordnung ausgerichtete Lokalverein wandelte sich bis zu einem gewissen Grad zum Freizeitverein.

Die Populärkultur der Gesangwettstreite, Brieftaubenflüge oder des Sports verfügte über ein hohes Geselligkeitspotential. Sie bot einfachen Mitgliedern die Möglichkeit, sich ungeachtet ihres gesellschaftlichen Standes als Kenner oder Könner auszuzeichnen und soziale Anerkennung zu erfahren. Sie gab einem vormals oft langweiligen Vereinsleben ein Ziel und intensivierte so die Beziehungen zwischen den Aktiven. Sie konnte in die Umwelt der Vereine ausstrahlen, weil sie vielfach anschlussfähige und tendenziell unerschöpfliche Gesprächsthemen generierte.

Dieses gesellige Potential manifestierte sich zunächst einmal darin, dass Angehörige unterschiedlicher sozialer Schichten wenn auch nicht immer in den selben Vereinen, so doch häufig in den selben Freizeitsparten zu finden waren. Es äußerte sich darüber hinaus in der Tendenz, dass sich Chorsänger, Turner und Amateurschauspieler sozialmoralischen Milieus entzogen, um ihre Freizeit fernab parteipolitischer und konfessioneller Zumutungen zu gestalten. Mitunter emanzipierten sich Hobbygruppen im offenen Streit aus dem konfessionellen Zusammenhang, wenn die Gemeindeleitung den Vergnügungsbetrieb einzuschränken versuchte. Sozialdemokratische Freizeitangebote verzeichneten im Vergleich zu den anderen Organisationen der Arbeiterbewegung geringen Zulauf, weil milieuferne Vereine, die sich populärer Kultur stärker geöffnet hatten, das Unterhaltungsbedürfnis von Arbeitern weitaus besser befriedigten.

Allerdings stieß die Entfaltung des geselligen Potentials von Populärkultur verglichen mit dem britischen Fall an enge Grenzen. Der kulturelle Wandel hin zu offeneren Geselligkeitsformen vermochte die Organisationsstruktur des Lokalvereins nicht zu sprengen. Diese wiederum hemmte das gesellige Potential von Populärkultur, indem sie den geselligkeitsstiftenden Freizeitbetrieb an überkommene Repräsentationsformen wie Jubiläen, Festreden, Parademärsche und militärische Rangbezeichnungen band. Im Kern bedeutete der Erhalt der Organisationsstruktur, dass die einfachen Mitglieder auf lokaler Ebene abhängig blieben vom Geld und vom Einfluss ihrer hochgestellten Förderer, die sich weniger für das Unterhaltungsbedürfnis der Aktiven als vielmehr dafür interessierten, deren Freizeitgestaltung zu kontrollieren. Zwar gelang es einfachen Mitgliedern in Einzelfällen, mit Witz, diplomatischem Geschick oder Aufmüpfigkeit bürgerliche Bevormundung und behördliche Kontrolle zu unterlaufen. Das ändert jedoch nichts an dem Befund, dass die auf Ressourcenabhängigkeit basierenden Machtverhältnisse im schichtenübergreifenden Verein bestehen blieben. Wegen dieser Abhängigkeit waren Vereine weit davon entfernt, »zu einem wichtigen Instrument [zu werden; d. Vf.], mit dem die Arbeiterschaft eine vielseitige und lebendige Popularkultur nach ihren Bedürfnissen gestaltete.«[125] Vielmehr blieb vereinsmäßig organisierte Populärkultur im Wesentlichen eine lokale Angelegenheit, lokal eng begrenzt und vornehmlich unterstützt vom lokalen Kleingewerbe. Von Verselbstständigung gegenüber sachfremden Zumutungen, von organisatorischer Verstetigung, von allgemeiner Präsenz und einfacher Verfügbarkeit der Populärkultur für die Vereinsmitglieder aus der Arbeiterschaft kann kaum die Rede sein.

Der Vergleich mit Großbritannien offenbart, dass den Anhängern von Populärkultur zur Eigenständigkeit vor allem Ressourcen von kommerziellen Unterstützern fehlten. Presse, Bahnunternehmen, Brauereien und Anbieter von Freizeitbedarf, die in Großbritannien Freizeitkultur popularisierten, Enthusiasmus befeuerten und von Patronage unabhängige Organisationsbildung anschoben, fielen in Deutschland in jedem dieser Punkte aus, sei es, weil das Konzept von Werbung noch zu neu war, weil das staatliche Eisenbahnsystem unabhängigen Reiseagenten kein Betätigungsfeld eröffnete oder weil die Pres-

125 Dies die These von *Kift*, Arbeiterkulturforschung und Arbeiterkultur im Ruhrgebiet, S. 32, die dazu vor allem auf das Überhandnehmen der Vereine verweist und argumentiert, dass dies die Kontrollmöglichkeiten der Behörden überstieg. Wie gezeigt, war die Gestaltung einer selbstbestimmten Populärkultur aber nicht nur eine Frage von Freiräumen, sondern mindestens ebenso eine von Ressourcen.

se ihre Aufgabe einseitig in der Belehrung und nicht in der Unterhaltung ihrer Leserschaft erblickte.

Erschwerend kam schließlich hinzu, dass in Deutschland bereits seit den frühen 1860er Jahren Dachverbände entstanden, die ihren Zweck in politischer Mobilisierung sahen und daher der in den Vereinen keimenden Populärkultur skeptisch bis ablehnend gegenüberstanden. Vom Deutschen Sängerbund bis zum Arbeiter-Turnerbund versagten diese Verbände den ihnen angeschlossenen Vereinen nicht nur weitgehend die Unterstützung ihres Vergnügungsbetriebs. Überdies beanspruchten sie die geringen Mittel, die überhaupt in den Vereinssektor flossen, weil sie für Verleger oder Brauereien – und im Falle der national-bürgerlichen Verbände für den Staat – wichtige Ansprechpartner darstellten. So erschwerten die weltanschaulichen Verbände mit ihrer Präsenz die Bildung von Dachorganisationen, die sich im Interesse der Vereine auf die Unterstützung populärkultureller Aktivitäten konzentriert hätten, wenn sie solche Zusammenschlüsse nicht gar, wie im Falle der Wettturn- und Fußballverbände, aktiv bekämpften.

IV. Deutschland 1914–1945: Der Niedergang des Lokalvereins unter dem Einfluss staatlicher Vereinspolitik

1. Staat, Verbände und Vereine in der Auseinandersetzung um »Gemeinnützigkeit« und Populärkultur, 1914–1933

1.1. Weichenstellungen für eine Verbandlichung des Vereinswesens im Ersten Weltkrieg und in der Weimarer Republik

Während des Ersten Weltkriegs, besonders aber in der Weimarer Republik vollzog sich in Deutschland eine große Ausweitung und organisatorische Verfestigung des Verbandswesens. Diese Entwicklung ist auf staatliche Bemühungen um eine systematische Sozial- und Kulturpolitik zurückzuführen, die letztlich auf die lokale Ebene der Vereine zielte, zur Vermittlung aber die Hilfe von Verbänden benötigte. Die Konstellation versprach den Verbänden einen doppelten Vorteil. Zum einen verschaffte die Kooperation mit dem Staat ihnen Subventionen und einen Zugang zu politischen Entscheidungsträgern. Zum anderen wirkte eine Schlüsselstellung bei der Verteilung staatlicher Vergünstigungen als Anreiz auf die Vereine, sich den Verbänden anzuschließen. Steigende Mitgliederzahlen wiederum verhießen wachsende Beiträge und zunehmenden gesellschaftspolitischen Einfluss.

Früher als in anderen Vereinssparten etablierte sich die Zusammenarbeit zwischen Staat und Verbänden im Bereich des Sports und der Leibesübungen. Ansätze zu einer staatlichen Sportpolitik reichten bis in die Vorkriegszeit zurück; allerdings waren die entsprechenden Initiativen in ihrem finanziellen Umfang begrenzt und noch weitgehend auf die Jugendpflege beschränkt. Eine »Reichssportbehörde« mit eigenen Geldmitteln und einer Zuständigkeit für die Vergabe von Subventionen, deren Schaffung kurz vor dem Krieg im Deutschen Reichsausschuss für die Olympischen Spiele (DRAfOS) angepeilt worden war, blieb Wunsch einiger Funktionäre.[1]

Im Krieg, der die Mobilisierung eines Massenheeres und der Zivilbevölkerung erforderte, bekamen Pläne zur engeren Zusammenarbeit zwischen Staat und Sportverbänden neue Dringlichkeit. Im Kriegsministerium erkannte man Möglichkeiten, durch Indienstnahme der Verbände Reserven für die Kriegsführung zu mobilisieren. Die Verbände unter Führung des DRAfOS sahen

1 *Eisenberg*, ›English sports‹, S. 287.

ihrerseits die Chance, sich diese Kooperation mit längerfristigen, über die Kriegszeit hinausgehenden Vergünstigungen vergüten zu lassen.

Vor dem Hintergrund des »Hindenburgprogramms« boten die dem DRAfOS angeschlossenen Sport- und Turnverbände dem Kriegsministerium 1916 an, ihren Übungsbetrieb auf die militärische Vorbereitung umzustellen. Vereine ließen ihre Jugendabteilungen als »Jugendkompanien« registrieren, veranstalteten zweimal monatlich Marsch- und Geländeübungen und gestalteten Sportfeste nach militärischen Bedürfnissen. Die Verbände hofften, dass der Staat im Gegenzug die Leibesübungen in Schule und Verein fördern würde. Noch 1917 entwarf Carl Diem, Generalsekretär des Deutschen Reichsausschusses für Leibesübungen (DRA), der Nachfolgeorganisation des DRAfOS, mit Blick auf die Friedenszeit einen Gesetzesvorschlag zur Schaffung von Sportplätzen, der in der Weimarer Republik zeitweilig wieder aufgegriffen wurde. Mit dem DRA entstand unter Kriegsbedingungen eine »Reichssportbehörde«, die nach außen die Erscheinung einer Koordinierungsstelle unabhängiger Verbände zu wahren versuchte, an deren halbamtlichem Charakter allerdings kein Zweifel bestehen kann.[2]

Nach dem Krieg behielt der Sport zunächst seine militärische Bedeutung und wurde als Ersatz für das durch die Versailler Vertrags-Bestimmungen reduzierte Heer gefördert. Daneben kamen im Zuge der Errichtung einer parlamentarischen Demokratie neue sozial- und kulturpolitische Ziele hinzu. Dabei fand das im Krieg erprobte Mittel, staatliche Zwecke mit Hilfe von Verbänden lokalen Vereinen näher zu bringen, weiterhin Anwendung und wurde nach dem Muster des Sports in andere Vereinssparten übertragen. Für die Behörden hatte sich das im DRA getroffene Arrangement bewährt, weil es die Verwaltungsarbeit erleichterte und die Turn- und Sportorganisationen auf staatliche Zwecke ausrichtete. Anderen Verbänden diente der DRA als Leitbild, wies doch die Entwicklung des Sports den Weg zum Erfolg durch staatliche Förderung.

Der Verbandlichungsprozess im demokratischen Staat wird im Folgenden zunächst detailliert am Chorvereinswesen analysiert, nicht zuletzt, weil das Singen neben Turnen und Sport die zahlenmäßig stärkste Gefolgschaft hatte. Im Anschluss daran werden kursorisch ähnliche Tendenzen in anderen Vereinssegmenten aufgezeigt.

Die Verbandlichung des Chorwesens trieb auf staatlicher Seite in erster Linie das Preußische Ministerium für Wissenschaft, Kunst und Volksbildung voran, das sich schon in den ersten Jahren der Republik für die öffentliche Unterstützung der Gesangvereine einsetzte. Die Grundzüge dieser Politik legte der parteilose Minister Carl Heinrich Becker im Runderlass zur »Förderung des Chorwesens« vom 11. Juni 1921 fest, in dem er die Gesangvereine als »Bewahrer des deutschen Volksliedes« anerkannte und versprach, sie in ihren »volksbil-

2 *Ebd.*, S. 317f.

denden« Aktivitäten zu unterstützen. Konkret stellte er die Verleihung staatlicher Urkunden zu runden Jubiläen, die Einrichtung staatlicher Chorleiterkurse und in besonderen Fällen eine finanzielle Unterstützung bedürftiger Vereine in Aussicht. Da aber der Staat nur über beschränkte Mittel verfüge, appellierte der Minister vor allem an die Städte und Gemeinden, Gesangvereinen bei der Bewältigung ihrer wirtschaftlichen Probleme zu helfen. Die Kommunen sollten kostenfrei Probe- und Aufführungsräume zur Verfügung stellen, bei der Besteuerung von Konzerten »Schonung« üben und »Veranstaltungen von volkserzieherischem und künstlerischem Wert möglichst ganz von der Steuer befreien.« Als förderungswürdig nannte der Erlass ausdrücklich »Bestrebungen [...], die zu einem Zusammenschluß und einer Zusammenarbeit der gemischten Chöre mit den Männer- und Frauenchören führen«.[3]

In den darauffolgenden Jahren bekräftigte das Kultusministerium in weiteren Erlassen, Rundschreiben und Denkschriften seine Förderabsicht, konkretisierte entsprechende Maßnahmen und stellte zusätzliche Vergünstigungen in Aussicht. Man gab ein neues Volksliederbuch heraus und erhöhte die Zahl staatlicher Chorleiterkurse, die ab 1924 in mehreren deutschen Großstädten stattfanden. Das Ministerium empfahl die enge Zusammenarbeit zwischen Schulen und Vereinen mit dem ausdrücklichen Ziel, den Vereinen Sängernachwuchs zuzuführen. Eine verbesserte Musiklehrerausbildung sollte für qualifizierte Chorleiter sorgen. Die Behörde regte an, Gesangvereine bei staatlichen Gedenktagen, Festen zu Jahreszeiten und bei Schulfeiern heranzuziehen und ihnen so Auftrittsmöglichkeiten zu verschaffen, bei denen Staat oder Stadt das finanzielle Risiko trugen. Bei den Oberpräsidenten wurde die Stelle des Staatlichen Musikberaters geschaffen, der einerseits Vereine etwa durch die Vermittlung von Dirigenten unterstützte, andererseits über die Entwicklung des Chorwesens Bericht erstattete.[4]

Um die Vereine mit diesen Maßnahmen zu erreichen und sie zu »volkserzieherischem« Wirken anzuhalten, bemühte sich das Ministerium um die Zusammenarbeit mit den Chorverbänden. Die Kooperation von Verbänden war schon in organisatorischer Hinsicht geboten, denn ohne sie hätten die Behörden einer unüberschaubaren Vielzahl einzelner Vereine gegenüber gestanden. Verbände erleichterten den staatlichen Stellen Planung und Durchführung der Vereinsförderung, weil sie noch am ehesten Auskünfte über das Chorwesen geben und mit der lokalen Basis kommunizieren konnten. Folglich hatten die Behörden ein großes Interesse daran, dass die Gesangvereine den

3 Erlaß des Preußischen Ministers für Wissenschaft, Kunst und Volksbildung C. H. Becker v. 11.6.1921, in: DSBZ 13 (1921), S. 129.

4 Denkschrift des Preußischen Ministers für Wissenschaft, Kunst und Volksbildung über die gesamte Musikpflege in Schule und Volk v. 25.4.1923 (Auszug), in: Jahrbuch des DSB 1 (1926), S. 205–212, hier S. 207–209.

Dachorganisationen beitraten. »Die Bewegung, die zum Anschluß an die zentralen Sängerbünde führt«, hieß es 1924 im Runderlass des Kultusministers zur Musikpflege in Schule und Volk, »wird weiter mit Aufmerksamkeit zu verfolgen sein, da Fragen der künstlerischen Vervollkommnung, der Weiterbildung der Dirigenten, der Beschaffung von Noten, der Unterstützung notleidender Vereine in dringenden Fällen mit Hilfe einer verantwortungsbewußten zentralen Leitung leichter gelöst werden können, als es von einzelnen Vereinen erwartet werden kann.«[5]

Verbände erleichterten aber nicht nur den Behörden die Verwaltungsarbeit. Im demokratischen Gemeinwesen war ihre Einschaltung auch verfassungsmäßig geboten, da der Staat seine Bürger nicht zur kulturellen Betätigung zwingen konnte. Die Behörden brauchten Partner in der Gesellschaft, damit freie Bürger aus eigenem Antrieb das vom Gesetzgeber Gewünschte verwirklichten. Dass staatlicher Reformwille und liberal-demokratische Selbstbeschränkung dabei in Spannung geraten konnten, verdeutlicht die Einschätzung Eberhard Preußners, der als Beamter der offiziösen Interessengemeinschaft für das deutsche Chorgesangwesen, von der weiter unten noch die Rede sein wird, angehörte und somit an der Schnittstelle zwischen gesellschaftlicher Selbstorganisation und staatlicher Sozialpolitik saß.

»Daß der Staat sein Interesse dem Chorgesangwesen zuwendet, geschieht nicht, weil man es am grünen Tisch so will, sondern weil es die Zeit fordert, weil es das Chorgesangwesen selbst fordert. In die eigentliche Entwicklung des Chorwesens kann der Staat nie eingreifen, die vollzieht sich ohne sein Mittun in den Vereinen selbst; aber die Bahn für die Entwicklung kann und muß der Staat ebnen. Es wäre freilich schlimm um die Sache des Chorgesanges bestellt, wenn der Verein als Organisation, der Bund und der Staat sich zusammentäten, um eine Bewegung zu *inszenieren*.«[6]

Die abschließend geäußerte Befürchtung war, wie sich zeigen wird, nicht unbegründet. Weder waren die Sänger von den Forderungen der »Zeit« oder des »Chorgesangwesens« erfüllt, noch repräsentierten die Verbände eine von der Basis ausgehende oder der »Sache« getragene »Bewegung«. Der Weimarer Staat in Gestalt der Kultusministerien der Länder war vielmehr im Begriff, sich seine »Sängerbewegung« selbst zu schaffen. Er begab sich damit auf den Weg, mit seinem Interventionswillen die individuelle Initiative zu ersetzen.

Die Chorverbände, namentlich die beiden größten, der Deutsche Sängerbund (DSB) und der Deutsche Arbeiter-Sängerbund (DAS), waren angesichts der Vorteile einer Kooperation gerne bereit, die ihnen zugedachte Rolle auszufüllen. Dass der Staat seine Fördermaßnahmen eng an Verbandszugehörigkeit

5 Der Minister für Wissenschaft, Kunst und Volksbildung, Musikpflege in Schule und Volk, in: *Ebd.*, S. 221–223, hier S. 222.

6 Eberhard Preußner, Staat und Chorgesangwesen, in: *Ewens*, S. 323–328, hier S. 327 (Hervorhebung im Original).

knüpfte, wertete die Verbände gegenüber potentiellen Mitgliedern stark auf und motivierte zum Beitritt. Vereine, die ihre Chorleiter in einem der staatlichen Kurse fortbilden lassen wollten, mussten dem DSB oder dem DAS angehören, weil diese für die Zuteilung der Plätze zuständig waren. Die beiden Verbände wurden zudem als Gutachter anerkannt, die sich bei Anträgen auf Verleihung eines staatlichen Diploms zu der Frage äußerten, ob ein Verein sich dauerhaft für die Volksliedpflege eingesetzt hatte. Für die Vereine waren solche Diplome durchaus bedeutsam, denn sie verbesserten die Aussicht, weitere Unterstützung von der Kommunalverwaltung und den örtlichen Honoratioren zu gewinnen.

Besondere Zugkraft auf potentielle Mitgliedsvereine übte der Anspruch der Verbände aus, beim Staat Erleichterungen in der für viele konzertgebende Vereine überlebenswichtigen Frage der Besteuerung erwirken zu können. Infolge des Krieges war der Finanzbedarf von Reich und Kommunen stark gestiegen, was dazu führte, dass für die Vereine die Belastung durch Umsatz- und Vergnügungssteuer zunahm.[7] Nach einer Erhebung des Reichsbundes für Volksbühnenspiele unter gut fünfzig Mitgliedsvereinen lag im Jahr 1928 der Anteil der Steuern an den Gesamtaufwendungen bei gut 11%; die Vereine gaben nur für die Gagen von Berufsmusikern und Saalmieten mehr Geld aus.[8] Noch höher war die steuerliche Belastung bei Gesangvereinen. Der Essener Männerchor Sanssouci führte 1928 für sieben Konzerte knapp ein Viertel seiner jährlichen Aufwendungen als Vergnügungssteuer ab, die damit den größten Einzelposten bei den Ausgaben bildete.[9] Die Abgabenlast wog umso schwerer, als Mitgliedsbeiträge und Spenden wegen der schlechten Wirtschaftslage zurückgingen und Rücklagen in der Inflation entwertet wurden.[10]

Vor diesem Hintergrund stellte der Anreiz, »gemeinnützige« Vereine von Umsatz- und Vergnügungssteuer auszunehmen, das wirkungsvollste Mittel des Weimarer Staats dar, die Verbandlichung nicht nur des Gesangvereinswesens voranzutreiben. Einige Landesregierungen gewährten die Möglichkeit, durch die Anerkennung der »Gemeinnützigkeit« von Körperschaften oder Veranstaltungen Vereine von Abgaben zu entlasten. Sachsen erkannte 1928 als erstes Land grundsätzlich die steuerliche Gleichberechtigung von Gesangvereinen und den von der Besteuerung bereits ausgenommenen Vereinen zur Leibesertüchtigung an;[11] andere Länder wie Preußen hielten bei den Gesangvereinen

7 *Henning*, S. 19.

8 Bundestagsaufführungen/Bundestags-Ausstellung, in: Volksbühnenwarte 13, Nr. 8 (1932), S. 7.

9 Auszug aus der statistischen Erhebung über den Essener Männerchor Sanssouci, Sta E, Best. 421/B 9b, Bl. 2.

10 Friedrich List, Die Einwirkung der allgemeinen Wirtschaftslage auf die Arbeit der Vereine des Deutschen Sängerbundes, in: *Organisationsfragen*, S. 31.

11 Liebe Sangesbrüder vom Sächsischen Sängerbund!, in: Amtliches Mitteilungsblatt des Sächsischen Sängerbundes e.V., Nr. 1 (1929), S. 1.

die Hoffnungen auf Steuerbefreiungen wach. Solche Fortschritte reklamierten die Verbände als Lobbyerfolge und setzten sie zur Mitgliederwerbung ein. Sie konnten überdies darauf verweisen, dass Steuervergünstigungen für »Gemeinnützigkeit« in der Praxis eng an Verbandszugehörigkeit gekoppelt waren. In Stuttgart etwa reichte bereits die Mitgliedschaft in DSB oder DAS aus, um »gemeinnützigen« Status zu erlangen.[12] Berlin berief führende Funktionäre beider Sängerbünde als Sachverständige in Gremien, die über die Steuerbefreiung von Chorveranstaltungen entschieden. Ernst Schlicht, Mitglied der DSB-Geschäftsführung, erfüllte für seinen Verband diese Funktion und konnte mitteilen, dass der Ausschuss stets seiner Stellungnahme gefolgt sei.[13]

Steuererleichterung bei »Gemeinnützigkeit« erhöhte also den Anreiz zum Verbandsbeitritt. Darüber hinaus war »Gemeinnützigkeit« das Mittel, mit dem im Fall der Gesangvereine die Kultusministerien den Verbandlichungsprozess inhaltlich steuerten, denn der Begriff ließ sich immer wieder neu definieren, präzisieren und ergänzen, was den Behörden Spielräume eröffnete. So war »gemeinnützig« das, was der »Volksbildung« diente. »Volksbildung« wiederum erforderte, dass der Teilnehmerkreis nicht geschlossen sein durfte, wobei aber »mit Rücksicht auf die Bedeutung des Vereins« auch Veranstaltungen »gemeinnützig« sein konnten, zu denen nur Mitglieder zugelassen waren. Ähnlich uneindeutig war es, »Gemeinnützigkeit« an »künstlerisch hochstehende« Aktivitäten zu knüpfen. Nicht einmal das Kriterium der fehlenden Gewinnabsicht definierte trennscharf, denn ein Verein, der als Summe seiner gesamten Veranstaltungen beurteilt werden musste, konnte durchaus die eine oder andere »gesellige«, das hieß nicht ausschließlich der Kunstpflege gewidmete Veranstaltung durchführen, sofern diese dem Erhalt einer insgesamt »volkserzieherischen« Organisation diente.[14]

»Gemeinnützigkeit« war eine begriffliche Hydra, der bei jedem Versuch der Zuschneidung neue Mehrdeutigkeiten entwuchsen. Das aber lag durchaus im Interesse des Gesetzgebers, der im Zuge von Ausführungsbestimmungen und Folgeerlassen Vereine und Verbände schrittweise in die gewünschte Richtung lenkte. Der Staat kontrollierte den Verbandlichungsprozess, weil er über die Definitionsmacht von »Gemeinnützigkeit« verfügte und über deren Anerkennung entschied.

Aufgrund der demonstrativen staatlichen Förderbereitschaft nahmen die beiden großen Sängerbünde einen deutlichen organisatorischen Aufschwung. Der drückte sich unter anderem in stark steigenden Mitgliederzahlen aus. Hatten dem DSB 1912 noch 186974 Sänger angehört, waren es 1924 mit 378556

12 Paul Gansmüller, Gesangvereine, Gemeinde und Staat, in: DSBZ 23 (1931), S. 771f.

13 Ernst Schlicht, Die Vergnügungssteuer, in: DSBZ 14 (1922), S. 53–55.

14 Zur begrifflichen Offenheit von »Gemeinnützigkeit« siehe den Erlass des preußischen Kultusministers v. 6.8.1923, abgedruckt im Jahrbuch des DSB 1 (1926), S. 235–239.

gut doppelt so viele. Ein Jahr darauf waren es fast eine halbe Million.[15] Der DAS verzeichnete ebenfalls in der ersten Hälfte der 1920er Jahre sein stärkstes Wachstum und steigerte zwischen 1919 und 1923 die Zahl seiner aktiven Mitglieder um das Zweieinhalbfache von 108000 auf den Höchststand von 263700.[16]

Das Mitgliederwachstum brachte den Verbänden steigende Einnahmen, die DSB und DAS unter anderem in den Aufbau einer effizienten Verwaltung investierten. Der DSB stellte mit der Satzungsänderung 1925 einen hauptamtlichen Geschäftsführer ein;[17] die Bundeszentrale des DAS beschäftigte 1926 acht, drei Jahre später bereits 21 fachlich ausgebildete Hauptamtliche, so dass Löhne und Gehälter zum größten Ausgabenposten anwuchsen. Knapp ein Viertel seiner Gesamteinnahmen wandte der DAS dafür auf; 1926 waren es noch gut 6% gewesen.[18] Professionelle Geschäftsführungen legten zentrale Mitgliederkarteien an, stärkten die Untergliederungen auf Kreis- bzw. Gauebene und intensivierten die Pressearbeit. Der Bezug der Verbandszeitschrift wurde an Mitgliedsbeiträge gekoppelt, so dass beide Verbände die Auflage ihrer Bundesblätter bis 1929 auf 16000 (DSB) bzw. 80000 (DAS) Exemplare steigerten.[19] Der Arbeiter-Sängerbund gab gesonderte Mitteilungen an seine Funktionäre heraus, und der DSB richtete 1927 eine Pressekorrespondenz ein, die 800 Tageszeitungen versorgte und Bundesnachrichten bis in die kleinste Ortschaft verbreiten sollte.[20]

Zum organisatorischen Aufschwung gehörte auch, dass beide Verbände sich in den 1920er Jahren verstärkt um die Schaffung einer »corporate identity« bemühten, die das Zusammengehörigkeitsgefühl der Mitglieder fördern und die Außendarstellung des Bundes verbessern sollte. In diesen Zusammenhang gehören vor allem Veranstaltungen wie die großen Bundesfeste, die der DSB in zunehmendem Umfang, der DAS 1928 erstmalig veranstaltete, sowie die vom DSB neu geschaffene »Sängerwoche« und der dezentral von DSB-Unterbünden durchgeführte »Deutsche Liedertag«. Daneben verfolgten beide Verbände prestigeträchtige Bauvorhaben. Der DSB weihte 1925 in Nürnberg ein Sängerbundesmuseum ein; der DAS plante nach dem Vorbild des Arbeiter-Turn- und -Sportbundes (ATSB) den Bau eines Bundeshauses und einer

15 *Kötzschke*, S. 125 (Zahlen für 1912 u. 1924); Haupttabelle, in: Jahrbuch des DSB 1 (1926), S. 250f. (1925).

16 *Klenke* u. *Walter*, S. 153.

17 *Kötzschke*, S. 124.

18 *Klenke* u. *Walter*, S. 138 (Zahl der Hauptamtlichen) u. 175 (Löhne und Gehälter).

19 Sperlings Zeitschriften- und Zeitungs-Adreßbuch 55 (1929), S. 164 (DSBZ); *Klenke* u. *Walter*, S. 227 (DASZ). Die trotz Steigerung noch relativ geringe Auflagenzahl der DSBZ ist darauf zurückzuführen, dass fast alle regionalen Mitgliedsbünde des DSB eigene Zeitschriften herausgaben.

20 Pressekorrespondenz des Deutschen Sängerbundes, in: Jahrbuch des DSB 3 (1928), S. 30.

Bundesschule, musste das Projekt aber am Ende aus finanziellen Gründen einstellen.[21]

Identifizierung mit dem Bund verstärken und das öffentliche Ansehen heben sollte schließlich auch der vielfältige Vereinsbedarf, der mit dem jeweiligen Bundeslogo versehen seinen Träger als Bundesmitglied auswies und dessen Erwerb die Verbände ihren Sängern empfahlen. Der DSB vertrieb Sängermützen und -anzüge, Anstecknadeln, Postkarten mit Sängersprüchen, Notenmappen, Einbandecken zur Aufbewahrung der Bundeszeitung, DSB-Briefbögen und -umschläge, DSB-Anwesenheitslisten und -Ehrenbriefmappen, »Ständchen-Laternen«, das Bundesabzeichen zur Anbringung am Vereinslokal und Weiteres mehr, alles über die Bundesgeschäftsstelle zu beziehen. Geworben wurde dafür nicht nur in Anzeigen, sondern auch in Artikeln der DSBZ, die entsprechend ausgestattete Bundesvereine für ihr gefälliges Auftreten lobten.[22]

Der Arbeiter-Sängerbund mit seinen weniger kaufkräftigen Mitgliedern und seiner kleineren Angebotspalette nahm in der zweiten Hälfte der 1920er Jahre durch den Vertrieb von Urkunden, Abzeichen und Ähnlichem innerhalb von drei Jahren knapp 70000 Mark ein, etwa 6,5% der Gesamteinkünfte. Weitere 20% seiner Einnahmen erzielte der Bund aus dem Verkauf von Noten und Liederbüchern, und auch die Herausgabe der Bundeszeitung erwies sich als profitabel.[23] Die Verbände sahen ihre Mitglieder offenbar auch als potentielle, wachsende Kundschaft und entfalteten unternehmerische Aktivitäten, um sich zusätzlich zu Beiträgen eine weitere Einkommensquelle zu erschließen.

Nicht zuletzt aufgrund der staatlichen Vereinsförderung stiegen DSB und DAS in den 1920er Jahren auf zu finanzkräftigen, effizient und professionell verwalteten Massenverbänden. Mit der organisatorischen Stärkung zweier Chorverbände war der Endpunkt der Verbandlichung jedoch noch nicht erreicht. Nach dem Vorbild des DRA arbeiteten Staat und Verbände auf eine noch weitergehende Zentralisierung des Assoziationswesens hin und unternahmen 1923 mit der Gründung des Reichsausschusses für das Chorgesangswesen einen Schritt in diese Richtung. Die ursprünglichen Pläne zu dieser Arbeitsgemeinschaft hatten in ihrer Dimension den schließlich realisierten Ausschuss von Chorverbänden sogar noch weit überstiegen. So wie der DRA die unterschiedlichsten Verbände aus den Bereichen Turnen und Sport unter dem gemeinsamen Dach der »Leibesübungen« zusammenführte, dachte die DSB-Führung an die Bildung eines »Reichsausschusses für geistige Volkskultur«, der neben Gesangvereinen auch Theatervereine (Laienspieler und Besucher), Buchgemeinschaften sowie Lese- und Volksbildungsvereine vertreten

21 *Klenke* u. *Walter*, S. 138f.

22 R.D., Nehmt Euch ein Beispiel daran!, in: DSBZ 19 (1927), S. 206.

23 *Verhandlungsniederschrift*, S. 28–30 (Abzeichenverkauf u. Bundeszeitung), sowie *Klenke* u. *Walter*, S. 176 (Erlöse aus Musikalienvertrieb).

sollte. Ein solcher Ausschuss hätte das »gemeinnützige« Vereinswesen um eine zweite, »volksbildende« Säule ergänzt.[24]

Angesichts der Vielfalt der »volksbildenden« Verbände war dieses Ziel jedoch kaum zu erreichen, und da die Vereine unter akuter Finanznot litten und die Zeit drängte, beschränkten sich die Sängerverbände auf die »kleine« Lösung, die Gründung einer Arbeitsgemeinschaft der Chororganisationen. Der DSB ergriff die Initiative und einigte sich mit dem DAS, dem Deutschen Lehrergesangverein und der akademischen Deutschen Sängerschaft (Weimarer C.C.) auf ein gemeinsames Arbeitsprogramm. Um im Sinne der geforderten »Gemeinnützigkeit« auch den weiblichen Teil der Sängerschaft sowie die Kirchenchöre zu integrieren, wandte sich der entstehende Ausschuss per Rundschreiben an etwa 1000 gemischte, Frauen- und Kirchenchöre. Sie sollten einen Verband bilden, der wiederum der Arbeitsgemeinschaft beitreten sollte.

Mit dem daraus resultierenden Fachverband der gemischten und Frauenchöre Deutschlands, aus dem 1925 der Reichsverband der gemischten Chöre Deutschlands (einschließlich von Frauen- und Kirchenchören) hervorging, traten DSB, DAS, die vereinigten Lehrergesangvereine und der Weimarer C.C. am 18. März 1923 zum Reichsausschuss für das Chorgesangswesen zusammen. Zum Vorsitzenden wählte man Dr. Friedrich Freund, Staatssekretär im preußischen Innenministerium, der die Organisation nach außen vertreten und ihr die Türen zu den Ministerien öffnen sollte.

Nach dem kurz darauffolgenden Tod Freunds stellte der Reichsausschuss seine Tätigkeit vorübergehend ein, bis es 1927 mit der Gründung der Interessengemeinschaft für das deutsche Chorgesangwesen zu einer Neuauflage kam. Auch dieser Dachorganisation saß mit Leo Kestenberg ein Beamter vor. Kestenberg hatte vor dem Krieg zu den führenden Köpfen der sozialdemokratischen Kulturpolitik gezählt und trug nach seinem Eintritt in das preußische Kultusministerium Ende 1918 zunächst als Referent für musikalische Angelegenheiten, ab 1928 als Ministerialrat prägend zur Musikpolitik des Landes bei. Sein Volksbildungsprogramm umfasste neben dem musikalischen Schulunterricht und der Musiklehrerausbildung auch das Chorwesen und zielte darauf, soziale Unterschiede durch »produktive Anteilnahme« aller Bevölkerungsschichten an künstlerisch werthaltiger Musik auszugleichen.[25]

Die offiziöse Interessengemeinschaft intensivierte die staatlich-verbandlichen Kontakte und schien oberflächlich betrachtet den Verbänden zu Einfluss zu verhelfen. Tatsächlich aber absorbierte dieses Arrangement die potentielle Macht der mitgliederstarken Bünde, weil der Staat Vergünstigungen zum

24 Dazu und zum Folgenden siehe: Der Reichsausschuß für das Chorgesangswesen, in: Jahrbuch des DSB 1 (1926), S. 178–193.

25 Zu Kestenbergs Musikpolitik siehe *Batel*, S. 38–40 u. 57f. – Über Kestenbergs Tätigkeit in der Interessengemeinschaft gibt die Studie keine Auskunft.

einen von reibungsfreier Zusammenarbeit der Verbände untereinander, zum anderen von der Erfüllung »gemeinnütziger« Vorgaben abhängig machte. Die Interessengemeinschaft schaltete die Verbände als Lobbyisten aus und degradierte sie zu Beratern, wenn nicht zu Bittstellern. Das Machtgefälle wurde auf dem von der Interessengemeinschaft 1928 veranstalteten Ersten Kongress für das Chorgesangwesen deutlich. Auf dieser Tagung schilderten Verbandsvertreter die bedrohliche Situation ihrer Mitgliedsvereine und äußerten Vorschläge zur Verbesserung der Lage, während die anwesenden Behördenvertreter Kestenberg und Becker, der preußische Kultusminister, sie aufforderten, zunächst Einigkeit und »Gemeinnützigkeit« zu beweisen. »Hilf dir selbst, so hilft dir – der Staat«, so formulierte Becker in seiner einführenden Rede und verlangte weiter,

»es muß die Sicherheit bestehen, daß Ihre heute erstmalig in Aktion tretende Interessengemeinschaft [...] intakt und sicher vor auflösenden Gegensätzen bleibt. Denn nur wenn eine geschlossene, starke Kraft sichtbar wird, wenn die einzelnen Gruppen in fester Gemeinschaft um gleiche Ziele kämpfen, werden die Stellen, an die Sie sich in ihrer wirtschaftlichen Not wenden, aufhorchen und bereit sein, zum Wohle des Ganzen zu helfen. Handele es sich um staatliche oder städtische finanzielle Belange, stets wird man sich zu Entgegenkommen und Opfern nur dann herbeilassen, wenn man diese finanzielle Hilfe auch vor der Gemeinschaft vertreten und verantworten kann.«[26]

In organisatorischer Hinsicht mochten die Chorverbände von der staatlich betriebenen Verbandlichung des Vereinswesens profitieren; ihre Mitgliederzahlen stiegen, die Organisation arbeitete effizienter, und die finanziellen Aussichten hatten sich verbessert. Durch die Zusammenführung in der Interessengemeinschaft wurden sie jedoch politisch domestiziert und zur Verwirklichung staatlicher kulturpolitischer Ziele instrumentalisiert. Entsprechend stellten sie ihre eigenen politischen Zwecke zurück, sobald diese mit staatlichen Vorgaben zu konfligieren drohten.

Im DAS hielt man trotz interner Kritik an der Mitgliedschaft in der Interessengemeinschaft fest. So lehnte die Bundesführung auf der Generalversammlung 1929 den Antrag ab, unverzüglich aus der Organisation auszutreten. Der Vorstand begründete dies damit, dass es sich bei der Zusammenarbeit mit dem »bürgerlichen« DSB lediglich um eine Zweckgemeinschaft handele, die man nicht zuletzt auf Anraten führender sozialdemokratischer Politiker eingegangen sei und der man steigende Zuschüsse verdanke, unter anderem 50000 Mark für die Ausrichtung des ersten Arbeiter-Sängerbundesfestes.[27]

26 Preußischer Staatsminister Professor Dr. C. H. Becker, in: *Organisationsfragen*, S. XII-XIV, hier S. XIV.

27 *Verhandlungsniederschrift*, S. 84 (Antrag) u. 26 (der Bundesvorsitzende über die Vorzüge der Interessengemeinschaft).

Noch deutlicher tritt die Anpassungsbereitschaft der Verbandsführungen beim DSB hervor, der als Heimstatt des Männergesangs von allen Verbänden die größten Veränderungen vollziehen musste, um als »gemeinnützig« gelten zu können. Dass der Arbeiter-Sängerbund schon früher gemischte Chöre gefördert hatte, stärker zentral geleitet wurde, mit Kestenberg einen Sozialdemokraten in führender Position wusste und somit in der Konkurrenz um die staatliche Gunst über einen Vorsprung verfügte, verstärkte den Druck auf den DSB, sich von Traditionsbeständen zu verabschieden.

Dazu schuf die Bundesführung zunächst organisatorische Voraussetzungen und brach schrittweise die überkommene föderale Bundesstruktur auf. Die Geschäftsführung wurde von Stuttgart nach Berlin verlegt, und man begann mit der Einführung einer neuen Kreisordnung, die zu einer Verschmelzung historisch gewachsener Kleinstbünde führte. Zwischen 1924 und 1929 ging die Zahl der DSB-Mitgliedsbünde von 71 auf 38 zurück; langfristiges Ziel war es, die Bünde in 23 neu geschaffene Kreise aufgehen zu lassen. Die landschaftlichen Bünde verloren auch dadurch an Bedeutung, dass sich die Bundeszentrale in der zweiten Hälfte der 1920er Jahre direkt an die Vereine wandte, anstatt wie vorher üblich nur mit den Bünden, den eigentlichen Mitgliedern des DSB, zu verkehren. Um dies überhaupt leisten zu können, erhob die Bundeszentrale 1927 Daten für eine zentrale Mitgliederkartei, mit der sie über eine Liste aller angeschlossenen Vereine verfügte, inklusive der Namen und Anschriften der Vorsitzenden sowie genauer Mitgliederzahlen, differenziert nach »aktiven« und »passiven« Mitgliedern, Altersgruppen und Geschlecht.[28]

Zentralisiert wurde überdies das Bundesorgan. Veröffentlichte die DSBZ bis 1927 von den Vereinen selbst stammende Veranstaltungsberichte, so lehnte sie danach solche Texte ab mit dem Hinweis, dass die nach Ansicht der Funktionäre in den Artikeln grassierende »Reklamesucht« und »naive Selbstüberschätzung« sowohl der Belehrung der Sänger entgegenstehe als auch der Außendarstellung des Bundes schade. Die Verbandsspitze forderte stattdessen Berichte von der Kreisebene, nach Möglichkeit verfasst von »neutralen«, also nicht dem Bund angehörenden Fachleuten.[29] Da der DSB Mitte der 1920er das Pflichtabonnement einführte und jeder Verein pro zwanzig Sänger ein Exemplar der DSBZ beziehen musste, konnte die Zentrale die Vereinsbasis mit ihren Nachrichten direkt erreichen.

Die mit mehr Macht ausgestattete Bundesführung versuchte, die Vereine auf die neue »gemeinnützige« Linie zu bringen. Gegen die Stimmen, die für das Festhalten am einfachen Volkslied plädierten, installierte sie einen künstlerischen Beirat, der die »Hebung« des Repertoires vorantreiben und »künstlerisch

28 Zur organisatorischen Umbildung des DSB siehe Kartei (Grundbuch) des Deutschen Sängerbundes, in: Jahrbuch des DSB 1 (1926), S. 71; Die Bundeskartei des D.S.B., in: Jahrbuch des DSB 3 (1928), S. 31f., sowie Tabelle III, in: *Ebd.*, S. 130.

29 Karl Polheim, Die Berichte aus Bünden und Vereinen, in: DSBZ 19 (1927), S. 82f.

hochstehende« Liedpflege gewährleisten sollte.[30] Gegen gewachsene Vereinsstrukturen drängte sie zum Zusammenschluss »kleiner unnötig zersplitterter Vereine«, die mittels der neuen Mitgliederkartei identifiziert werden sollten, zu musikalisch »leistungsfähigeren« Chören.[31] Gegen die Tradition des reinen Männergesangs unternahm die Bundesleitung wiederholt Versuche, die Vereine zur Bildung gemischter Chöre bzw. von Chorgemeinschaften mit Frauenchören zu bewegen. Man argumentierte dazu musikalisch mit dem Hinweis auf die größere Klangvielfalt, sozial mit der gemeinschaftsstiftenden Kraft des Volksliedes oder unverhohlen finanziell, indem man auf die staatliche Bevorzugung von gemischten Chören verwies.[32]

Große Anpassungsbereitschaft zeigten schließlich beide Verbände, wenn sie reibungsfrei in verbandsübergreifenden Gremien auf Reichs- und Länderebene zusammenarbeiteten. In ihren Publikationen pflegten sie zwar nach wie vor durchaus entgegengesetzte weltanschauliche Profile und die entsprechende Feindschaft. In praktischen Fragen wie der Vereinsbesteuerung oder der kommunalen Vereinsförderung allerdings verordneten sich die Weltanschauungsverbände die Sachlichkeit von Fachverbänden, da sie wussten, dass weitere organisationspolitische Erfolge und die Behebung der wirtschaftlichen Not unter den Mitgliedsvereinen nur auf dem Weg der staatlich verordneten Kooperation zu erreichen waren.[33]

Die am Chorwesen aufgezeigten Tendenzen zur organisatorischen Stärkung von Verbänden lassen sich auch in anderen Vereinssparten beobachten. Vom Sport über das Laientheater bis zum Kleingartenwesen gaben die vom Staat in Aussicht gestellten Vergünstigungen und Subventionen den entscheidenden Impuls für verstärkte Bemühungen der Verbände, die Vereine unter ihrem Dach zusammenzufassen und zur »Gemeinnützigkeit« anzuleiten. Um staatlicher Vergünstigungen willen passten sich die Verbände sozialpolitischen Zielsetzungen sehr weitgehend an. Sie übernahmen kulturpolitische Leitlinien,

30 Kritik an den Plänen zur Herausgabe eines neuen Liederbuches und zur Installation eines künstlerischen Beirats wurde anfangs noch in der DSBZ geäußert. Siehe Arno Piltzing, Neue Wege des Deutschen Sängerbundes?, in: DSBZ 13 (1921), S. 99f.

31 Die Bundeskartei des D.S.B., in: Jahrbuch des DSB 3 (1928), S. 31f., hier S. 32.

32 Siehe etwa Walter Dost, Die Aufnahme von Frauen- und gemischten Chören in den D.S.B., in: DSBZ 19 (1929), S. 51; Emil Echzell, Soll der D.S.B. Frauen- und gemischte Chöre angliedern?, in: *Ebd.*, S. 136. Am weitesten ging Gesamtausschussmitglied Ernst Schlicht, der die Einbeziehung von Frauen in die Verwaltungsarbeit des Bundes forderte. Siehe Ernst Schlicht, Die Aufnahme von gemischten und Frauenchören in den D.S.B., in: *Ebd.*, S. 103.

33 Die historische Forschung redet dagegen die Kooperation zwischen DSB und DAS klein und betont einseitig die weltanschauliche Profilierung der Verbände. Siehe etwa *Mühl*, S. 65–71, bes. S. 70, ähnlich *Klenke*, Nationale oder proletarische Solidargemeinschaft. In *Ders.*, Der singende ›deutsche Mann‹, fehlt jeglicher Hinweis auf die zwischenverbandliche Zusammenarbeit. In auffälligem Kontrast dazu der Zeitgenosse Richard Kötzschke, der zur Kooperation zwischen DSB und DAS befand, »im großen und ganzen herrscht doch Friede.« Siehe *Kötzschke*, S. 223.

ließen sich institutionell einbinden und kooperierten falls nötig milieuübergreifend.

Die im Theatervereinswesen beginnende Aufwertung der Verbände ist auf Versuche des Staates zurückzuführen, die Amateurbühne als Konkurrentin des künstlerisch anspruchsvollen Berufstheaters auszuschalten. Dazu behandelten die Behörden Aufführungen von Laiengruppen vielerorts als gewerbliche Unternehmung und verlangten entsprechend der Reichsgewerbeordnung eine Konzessionierung als Theaterbetrieb. Diese Zulassung zu erhalten war für Theatervereine schwierig, da die betriebswirtschaftlichen Anforderungen hoch waren und es den Behörden möglich war, Konzessionsanträge mit der Begründung mangelnder künstlerischer Befähigung oder wegen »sittlicher« Bedenken abzulehnen.[34]

Die Fachverbände reagierten, indem sie die Vereine aufriefen, sich ihrer Führung zu unterstellen. Ziel war es aber nicht etwa, Protest gegen eine als existenzbedrohlich gefürchtete Steuer zu organisieren. Die Verbände beabsichtigten vielmehr, durch »gemeinnütziges« Wohlverhalten von ihr ausgenommen zu werden. Dazu sollten die Theatervereine unter Leitung der Dachorganisationen demonstrieren, dass sie nicht um der Geselligkeit oder gar des finanziellen Gewinns willen Theater spielten, sondern dadurch »volksbildende«, d.h. »gemeinnützige« Zwecke verfolgten. Von denen wusste man, dass sie in anderen Vereinssparten steuerliche Vergünstigungen begründeten, denn man registrierte aufmerksam Entwicklungen, wie sie sich etwa im Chorwesen vollzogen, und schaute neidisch auf die Turn- und Sportverbände.[35]

Parallel zur vorauseilenden Ausrichtung auf erwartete »Gemeinnützigkeits«-Erwartungen unternahmen die nach dem Weltkrieg zunächst noch regional operierenden Verbände Versuche, sich reichsweit zu organisieren. Im März 1921 bildeten fünf Verbände aus Hamburg, Württemberg, Berlin, Westdeutschland und Sachsen die Zentrale deutscher Volksspielkunst-Verbände. Der Verband der Privat-Theatervereine, mit 175 Mitgliedsvereinen vor dem Krieg die größte Dachorganisation im deutschen Amateurtheater,[36] gründete sich 1919 neu als Reichsbund für Volksbühnenspiele. Dahinter stand die Absicht, zum alleinigen »Deutschen Bund« zu avancieren.

Ähnlich wie im Chorwesen förderte staatliche Kulturpolitik im Theatervereinswesen die Bildung eines milieuübergreifenden Ausschusses. So fanden im Oktober 1925 mit der Zentrale, dem Reichsbund und dem 1906 gegründeten Deutschen Arbeiter-Theaterbund (DATB) bürgerliche und sozialdemokratische Verbände in der Arbeitsgemeinschaft der am Reichstheatergesetz inter-

34 Wie erhält man eine Theater-Konzession?, in: Theater-Courier 26 (1919), S. 1453f.

35 Steuerfreiheit der Gesangvereinskonzerte, in: Volksbühnenwarte 3 (1922), S. 41.

36 *Alexander*, S. 10.

essierten Laienbühnen-Organisationen zusammen.[37] Der sozialdemokratische Verband erwies sich zumindest bis zu seiner Unterwanderung durch Kommunisten 1928/29 ebenso zur Anpassung an behördliche Vorgaben bereit wie die bürgerlichen Laienspielverbände. Selbst als das Reichsinnenministerium 1924 seine Vorstellungen vom wünschenswerten Laientheater in Richtlinien zusammenfasste, die das Laienspiel als spontane »Ausdrucksform des menschlichen Spieltriebes« definierten, die bevorzugt »im Freien, auf der Gasse, in der Kirche« stattfinde, professionelle Standards gar nicht anstrebe und daher weder ein Publikum noch die Organisationsform des Vereins benötige, verhielten sich sowohl der DATB als auch der Reichsbund »konstruktiv«. Der sozialdemokratische Verband gab die Leitsätze fast unkommentiert an seine Mitglieder weiter, und der Reichsbund appellierte an seine Vereine, sich noch schärfer vom ökonomisch interessierten Dilettantentheater abzugrenzen.[38]

Staatsnähe und milieuübergreifende Kooperation kennzeichneten auch die Verbandsentwicklung im Kleingartenwesen. Dort fusionierten 1921 die Vereinigung des Zentralverbandes deutscher Arbeiter- und Schrebergärten (ZdASG) von 1906 und der Zentralverband der Kleingartenvereine (1901) zum Reichsverband der Kleingärtner Deutschlands e.V. (RVKD), der damit das unwahrscheinliche Produkt aus der Verschmelzung einer bürgerlichen Fürsorge- mit einer Arbeiterselbsthilfeorganisation darstellte. Der wenige Jahre später als »Pfingstwunder« gepriesenen Vereinigung folgte der organisatorische Aufstieg. Zählten die beiden Gründungsverbände 1920/21 gemeinsam knapp 250 000 Mitglieder, so stieg diese Zahl im RVKD bis 1932 auf gut 465 000.[39]

Die Anfänge der Verbandlichung lagen wie bei den Verbänden der Leibesübungen im Krieg. Vorläuferin des Reichsverbandes war die Anfang 1916 auf Anregung des ZdASG gegründete Zentralstelle für den Gemüsebau im Kleingarten, die erst im April 1921, also unmittelbar vor der Bildung des RVKD, auf Reichstagsbeschluss hin aufgelöst wurde. Die Zentralstelle leistete Fachberatung, schlichtete bei Pachtstreitigkeiten und verteilte staatliche Subventionen. Sie unterstand dem Kriegsernährungsamt; finanziert wurde sie vor allem aus Reichsfonds und zum Teil aus Einzelbewilligungen der Länder. Ehrenamtlich geleitet wurde sie vom Generalsekretär des ZdASG, Alwin Bielefeldt, der später zum Vorsitzenden des neuen Reichsverbandes gewählt werden sollte.[40]

Der RVKD knüpfte aber nicht nur in zeitlicher und personeller Hinsicht an die Zentralstelle an, sondern übernahm auch deren halbamtlichen Charakter.

37 *Nagel*, S. 42.

38 Leitsätze für das neue Laienspiel, in: Volksbühne 4 (1924), S. 158f.; Carl Schmidt u.a., Die vom Reichs-Ministerium des Innern aufgestellten Richtlinien für das Laienbühnenspiel und deren Bearbeitung durch den Reichsbund für Volksbühnenspiele, in: Volksbühnenwarte 5 (1924), Nr. 8, S. 12–16.

39 *Stein*, S. 480 u. 501.

40 Zur Kontinuität von Zentralstelle und RVKD siehe *ebd.*, S. 388.

An der Schnittstelle zwischen Staat und Gesellschaft erleichterte er den Behörden die Verwaltung des Kleingartenwesens. So zog beispielsweise das Preußische Ministerium für Volkswohlfahrt Anfang der 1920er Jahre den RVKD bei der Vergabe von Krediten an Kleingärtnervereine heran und nahm den Verband zugleich in die Pflicht, für den Eingang von Zinsen und Tilgungszahlungen zu bürgen. Entsprechend »zweckmäßig« erschien es dem Minister, »etwa noch abseits stehenden Kleingartenvereinen oder Verbänden den Anschluß an den Reichsverband nahe zu legen, da sie sonst erst dann für Zuschüsse in Frage kommen würden, wenn keine Anträge von ihm angeschlossenen Vereinen mehr vorliegen.«[41] In manchen Ländern ging die Zusammenarbeit mit dem Staat so weit, dass Provinzialverbände des RVKD die Überwachung der »Gemeinnützigkeit« von Kleingartenvereinen übernahmen.[42] Da sich der RVKD als überparteiliche Dachorganisation in den Dienst staatlicher Sozialpolitik stellte und keine »milieuspezifischen« Verbände existierten, musste im Kleingartenwesen anders als in anderen Vereinssparten keine offiziöse Arbeitsgemeinschaft gebildet werden.

Als Vorbild für die Funktionäre der Chor-, Laienspiel- und Kleingärtnerverbände dienten die Organisationen von Turnen und Sport, wo sich dementsprechend ähnliche Züge des organisatorischen Aufschwungs, der Staatsnähe und der Zusammenarbeit jenseits weltanschaulicher Differenzen abzeichneten. Ein erstes Indiz für die stark zunehmende Ausdehnung der Verbandlichung ist, dass zwischen dem Beginn einer planmäßigen Förderung der »Leibesübungen« mit dem Jugendpflegeerlass aus dem Jahr 1911 und dem Jahr 1928 insgesamt 47 neue Dachorganisationen in diesem Bereich entstanden, wodurch sich die Gesamtzahl der Verbände für Sport und Körperertüchtigung auf 92 erhöhte.[43] Dabei wurden kaum noch neue Sportarten organisiert; zu nennen sind in diesem Zusammenhang mit dem Tischtennis-Bund, dem Eisyacht- und dem Jiu-Jitsu-Verband lediglich drei Assoziationen. Vielmehr führte ein großer Teil der neuen Organisationen bestehende Verbände zusammen und trieb als »Reichsverbände«, »Arbeitsgemeinschaften« oder »Vereinigung der Verbände« die Konzentration auf nationaler Ebene voran. Kennzeichnend für die Verbandsentwicklung im Bereich des Turnens ist zudem, dass Großorganisationen wie die katholische und die evangelische Kirche, Post, Polizei und Reichsbahn sowie der Deutschnationale Handlungsgehilfen-Verband auf Leibesübungen spezialisierte Verbände bildeten. Dahinter stand die Absicht, mit geeigneten Ausgliederungen an staatlicher und kommunaler Sportförderung zu partizipieren.

41 Schreiben des Ministers für Volkswohlfahrt v. 18.4.1922, Sta E, Rep. 102, Abt. XII, Nr. 926, Bl. 270.

42 Ministerialrat Dr. Kaisenberg, Reichsverband und Gemeinnützigkeit, in: Kleingartenwacht 9 (1932), S. 1–3.

43 Der DRA ist darin nicht eingerechnet. Eine Aufstellung der Verbände für Sport und Körperertüchtigung enthält *Eisenberg*, Massensport in der Weimarer Republik, S. 174–177.

Dass die Aussicht auf Subventionen und Vergünstigungen handlungsleitend für die Politik der Turn- und Sportverbände war, veranschaulicht das Beispiel des Deutschen Fußball-Bundes (DFB). Der Fußballverband passte sich den Rahmenbedingungen staatlicher Förderung an, als er in der Weimarer Zeit den Profisport bekämpfte. Dieser war nämlich nach dem Steuerrecht als gewerblich einzustufen und galt demnach nicht als »gemeinnützig«. Indem er den bezahlten Fußball ablehnte, erhielt sich der DFB seine an »Gemeinnützigkeit« geknüpfte Steuerfreiheit und konnte mit seinen Veranstaltungen beträchtliche Überschüsse erzielen. Zudem war er in der Lage, als Dachverband »gemeinnütziger« Vereine staatliche Zuwendungen wie neue Sportstätten, Fahrpreisermäßigungen und Steuervergünstigungen zu vermitteln, was ihm weitere Mitglieder zuführte und ihn als Organisation festigte. Schließlich sicherte der Fußballbund mit seinem Bekenntnis zum Amateurgedanken seinen Alleinvertretungsanspruch, denn er bestärkte dadurch den Gesetzgeber in der hohen Besteuerung gewerblicher Sportveranstaltungen, was die Abspaltung eines Berufsspielerverbandes erschwerte.[44]

Was das Verhältnis zwischen Turn- und Sportverbänden verschiedener Milieus betrifft, pflegten diese die gängige weltanschauliche Profilierung an den parteipolitischen Fronten. Das ging so weit, dass der ATSB seinen Ortsgruppen empfahl, bei Veranstaltungen wie Sportplatzeinweihungen auf getrennten Terminen zu bestehen; DT- und ATSB-Vereine sollten demnach an verschiedenen Tagen die Eröffnung derselben Übungsstätte feiern. In praktischen Fragen jedoch, in denen man nur gemeinsam etwas erreichen konnte, stellten die Verbände ihre Animositäten zurück. Der Verkehr mit den Behörden zwang sie zur Kooperation, wie man auch im ansonsten sehr auf Abgrenzung bedachten ATSB einsah:

> »Die Notwendigkeit, sich über bestimmte Dinge zu besprechen, entsteht ja daraus, dass die Spitzenverbände zu den verschiedensten behördlichen Körperschaften ihre Beziehungen haben, und es empfiehlt sich in den allermeisten Fällen eine vorherige Verständigung, um sich nicht gegenseitig die Wege zu verbauen.«[45]

Auf Reichsebene gingen bürgerliche und Arbeitersportverbände trotz dieser grundsätzlichen Kooperationsbereitschaft institutionell getrennte Wege, da im Unterschied zu anderen Vereinssparten der materielle Anreiz für milieuübergreifende Verbandsbildung fehlte. Der ATSB musste sich nicht dem DRA anschließen, weil Subventionen nicht über diesen Verband der Verbände flossen, sondern der für die »Leibesübungen« zuständige sozialdemokratische Staatssekretär Heinrich Schulz dem ASTB ohnehin die gleichen Mittel zuwies wie

44 *Havemann*, S. 331.
45 *Zentralkommission*, Die Arbeitersportbewegung im Jahre 1926, S. 8.

den viel mitgliederstärkeren bürgerlichen Verbänden.[46] Die DT verabschiedete sich ihrerseits zeitweilig aus dem DRA, seitdem sie verbotenerweise – der Versailler Vertrag untersagte solches explizit – vom Militär gefördert wurde.[47] Auf lokaler Ebene dagegen war die Zusammenarbeit von Weltanschauungsverbänden durch die in der Republik neu gegründeten Stadtämter für Leibesübungen institutionalisiert, in die nach einigem Zögern auch die lokalen Arbeitersportkartelle ihre Vertreter entsandten.[48]

Der Überblick über die zahlenmäßig größten Freizeit-Vereinssparten verdeutlicht, dass seit dem Ersten Weltkrieg, vor allem aber in der Weimarer Republik die Voraussetzungen geschaffen wurden für eine verstärkte verbandliche Organisation des Vereinswesens. Den Impuls dazu gaben staatliche Stellen wie Kultus- oder Wohlfahrtsministerien, die das lokale Vereinswesen reformieren wollten, entsprechende Anreize schufen und zu deren Vermittlung an die Basis die Dachverbände zur Mitarbeit anregten. Die Verbände nahmen das Kooperationsangebot bereitwillig an, denn eine Schlüsselposition bei der öffentlichen Vereinsförderung versprach steigende Mitgliederzahlen und Einkünfte. Im Zuge der Zusammenarbeit zeigten die Verbände eine sehr weitgehende Anpassung an die Erwartungen staatlich definierter »Gemeinnützigkeit«, die sowohl die Einhaltung behördlicher Vorgaben als auch die Kooperationsbereitschaft mit Verbänden jeweils anderer politischer Lager mit sich brachte. Weder agierten die Verbände untereinander ideologisch kompromisslos, noch traten sie dem Staat als »pressure groups« gegenüber. Denn sie waren nicht aus den Interessen der Vereinsbasis erwachsen, sondern durch die Subventionen des Staates erblüht, der sie durch korporative Einbindung einhegte.

Von der historischen Forschung zur Weimarer Republik ist dieser organisationsstrukturelle Zusammenhang bislang zumeist übersehen worden. Diese Vernachlässigung resultiert daraus, dass die an politischer Sozialisation interessierte Forschung räumlich auf jeweils ein Milieu und sachlich auf die politisch-kulturelle Dimension fokussiert. So gerieten abgesehen von ideologischen Auseinandersetzungen die Außenbeziehungen der Verbände sowie deren Rolle als intermediäre Instanzen aus dem Blick.[49]

46 *Eisenberg*, ›English sports‹, S. 360.

47 *Ebd.*, S. 383.

48 Zum Ruhrgebiet siehe *Ueberhorst u.a.*, S. 86.

49 Vgl. *Walter* u. *Matthiesen*, S. 49–59, sowie die zitierten Arbeiten von *Walter* und *Klenke* zum DSB und DAS. Kritisch zu der auf jeweils ein Milieu beschränkten Sichtweise *Rink*.

1.2. Nutzenkalkül und Selbstbehauptungswille: Die Haltung der Vereine gegenüber den Verbänden in den 1920er Jahren

Die Kooperation mit dem Staat versetzte die Verbände in die Lage, Mitgliedsvereinen öffentliche Gelder zu vermitteln und ihnen Vergünstigungen in Aussicht zu stellen. Dass der Staat seine Vereinsförderung eng an die Verbandszugehörigkeit knüpfte, bot den Verbänden die Chance, neue Mitglieder und damit steigende Beiträge zu gewinnen. Der organisatorische Aufschwung war allerdings an Bedingungen geknüpft. Die öffentliche Hand subventionierte nämlich nur »gemeinnützige« Vereine, und so standen die Verbände in der Pflicht, die Vereine auf die staatlicherseits vorgegebenen Ziele auszurichten.

Sie kamen dieser Aufgabe nach, indem sie ihren Mitgliedern zunächst Empfehlungen für eine förderungswürdige Vereinspraxis gaben. So waren die Verbandspublikationen gefüllt mit Ratschlägen für ein Vereinsleben, das den Ansprüchen an »Volksbildung«, »Kunstpflege«, »Gemeinschaftsgeist« und Teilhabe aller Bevölkerungsgruppen genügte. Gesangvereine sollten künstlerisch anspruchsvolles Liedgut pflegen, sich weiblichen Stimmen und Nachwuchssängern öffnen, rauch- und verzehrfreie »Stuhlreihenkonzerte« veranstalten, bei den Proben lehrreichen Fachvorträgen zuhören, einander Beiträge aus der Bundeszeitung vorlesen und dem Vereinsleben insgesamt »eine etwas edlere Note, ein etwas geistvolleres Niveau« verleihen.[50] Kleingärtnern wurde nahegelegt, Ernteerträge an Krankenhäuser zu spenden und durch den Bau von Spielplätzen, durch Wanderungen, Vorlesestunden und Puppenspiel Jugendarbeit zu leisten.[51] Theatervereinen empfahl man, ausschließlich künstlerisch anerkannte Stücke aufzuführen, sich am Vorbild verbandlicher Musterbühnen zu orientieren und – schon um den Konflikt zwischen Laienspiel und Berufsbühne zu entschärfen – »gute« Theater zu besuchen. Die Vereine sollten bei Gelegenheit ihre Darbietungen in den Dienst der Wohltätigkeit stellen und sich in der Jugendpflege engagieren.[52]

Reformierten die Vereine ihre Praxis entsprechend, kam es darauf an, das »gemeinnützige« Wirken Staat und Gesellschaft vor Augen zu führen. Die Verbände intensivierten dazu ihre Pressearbeit und forderten von den Vereinen, im lokalen Rahmen Gleiches zu tun, Pressewarte zu bestimmen, auf Behörden und Zeitungen einzuwirken oder wenn möglich eigene Vereinszeitungen he-

50 Ernst Fricke, Geselligkeit im Gesangverein, in: Jahrbuch des DSB 6 (1931), S. 101–104, hier S. 102.

51 Kreisverband der Kleingartenvereine Dortmund und Umgebung. Empfehlungen für die Jugendpflege an die ihm angehörigen 20 Vereine, in: Kleingartenwacht 3 (1926), S. 81.

52 Gustav Moehl, Nochmals die Organisationsfrage der Volksspielvereine, in: Volksspielkunst 1, Nr. 8 (1919), S. 1–3.

rauszugeben.[53] Zudem sollten sie Material für Denkschriften und Statistiken liefern, mit denen die Verbände ihre eigene Bedeutung und die Förderungswürdigkeit der Vereine belegten. »Die nüchternen Zahlensäulen einer Statistik sind beredtere Dolmetscher der Taten«, befanden etwa Funktionäre des späteren Reichsbundes für Volksbühnenspiele,[54] und so erklommen die Verbandsstatistiker neue Gipfel der Genauigkeit. Der RVKD zählte sogar die Planschbecken in den Kolonien seiner Verbandsgärtner und konnte 1927 vermelden, dass 549 Mitgliedsvereine »Schreberjugendpflege« betrieben, davon 245 Vereine insgesamt 1614 Wanderungen mit durchschnittlich 75 Kindern durchgeführt hatten, dass wöchentlich 882 Spieltage veranstaltet wurden, dass die Gesamtfläche der Spielplätze des Verbandes 640746 m^2 betrug und die RVKD-Vereine im vorangegangen Jahr 259492 Mark und 59 Pfennige für die Jugendpflege ausgegeben hatten.[55]

Verhaltensempfehlungen und Öffentlichkeitsarbeit zielten darauf, Mitgliedsvereine zu »Bewegungen« zu mobilisieren, die mit zahlenmäßiger Stärke und geschlossenem Auftreten Behörden und breite Öffentlichkeit beeindrucken sollten. Zu diesem Zweck veranstalteten die Dachorganisationen immer häufiger immer aufwendigere Kundgebungen, zu denen sie hohe Beamte einluden, denen man ein möglichst vorteilhaftes Bild vom Bundesleben zu vermitteln versuchte. Der Kleingärtnerverband will anlässlich seines achten Bundestages in Hannover 10000 Menschen auf die Straße gebracht haben, die nach Gruppen wohlgeordnet mit farbenfrohen Kostümen, Musikkapellen und Festwagen bei den »Tausenden«, welche die Straßen des Festzugs säumten, um Sympathie für die Kleingartensache warben. Den insgesamt siebzig Regierungs- und Behördenvertretern präsentierte man neben Blumen, Früchten und Gartengeräten auch das eine oder andere Plakat mit der Forderung nach gesetzlich geschützten »Dauergärten«, milderte die Ansprüche aber zugleich mit einer staatskonformen Geste: Dem Zug voran trugen zwei Herolde das schwarz-rot-goldene Banner der Republik.[56]

Von den Mitgliedern wünschten sich die Verbände, dass sie sich auch im Alltag zum Bund bekannten und so für die »Sache« warben. Dazu verteilten sie Diplome, die bestimmt waren, die »gute Stube« verdienter Aktivisten zu

53 Zur Pressearbeit der DT allgemein F.P. Wiedemann, Das Pressewesen der Deutschen Turnerschaft, in: Deutsche Presse v. 30.12.1925, S. 24f. Zu Empfehlungen an Vereine siehe P. Dietrich, Die Presse im Vereinsleben, in: Deutsche Turnzeitung 66 (1921), S. 186, sowie W. Vieth, Zur Werbearbeit, in: *Ebd.*, S. 465f.

54 Josef Eimermann, Die Bedeutung der Statistik der Volksspielvereine, in: Volksspielkunst 1, Nr. 5 (1919), S. 14f., hier S. 15.

55 Denkschrift des RVKD über die Schreberjugendpflege im Deutschen Reich, in: Kleingartenwacht 4 (1927), S. 140f.

56 M. Krüger, Bericht über den 8. Reichskleingärtnertag, in: Kleingartenwacht 8 (1931), S. 44–48.

schmücken, und schufen Abzeichen, die ihre Träger als Anhänger der jeweiligen »Bewegung« auszeichneten. Wo Bundesmitglieder zusammenkamen, sollte einheitliche Kleidung Verbundenheit demonstrieren. Selbst im Deutschen Anglerbund, dessen Mitglieder man wohl eher in stiller Vereinzelung an abgeschiedenen Gewässern vermutet hätte, erkannte man eine Notwendigkeit des uniformen Auftretens:

»Also, weiße Hose, blaues, zweireihiges Jackett, Stehkragen mit Ecken, schwarze, breite Krawatte, blaue Schiffsmütze mit Schirm, Schnürschuhe. – Es wird bei jedem anderen Sport geschafft, warum nicht auch bei uns! [...] Weiter – etwas anderes, was uns noch fehlt. Das Liederbuch! Warum sollen wir auf Fahrten nicht auch singen. [...] Auch das Lied bindet und verknüpft, schafft persönliche Beziehungen und trägt nicht unerheblich zur Erziehung, zur Zusammengehörigkeit, zum Korpsgeist bei. Müssen wir Korpsgeist haben? Ja!«[57]

Unabhängig davon, ob sie die ideellen Ansichten der Bundesführungen zu »Korpsgeist«, »Idealismus« und »Gemeinnutz« teilten, zeigten sich die Vereine für den materiellen Aspekt einer Verbandsmitgliedschaft empfänglich. Steuerermäßigungen und Beihilfen, die Bereitstellung von Proberäumen und Sportplätzen, Versicherung und Sammelverträge, Fahrpreisermäßigungen, Auftrittsmöglichkeiten und staatliche Auszeichnungen – das alles waren Anreize, die viele Vereine zum Bundesbeitritt bewegten.

Tabelle 2 gibt die Mitgliederentwicklung der wichtigsten nationalen Verbände aus den Sparten Turnen und Sport, Gesang und Kleingartenwesen wieder. Sie zeigt, dass die Zahl der Verbandszugehörigen im Vergleich zur Vorkriegszeit bei allen Organisationen deutlich, teilweise sogar um ein Mehrfaches anstieg.

Als ausschlaggebende Gründe für die ansteigende Mitgliederentwicklung müssen die aufgezählten Vergünstigungen gesehen werden. Dass ein materielles Nutzenkalkül das Verhältnis der Vereine zu den Verbänden kennzeichnete, dafür sprechen nicht nur diesbezügliche Klagen der Verbände über mangelnden »Idealismus«.[58] Das indizieren auch der zeitliche Verlauf der Mitgliederentwicklung sowie die soziale Struktur der neuen Verbandsmitglieder.

So verzeichneten die meisten Verbände ihre größten Zuwachsraten in der ersten Hälfte der 1920er Jahre, als die staatlichen Stellen die Hoffnung auf umfassende Subventionierung nährten. Bis zum letzten Drittel des Jahrzehnts waren die vorläufigen Höhepunkte des Mitgliederanstiegs meist erreicht. Danach stagnierte die Anschlussbewegung oder war gar rückläufig. Das lag allerdings durchaus nicht daran, dass es keine verbandsfernen Vereine mehr zu organisieren gegeben hätte. Vielmehr zeichnete sich ab, dass die Strategie der Verbän-

57 Bauer, Neue Wege!, in: Deutsche Angler-Zeitung 27 (1926), S. 329–333, hier S. 332.

58 Siehe etwa Adalbert Grüttner, Die Sänger im Bunde – und die anderen, in: DSBZ 19 (1927), S. 65f.

Tab. 2: Mitgliederentwicklung in ausgewählten nationalen Freizeitverbänden, 1912–1933 (in 1 000, gerundet)[59]

Jahr	*Deutscher Sängerbund (akt. Mitgl. im Reichsgebiet)*	*Deutscher Arbeiter-Sängerbund*	*Deutsche Turnerschaft*	*Arbeiter-Turnerbund/ Arbeiter-Turn- und -Sportbund*	*Reichsverband der Kleingärtner Deutschlands*	*Deutscher Fußball-Bund*
1912	187	?	?	?	–	?
1913	?	?	1 123	?	–	?
1914	205	108	1 188	187	–	189
1919	?	108	687	107	–	150
1920	?	156	1 091	343	–	468
1921	?	?	1 500	448	323	756
1922	?	?	1 659	490	?	?
1923	?	264	1 690	653	?	832
1924	379	?	1 750	650	370	1 010
1925	500	?	1 655	545	365	875
1926	523	227	?	526	409	?
1927	566	?	?	691	?	?
1928	512	?	1 624	770	415	866
1929	516	213	?	738	?	?
1930	506	?	?	564	?	?
1931	478	?	?	?	433	?
1932	364	189	1 618	742	466	936
1933	?	147	1 593	?	?	?

59 Zum DSB (nur Reichsgebiet): *Kötzschke*, S. 125 (1912, 1914, 1924); Jahrbücher des DSB 1926–1933 (1925–1932). Zum DAS: *Klenke* u. *Walter*, S. 153, 154, 158 u. 162. Zur DT: Jahrbuch der Leibesübungen 1924, S. 240 (1914–1924); *Dass.* 1925, S. 71 (1925); *Dass.* 1932, S. 27 (1932); *Jeran*, S. 381 (1913, 1928, 1933). Zum ATB/ATSB: *Handbuch*, S. 9f. (1914–1928); *Zentralkommission*, Geschäftsbericht (1929), S. 5; *Eisenberg*, Massensport in der Weimarer Republik, S. 172 (1930); Jahrbuch der Leibesübungen 1932, S. 28 (1932). Zum RVKD: *Förster u.a.*, S. 61 (1924, 1926), 58 (1925), 66 (1928) u. 77 (1931); *Stein*, S. 480 (1921) u. 501 (1932). Zum DFB: Jahrbuch der Leibesübungen 1924, S. 240 (1914–1924); *Dass.* 1925, S. 71 (1925); *Havemann*, S. 62 (1928); Jahrbuch der Leibesübungen 1932, S. 33 (1932).

de, ihre Mitgliedsvereine zu staatlich geförderter »Gemeinnützigkeit« zu führen, nicht den erhofften Erfolg bringen würde. Weder die Sängerbünde noch die Laienspielorganisationen oder der Kleingärtnerverband konnten potentiellen Mitgliedsvereinen gegenüber befriedigende Fortschritte in Fragen der Besteuerung, der Subventionierung oder rechtlichen Absicherung vorweisen. Die Anträge des Reichsbundes für Volksbühnenspiele auf Anerkennung von »Gemeinnützigkeit« wurden wiederholt abgewiesen, »weil die Volksbühnenspielvereine noch nicht den Beweis erbracht haben, daß sie als Volksbildungs- bezw. kunstpflegende Vereine auf der Höhe sich bewegen, die eine bezügliche Befürwortung gerechtfertigt erscheinen lassen.«[60] Die Kleingärtner erreichten nicht die angestrebte rechtliche Festschreibung von »Dauerkolonien«, die Gartenland gegen andere Nutzung geschützt hätte.[61] Gesangvereine wurden nur in einigen Regionen oder Ausnahmefällen von Steuern befreit und finanziell bezuschusst. Die von Turn- und Sportverbänden geforderten Gesetze zur Schaffung von Sportplätzen wurden nicht verabschiedet, die »Sportpflicht« nicht eingeführt.[62] So wich im Vereinswesen in der zweiten Hälfte des Jahrzehnts die Hoffnung auf umfassende staatliche Förderung allmählich einer Ernüchterung. Die Vereine sahen immer weniger Veranlassung, sich den Verbänden anzuschließen.

Ein weiteres Indiz für das vornehmlich materielle Nutzenkalkül der Vereine ist die Tatsache, dass die Verbände vor allem eine Klientel anzogen, die besonders auf staatliche Zuwendungen angewiesen war. Bei denen, für die Selbstorganisation in verbandsfernen Vereinen möglich war, hatten sie geringere bis gar keine Zugewinne zu verzeichnen. So kamen die beeindruckenden Steigerungsraten oft durch den starken Zuwachs an den staatlicherseits besonders geförderten weiblichen und minderjährigen Mitgliedern zustande, während die Zahlen bei Männern oft stagnierten oder gar rückläufig waren.

Der Arbeiter-Sängerbund etwa erlebte in der Republik eine regelrechte Feminisierung seiner Mitgliederschaft. Der Frauenanteil stieg von 8,9 bei Beginn des Weltkrieges auf 32,3% im Jahr 1932, weil Frauen ein- und gleichzeitig Männer austraten.[63] Der Deutsche Sängerbund, der als Verband von Männerchören mit der Einbindung von Frauen bei Null begann, zählte 1928 gut 53 000 Sängerinnen, was immerhin 8,5% seiner aktiven Mitgliederschaft ausmachte.[64]

Im Bereich Turnen und Sport verzeichneten die Verbände insgesamt größere Zuwachsraten bei Frauen, Jugendlichen und Kindern als bei männlichen

60 Bericht über den Besuch im Kultusministerium, in: Volksbühnenwarte 5 (1924), S. 13f., hier S. 14.

61 *Stein*, S. 529.

62 *Eisenberg*, ›English sports‹, S. 360.

63 *Klenke* u. *Walter*, S. 157f.

64 Tabelle III (Zahlen der Einzelbünde), in: Jahrbuch des DSB 4 (1929), S. 106f.

Erwachsenen. Diese Entwicklung war besonders ausgeprägt bei den weltanschaulich ausgerichteten Turnorganisationen, die einerseits als kommerzfeindliche, mitgliederstarke Verbände für eine »gemeinnützige« Förderung in besonderem Maße geeignet erschienen, andererseits aber ihre Klientel ideologisch zu vereinnahmen suchten. Auf viele männliche Turner wirkten Politisierung und »Gemeinnützigkeits«-Appelle so abschreckend, dass sie trotz materieller Vorzüge in großer Zahl den Turnorganisationen den Rücken kehrten. Diese Abgänge kompensierten Minderjährige und Frauen, die in den männlich dominierten verbandsfernen, den sogenannten wilden Vereinen, keinen Platz fanden. Laut Beobachtung des konkurrierenden ATSB verließen die DT zwischen 1922 und 1925 fast 145 000 Männer.[65] Nach der »reinlichen Scheidung« zwischen Turnen und Sport, durch die der Verband seinen Vereinen die weitere Unterhaltung von Spielabteilungen untersagte und die mit einer verschärften Ideologisierung einherging, betraf der Mitgliederverlust auch männliche Schüler und Jugendliche. Konterkariert wurde der Trend allerdings vom »beständigen Zuwachs an Mädchen und Frauen«, was im Verbandsorgan zu der Feststellung Anlass gab, »daß eben das weibliche Geschlecht viel verständlicher zu sein scheint für das tiefgründige Wesen unserer Turnerschaft«.[66] 1930 waren schließlich fast 73% der DT-Mitgliederschaft minderjährig und/oder weiblich.[67] Ähnlich hoch lag der Anteil von Kindern und Jugendlichen an der Mitgliedschaft beim ATSB und der 1920 gegründeten katholischen Deutschen Jugendkraft (DJK) mit 55,6% bzw. 79,4%.[68]

Dass vor allem materielle Anreize die Vereine zum Verbandsbeitritt motivierten, legt zudem die Tatsache nahe, dass der Verbandlichungsgrad des Vereinswesens trotz beeindruckender Steigerungsraten in vielen Fällen eher gering blieb und sich entsprechend dem Ressourcenbedarf der Vereine und der Höhe der Anreize zwischen den Sparten zum Teil deutlich unterschied. Zwar ist der Anteil der nicht verbandlich organisierten Vereine allenfalls annäherungsweise zu bestimmen; entsprechende Zahlen sind selbst in einer lokalen Fallstudie nur punktuell zu ermitteln oder beruhen auf Schätzungen, da die Behörden die Vielzahl der Vereine nicht mehr zu erfassen versuchten und für verbandsferne Gruppen kein Anlass bestand, sich selbst zu zählen. Trägt man jedoch die vereinzelten Spuren zusammen, festigt sich der Eindruck, dass die Verbände abgesehen vom Bereich des Sports nur eine Minderheit der Vereine repräsentierten. Dabei war der Verbandlichungsgrad umso geringer, je weniger materielle Anreize die Verbände ihrer Klientel bieten konnten.

65 *Zentralkommission*, Die Arbeitersportbewegung im Jahre 1926, S. 29.

66 Christian Jung, Das Gespenst des Mitgliederrückganges, in: Deutsche Turnzeitung 73 (1928), S. 782–784, hier S. 782.

67 Gesamtzahl berechnet nach den Angaben bei *Eisenberg*, Massensport in der Weimarer Republik, S. 156 u. 160.

68 *Ebd.*, S. 156, Tab. 3.

Wenig erfolgreich warben beispielsweise die Theaterverbände um staatliche Förderung. Wie bereits erwähnt mussten sie staatliche Leitsätze hinnehmen, die das Laienspiel als spontane Ausdrucksform definierten und dadurch im Grunde dem vereinsmäßig organisierten Theater die Anerkennung versagten. Entsprechend gering blieb unter den Amateurbühnen der Verbandlichungsgrad. Einige hundert Verbandsvereine – der größte bürgerliche Verband, der Reichsbund für Volksbühnenspiele, zählte 274 Vereine im Jahr 1921, der Arbeiter-Theaterbund zum selben Zeitpunkt 2500 Personen als Mitglieder – standen schätzungsweise bis zu 30000 verbandsfernen Gruppen gegenüber.[69]

Höher, wenngleich von vollständiger Repräsentation weit entfernt, lag der Organisationsgrad im Kleingartenwesen, wo der RVKD in seinen Bemühungen um den rechtlich festgeschriebenen »Dauergarten« auf der Stelle trat. Obwohl die Mitgliederzahl zwischen 1921, dem Jahr der Verbandsgründung, und 1926 um beinahe 85000 auf knapp 410000 gestiegen war, beklagte ein RVKD-Funktionär mit Blick auf die Entwicklung im Ruhrgebiet, dass »bisher nur ein verhältnismäßig kleiner Teil der vorhandenen Kleingärtner einer Organisation zugeführt werden« konnte.[70] Dieser Teil dürfte deutlich kleiner als die Hälfte der gesamten Kleingärtnerschaft gewesen sein. So lag nach einer Erhebung der »Deutschen Arbeitsfront« (DAF) selbst 1939 der Organisationsgrad bei höchstens 57%, obwohl die Mitgliederzahl des mittlerweile zum »Reichsbund der Kleingärtner und Kleinsiedler Deutschlands« umgewandelten Reichsverbandes bis dahin nochmals kräftig von gut 465000, dem Spitzenwert zu Weimarer Zeiten, auf über 700000 angestiegen war.[71] Zugleich hatte, wie die Verbandsvertreter auf dem Kleingärtnertag 1939 anmerkten, die Zahl der Parzellen abgenommen.[72] Generell entstanden Kleingärten eher in Kriegs- und wirtschaftlichen Notzeiten und wichen bei konjunkturellem Aufschwung der gewerblichen Bodennutzung.

Begrenzt blieb auch der verbandliche Organisationsgrad bei den Gesangvereinen. Zwar zählten die beiden mitgliederstärksten Verbände DSB und DAS Ende der 1920er Jahre zusammen über 1,7 Mio. Menschen zu ihren aktiven und passiven Mitgliedern. Jedoch handelte es sich dabei nur um einen, möglicherweise sogar den kleineren Teil all derer, die mit dem Gesangvereinswesen verbunden waren. Eine lokale Stichprobe ergab, dass in Essen von etwa 170 ermittelten Gesangvereinen maximal 44 Vereine (1929) dem lokalen DSB-Unterbund und zwölf »Volkschöre« dem DAS angeschlossen waren. Aus

69 So eine vorsichtige Schätzung der »Volksbühne«, des Organs des Arbeiter-Theaterbundes im Jahre 1921. Siehe *Hoffmann* u. *Hoffmann-Ostwald*, S. 23.

70 Rehhorn (Verbandspräsidium Essen), Die Entwicklung des Kleingartenwesens im Ruhrkohlenbezirk seit Inkrafttreten der Kleinpachtlandordnung, in: Kleingartenwacht 3 (1926), S. 25f., hier S. 26.

71 *Stein*, S. 507.

72 *Katsch* u. *Walz*, Deutschlands Kleingärtner im Dritten Reich, S. 18.

dem bürgerlichen, gut 13 000 Einwohner zählenden Stadtteil Werden teilte der Vorsitzende des MGV Sängerbund der Stadtverwaltung auf Anfrage mit, dass dort nur einer von insgesamt zehn örtlichen Männergesangvereinen dem DSB angeschlossen sei. Diese geringe Organisationsdichte sei zumindest in Rheinland-Westfalen üblich, denn, so der Vorsitzende weiter, »[d]ie Gesangvereine des Industriebezirks sind zum grossen Teil der Auffassung, dass eine Mitgliedschaft im Deutschen Sängerbund ihnen keine besonderen Vorteile bietet.«[73]

Im Bereich Turnen und Sport bestand ein anderes Kosten-Nutzen-Verhältnis, und folglich lag der Verbandlichungsgrad dort sehr viel höher. Zum einen benötigten Turn- und Sportvereine mit Hallen und Plätzen eine vergleichsweise kostspielige Infrastruktur, so dass ihr Betrieb ohne öffentliche Zuwendungen nur schwer zu finanzieren war. Zum anderen galten die Verbände für »Leibesübungen« als diejenigen, die ihren Mitgliedsvereinen im besonderen Maße Vergünstigungen vermitteln konnten. Überdies war die Förderung von Turnen und Sport zumindest in den Großstädten durch neu geschaffene Sportämter auf kommunaler Ebene institutionalisiert, was die verbandliche Organisierung auch der kleineren Vereine vor Ort vorantrieb. 1927 hatten von den 45 über 100 000 Einwohner zählenden Städten immerhin 28 ein solches Amt, davon verfügten zwanzig über einen eigenen Etat.[74] Die Gesamtzahl städtischer Sportämter lag 1930 bei 120.[75]

Die im Bereich der Leibesübungen besonders kräftigen Verbandlichungsimpulse sorgten schließlich auch dafür, dass selbst die im Kaiserreich von Deutscher Turnerschaft und Arbeiter-Turnerbund gleichermaßen als »wild« diffamierten Wettturnvereine Rheinlands und Westfalens 1920 zur Freien Deutschen Turnerschaft (FDT; später: Allgemeiner Deutscher Turnerbund) zusammenfanden. Die »wilden« Vereine hatten sich bereits vor dem Krieg mehrfach vergeblich um einen überregionalen Zusammenschluss bemüht. Mit dem politischen Systemwechsel wandelten sich jedoch die Zielsetzungen der Verbandsbildung. Sollte die Vereinigung im Kaiserreich noch der Organisation von Turnwettkämpfen dienen, wurde die FDT in der Republik gegründet, »damit auch wir in die Stadtämter unsere Vertreter entsenden und nicht an die Wand gedrückt werden«, wie der FDT-Vorsitzende Hermann Pöppe 1921 in einer Rede ausführte.[76] Mit der geänderten Ausrichtung auf staatliche Förderung verschob sich die Position des Verbandes zwischen Mitgliedern und Behörden. Denn wollte die FDT bei der Vergabe öffentlicher Mittel berücksichtigt werden,

73 Antwort des MGV Sängerbund vom 26.6.1930 auf die Anfrage der Stadtverwaltung, Sta E, Rep. 102, Nr. 2237 (unpaginiert). – Würde man das für Werden angegebene Verhältnis von Männergesangvereinen und Einwohnerzahl auf die gesamte Essener Bevölkerung übertragen, käme man auf knapp 500 Männerchöre im heutigen Stadtgebiet.

74 *Nielsen*, S. 533.

75 *Soltmann*, S. 16.

76 Zitiert nach *Ueberhorst u.a.*, S. 149.

musste sie sich nach den »gemeinnützigen« Vorgaben der Behörden richten, zumal sie mit der DT, der DJK und dem ATSB mitgliederstärkere, mit Parteien verbundene und anpassungsbereite Konkurrenten hatte.

Die Anpassung an »Gemeinnützigkeits«-Kriterien führte dazu, dass sich die FDT bald von den Interessen ihrer Mitglieder entfernte. Entstanden aus der Mitte der verbandslosen Vereine verfolgte die FDT eine Politik, die der der DT, von der die Vereine im Kaiserreich geschnitten worden waren, immer stärker ähnelte. Der Verband der »Wilden« begann selbst, seine Vereine von der Teilnahme an Wettkämpfen der verbandsfernen Vereine abzuhalten und sie vor Geldpreisen, vor »unwürdigen«, etwa alkoholischen Sachpreisen oder dem beliebten, aber unfallträchtigen Bau menschlicher Pyramiden zu warnen. Statt auf den »Materialismus« der Wertpreise »hereinzufallen«, sollten sich die Bundesvereine um »soziale Volksgesundung« und den »kulturellen Wert des volkstümlichen Turnens« verdient machen – und damit »Gemeinnützigkeit« demonstrieren.[77]

Der Fall der FDT ist nicht nur ein weiteres Beispiel dafür, dass sich die Entwicklung der Freizeitverbände in der Weimarer Republik aus der staatlichen Förderpolitik und der Ressourcenabhängigkeit des Vereinswesens erklären lässt. Er verdeutlicht überdies, dass das mit der Verbandlichung etablierte Abhängigkeitsverhältnis den Vereinen die schwächste Position zuwies. Sie konnten weder die Entwicklung beeinflussen noch einseitig von ihr profitieren. Sogar dort, wo die Vereine ihre eigene Organisation schufen, unterlag diese einer Tendenz zur Verselbstständigung und unterwarf die Aktiven den Zwängen der »Gemeinnützigkeit«. Förderung verlangte Anpassungsbereitschaft, und wer zu Zugeständnissen nicht bereit war, für den bestand die einzige Alternative im Fernbleiben von den Verbänden.

Während die materiellen Vergünstigungen durchaus Vereine anzogen und so die Verbandlichung um ein gutes Stück vorantrieben, bewirkten ständige Mahnungen zur »Gemeinnützigkeit« und fortgesetzte Versuche, Vereine für die jeweilige »Bundessache« zu begeistern, eher das Gegenteil. Die Verhaltensempfehlungen der Verbände stießen selbst bei Bundesmitgliedern oft auf Desinteresse, wenn nicht auf offene Ablehnung, liefen sie doch auf eine Praxis hinaus, die dem Unterhaltungs- und Geselligkeitsbedürfnis der Aktiven entgegenstand. Das, was die an Populärkultur interessierten Vereine trieben, deckte sich kaum mit den »gemeinnützigen« Idealen, mit deren Verwirklichung der Staat die Verbände beauftragen wollte. Was die Verbände mit scharfen Worten als »Vergnügungssucht«, als »bierselige und tabakrauchgeschwängerte Geselligkeit«, als gesanglichen »Kitsch« oder dramatischen »Dilettantismus«, als

77 Zitate aus: O.A., Sprechsaal, in: Der freie Deutsche Turner 2 (1921), Nr. 12 v. 15.6.1921 (unpaginiert). Zu den Verbandsempfehlungen siehe auch *Voß* u. *Wachholz*, S. 20–22.

»Vereinsmeierei« mit »übermäßigem Festbetrieb« und »Kirchturmspolitik« verurteilten, war meist genau das, was die Aktiven mit der größten Freude taten.

Die Spannung zwischen »gemeinnützigen« Verbandszielen und populärkulturellen Vereinsinteressen stellte ein Konfliktpotential dar, das die Vereine entschärften, indem sie entweder den Verbänden fernblieben oder sich als Bundesvereine so gut wie möglich den Zumutungen der Organisierung entzogen. So geriet der Essener DT-Gau bei der Nominierung von Teilnehmern für das Verbandssportfest in Schwierigkeiten, weil die lokalen Vereine ihre besten Turner für ein am selben Tag angesetztes Wettturnen gemeldet hatten.[78] Der Essener Männerchor Sanssouci, der nach dem Krieg die Anerkennung seiner »Gemeinnützigkeit« anstrebte und sich ganz auf die Empfehlungen des DSB einließ, musste mit Bedauern feststellen, dass ein großer Teil seiner besten Sänger sich an Wettstreiten kleinerer Chöre beteiligte, worunter ein vom Verein zeitgleich veranstaltetes Gartenkonzert sehr gelitten habe.[79] Sportvereine ignorierten den Aufruf der Essener Verbände, beim jährlichen »Stadtwaldfest« vor Öffentlichkeit und Behördenvertretern zahlenmäßige Stärke zu demonstrieren, und nahmen stattdessen andernorts an Wettkämpfen teil, wie die lokale Presse bemerkte. Verständlich wird dies angesichts des sportfremden Charakters des »Stadtwaldfestes«, das, so die Essener Volkszeitung, als »Treffen der Verbände gar keine Leistungsprobleme irgendwelcher Art aufrollen sollte« und bei dem es deshalb um »Durchschnittsleistungen«, nicht um den Leistungsvergleich ging. Da die Veranstaltung der Präsentation der Verbände diente, verhinderte das schlechte Wetter wohl die »Siegerehrung«, konnte aber keineswegs den Festzug stoppen. Die »Siegerkränze« gingen den Verbänden per Post zu.[80] Wenn also die Aktiven die Wahl hatten, entschieden sie nach Unterhaltungswert und ignorierten verbandliche Appelle, Geschlossenheit und »Gemeinnützigkeit« zu demonstrieren.

Die Verbände konnten solches Desinteresse langfristig nicht tolerieren, standen sie doch in der Pflicht, ihre Mitglieder zu »Volksbildung« und »Volksgesundheit« anzuleiten. Versuchten sie jedoch, den ihnen angeschlossenen Vereinen Freiräume zu verbauen, konnte die latente Spannung zwischen Aktiven und Verbänden zum offenen Konflikt eskalieren, wie die im Folgenden geschilderte Auseinandersetzung zwischen dem Deutschen Sängerbund und seinen Mitgliedsvereinen um den Gesangwettstreit zeigt. Das Beispiel verdeutlicht zudem, dass die Vereinsaktiven bereit waren, sich um ihrer selbstbe-

78 Bericht über die Turnwarteversammlung am 4.9.1922, in: Protokollbuch des II. Bezirks des Ruhrturngaus, Sta E, Best. 454.

79 Protokoll der Mitglieder-Halbjahrsversammlung v. 29.6.1924, Sta E, Best. 421/B 8b.

80 Das 16. Essener Stadtwaldfest, in: Essener Volkszeitung v. 19.7.1926 (»Durchschnittsleistungen«); Das Essener Stadtwaldfest 1929, in: *Ebd.* v. 8.7.1929 (»Siegerehrung«).

stimmten Freizeit willen aktiv gegen die Disziplinierungsversuche der Verbände zu wehren.

Die vor allem in West- und Südwestdeutschland verbreiteten, aber auch in anderen Gegenden Deutschlands veranstalteten Gesangwettstreite waren bereits in der zweiten Hälfte des 19. Jahrhunderts als Ereignisse mit hohem geselligkeitsfördernden Potential populär geworden. Den Aktiven boten sie ein Ziel, das zum Probenbesuch motivierte, und Gelegenheit, sich vor Publikum auszuzeichnen. Die Zuschauer kamen vergleichsweise zahlreich und nahmen intensiv an der Veranstaltung teil, weil die Form des Wettkampfes auch musikalisch ungebildete Hörer ansprach und diese einlud, sich mit »ihrem« Chor zu identifizieren. Wettstreite waren über die eigentliche Veranstaltung hinaus sozial folgenreich. So bereitete man siegreichen Vereinen bei ihrer Rückkehr von auswärtigen Wettkämpfen einen großen Empfang. Befreundete Chöre sangen zur Begrüßung, Behördenvertreter gratulierten im Namen der Stadt, und die »Damen des Vereins« überreichten Siegerkränze, bevor man gemeinsam zur Siegesfeier weiter zog.[81] Wer daran nicht teilnehmen konnte, der erfuhr vom Erfolg der Sänger aus der Zeitung, sah die errungenen Trophäen im Schaufenster örtlicher Gewerbetreibender oder in der Vereinskneipe stehen und konnte so am Gespräch teilhaben.

Das preußische Kultusministerium, das sich in der Förderung des Chorwesens als treibende Kraft hervortat, hielt das Wettsingen, das, wie in Abschnitt III.2 erwähnt, im Kaiserreich noch von höchster Stelle protegiert worden war, nicht für förderungswürdig. Als eine fast ausschließlich für Männerchöre ausgerichtete Veranstaltung mit Geld- und Sachpreisen galten die Wettstreite nicht als »gemeinnützig«, selbst wenn man einwenden konnte, dass die mehrere tausend Mark hohen Gewinnsummen auf verschiedene Chorklassen und -kategorien verteilt wurden und die Sänger gewiss keine Reichtümer anhäuften, zumal die Teilnahme mit gewissen Kosten verbunden war.[82]

Die Chorverbände mussten nicht überredet werden, sich die behördliche Position zu eigen zu machen. Sie hatten sich bereits vor dem Krieg gegen den Wettgesang ausgesprochen, weil das Konkurrenzsingen angeblich zu Dissonanzen in der nationalen bzw. sozialdemokratischen Sängergemeinschaft führte. Allerdings verschärften sie in der Republik den Ton gegen das »Wettstreitunwesen«. Der Arbeiter-Sängerbund, der seine Hoffnungen ganz auf die staatliche Förderung seiner Chöre setzte und seine Mitgliedsvereine sogar für

81 Über die siegreichen Sänger des Eisenbahner-Gesang-Vereins Altenessen, in: Rhein- und Ruhr-Sängerzeitung 1 (1927/28), S. 141; Bericht über die Heimkehr des erfolgreichen Essener Postbeamten-Gesangvereins in der »Sängerzeitung«, Beilage zur Essener Volkszeitung v. 2.6.1931.

82 Zur Höhe der Geldpreise siehe die Ausschreibungen in ASZ und WMZ. Am oberen Ende der Skala lagen die 7000 Mark Gesamtsumme, die ein Elberfelder MGV 1925 auslobte. Siehe WMZ 6 (1925), S. 16.

die Annahme gewerblicher Anzeigen in ihren Festschriften tadelte,[83] verurteilte das Singen um Preise als Begleiterscheinung rückwärtsgewandter Liedertafelei, die nur die persönliche Eitelkeit des Bürgers befriedige, aber nicht zur Verbreitung des Kunstverständnisses in den unteren Bevölkerungsschichten beitrage:

»Eroberung, Kampf um Musik; den Plunder denen, zu denen er gehört, die keine andere Sehnsucht im Leibe haben, als sich eine goldene Kette um den Bierhals zu hängen! Wir – für alle Zukunft – haben solchem Begehren keinerlei Verständnis entgegenzubringen. Punktzahl und Eichenkranz, Lorbeergemüse (famos als Küchenkraut!) – Preisrichtertum …; es wird auch ohne Dungmittel gehen. Verbindung der Geister zu gemeinsamem Musizieren. Gibt es Besseres auf der Welt? Müssen wir denn in der Kunst sogar zueinander Raufbolde sein? Raufbolde um den 1. Preis?«[84]

Um einem Gerangel auf dem Siegertreppchen vorzubeugen, propagierte der DAS das Wertungs- oder Prüfungssingen, bei dem Gutachter die gesanglichen Darbietungen ausführlich kommentierten und ihr Urteil mit den Chorleitern besprachen. Man ersetzte die vergleichende durch eine absolute Wertung, was den Charakter der Veranstaltung völlig veränderte. Da der DAS seine Zukunft in der Organisation gemischter Chöre sah, für die es nur äußerst selten Wettstreite gab, war er bereit, seinen Bundesvereinen kompromisslos das Wertungssingen vorzuschreiben und die Teilnahme an Wettbewerben zu untersagen. Das drängte den DSB, ähnliche Schritte zu unternehmen, wollte der Bund im Wettlauf um die ministerielle Gunst nicht hinter die sozialdemokratische Konkurrenz zurückfallen. Allerdings sah sich der bürgerliche Chorverband zu größerer Zurückhaltung gezwungen, zählten doch selbst Bundesvereine zu den Anhängern der Chorwettbewerbe. Von den zeitweilig 44 Essener DSB-Vereinen beteiligte sich in den 1920ern mindestens ein Viertel an solchen Veranstaltungen.[85]

Den praktischen Umgang mit der Wettstreitfrage überließ der DSB, als er noch mit dem Aufbau einer effektiven nationalen Organisationsstruktur beschäftigt war, zunächst den regionalen Bünden. Der Rheinische Sängerbund entwarf 1924 Richtlinien für Gesangwettstreite, die sich im Wesentlichen gegen Wert-, Geld- und Dirigentenpreise richteten und die Zahl der Wettstreite dadurch zu verringern suchten, dass sie die Veranstaltung an ein durch 25 teilbares Vereinsjubiläum banden.[86] 1926 wurden diese Regelungen dahingehend verschärft, dass den Bundesvereinen die Teilnahme an Wettstreiten bundesfremder Chöre nicht mehr gestattet wurde. Zudem sollte bei Veranstal-

83 Siehe die Kritik am Jubiläumsfest des Vereins Morgenrot Bochum-Riemke in der Rubrik »Konzert-Rundschau« der DASZ 27 (1926), S. 96.

84 Wertungssingen, in: *Ebd.*, S. 5–6, hier S. 6.

85 Datenbank »Essener Vereine 1919–1933«.

86 Gesangwettstreite. Richtlinien für Sängerwettstreite, in: ASZ 18 (1924), S. 107.

tungen unter Bundesvereinen jedem Preisrichterkollegium ein Vorstandsmitglied des Rheinischen Sängerbundes zugeteilt werden.[87]

Solche Versuche zur Begrenzung und Kontrolle der Wettstreite ließen die Anhänger der Chorkonkurrenzen unbeeindruckt, und so musste der DSB 1927 sogar ein Ansteigen des »Wettstreitfiebers« messen.[88] Die dem Wettstreitlager nahestehende Westdeutsche Musikzeitung (WMZ) schätzte die Zahl der im Westen ausgeschriebenen Preissingen im selben Jahr auf 150, an denen sich mindestens 1500 Vereine mit insgesamt 45000 Sängern beteiligt hätten.[89] Dabei handelt es sich, wie der Verfasser des Artikels betonte, um eine vorsichtige Schätzung. Die in Berlin erscheinende »Tonkunst« sprach für das Jahr 1925 sogar von annähernd 2000 Wettstreiten in Rheinland-Westfalen.[90] Die Bundesvereine setzten sich also in großer Zahl einfach über die Richtlinien hinweg und besuchten und veranstalteten weiterhin Wettstreite mit Geld- und Ehrenpreisen. Der MGV Essen-Huttrop 1897, einer der aktivsten Essener Wettstreitvereine und seit 1921 Mitglied im Rheinischen Sängerbund, nahm zwischen 1921 und 1929 an fünf auswärtigen Wettstreiten teil und richtete 1922 selbst einen aus.[91]

Nachdem die Reformvorschläge nicht gefruchtet hatten, startete der DSB Ende 1928 von der Verbandsspitze aus eine Offensive zur endgültigen Regelung der Wettstreitfrage. Der Hauptausschuss formulierte am 15. Dezember 1928 eine Beschlussvorlage für den Gesamtausschuss, welche die angeschlossenen Landesverbände zwingen sollte, das Teilnahmeverbot von Mitgliedsvereinen an Wettstreiten satzungsmäßig zu verankern.[92] Diesen Schritt konnten die Vereine nicht mehr ignorieren; die Auseinandersetzung erreichte eine neue Stufe. Bissig karikierte die in Iserlohn verlegte Allgemeine Sänger-Zeitung (ASZ), ein Forum der Wettstreitfreunde, den Zentralismus des DSB, indem sie für den 1. April 1929 ein gemeinsames Konzert aller deutschen Sängerbünde mit 250000 Sängern auf dem Tempelhofer Feld in Berlin ankündigte, bei dem der Taktschlag des künstlerischen Leiters den zweihundert Unterdirigenten »direkt in die Knochen« geleitet würde.[93]

87 Regelung der Gesangwettstreitbedingungen. Im Westfälischen Sängerbund. / Im Rheinischen Sängerbund, in: ASZ 20 (1926), S. 4f.

88 H. Spaemann, Gesangwettstreite – Wertungssingen, in: DSBZ 19 (1927), S. 315f.

89 Franz Wildt, Für und wider, in: WMZ 8 (1927), S. 160–162, hier S. 160. – Der Rheinische Sängerbund zählte zu dieser Zeit übrigens knapp 42000 aktive Mitglieder. Siehe Tabelle III, in: Jahrbuch des DSB 3 (1928), S. 130.

90 J.E., Wettstreitsorgen, in: Die Tonkunst 29 (1925), S. 20–22, hier S. 21.

91 *Feldens*, Aus der Geschichte.

92 Sitzung des Hauptausschusses des D.S.B. in Berlin, in: DSBZ 20 (1928), S. 797.

93 W.v.M. (d.i. Willi von Möllendorf), Die Reformierung der Reformen, in: ASZ 22 (1928), S. 49f.

Wettstreitanhänger wie die Bundesvereine des Sängergaues Lüdenscheid-Altena und des Märkischen Sängergaues kündigten an, sich einem Wettstreitverbot zu widersetzen und einen Verbandsausschluss in Kauf zu nehmen.[94] Der Entschluss reifte, sich außerhalb des DSB zu organisieren. Ein offenbar gut informierter Anhänger der Wettstreitszene rief in einem anonymen Leserbrief an die ASZ Anfang 1929 zur Gründung eines »Verbandes zur Hebung des Wettstreitwesens« auf. Der Appell richtete sich explizit gegen den DSB, von dem der Verfasser befürchtete, dass er »eines Tages bestimmt, ein wie hohes Eintrittsgeld jeder Einzelverein erheben, oder wieviel Glas Bier jeder Mann beim Stiftungsfest trinken darf.«[95]

Die Wettstreitanhänger dachten in diesen Wochen häufig über alternative Organisationen nach; Vorschläge reichten bis hin zur Einrichtung einer Art Sängerliga mit Punktewertung, in der man auf- und absteigen konnte.[96] Konkret wurden Organisationspläne, als sich Vertreter von ASZ und WMZ, Chorleiter, Komponisten, Verleger und Vertreter prominenter Vereine zu einer Arbeitsgemeinschaft zusammenschlossen und für Ende Mai die Gründung eines »Verbandes deutscher Männerchöre« ankündigten. Die Vereinigung hatte den Zweck, günstige Verträge mit den Tonsetzergenossenschaften über musikalische Aufführungsrechte auszuhandeln und das Wettsingen gegen Angriffe des DSB zu schützen.[97] Die Drohung der Wettstreitanhänger, den Rheinischen Sängerbund zu verlassen, ließ diesem keine Wahl, als sich im April gegen das Verbot auszusprechen.[98] Der DSB-Gesamtausschuss gab daraufhin ebenfalls nach und zog Mitte Mai die Vorlage zurück. Es sollte bis auf weiteres der letzte Verbotsversuch bleiben, da kurz darauf im DSB und im Rheinischen Sängerbund Unterschlagungen ans Licht kamen, die dem Ansehen der Bünde schadeten und ihre ohnehin geringe Durchsetzungsfähigkeit bei den Vereinen weiter verringerten.

Ebenso wenig wie Verbote brachten Alternativangebote der Sängerbünde die Vereine von den Wettstreiten ab. Veranstaltungen, mit denen der DSB leistungsstarken Chören ein Betätigungsfeld abseits der »wilden« Wettstreite bieten wollte, stießen bei überzeugten Wettstreitfreunden auf geringes Interesse. Die Nürnberger Sängerwoche, die der Bund 1927 zum ersten Mal durchführte und auf der große und leistungsfähige Vereine neue Chorwerke aufführten, wurde von den Vereinen kaum angenommen. Den Sängern fehlten vor allem die Preise, welche die Leistungsfähigkeit eines Vereins anzeigten und so die

94 Westfälischer Sängerbund und Gesangwettstreite, in: ASZ 23 (1929), S. 19.

95 (Eingesandt), Das Wettstreitverbot der Bünde, in: *Ebd.*, S. 5.

96 Ewald Hußmann, Was uns nottut! Eine neues System zur Lösung der Wettstreitfrage, in: *Ebd.*, S. 37f.

97 Franz Wildt, Gründung eines Verbandes deutscher Männerchöre (Sitzungsbericht), in: *Ebd.*, S. 49.

98 Zur Wettstreitfrage, in: *Ebd.*, S. 85.

Verbindung mit einem Publikum herstellten, das nicht nur aus Kennern des künstlerischen Chorgesangs bestand.[99]

Um den wettstreitenden Männerchören ein Stück weit entgegenzukommen, richtete der Sängerbund schließlich selber ein »1. Wertungssingen im Rheinisch-Westfälischen Sängerbund« aus. Dies fand im Mai 1931 unter Beteiligung der Bünde und in Anwesenheit des DSB-Präsidenten Karl Hammerschmidt in den Essener Ausstellungshallen statt. Die Teilnahmeregeln mischten Wettstreit- und Prüfungselemente und dokumentieren den Kompromisscharakter der Veranstaltung: Einerseits bedeutete das Wertungssingen ein Zugeständnis an die Wettstreitanhänger, weil es als Ausscheidungsrunde für ein reichsweites Bundessingen angekündigt wurde. Andererseits gab es im Interesse der Wettstreitgegner weder Sieger noch Verlierer. Alle teilnehmenden Chöre erhielten entweder eine goldene, silberne oder bronzene Plakette, was schon deshalb keine klare Rangfolge anzeigte, weil knapp die Hälfte der auftretenden Vereine mit »Gold« ausgezeichnet wurde.[100]

Der Kompromiss zwischen Wettstreitgegnern und -anhängern scheiterte auf der ganzen Linie. Hatte man zunächst mit achtzig teilnehmenden Chören gerechnet, traten schließlich nur 17 an, was die Essener Volkszeitung zutreffend auf die Ablehnung des Wertungsprinzips zurückführte.[101] Sänger und Zuschauer, welche die Veranstaltung dennoch besuchten, interessierten sich lediglich für den Wettstreitaspekt. Der Kompromissvorschlag provozierte die Wahl zwischen Wettstreit und Wertungssingen, und die Wettstreitanhänger stimmten mit den Füßen ab. Nach der Verleihung der Auszeichnungen kehrten sie dem DSB-Präsidenten, der sich noch über das musikalische Niveau der Veranstaltung äußern wollte, den Rücken. »[R]ücksichtslos drängte man aus dem Saal«, beobachtete die ASZ, »und als der greise Führer der deutschen Sängerschaft zum Schluß in die Unruhe hinein zum Singen des Deutschlandliedes aufforderte, war nur noch eine kleine Gruppe von Unentwegten anwesend.«[102]

Selbst scheinbar erfolgreichen Verbänden wie dem DSB gelang es nicht, die Mehrzahl der an Populärkultur interessierten Vereine zu förderungswürdiger »Gemeinnützigkeit« zu bewegen. Vereine, die sich Unabhängigkeit leisten konnten, blieben den Verbänden fern. Andere schlossen sich ihnen an, wenn sie darin einen materiellen Nutzen erkannten, entzogen sich aber so weit wie möglich den damit verbundenen Zumutungen. Ein große Zahl ver-

99 Einrichtung eines periodisch wiederkehrenden Gesangwettstreites unter den großen Gesangvereinen Rheinlands und Westfalens, in: ASZ 22 (1928), S. 150.

100 Carl Borris, Das Wertungssingen und seine Bedeutung für die deutsche Sängersache, in: Essener Volkszeitung v. 10.5.1931.

101 Wertung des Wertungssingens, in: Die Sängerzeitung. Beilage der Essener Volkszeitung v. 12.5.1931.

102 Alfred Brasch, I. Wertungssingen im Rhein.-Westf. Sängerbund, in: ASZ 26 (1932), S. 68–70, hier S. 69.

bandlich organisierter Vereine ignorierte Verhaltensempfehlungen und überhörte Aufrufe zur Mobilisierung. Wenn nötig, setzten sich manche Vereine gegen Disziplinierungsversuche zur Wehr. Wie das Beispiel der Männerchöre zeigt, konnte im Falle des offenen Konflikts zwischen Verbandsforderungen und Vereinsinteressen auch der Appell an weltanschauliche Gemeinsamkeiten die Gräben nicht schließen.

1.3. Der Kampf der Verbände gegen die »Vereinsmeierei« und die beginnende Erosion der Lokalvereine gegen Ende der Weimarer Republik

Als sich abzeichnete, dass materielle Anreize und Mobilisierungsversuche an eine Grenze stießen, gingen die Verbände dazu über, die unwilligen, ihnen weiterhin in großer Zahl fernstehenden Vereine mit Negativkampagnen zu überziehen. Dazu stellten die Funktionäre den »gemeinnützigen« die bloß »vereinsnützigen« Vereine gegenüber, die allein den Interessen ihrer Mitglieder, nicht aber der »Gesamtbewegung« und der Allgemeinheit dienten und demzufolge sogar »gemeinschädlich« seien.[103] Mit scharfen Worten und krasser Metaphorik sagten die Verbände dieser »Gemeinschädlichkeit« den Kampf an. Theatervereine, die nicht den Ansprüchen an förderungswürdiges Laienspiel genügten, wurden im Singular als »rasender grimmer Feind [...], der gierig nach dem Kitsch greift« gebrandmarkt, und der Reichsbund für Volksbühnenspiele beantwortete die Frage »Was ist ein Unorganisierter?« bündig mit: »Er ist ein Egoist, Mammonist, Materialist, Pessimist, nur kein Idealist.«[104]

Auch der Deutsche Sängerbund verschärfte den Ton gegen die Wettstreitvereine. In einem der zahlreichen Berichte über die »Auswüchse« des Wettsingens schilderte die Bundeszeitung eine Chorkonkurrenz in Thüringen, bei der die Teilnehmer zunächst einander »umschlichen« und »ausspähten«, dann auf schlechtes Abschneiden der jeweils anderen hofften und schließlich lautstark die Preisrichter beschimpften, weil sie deren Entscheidungen nicht akzeptierten. »Unwürdig« verlief die Entgegennahme der Preise, bevor ein Lastauto den Chor zum nächsten Preissingen fuhr. Nachhaltige Wirkung erzielte der Artikel durch die Erwähnung, dass der Wettstreit um ein lebendiges Schwein ausgetragen wurde. Damit sorgte er für eine Konnotation, auf die in den darauffolgenden Jahren wiederholt zur Diffamierung des Wettsingens rekurriert

103 So der im Preußischen Wohlfahrtsministerium für das Kleingartenwesen zuständige Oberregierungsrat Walther Pauly, zitiert nach: Ministerialrat Dr. Kaisenberg, Reichsverband und Gemeinnützigkeit, in: Kleingartenwacht 9 (1932), S. 1–3, hier S. 1. Siehe auch *Stein*, S. 254f.

104 W. Heller, Die Feinde der Volksbildung, in: Volksbühnenwarte 6 (1925), Nr. 5, S. 7f., hier S. 8; Franz Bien, Was ist ein Unorganisierter?, in: Volksbühnenwarte 11 (1930), Nr. 1, S. 11f., hier S. 11.

wurde und von der es hieß, »[d]as Bild ist [...] in Jahrzehnten nicht wieder auszulöschen.«[105] Gar von Handgreiflichkeiten berichtete schließlich der DSB in seinem Jahrbuch von 1932. So habe die »Wettstreitseuche« des vorangegangenen Sommers Anlass gegeben für »[m]ehrere große Schlägereien, bei der die Polizei zum Schutze der Preisrichter vom Gummiknüppel Gebrauch machen mußte«.[106]

Diese Kampagnen gegen »Vergnügungssucht« und »Vereinsmeierei« im Namen von »Volksbildung« und »Volksgesundheit« zeigten schließlich Wirkung, weil sie die Vereine an einer empfindlichen Stelle trafen. Wie im Kaiserreich bildete die Assoziationsstruktur des schichtenübergreifenden Lokalvereins die organisatorische Basis für das populärkulturelle Treiben. Zu den aktiven Mitgliedern zählten vorwiegend Arbeiter, vor allem ausgebildete, aber auch ungelernte; kleine Gewerbetreibende wie Metzger, Konditoren, Friseure, Schneidermeister und vor allem Wirte stellten die Mehrheit der passiven Mitglieder. Zu den Unterstützern gehörten mit Ärzten, Bauunternehmern, Kaufhausbesitzern oder Bankdirektoren auch höher gestellte Bürger.[107] Überdies traten – wie im Kaiserreich – die Vereine bei wichtigen Anlässen an die Stadtverwaltung heran, um möglichst den Oberbürgermeister persönlich zu einem Grußwort, zur Annahme einer »Ehrenmitgliedschaft« oder eines Sitzes im »Ehrenausschuss« zu bewegen.[108] Dieses Arrangement zwischen einfachen Mitgliedern, gewerblichen Unterstützern und Honoratioren war in der Republik bereits dadurch geschwächt, dass die Kleingewerbler wegen der Inflation und später der Weltwirtschaftskrise über weniger Geld verfügten, das sie für die Vereinsbeiträge ausgeben konnten.[109] Vor diesem Hintergrund trugen die Verbandskampagnen gegen das »wilde« Vereinswesen zur weiteren Auf-

105 Alfred Reppold, Randbemerkungen zum ›Wettsingen‹, in: DSBZ 19 (1927), S. 573f. Das Schwein als Hauptpreis findet Erwähnung bei Arthur Berg, Grundsätzliches zum Preiswettsingen, in: *Ebd.*, S. 748f., Walter Siepmann, Die andere Seite, in: ASZ 27 (1933), S. 70, sowie in: Auswüchse im Sängerleben. Ein Gesangwettstreit mit fetten Schweinen und einem Rind, in: *Ebd.*, S. 123. – Die ASZ, in den 1920ern ein Sprachrohr der Wettstreitfreunde, hatte sich zu diesem Zeitpunkt aus Opportunitätsgründen auf die Seite der verbandlich organisierten Wettstreitgegner geschlagen.

106 Franz-Josef Ewens, Jahresrundschau, in: Jahrbuch des DSB 7 (1932), S. 35–72, hier S. 47.

107 Anhand von Adressbüchern wurden Mitgliederlisten überprüft aus: *Festbuch zur Fahnenweihe des MGV Männerchor ›Essen 1909‹*; *50 Jahre Männer-Gesang-Verein ›Freundschaftsbund‹*; *Festschrift zum nationalen Gesang-Wettstreit*; *Festbuch zum goldenen Jubelfest des MGV ›Eintracht-Bonifacius‹*.

108 Siehe etwa das Schreiben des MGV ›Harmonie‹ 1871 an den Essener Oberbürgermeister v. 29.3.1921, Sta E, Rep. 102, Abt. I, Nr. 861, Bl. 101; Schreiben des MGV ›Concordia‹ Bredeney an den Essener OB v. 6.8.1927, *ebd.*, Bl. 144.

109 Mit Verweis auf die allgemeine Wirtschaftskrise erklären *Heilbronner*, S. 188f., und *Matthiesen*, S. 245–247, den Niedergang des bürgerlichen Vereinswesens in der Region Schwarzwald bzw. der Stadt Greifswald am Ende der Republik. Vgl. dagegen *Koshar*, S. 136, der für Marburg einen Aufschwung des Vereinswesens konstatiert, dabei aber vorpolitische und ökonomische Vereinigungen mit einbezieht.

lösung der Assoziationsstruktur bei. Indem sie die öffentliche Reputation der »unorganisierten« Vereine beschädigten, bewegten die Verbände vor allem die Honoratioren zur Distanznahme, deren Unterstützung stets auch auf der Erwartung beruht hatte, dass eine »Ehrenmitgliedschaft« ihr persönliches Ansehen heben würde.

Angriffe auf die »Würde« der Lokalvereine brachte viele Förderer dazu, die Empfehlungen der Verbände zu beherzigen und ihre Unterstützung zurückzuziehen. So lehnte die Essener Bürgermeisterei einen Antrag des MGV Essen-Huttrop 1897 auf Stiftung eines Stadtpreises für einen Gesangwettstreit ab, nachdem man verwaltungsintern die Frage geklärt hatte, ob »nicht grundsätzliche Vereinbarungen innerhalb des Rheinischen oder Deutschen Sängerbundes [bestehen; d. Vf.], die die Veranstaltung von Gesangwettstreiten ausschließen sollen«.[110] Vereine registrierten einen schmerzhaften Rückgang bei den passiven Mitgliedern. Eine Durchsicht Essener Festschriften von Sport- und Gesangvereinen ergab, dass von 1921 bis einschließlich 1929 in 17 von 18 Fällen die Zahl der fördernden die der aktiven Mitglieder deutlich, oft um das Zwei- bis Dreifache übertraf. Der 1899 gegründete Rüttenscheider Kraftsportverein etwa zählte anlässlich seines 25jährigen Bestehens 160 »Passive« und sechzig »Aktive«, und im Katernberger MGV Concordia 1899 unterstützten im Jahr 1929 sogar 250 Förderer sechzig Sänger. In zwei der nur drei für die Jahre von 1930 bis Anfang 1933 dokumentierten Fälle dagegen war es umgekehrt; es gab weniger »Passive« als »Aktive«, und außerdem lag die Gesamtmitgliederzahl auf niedrigerem Niveau als in den Vorjahren.[111] Daneben ist die geringe Zahl der für diesen Zeitraum überlieferten Festschriften selbst ein weiteres Anzeichen dafür, dass den Aktiven nicht zuletzt infolge des Rückzugs der fördernden Mitglieder das Geld ausging.

Während den von der Bürgerschaft getragenen Vereinen die finanzielle Basis wegbrach, erfuhr das betriebliche Vereinswesen, das im Kaiserreich noch kaum entwickelt gewesen war, gegen Ende der 1920er Jahre einen ersten Aufschwung. In Essen gründete die Firma Siemens im Jahr 1930 eine Sportvereinigung und einen Chor, die Rheinisch-Westfälischen Elektrizitätswerke (RWE) riefen 1928 den Männergesangverein Kraftlicht und 1931 den Sportverein RWE ins Leben, dem ein Jahr darauf bereits 600 Mitglieder angehörten. Von den 17 Werkschören, deren Existenz in Essen zwischen 1919 und 1933 ermittelt wurde, wurden zwölf im Zeitraum von 1927 und 1933 gegründet; ein weiterer ist erstmalig 1929 belegt. Von den 19 Firmensportvereinen bildeten sich fünf zwischen 1927 und 1931; zehn weitere sind erst für die Jahre ab 1929

110 Anfrage des MGV ›Essen-Huttrop‹ 1897 betr. die Stiftung eines städtischen Ehrenpreises v. 1.12.1932, Sta E, Rep. 102, Abt. I, Nr. 873, Bl. 183.

111 Datenbank »Essener Vereine 1919–1933«.

nachgewiesen. Lediglich jeweils vier betriebliche Gesang- bzw. Sportvereine waren nachweislich vor 1927 entstanden.[112]

Das Freizeitprogramm von Werksvereinen umfasste, wie beispielsweise an der Dortmunder Zeche Zollern, Foto-, Radio- und Modellbaugruppen sowie Bergkapellen und Spielmannszüge.[113] Wichtigstes Angebot in den Werksvereinen war jedoch der Betriebssport, der Anfang der dreißiger Jahre nach vorsichtigen Schätzungen republikweit mindestens 300000 Belegschaftsmitglieder in über 1000 Vereinen organisiert haben soll.[114]

Zum einen ist die Zunahme der betrieblichen Vereine auf entsprechende Initiativen der Arbeitgeber zurückzuführen, die sich bemühten, ihre Beschäftigten nach dem Scheitern der Sozialpartnerschaft in »Werksgemeinschaften« zu integrieren, um so den Betriebsfrieden zu sichern und die Produktivität zu steigern. Rheinische Schwerindustrielle unterstützten das 1925 gegründete Deutsche Institut für Technische Arbeitsschulung (DINTA), das die wissenschaftliche Grundlage für die »soziale Rationalisierung« in Werksvereinen lieferte.[115] Angesichts der zeitlichen Parallelität dürfte der Zulauf zu den Werksvereinen zum anderen aber auch auf den Niedergang der Lokalvereine zurückzuführen sein, auch wenn die Post-, Polizei- und Behördensportverbände Zahlen veröffentlichten, nach denen 80% ihrer Mitglieder zuvor keinem anderen Sportverband angehört hätten.[116]

Unabhängig davon, ob sie aus erodierenden »freien« Vereinen kamen oder nicht, scheinen die aktiven Mitglieder der Werksvereine – ähnlich dem in Kapitel V geschilderten britischen Fall – das Angebot um seines Freizeitwerts willen genutzt zu haben.[117] Werksvereine erreichten mithin nicht die von den Unternehmern beabsichtigte Disziplinierung der Beschäftigten. Jedoch begrenzten sie die Entfaltung von Geselligkeit im Wesentlichen auf Betriebsangehörige, da sie in der öffentlichen Wahrnehmung weniger präsent waren als die von der Bürgerschaft getragenen Lokalvereine. In manchen Fällen blieb Geselligkeit selbst unter Mitgliedern an der Entfaltung gehemmt, da Werksvereine von den gleichen sozialen Binnendifferenzierungen gekennzeichnet waren wie die Lokalvereine seit dem 19. Jahrhundert. Im Werks-Turnverein Amalie, 1931 von der gleichnamigen Essener Zeche gegründet, fand der Antrag, »zur Hebung der Gemütlichkeit das ›Du‹ einzuführen«, keine Annahme, »weil viele Turn- und Sportbrüder die Ansicht vertraten, daß zum frischen, frohen und freiem Wesen eines Sportlers auch ein gängigerer, angenehmer Umgangston gehöre. Der Zusammenschluß und die Gemütlichkeit in einem

112 *Ebd.*
113 *Kift*, Werksgemeinschaften, S. 249 u. 251.
114 *Luh*, S. 200.
115 *Fasbender*, S. 83–90.
116 *Luh*, S. 178.
117 *Kift*, Werksgemeinschaften, S. 258.

Verein entspringen nicht dem ›Du‹, sondern dem Interesse für den Verein und der Achtung von Sportbruder zu Sportbruder.«[118]

Die Erosion der lokalen Basis traf die Vereinsaktiven umso härter, als ihre Populärkultur von kommerziellen Interessenten kaum Unterstützung erfuhr. Für die Zeit um 1900 wurde gezeigt, dass Presseverlage, Brauereien und Eisenbahnbetriebe, die in Großbritannien wichtige Impulse für die Verbreitung und Organisation vereinsmäßiger Populärkultur gaben, in Deutschland aus verschiedenen Gründen das ökonomische Potential dieser Kultur unausgeschöpft ließen. Sofern sie sich überhaupt im Segment der Vereinsfreizeit betätigten, taten sie dies häufig in Kooperation mit den etablierten Weltanschauungsverbänden, etwa indem sie Verbandszeitschriften verlegten, Verbandsveranstaltungen sponserten oder Verbandsvereine verbilligt beförderten.

In der Republik, im Klima »gemeinnütziger« Vereinssubventionierung und fortschreitender Verbandlichung, änderte sich daran nichts Grundsätzliches. Zwar erkannten Brauunternehmen und Presseverlage nun eher die Verdienstmöglichkeiten von vereinsmäßig betriebener Populärkultur, deren Beliebtheit sich beim Publikum Bahn brach und unweigerlich Kommerzialisierungstendenzen nach sich zog. Brauereien platzierten Werbetafeln in Fußballstadien und gewährten Kredite zu deren Errichtung,[119] wenngleich man sofort relativierend hinzufügen muss, dass solche Kredite in Inflationszeiten die Unternehmen nichts kosteten und der Sportstättenbau im Großen und Ganzen von den Kommunen getragen wurde. Nach dem Krieg wurde es üblich, dass Tageszeitungen ausführlich und zunehmend sachgerecht über Sportveranstaltungen berichteten. Selbst sozialdemokratische Blätter widmeten »bürgerlichen« Sportereignissen politisch neutrale Artikel, die der Leser mitunter gleich neben der Kritik der Arbeiter-Turnfunktionäre am »kapitalistischen« Sport fand.[120]

Solche Kommerzialisierungstendenzen blieben jedoch insgesamt zu schwach, um das Treiben der Vereine von den Erwartungen an »Würde« oder »Gemeinnützigkeit« zu entlasten und auf eine neue Grundlage zu stellen. Eine 1931 veröffentlichte wirtschaftswissenschaftliche Studie zur Reklametätigkeit der Brauindustrie beispielsweise konstatiert, dass von 25 befragten deutschen Großbrauereien nur vier überhaupt einen Werbeetat aufstellten, der eine Grundvoraussetzung war für planmäßige Werbung. Zudem bemerkt die Studie, dass britische Brauunternehmen bei der Konsumentenwerbung sportliche Motive bevorzugten, während deutsche Brauereien in Anzeigen gesundheits-

118 Protokoll der Versammlung am 18.4.1932, Protokollbuch des Werks-Turnvereins Amalie, Sta E, Best. 465.

119 *Havemann*, S. 70.

120 Siehe etwa die Sportberichterstattung in der Essener Volkswacht Mitte der 1920er Jahre.

fördernde Eigenschaften ihrer Erzeugnisse betonten oder brauereitechnische oder historische Darstellungen wählten.[121]

Die Gründe für die Verlangsamung der Kommerzialisierung lagen wohl auch auf Seiten der Wirtschaftsunternehmen. Entscheidend bremsten jedoch die Verbände, mit deren Strategien eine Kommerzialisierung der Vereinsfreizeit in zweifacher Hinsicht kollidierte. Zum einen gebot »Gemeinnützigkeit« die Vermeidung von Profiten, so dass sich die Verbände um des Erhalts ihres Status willen von offener »Geschäftemacherei« distanzieren und darauf achten mussten, dass sich jede Kooperation mit Marktunternehmen im Rahmen staatlicher Fördervorgaben rechtfertigen ließ.[122] Zum anderen erschlossen – dem Gebot der Profitvermeidung mitunter widersprechend – die Verbände selbst Gewinnmöglichkeiten, die sich aus ihrer bevorzugten Position gegenüber der Vereinswelt ergaben. Ein Beispiel sind die Verbandszeitschriften, die wegen des verbreiteten Pflichtbezugs und steigender Bezieherzahlen ihre starke Stellung behaupteten. Um 1933 war jede zweite Sportfachzeitschrift ein Verbandsblatt.[123]

Ein weiteres Beispiel ist das Engagement der Deutschen Turnerschaft beim Vertrieb von Vereinsbedarf. Nach dem Ersten Weltkrieg gründete der Verband in Zusammenarbeit mit dem Verleger der Deutschen Turnzeitung ein Versandhaus für Turn- und Sportartikel, an dessen Gewinn die DT zur Hälfte beteiligt war. 1922 brachte der Reichsverband Deutscher Sportgeschäfte, der Interessenverband der kommerziellen Konkurrenz, das Unternehmen vor Gericht, erreichte allerdings nur, dass die Firmenbezeichnung »Versandhaus der Deutschen Turnerschaft« um den Namen des Besitzers, des Verlegers Erich Eberhardt, ergänzt werden musste. Das Unternehmen erwecke sonst den Anschein, so die Richter in der Urteilsbegründung, es organisiere lediglich einen vergünstigten Bezug von Waren, diene also nicht der Gewinnerzielung. Einen grundsätzlichen Verstoß gegen vereinsrechtliche Bestimmungen erkannte das Gericht im Geschäftsbetrieb des Verbandes nicht.[124]

Die Turnerschaft machte aber nicht nur dem freien Handel Konkurrenz, sondern nutzte zudem ihren Einfluss auf hunderttausende Mitglieder, um Druck auf die Sportartikelhersteller auszuüben. Diese sollten Spielgeräte wie

121 *Simon*, S. 32 (Werbeetat), 81 u. 85 (Motive).

122 Dass Verbände dabei mitunter eine Doppelmoral pflegten, sich unter Druck aber für »Gemeinnützigkeit« und damit gegen Kommerzialisierung entschieden, zeigt das Beispiel des DFB. Siehe dazu *Havemann*, S. 84–92.

123 *Göpel*, S. 10. Die starke Stellung der Verbandszeitschriften stand offenbar im Zusammenhang mit einer generellen »Verbandlichung der Fachpresse«, die sich in den 1920ern vollzog. Siehe dazu Hermann Meyer zu Selhausen, Die ›Verbandlichung‹ der Fachpresse, in: Fachzeitschriften-Verlag. Fachblatt für das deutsche Zeitschriftenwesen 1 (1927), S. 75–77.

124 Das Versandhaus der Deutschen Turnerschaft in Leipzig und die ideellen Bestrebungen der Deutschen Turnerschaft, in: Deutsche Sportartikel-Zeitung v. 10.2.1933, S. 6. Vgl. die Stellungnahme des 1. Vorsitzenden der DT in *ebd.* v. 25.2.1933, S. 22.

Bälle und Tennisschläger mit dem DT-Siegel auf den Markt bringen und dem Verband eine Lizenzgebühr zahlen. Den Ende 1932 eingeführten »Drohnnball« erhob die DT in eine Monopolstellung, indem sie den angeschlossenen Vereinen die ausschließliche Verwendung dieses verbandseigenen Wasserballs vorschrieb.[125]

Die wirtschaftliche Betätigung von Verbänden verursachte Spannungen zu den kommerziellen Anbietern von Vereinsbedarf. Im Bereich des Chorwesens trat der Interessengegensatz nach der Regierungsübernahme durch die Nationalsozialisten offen zu Tage, als sich die Unternehmer eine Neuordnung der wirtschaftlichen Verhältnisse erhofften. Der Leiter des Deutschen Musikalien-Verleger-Vereins, Horst Sander, nannte in seiner rückblickenden Rede vor der neu gegründeten »Reichsmusikkammer« die »Selbstverlagstätigkeit des Deutschen Sängerbundes und seiner Unterbünde« als wichtigsten Grund für den Niedergang der Chorverlage nach dem Ersten Weltkrieg und forderte ein Verbot solcher Aktivitäten.[126] Sanders Vorwurf entsprang nicht erst den gewandelten politischen Umständen, sondern verlieh einer bereits zur Weimarer Zeit bestehenden Stimmung Ausdruck. So stellte der Dortmunder Musikverleger, Komponist und Preisrichter Franz Wildt, eine der wichtigsten Figuren in der westdeutschen Wettstreitszene, in seinem Bericht über den Westfälischen Sängertag von 1931 resigniert fest:

»Die Lage auf dem Chormusikalienmarkt wäre für alle Beteiligten (Komponisten, Verleger und Verbraucher!) weniger trostlos, wenn nicht die Sängerbünde verschiedenster Richtung sich verlegerisch und konsumvereinsmäßig betätigten. Abgesehen von sozialen Gesichtspunkten hemmt zudem die Betätigung der Bünde als ›Auchverleger‹ gewissermaßen die natürliche Weiterentwicklung der Literatur, da zahlreiche Vereine mit den vor einem und mehreren Jahrzehnten erschienenen Sammlungen auch heute ausschließlich ihre musikalischen Bedürfnisse befriedigen zu können glauben.«[127]

Die Klage verdeutlicht noch einmal die ökonomische Schlüsselstellung der Dachorganisationen und die daraus resultierende Benachteiligung kommerzieller Konkurrenten. Auf das Chorwesen bezogen macht sie darüber hinaus auf die kulturellen Folgen der starken Marktpräsenz der Verbände aufmerksam. Dadurch, dass Sängerbünde ihre eigenen, durch und durch konventionellen Liedersammlungen massenhaft absetzten, mangelte es an finanziellen Anreizen für kommerzielle Unternehmer, jene alternative Musik zu produzieren,

125 Ein Wasserball-Monopol der ›Deutschen Turnerschaft‹, in: Deutsche Sportartikel-Zeitung v. 25.1.1933, S. 1. Dort auch Hinweise auf DT-Tennisschläger und -Spielbälle.

126 *Sander*, S. 99 u. 101.

127 Franz Wildt, 17. Westfälischer Sängertag am 15. März 1931 in Dortmund, in: WMZ 12 (1931), S. 82f., hier S. 83. – Wildt, geb. 1868, komponierte und verlegte als Mitinhaber des 1906 in Essen gegründeten Wildt Musikverlags vorwiegend volkstümliche Männerchorliteratur. Er war Mitglied der Kölner Preisrichtervereinigung und gründete die WMZ, neben der ASZ die für das rheinisch-westfälische Gesangwettstreitwesen zentrale Zeitschrift (Dt. Biogr. Archiv, NF).

die von den Sängerbünden unabhängig von ihrer unterschiedlichen politischen Position einhellig als »Schlager« und oberflächliches »Virtuosentum« abgelehnt wurde.[128] Weil die Verbände kommerzielles Engagement entmutigten, fehlte es an kreativen Impulsen und Verbreitungsmedien für Populärkultur. So zeichnete sich zumindest im Chorwesen ein kultureller Stillstand ab, der dazu führte, dass diese noch in der Weimarer Republik beliebte Vereinsaktivität allmählich aus dem populärkulturellen Kanon fiel. Zur vollen Ausprägung kam dieses Problem auch für Vereine anderer Sparten wie der Volksmusik und der Kleingärtnerei indes erst nach 1945; es wird an entsprechender Stelle darauf zurückzukommen sein.

128 Siehe etwa Valtin Hartig, Feiern der Arbeiterschaft, in: DASZ 27 (1926), S. 116f., sowie Ernst Fricke, Geselligkeit im Gesangverein, in: Jahrbuch des DSB 6 (1931), S. 101–104.

2. Verlust der lokalen Basis und der staatlichen Unterstützung: Die Marginalisierung des Vereins im nationalsozialistischen Deutschland

Kaum 14 Jahre, nachdem die Weimarer Republik das Kaiserreich abgelöst hatte, verschoben sich am 30. Januar 1933 durch die Ernennung Adolf Hitlers zum Reichskanzler und die anschließende Etablierung der nationalsozialistischen Diktatur erneut die politischen Koordinaten für die Assoziationsentwicklung. Zu den ersten und sichtbarsten Veränderungen gehörte die Zerschlagung der Arbeiterbewegung, der auch die kommunistischen und sozialdemokratischen Kultur- und Sportverbände zum Opfer fielen. Bis zum Sommer des Jahres wurden Verbandszentralen geschlossen, Vermögen beschlagnahmt und Vereinen die Betätigung untersagt. Mitunter kamen lokale Gliederungen der Nationalsozialistischen Deutschen Arbeiterpartei (NSDAP) dem offiziellen Verbot zuvor und gingen zum Teil gewaltsam gegen Arbeiterbewegungsvereine vor.[129]

Auch die Tage der meisten berufsständischen und konfessionellen Sonderorganisationen waren gezählt. Mitgliederstarke katholische Verbände etwa mussten nach der »Machtergreifung« häufig noch unkoordinierte Übergriffe erleiden, bis das zwischen Vatikan und Reichsregierung im Juli 1933 geschlossene Reichskonkordat diese Phase beendete. Das Abkommen sorgte jedoch nicht für Rechtssicherheit und verlängerte daher lediglich den Auflösungsprozess. Anpassungsversuche, die der Verbandskatholizismus in der zweiten Jahreshälfte unternahm, verfingen nicht, und so wurden Verbände aus der Öffentlichkeit oder direkt in die Liquidation gedrängt. Die DJK beispielsweise, der katholische Sportverband, musste zunächst ihre Eingliederung in die vereinheitlichten Fachverbände des Sports hinnehmen, bevor ihr Mitte 1934 die weitere Betätigung untersagt wurde.[130]

Die »bürgerlichen« Verbände reagierten auf die veränderte politische Situation mit größter Anpassungsbereitschaft. Unabhängig davon, ob sie in der Weimarer Republik auf parteipolitische Neutralität bedacht gewesen waren oder schon zu dieser Zeit mit den Nationalsozialisten sympathisiert hatten, stellten sie sich spätestens nach der Wahl vom 5. März 1933 in den Dienst der »nationalen Erneuerung«. Der national-konservative Deutsche Sängerbund, nach eigener Aussage jahrelang durch »Bannerträger der November-Kultur« wie den Arbeiter-Sängerbund verunglimpft, sah sich »nunmehr wie-

129 Zum Verbot des ATSB siehe *Ueberhorst*, Frisch, frei, stark und treu, S. 255–259; zum DAS siehe *Klenke* u. *Walter*, S. 64.

130 Für die Diözese Münster im Detail *Kösters*, S. 358–364.

der in gleicher Front mit einer starken nationalen Reichsregierung«.[131] In der Deutschen Turnerschaft, deren Vorsitzender Edmund Neuendorff bereits 1932 der NSDAP beigetreten war, machten sich nicht nur die Bundesvorstände, sondern auch Funktionäre der Kreis- und Vereinsebene »[a]uf zur Gefolgschaft und zur Tat« für das »neue, nationale Deutschland«.[132] Zurückhaltender äußerte sich zunächst der politisch neutrale Kleingärtnerverband, der am 2. April 1933 erklärte, »unter der Regierung des nationalen Aufbaus [...] an der Lösung der ihm gestellten staatserhaltenden Aufgaben weiterzuarbeiten«. Bereits einen Monat später empfahl die Bundesführung jedoch ihren Vereinen, in allen Gartenkolonien die Hakenkreuzflagge zu hissen.[133]

Auf Ergebenheitserklärungen folgten schnell organisatorische Anpassungen. Bis Mitte 1933 übernahmen die Bundesleitungen das »Führerprinzip« und implementierten es in ihren Untergliederungen. Sofern sich an der Verbandsspitze personell überhaupt etwas änderte, übertrug man nach Möglichkeit einem »Parteigenossen« die Leitung, und bisherige Vorsitzende traten in das zweite Glied.[134] Ebenso widerspruchslos führten die Verbände den »Arierparagraphen« ein, mit dem sie rassisch definierte Juden per Satzung von der Mitgliedschaft ausschlossen. Die DT, der Schwimm- und der Boxverband sowie zahlreiche Landessportverbände taten dies bereits im April 1933. Dabei schossen sie über das staatlicherseits Gebotene hinaus, indem sie auch solche Personen ausschlossen, von denen allein ein Großelternteil »jüdischen Blutes« war. »Reichssportführer« Hans von Tschammer und Osten sah sich mit Blick auf die für das internationale Renommee des Regimes bedeutsamen Olympischen Spiele veranlasst, Verbände und Vereine für ihre »Schnelligkeit« bei der Einführung des »Arierparagraphen« zu tadeln.[135]

Die eilfertige Anpassung der Verbände fand Entsprechung auf lokaler Ebene, auf der sich die meisten »bürgerlichen« Vereine in ähnlicher Weise mit den neuen Verhältnissen arrangierten. Für die Stadt Hannover ist gut dokumentiert, dass die dortigen Sportvereine unter leichtem Druck, nämlich der Androhung des Entzugs öffentlicher Förderung, ihre jüdischen Mitglieder ausschlossen. Zwar gab es ganz vereinzelt Ausnahmen, allerdings auch Fälle, in denen Vereine der Kommunalbehörde mitteilten, dass die Exklusion »jüdischversippter« Mitglieder, wie es in der Aufforderung des Bürgermeisters hieß, eine »Selbstverständlichkeit« sei. In der Annahme, damit die unausgesprochenen Erwartungen der neuen Machthaber zu erfüllen, beteiligten sich Hanno-

131 So der stellvertretende Vorsitzende Georg Brauner am 1.4.1933 im Bundesorgan. *Ders.*, Dem neuen Deutschen Reich!, in: DSBZ 25 (1933), S. 217.

132 *Peiffer*, ›Auf zur Gefolgschaft und zur Tat!‹, S. 536f.

133 Zitiert nach *Stein*, S. 641. Zur Selbst-»Gleichschaltung« des RVKD siehe auch *Katsch* u. *Walz*, Deutschlands Kleingärtner im Dritten Reich, S. 10–15.

134 Zum RVKD siehe *Stein*, S. 641; zum DFB siehe *Havemann*, S. 116.

135 *Havemann*, S. 165; *Peiffer*, ›... unser Verein ist judenfrei‹, S. 99–105.

veraner Vereine bereits im März 1933 gemeinsam mit der NSDAP sowie deren »Sturm-Abteilung« (SA) und »Schutz-Staffel« (SS) an einer Feier zur Eröffnung des Reichstages. Zum selben Zweck unternahmen Turn- und Sportvereine nun Versuche, ihre Mitglieder für den Wehr- und Geländesport zu mobilisieren.[136]

Bei Hamburger Kleingärtnervereinen mischten sich Antisemitismus und Opportunismus, als die Altonaer Stadtgruppe der Kleingärtner gemeinsam mit dem städtischen Rechtsamt 1934 einen bereits geweihten jüdischen Friedhof in Zwangspacht nahm.[137] In Essen verspürten Mitglieder des Werksturnvereins TuS Helene 1928 auf ihrer Versammlung am 26. März 1933 nach einer nationalen Ansprache das Bedürfnis, ein »Hoch« auf das »deutsche Vaterland« auszubringen und das Deutschlandlied anzustimmen.[138] Erwartungsvoll blickte der Essener Männerchor Sanssouci in die nationalsozialistische Zukunft, die finanzielle Entlastung zu verheißen schien, denn »[u]nser Führer hat in seiner unbeschreiblichen Genialität auch hier wegweisend eingegriffen und die Gesangvereine als Hort und Hüter des Deutschen Männergesangs eingesetzt.«[139]

Hinter der Kooperationsbereitschaft der überwiegenden Mehrheit der Vereine stand in vielen Fällen echte Begeisterung über den Regierungsantritt Hitlers und der NSDAP. Unabhängig vom Grad der »inneren« Zustimmung jedoch handelten Vereins- und Verbandsvertreter nach dem Kalkül, wie man zum Vorteil der eigenen Organisation mit den veränderten Bedingungen umzugehen habe. Diese Herangehensweise führte die Verbandsvorstände zu dem Entschluss, ihre Politik weiterhin an staatlichen Vorgaben auszurichten. Zu dieser Strategie fehlten – vorausgesetzt, man wollte überhaupt den Bestand wahren – wohl nicht nur die Alternativen.[140] Anpassung an das neue Regime versprach darüber hinaus, die frustrierenden Blockaden der späten zwanziger und frühen dreißiger Jahre zu überwinden, in denen der Staat seine Unterstützung zurückgefahren und sich viele Vereine den Bundeszielen verschlossen hatten.

Solchen Optimismus förderte die Tatsache, dass sich die »bürgerlichen« Verbände nach der Beseitigung der sozialistischen und katholischen Konkurrenz alleinzuständig für ihren Bereich fühlen konnten. Auch das verordnete »Führerprinzip« und die »Gleichschaltung« dürften Verbandsvorstände weniger als Eingriffe in die innerverbandliche Demokratie denn als Chance gesehen haben, Ineffizienz und lähmenden Partikularismus zu überwinden. Befreit von Gremien, Satzungen und debattenreichen Bundestagen vermochte beispielsweise der vor-

136 *Becker*, S. 25–31. Mit weiteren lokalen Beispielen *Wedemeyer*, S. 184–187.

137 *Stein*, S. 649.

138 Protokollbuch des TuS Helene 1928, Altenessen, S. 104f., Sta E, Best. 431.

139 Das Vereinsjahr 1933, von Vereinsstatistiker Max Scholz, Sta E, Best. 421/B 9b (unpaginiert).

140 *Havemann*, S. 97.

malige Vorsitzende und neue DFB-»Führer«, Felix Linnemann, die von ihm als »selbstherrlich« charakterisierten Landesverbände aufzulösen und weisungsgebundene Gaue zu bilden.[141] Ähnlich gestaltete sich die Lage im Chorwesen, wo der Bundesvorstand des DSB in den 1920ern gegen die Beharrungskräfte dutzender Regionalbünde hatte arbeiten müssen, bevor ihm in der Diktatur die Durchsetzung einer lange angestrebten Kreisordnung gelang. In den Bereichen der Volksmusik und des Laienspiels, in denen sich vor 1933 jeweils mehrere zumeist regional begrenzte Verbände um die Vorherrschaft in ihren jeweiligen Sparten gestritten hatten, hegten die mitgliederstärkeren unter ihnen die Erwartung, im Zuge der fachlichen Zusammenführung und Eingliederung in das NS-System zu allein zuständigen Dachverbänden aufzusteigen.[142]

Angesichts solcher Perspektiven konnte sich selbst in Vorständen vormals republiktreuer Verbände geradezu eine Aufbruchstimmung einstellen. Anschaulich beschrieb der Bundessachbearbeiter und spätere kommissarische Leiter des Reichsbundes für Volksbühnenspiele, Karl Weber, die Lage im Frühjahr 1933:

»Seit 14 Jahren stehen wir in einem ununterbrochenen Kampfe um unsere Existenzberechtigung als Laienspieler. Wie oft haben wir beteuert, am Wiederaufbau des Vaterlandes teilhaben zu wollen. Wie oft mußte ich in aller Öffentlichkeit mit unsäglichem Bedauern darauf hinweisen, dass gerade die Parteien, denen ich mich verbunden fühlte, für uns und unsere Bewegung kein Herz hatten. Wie oft mußte ich, um etwas für unsere Bewegung zu erreichen, die Hilfe nationaler Kreise in Anspruch nehmen, bis ich eines Tages vor nunmehr sechs Jahren dem politischen Leben Valet sagte und mich ebenfalls in den Rettungshafen politischer und religiöser Neutralität flüchtete. Mein stolzes Schiff ›Kulturpolitik‹ [...] lag nun abgewrackt im Hafen der neutralen Passivität. Nur gelegentlichst, bei günstigem Wind und bestem Wetter, vermochte es noch einige Küstenstriche zu absolvieren. Das wäre aber ein trauriger Käpten, den nicht Wind und Wetter ewig lockten, und es weht ein Wind durch Deutschland, das soll wahr sein. Windstärke 12 – Da sollten wir nicht dabei sein?«[143]

Für die »Kapitäne« bestand nun die Aufgabe darin, ihre »Verbandsschiffe« auf den richtigen Kurs zu bringen. Kultur- und sozialpolitische Verlautbarungen seitens der Behörden gaben allerdings nur eine ungenaue Richtung vor. Die Orientierung wurde zudem in den folgenden Jahren dadurch erschwert, dass im polykratischen Herrschaftssystem des NS-Staates verschiedene Parteigliederungen versuchten, zu ihrem eigenen Machtgewinn die zum Teil sehr mitgliederstarken Dachorganisationen in ihren Kompetenzbereich zu ziehen.

Die Sportverbände, zusammengefasst im »Deutschen Reichsbund für Leibesübungen« (DRL), der Nachfolgeorganisation des DRA, weckten Begehr-

141 *Ebd.*, S. 117.

142 Zur Verbandslandschaft in der Volksmusik vor 1934 siehe das Jahrbuch der Volksmusik 1938/39, S. 112–114; zu den Aspirationen des Reichsbundes für Volksbühnenspiele siehe Willy Kuhnt, Aufruf an alle Bundesmitglieder!, in: Volksbühnenwarte 14, Nr. 4 (April 1933), S. 1.

143 Karl Weber, Nationale Revolution – Kulturpolitik – Reichsbund, in: *Ebd.*

lichkeiten bei den Parteigliederungen mit Sportbetrieb wie den NS-Jugendorganisationen und der SA sowie der »Deutschen Arbeitsfront« (DAF) mit ihrer Freizeitorganisation, der »NS-Gemeinschaft ›Kraft durch Freude‹« (KdF). An alle diese Institutionen verloren die »bürgerlichen« Sportverbände Zuständigkeiten und Mitglieder, bis Hitler dem DRL im Dezember 1938 den Status einer »von der NSDAP betreuten Organisation« verlieh und »Sportführer« Tschammer in den Stab Rudolf Heß', des »Stellvertreters des Führers«, berufen wurde.[144] Der DSB, der 1933 zur Wahrung möglichst großer organisatorischer Eigenständigkeit die Nähe zum »Kampfbund für deutsche Kultur« und dessen Gründer, dem Parteiideologen Alfred Rosenberg, gesucht hatte, wurde im März 1934 zum Beitritt zur »Reichsmusikkammer« (RMK) gezwungen, die dem Propagandaministerium unterstand. Gegen den Einspruch der RMK wiederum bewegte später die KdF Männerchöre dazu, sich ihren »Vereinsringen« anzuschließen.[145] Der Kleingärtnerbund, die Dachorganisationen für Laienspiel, der Verband für Volksmusik sowie der Brieftaubenzüchterverband durchliefen im Nationalsozialismus ähnliche Entwicklungen; sie wurden verschiedenen Parteigliederungen unterstellt, liquidiert, neugegründet und wieder ausgegliedert, verloren ihre Selbstständigkeit und erhielten sie manchmal mit einem eigenen Etat oder einer begrenzten Zuständigkeit in Teilen wieder zurück.[146]

In dieser von unklaren Erwartungen und wechselnden Zuständigkeiten bestimmten Situation gaben die Verbände ihren angeschlossenen Vereinen Richtlinien vor, die, sieht man einmal ab von »Arierparagraph« und »Führerprinzip«, sich kaum von denen aus der Weimarer Zeit unterschieden. Die Verbandsführer nahmen formal Äußerungen von NS-Größen zum Ausgangspunkt, legitimierten damit aber eine Politik, die im Wesentlichen die aus der Republik bekannten Forderungen an die Vereine wiederholte. Dem Kulturprogramm des DSB von 1934 etwa wurde ein Zitat Rosenbergs vorangestellt, nach der es »Ziel der nationalsozialistischen Weltanschauung« sei, »den ganzen deutschen Menschen in seiner tiefen inneren Geistes- und Willensrichtung und in seiner gesamten Seelenhaltung zu erfassen.« Der vagen Präambel folgte eine Neuauflage der Vorgaben, die der DSB schon vor 1933 wiederholt an seine Vereine gerichtet hatte und die der Bund nun noch ein wenig zuspitzte: Vereine sollten aktiv an öffentlichen Kundgebungen, Feiern und Festen teilnehmen, Außenstehende in sogenannten Offenen

144 *Eisenberg*, ›English sports‹, S. 392 u. 399.

145 Ausführlich *Traber*, S. 143–151; siehe auch *Prieberg*, S. 193f. Zur Auseinandersetzung zwischen Musikkammer und KdF siehe den Erlass des RMK-Präsidenten vom 15.9.1938 betr. Übertritte von Gesang- und Volksmusikvereinen zum KdF-Vereinsring, veröffentlicht in: DSBZ 30 (1938), S. 554.

146 Zum RVKD siehe *Stein*, S. 645f.; zu den Laienspielverbänden *Nagel*, S. 54–87; zum Taubenzüchterverband *Brüggemann*, S. 100–110. Die wechselnde behördliche Zuständigkeit für die Volksmusikverbände geht aus den im Jahrbuch der Volksmusik 1938/39 abgedruckten Verordnungen hervor.

Singstunden, beim »Gemeinschaftssingen« und an »Liedertagen« zum Mitmachen motivieren, das kulturell werthaltige Volkslied pflegen, Chorleiter zu zentralen Schulungen entsenden und sich von übermäßigem Festbetrieb und Gesangwettstreiten distanzieren.[147] Ähnlich verfuhr man im Reichsbund für Volksbühnenspiele, dessen künstlerischer Leiter auf einer Gauleitertagung im April 1933 zunächst ausführlich die nun maßgebliche Richtung der Kulturpolitik erläuterte, bevor er für die praktische Vereinsarbeit empfahl, seine bereits 1931 in der Bundeszeitung veröffentlichten Leitsätze zur Spielplangestaltung zu beherzigen.[148]

So führten die Verbände den Kampf gegen »Kitsch« und »Dilettantismus«, gegen »Vereinsmeierei«, »Materialismus« und eigennützige »Geschäftemacherei« in ihren Reihen fort mit dem Ziel, vom nationalsozialistischen Staat anerkannt und begünstigt zu werden. Auch der wandlungsfähige Begriff »Gemeinnützigkeit« hatte den politischen Systemwechsel überlebt und behielt sowohl in den Steuerverordnungen als auch in der Rhetorik der Verbände seinen Platz.

Anders als in der Republik wurden die neuerlichen Angriffe gegen »Vereinsmeierei« jedoch flankiert von staatlichen Maßnahmen, die ihnen durchschlagende Wirkung verliehen. Die Diktatur erlegte Vereinen verschärfte Genehmigungspflichten auf und verbot »unerwünschte« Aktivitäten. Teilweise erreichten solche staatlichen Eingriffe unmittelbar, d.h. ohne Vermittlung durch die Verbände, die Vereinsebene. Dies war bei den Theatervereinen der Fall, deren Betätigungsfeld die »Reichskulturkammer« zugunsten des Berufstheaters bis zum zeitweiligen Spielverbot einschränkte. Der Reichsbund für Volksbühnenspiele, nach »Gleichschaltung« und Auflösung eines halben Dutzend anderer Theaterverbände die letzte verbliebene Dachorganisation des Laienspiels, hatte auf diese Entwicklung kaum Einfluss, unter anderem deshalb nicht, weil keine Verbandspflicht bestand und der Bund offenbar nur einige hundert Theatervereine repräsentierte.[149]

Meistens aber agierte die Staatsmacht vermittels der Verbände, die ihr die einheitliche Organisation und die wirksame Kontrolle des Vereinswesens er-

147 Kulturprogramm des DSB, in: Jahrbuch des DSB 10 (1935/36), S. 48f. Zu verbandlichen Empfehlungen für das Vereinsleben siehe auch Ewens, Neue Musikpolitik im Deutschen Sängerbund, in: DSBZ 26 (1934), S. 229; *Ders.*, Vereinsfeiern und Vereinsfeste, in: *Ebd.*, S. 446f., sowie R. Hasse, Jahresplan für Mitwirkung der Chöre bei öffentlichen Feiern, in: DSBZ 29 (1937), S. 39.

148 Gustav Beck, Die Laienbühne im Dienste der neuen Staatsführung, in: Volksbühnenwarte 14, Nr. 5 (Mai 1933), S. 1–6, hier S. 5. Diese Linie wurde in den darauffolgenden Jahren beibehalten. Siehe etwa Willy Kuhnt, Kampf dem Vereinstheater-Kitsch!, in: Volksbühnenwarte 17 (1936), Nr. 1, S. 1f.

149 Zur Geschichte der Theaterverbände siehe *Nagel*, S. 54–87. Genaue Mitgliederzahlen für den Reichsbund liegen nicht vor, allerdings ist auf dem Bundestag 1937 die Rede von 500 Vereinen, die Angaben machten, mit denen der Verband die volkswirtschaftliche Bedeutung des Laienspiels belegen wollte. Siehe Willy Kuhnt, Rückschau auf den Bundestag 1937, in: Volksbühnenwarte 18 (1937), S. 1–5, hier S. 4.

leichterten. Folglich traten die Verbände gegenüber der Vereinsbasis gestärkt auf. Der DFB beispielsweise konnte mit Unterstützung der Staatsmacht die bis dahin aufgeschobene Entscheidung in Sachen Berufsspielertum in seinem Sinne vornehmen und den Profisport verhindern. Der Süddeutsche Fußball-Verband, der sich in der Weimarer Republik für den Profifußball eingesetzt hatte, startete im Frühjahr und Sommer 1933 eine Kampagne und gewann zunächst Unterstützer mit dem Argument, dass der Berufsfußball Tausenden eine bezahlte Beschäftigung bieten könne und so dem Reichskanzler bei seinen Bemühungen um Arbeitsbeschaffung beistehe. Der DFB konterte, indem er die politischen Entscheider davon überzeugte, dass man Profifußballer wegen strenger Amateurbestimmungen bei den Olympischen Spielen 1936 nicht würde aufbieten können und Deutschland dadurch eine sichere Goldmedaille entginge. Damit war die Auseinandersetzung entschieden und das Schicksal des im Januar 1935 offiziell verbotenen Süddeutschen Verbandes besiegelt.[150]

Auch der DSB brachte die Opposition innerhalb des Männerchorwesens zum Schweigen, als er mit Unterstützung der RMK den Dauerstreit um das Wettsingen beendete. Im Frühjahr 1933 schürten zuerst die Wettstreitanhänger den Konflikt in der Hoffnung, eine Entscheidung zu ihren Gunsten herbeiführen zu können. Sie glaubten, sich dazu auf den Nationalsozialismus berufen zu können, denn der beim Wettsingen gezeigte »echte Kampfgeist und dieses ernste Bestreben sind ganz im Sinne der NSDAP und ihres eminenten Führers, der selbst ein großer Freund des Gesanges ist und niemals ein Gegner der Wettsingen sein kann.«[151] Der Staat stellte sich jedoch hinter den etablierten Verband. Die RMK erklärte den DSB mit dessen Eingliederung im März 1934 zu dem für das Männerchorwesen alleinzuständigen Verband und schrieb allen öffentlich auftretenden Männergesangvereinen vor, sich dem Bund anzuschließen. Vereine, die dieser Aufforderung nicht nachkamen, mussten mit ihrer zwangsweisen Auflösung rechnen. Im Dezember 1934 bestätigte ein neuerlicher RMK-Erlass das vom DSB ausgegebene Wettstreitverbot. Die Anordnung beendete, wie der Bund befriedigt feststellte, »mit einem Schlag jegliche Auseinandersetzung um das Wettstreitproblem.«[152]

Statt an Chorkonkurrenzen teilnehmen zu dürfen, wurden die Gesangvereine verpflichtet, ihre musikalische Leistungsfähigkeit bei den ungeliebten Wertungssingen unter Beweis zu stellen. Diese fanden jährlich auf Gauebene statt, und jeder Gesangverein musste mindestens ein Mal in drei Jahren bei der Veranstaltung auftreten. Das Repertoire war teilweise vorgeschrieben. So hatte

150 *Havemann*, S. 98–101. – Die deutsche Amateurmannschaft schied übrigens schon früh aus dem Turnier.

151 Wettstreite, in: ASZ 27 (1933), S. 126f., hier S. 126.

152 *Prieberg*, S. 192–195; Reichskulturkammer-Gesetzgebung und der DSB, in: Jahrbuch des DSB 10 (1935/36), S. 133–157, hier S. 145f. Das Zitat entstammt dem Artikel »Wertungssingen«, in: *Ebd.*, S. 34–38, hier S. 34.

jeder Verein »Jahrespflichtchöre« sowie mindestens zwei »Volksliedbearbeitungen« aus einer Auswahlliste einzustudieren. Mit einem »Massenchor« aller teilnehmenden Vereine endete die Veranstaltung, deren organisatorische Richtlinien die völlige Unterdrückung des Konkurrenzprinzips bezweckten. Den »Wertungsrichtern« war die Beurteilung nach Punkten untersagt; stattdessen hatten sie zunächst vor allen Anwesenden allgemeine Aspekte der Darbietung anzusprechen und dann mit den Chorleitern in Gegenwart der Kreisleitung die einzelnen Leistungen zu kommentieren. Die Dirigenten hatten dabei das »Recht zur Gegenrede«. Spätestens drei Wochen nach der Veranstaltung ging jedem teilnehmenden Verein ein schriftliches Zeugnis zu, wobei Kreischorleiter und »Vereinsführer« erklären mussten, dass sie das Gutachten nicht veröffentlichen würden. Journalisten waren beim Wertungssingen nur dann zugelassen, wenn die Zeitung sich verpflichtete, allgemein und ohne Kommentierung einzelner Leistungen über die Veranstaltung zu berichten.[153]

Schließlich erfasste die verschärfte Verbandlichung nach 1933 auch die im Rheinland und in Westfalen stark verbreiteten Schützenvereine, die in der Weimarer Republik noch weitgehend dem Muster des Lokalvereins entsprochen hatten und zumeist unorganisiert geblieben waren.[154] Treibende Kraft dieses Prozesses waren die im gesamten Schützenvereinswesen eine Minderheit darstellenden Befürworter des Schießsports, welche die konkurrierenden Zweige, die Traditions-Schützenvereine und die eng mit der katholischen Kirche verbundenen Schützenbruderschaften, unter ihren Einfluss bringen wollten. Die Schießsportfunktionäre schrieben sich die von der neuen Staatsführung begrüßte Paramilitarisierung und soziale Egalisierung der Schützenvereine auf die Fahne, nicht zuletzt um der eigenen Verbandsorganisation neue Mitglieder und Ressourcen zuzuführen.

Traditionsschützen und Bruderschaften entzogen sich in den ersten Jahren des »Dritten Reiches« den Zugriffsbemühungen der anfangs noch untereinander zerstrittenen Schießsportverbände. Sie fanden einerseits Rückhalt bei Lokalpolitikern, die befürchteten, mit allzu weitgehenden Eingriffen in das lokale Vereinswesen Missstimmung hervorzurufen, und die deshalb den örtlichen Schützenvereinen nur begrenzte Anpassungen wie die Einführung des »Führerprinzips« und den Zusammenschluss zu Orts- bzw. Kreisverbänden abforderten. Andererseits eröffnete der Westfälische Heimatbund den am Schießsport desinteressierten Schützenvereinen eine Möglichkeit, sich weitaus preisgünstiger außerhalb des im Februar 1935 gegründeten »Deutschen Schützenverbandes« (DSV) zu organisieren und so den Bestimmungen der »Gleichschaltung« Genüge zu tun.

153 Die Bestimmungen des Wertungssingens sind abgedruckt in *ebd.*, S. 34–38.
154 Zum Folgenden *Schwartz*.

Schrittweise gelang es den Schießsportlern aber doch, die Mehrheit der westfälischen Traditionsschützen ihrem Verband einzugliedern. Entscheidend war, dass die »Geheime Staatspolizei« (Gestapo) auf die engen Verbindungen zwischen den Schützenbruderschaften und der katholischen Kirche aufmerksam geworden war und sich mit dem Schützenvereinswesen zu beschäftigen begann. Anfang März 1936 liquidierte ein Erlass des preußischen »Geheimen Staatspolizeiamts« die seit 1928 bestehende Erzbruderschaft des heiligen Sebastianus, den Dachverband der katholischen Schützenbruderschaften, »aufgrund ihres oppositionellen Verhaltens im Interesse der Vereinheitlichung des Deutschen Sportwesens« und verbot die ihr angeschlossenen Vereine. Die Verfügung betraf überdies die dem DSV weiterhin fernstehenden Traditionsschützen, die behördlich erfasst und mit einem Betätigungsverbot bedroht wurden. Die Gestapo hatte sich durch diesen Schritt als »Schutzherrin« hinter den Schießsportverband gestellt.

Untere Verwaltungsbehörden, die dem lokalen Vereinswesen näherstanden, erhoben Einspruch gegen die Vorschrift, dass sich alle Arten von Schützenvereinigungen dem Sportverband anzuschließen hatten. Solche Einwände vermochten den Organisierungsprozess aber nur zu verlangsamen. Den Schlusspunkt setzte ein neuerlicher Erlass vom 12. Juli 1937, den die Gestapo in Absprache mit dem »Reichssportamt« herausgab und der den DSV-Vereinen das alleinige Recht zugestand, Schützenfeste abzuhalten. Eine reine Fortexistenz der Traditions-Schützenvereine unter geändertem Namen im Westfälischen Heimatbund war nach dieser Verordnung zwar weiterhin möglich, ohne das Recht auf die Veranstaltung von Schützenfesten jedoch praktisch sinnlos. Sofern sie sich nicht selbst auflösten, schlossen sich, soweit erkennbar, die Vereine dem Sportschützenverband an. Hatte der Traditionsverband, der Deutsche Schützenbund, im Jahr 1930 etwa gut 63 000 Angehörige gezählt, organisierte der »Deutsche Schützenverband« 1940 über 600 000 Mitglieder in ca. 14 300 Vereinen.[155]

Dem zunehmenden Druck staatlicher Regulierung und teilweiser Zwangsverbandlichung hatten die seit dem Ende der Weimarer Republik ohnehin geschwächten Lokalvereine nichts mehr entgegenzusetzen. Von den 73 Turn- und Sportvereinen, die zwischen 1900, dem Jahr der ersten Aufnahme, und 1933 beim Essener Amtsgericht die Rechtsfähigkeit beantragt und am Ende der Republik noch existiert hatten, wurden bis zum Zweiten Weltkrieg 25 aus dem Vereinsregister gelöscht. Abgesehen von den neun registrierten Arbeiter-Sportvereinen und dem jüdischen Turn- und Sportklub Hakoah, bei denen Drangsalierung und Verbot die Auflösung bewirkten, wurden die meisten der

155 Mitgliederzahlen nach *Michaelis*, S. 593 (Schützenbund), u. *Stambolis*, S. 212 (Schützenverband).

übrigen gelöschten Vereine 1936 offenbar im Zuge einer Revision des Registers als »Karteileichen« entfernt.[156]

Zu den Ursachen für den Niedergang der lokalen Vereine im Nationalsozialismus gehörte zunächst einmal, dass nun die ökonomische Basis vollends zerbrach, auf der ihre Unabhängigkeit bis dahin beruht hatte. Lokale Förderer, deren Beziehung zu den Vereinen sich gegen Ende der Weimarer Zeit aus wirtschaftlichen Gründen und infolge der Verbandskampagnen bereits gelockert hatte, zogen sich weiter zurück. Der »Vereinsstatistiker« des so hoffnungsfroh in die Diktatur gestarteten Essener Männerchors Sanssouci stellte fest, dass »[d]ie passiven Mitglieder, die von je her das finanzielle Rückgrat der Vereine zu bilden hatten, [...] in der Mehrzahl den Vereinen, denen sie vielleicht schon viele Jahre die Treue gehalten hatten, den Rücken [kehren; d. Vf.].«[157] Auch die örtliche Verwaltung versagte den Vereinen nun immer häufiger den Beistand. In Kaiserreich und Republik hatten Essener Lokalpolitiker noch »Ehrenmitgliedschaften« übernommen, und die Verwaltung hatte Medaillen mit dem Stadtwappen prägen lassen, die sie Vereinen auf Anfrage als »Ehrenpreise« zur Verfügung stellte. Nach 1933 wurden entsprechende Anträge von Vereinen auf derartige Beihilfen immer häufiger abgelehnt. Wenn die Bürgermeisterei noch »Ehrenpreise« stiftete, trugen diese entweder das Konterfei oder einen Sinnspruch des »Führers« oder es handelte sich um Wertgegenstände ohne erkennbaren Bezug zur politischen Gemeinde wie beispielsweise ein Silbergeschirr aus dem städtischen Tresor, das die Verwaltung dem Stadtamt für Leibesübungen Ende 1934 zur Verwendung für Sportauszeichnungen überließ.[158] Die Unterstützung durch »passive« Mitglieder und Lokalpolitik schwand, weil die Vereine im Nationalsozialismus ihre kommunalpolitische Netzwerkfunktion einbüßten. Vereine waren immer weniger der Ort, um nützliche Kontakte zu knüpfen und das eigene Sozialprestige zu heben. In dieser Hinsicht gerieten sie in die Bedeutungslosigkeit.[159]

Abgelöst wurden sie von der NSDAP und den ihnen angeschlossenen Organisationen, deren Mitgliederzahlen nach der »Machtergreifung« auch infolge des starken Zulaufs an »Konjunkturrittern« sprunghaft anstiegen.[160] Nicht mehr Vereinsmitgliedschaft, sondern Parteizugehörigkeit förderte fortan das

156 Vereinsregister beim Amtsgericht Essen, Auswertung eingearbeitet in die Datenbank »Essener Vereine 1919–1933«.

157 Das Vereinsjahr 1933, von Vereinsstatistiker Max Scholz, Sta E, Best. 421/B 9b (unpaginiert).

158 Vgl. die Akten »Ehrenpreise, Beihilfen an Vereine« von 1930 bis 1939, Sta E, Rep. 102, Abt. I, Nr. 873 u. 874.

159 Vgl. für Greifswald *Matthiesen*, S. 354–370.

160 Zur NSDAP, der im Mai 1933 1,3 Mio. Menschen beitraten, siehe *Falter*. Die Zahl der SA-Mitglieder stieg nach dem 30. Januar 1933 rasch auf 1,5 bis zwei Mio. Siehe *Pätzold* u. *Rüssig*, S. 159.

persönliche Vorankommen. In der Stadt Essen etwa verhalf frühes Engagement für die NSDAP 580 sogenannten Alten Kämpfern zu einer Beschäftigung im öffentlichen Dienst. Die Partei übernahm eine Schlüsselstellung zwischen lokaler Gesellschaft und Verwaltung, auch weil sie vor jeder Besetzung eines städtischen Arbeitsplatzes Leumundszeugnisse ausstellte und als Anlaufstelle für Bürgerbeschwerden fungierte.[161]

Der fortschreitende Rückzug der lokalen Unterstützer und damit der Verfall der materiellen Basis der Vereine wog umso schwerer, als die finanziellen Belastungen in der Diktatur zunahmen. Obwohl sich die Dachverbände um »Gemeinnützigkeit« bemühten, verschlechterte sich die steuerrechtliche Situation der Vereine im Vergleich zur Weimarer Zeit. Hatte in der Republik die Möglichkeit bestanden, »gemeinnützige« Vereine von Umsatz- und Körperschaftssteuer zu befreien, entfielen diese Vergünstigungen im Steueranpassungsgesetz aus dem Oktober 1934. Vereine hatten nun grundsätzlich Umsatzsteuern auf Einnahmen aus öffentlichen Auftritten und Festen sowie dem Verkauf von Abzeichen und Vereinszeitschriften zu entrichten. Zudem galten gesellige Veranstaltungen ausnahmslos als »wirtschaftlicher Geschäftsbetrieb«. Die Vereine konnten also nicht mehr geltend machen, dass sie Einkünfte aus gelegentlichen Feiern benötigten, um einen übergeordneten »gemeinnützigen« Zweck zu erfüllen.[162]

Im August 1936 verschärfte das Finanzministerium die Bestimmungen zur Vergnügungssteuer, die von den Vereinen bei nicht »gemeinnützigen« Veranstaltungen an die Gemeindekasse zu zahlen war. Die Steuer sollte den Kommunen nun ausdrücklich als Einnahmequelle dienen; entsprechend streng sei die Abgabenordnung auszulegen.[163] Der ministerielle Erlass hob zudem »Daueranerkennungen« von »Gemeinnützigkeit« auf, in deren Genuss verbandsangehörige Vereine vor 1933 gekommen waren. Er verlieh den steuerbegünstigten Status nur noch zeitlich befristet, mit dem Vorbehalt des Widerrufs und unter strengeren Kontrollen.[164] Als finanziell bedeutsam für Vereine erwies sich schließlich eine Richtlinie des Werberates der deutschen Wirtschaft, die Werbeanzeigen in nicht periodisch erscheinenden Druckwerken lizenzpflichtig und die Genehmigung von der Erfüllung hoher Anforderungen abhängig machte. Die unscheinbare Verordnung bedingte einen weiteren starken Rück-

161 *Wisotzky*, S. 428f.

162 Johannes Korndörfer, Inwieweit können Gesangvereine zur Umsatzsteuer herangezogen werden?, in: DSBZ 27 (1935), S. 747; Wilhelm Reusche, Die Auswirkung der neuen Steuergesetze auf die Männergesangvereine, in: *Ebd.*, S. 193f.

163 Bruno Plonka, Das Vergnügungssteuergesetz vom 7. Juni 1933. Ergänzungen und Abänderungen, in: DSBZ 28 (1936), S. 697f.

164 Arthur Wiederhöft, Die Anerkennung der Gemeinnützigkeit und ihre Auswirkung, in: Die Musikpflege 7 (1936), S. 386–390.

gang von Festschriften, die den Vereinen stets als wichtige Finanzierungsquelle gedient hatten.[165]

Als die staatlichen und verbandlichen Zumutungen an das Vereinsleben überhand nahmen und die Ressourcen für ein unabhängiges Vereinsleben schwanden, verließen die Aktiven in großer Zahl die Vereine. Am deutlichsten zeigt sich dies bei den Turn- und Sportvereinen, deren Mitgliederbestand zwischen 1933/34 und 1937/38 von fünf auf zwei Mio. zurückging.[166] Auch in Essen lösten sich Vereine auf, fusionierten oder verloren einen beträchtlichen Teil ihrer Mitglieder. 1938 waren die größten Vereine am Ort der Polizeisportverein mit über 1 500, der Reichsbahn-Turn- und Sportverein mit 1 300 und der von Krupp protegierte Essener Turn- und Fecht-Klub (ETUF) mit gut 1 100 Angehörigen.[167] Essen lag allerdings nur teilweise im nationalen Trend. Einerseits nahmen Post- und Reichsbahnsportvereine seit 1933 reichsweit einen kontinuierlichen Aufschwung, so dass sie Ende der dreißiger Jahre ca. 450 000 Mitglieder zählten. Andererseits stagnierte der in Essen so erfolgreiche Polizeisport reichsweit infolge der 1935 vollzogenen Überführung der kasernierten Schutzpolizeieinheiten in die Reichswehr. Untypisch war ferner die fortgesetzte Förderung des ETUF durch die Firma Krupp, da Werkssportvereine nach einer Verordnung des »Reichssportführers« vom 16. Dezember 1936 ihre betrieblichen Privilegien verlieren und in neuen, der KdF unterstellten »Betriebssportgemeinschaften« aufgehen sollten. Offenbar erfolgte die Umwandlung von Werksvereinen in »Betriebssportgemeinschaften« verzögert. Nach Angaben der DAF trieben Ende 1938 zwei Mio. Aktive Leibesübungen in solchen Gemeinschaften; 1942 waren es doppelt so viele.[168]

In Sparten, in denen vor 1933 anders als beim Turnen und Sport nur ein geringer Teil der Vereine Dachorganisationen angehörte, stieg die Zahl der verbandlich organisierten Vereine und Mitglieder zunächst einmal kräftig an. So zählte der DSB im Jahr 1934 mit gut 825 000 Sängern mehr als doppelt so viele wie zwei Jahre zuvor. Die Zahl der verbandlich zusammengefassten volksmusikalischen Orchester, Blaskapellen, Mandolinen-, Gitarren-, Zither-, Harmonika- und Akkordeongruppen verdreifachte sich zwischen 1934 und 1938 von 3 771 auf 10 647 Vereinigungen.[169] Solche Zuwächse verdankten sich jedoch

165 Sängerpresse, in: Jahrbuch des DSB 9 (1934), S. 108–112, hier S. 109f.

166 Auf Grundlage der Angaben des Sportfunktionärs Carl Diem *Eisenberg*, ›English sports‹, S. 398. *Bernett*, S. 79, veranschlagt dagegen den Rückgang von sechs auf dreieinhalb Millionen.

167 Vgl. Datenbank »Essener Vereine 1919–1933« und die Fragebögen einer Erhebung des städtischen Sportamtes aus dem Jahr 1938, Sta E, Best. 52, Nr. 5.

168 *Luh*, S. 275 (Post- und Reichsbahnsport), 270 (Polizeisport), 249 (ETUF) u. 242 (Teilnehmerzahlen).

169 Zahlen für 1934 nach Max Burkhardt, Organisation und Statistik der Volksmusik, in: Deutsche Tonkünstler-Zeitung 32 (1934), S. 49f. Für 1938 nach dem Jahrbuch für Volksmusik 1938/39, S. 116f.

vornehmlich dem Organisationszwang, der nach 1934 im Chorwesen und der Volksmusik galt und der neben verbandsfernen Vereinen, die in der Weimarer Republik die Mehrheit gebildet hatten, viele Werks- und NS-Gemeinschaften in die Bünde führte.

Hinter diesen Zahlen ereignete sich ein »Nachlassen des Vereinsinteresses«, das auch Verbände erkannten und offen beklagten.[170] Abnehmender Vereinseifer äußerte sich zum einen darin, dass sich der Verfall insbesondere der »wilden« Vereine beschleunigte. Zum anderen verloren die fortbestehenden Vereine ihre Eigenständigkeit und spielten nunmehr eine Nebenrolle im öffentlichen Leben. Entsprechend war auf lokaler Ebene vornehmlich von finanziellen Schwierigkeiten, Auflösungen und Vereinsfusionen die Rede. In der Kleinstadt Weinheim nahmen Vereinskonzerte und -feste zahlenmäßig stark ab; das vor 1933 noch äußerst lebendige Vereinstheater verschwand völlig.[171] In Essen, wo für die Weimarer Zeit etwa 150 zumeist »wilde« Männergesangvereine nachgewiesen sind,[172] kam es nach 1933 gehäuft zu Vereinszusammenschlüssen und -auflösungen. An den obligatorischen Wertungssingen 1937 und 1938 nahmen lediglich 32 Vereine teil; bei den übrigen 23 auftretenden Chören handelte es sich um betriebliche Singgemeinschaften sowie einen NS-Chor.[173] Wenn sich Vereine noch öffentlich betätigten, taten sie es mehr und mehr im Rahmen des NS-Veranstaltungskalenders, nicht zuletzt weil die Teilnahme an offiziellen »Heldengedenkfeiern«, am »Führergeburtstag«, an Erntedankfesten, dem »Tag der nationalen Arbeit« oder Sammlungen zugunsten des »Winterhilfswerks« steuerlich begünstigt wurde.[174]

Die schichtenübergreifenden Lokalvereine, in den 1920er Jahren trotz widriger Umstände die wichtigste Organisationsform des örtlichen geselligen Treibens, schmolzen in der Diktatur auf einen Restbestand zusammen. Die verbliebenen Vereine gerieten an den Rand des öffentlichen Lebens, und auch

170 Heinrich Fink, Die Belebung der Vereinstätigkeit, in: DSBZ 26 (1934), S. 99f.; siehe auch: Die Lage der Vereine, in: Jahrbuch des DSB 10 (1935/36), S. 95.

171 *Dussel* u. *Frese*, S. 89–92.

172 Datenbank »Essener Vereine 1919–1933«.

173 Zu Fusionen siehe H. Pöppinghaus, MGV Lyra Essen 1888, in: Offizielles Festprogramm der Altendorfer Heimatwoche (1951), S. 41; Noch einmal Vereins-Zusammenschlüsse, in: Essener Allg. Zeitung v. 1.12.1938. Zum Wertungssingen siehe Erstes Wertungssingen im DSB. Mannschaft DI (Männerchöre) in der Reichsmusikkammer, Sängergau IXb (Rheinland-Nord), Kreis 7 Essen. Das gedruckte Programm für das Wertungssingen 1938 ist enthalten im Nachlass des Männerchors Sanssouci, Sta E, Best. 421.

174 Siehe etwa die Berichte zu Veranstaltungen am »Tag der nationalen Arbeit« in der Essener National-Zeitung v. 2.5.1935. Einige Tage zuvor hatte die Zeitung darauf hingewiesen, dass die Betätigung von Vereinen im Rahmen behördlicher oder parteilicher Feiern von der Vergnügungssteuerpflicht befreit sei. Siehe Vergnügungssteuer-Befreiung an nationalen Feiertagen, in: *Ebd.* v. 24.4.1935. Ausführlich dazu H. Berthold, Die Vergnügungssteuer, in: Die Kulturverwaltung 1 (1937), S. 93–96.

ihre Bedeutung als »Freizeitanbieter« nahm ab. Einen Aufschwung verzeichneten demgegenüber individuell konsumierbare Unterhaltungsangebote. Das Kino etwa übertraf in der Spielzeit 1936/37 erstmals wieder die Einspielergebnisse von 1928/29 und steigerte danach weiter deutlich seine Besucherzahlen. Die Zahl der Radiolizenzen stieg zwischen 1932 und 1938 von vier auf neun Millionen.[175]

Neben der Kulturindustrie sorgte der Staat insbesondere vermittels der KdF für Konsumangebote. Die KdF organisierte vom Konzertbesuch über die Urlaubsreise, den geselligen Abend und den Sportkurs bis zum Briefmarkentausch vielfältige Aktivitäten und erreichte dank stark vergünstigter Tarife viele Millionen »Volksgenossen«. Das KdF-Sportamt verzeichnete 1936 gut 6,35 Mio. Teilnehmer, darunter offenbar Abwanderer aus dem Vereinswesen, die dem Werbeappell »Los vom Verein und rein in die KdF« gefolgt waren.[176] Sechzig Mio. Teilnahmen vermeldete 1939 das »Amt Feierabend«, das Theater- und Konzertveranstaltungen anbot.[177]

Trotz deutlicher Steigerung ist es fraglich, ob der Individualkonsum den Niedergang der Vereinsfreizeit vollständig kompensierte. Erst recht scheint es zweifelhaft, dass dieser Konsum in ähnlichem Maße wie zur selben Zeit in Großbritannien den unteren Bevölkerungsschichten, die bis dahin noch nicht in das Vereinswesen integriert waren, neue Möglichkeiten zur Teilhabe am gesellschaftlichen Leben eröffnete. So erweist sich im Vergleich mit dem britischen Fall die soziale Reichweite der Konsumangebote im Deutschland der 1930er Jahre enger begrenzt. Während nach Angaben der »Reichsfilmkammer« 1937 jeder Deutsche sechs Mal im Jahr ins Kino ging, entfielen im selben Zeitraum auf den Durchschnittsengländer dreißig Besuche.[178] Trotz staatlicher Förderung des »Volksempfängers« blieb die Verbreitung des Radios in Deutschland hinter der im Vereinigten Königreich zurück. Erreichte dort der »friend in the corner« 1939 etwa drei Viertel aller Haushalte, lag die Quote in Deutschland bei deutlich unter 60%.[179] Tourismus, an dem in Großbritannien, wie erwähnt, die Arbeiterschicht bereits im 19. Jahrhundert im hohen Maße teilgehabt hatte und der besonders in den 1930er Jahren weiter wuchs, blieb im Nationalsozialismus trotz KdF weitgehend der Mittelschicht vorbehalten.[180] Auch Grammophone und Schallplatten fanden in Großbritannien in der Zwischenkriegszeit deutlich breiteren Absatz als in Deutschland, wo sich die In-

175 *Spiker*, S. 136 u. 197; zum Radio siehe *Berghoff*, S. 173.

176 *Eisenberg*, ›English sports‹, S. 406f.

177 *Weiß, H.*, S. 300.

178 *Bächlin*, S. 244, Anm. 383.

179 Für Großbritannien siehe *Nott*, S. 59, für Deutschland *König*, S. 83f.

180 Einschätzung für Deutschland bei *König*, S. 205. – In England besuchten vor dem Zweiten Weltkrieg jährlich über 20 Mio. Menschen eines der sieben großen Seebäder; zudem verreisten 15 Mio. eine Woche oder länger. Zahlen nach *Pimlott*, S. 239f.

dustrie erst nach 1945 vom Einbruch der Weltwirtschaftskrise erholte. Während das Medium in Großbritannien in den 1920ern und 1930ern zu einem »important element of both middle- and working-class culture« avancierte, wie der Historiker James Nott in seiner Studie zur Populärmusik in der britischen Gesellschaft konstatiert, blieb es in Deutschland fast ausschließlich für Angehörige der Mittel- und Oberschicht erschwinglich.[181] Unterhaltungsangebote wie Fußball-Couponwetten oder Hunderennen schließlich, wie sie sich in Großbritannien speziell an die unteren Einkommensschichten richteten und große Verbreitung erreichten, hatten in Deutschland keine Entsprechung.

Die deutsche Konsumgesellschaft befand sich in den dreißiger Jahren noch auf dem langen Weg, sich dem sehr viel weiter fortgeschrittenen Stand der westlichen Industrienationen anzunähern. Der Vergleich erweist nebenbei, dass die moderne Weimarer »Asphaltkultur«, die bis heute das Bild von der Republik im hohen Maße prägt, mit dem Leben der meisten Deutschen dieser Zeit noch wenig zu tun hatte. Die Vermutung liegt nahe, dass Historiker in diesem Punkt Positionen der intellektuellen und künstlerischen Avantgarde als Beschreibungen der Weimarer Wirklichkeit interpretiert haben.[182] Im Nationalsozialismus dann hemmten die ökonomischen Erfordernisse der Kriegsvorbereitung den Fortschritt des Massenkonsums, und so erweisen sich viele scheinbare Errungenschaften wie beispielsweise der »Volkswagen« bei näherer Betrachtung als »Potemkinsche Dörfer«, als Auslöser für Konsumwünsche, die erst in den 1950er Jahren erfüllt werden sollten.[183] Es ist daher sehr fraglich, ob die Konsumkultur in Deutschland eine ähnliche vergesellschaftende Wirkung entfaltete, wie sie im nachfolgenden Kapitel für Großbritannien beschrieben wird. Anstatt dass Individualkonsum wie im Vereinigten Königreich solchen Bevölkerungsschichten, die über das Assoziationswesen nicht integriert waren, eine gesellschaftliche Teilhabe eröffnete, scheint es vielmehr so, als sei der Verein in der Diktatur weitgehend ersatzlos zerfallen.

181 *Nott*, S. 16–18 u. 38; für Deutschland siehe *Ross*, S. 26–28.

182 Vgl. die einflussreiche Gesamtdeutung von *Peukert*.

183 Zur Bewertung der nationalsozialistischen Konsumgesellschaft siehe *Berghoff* sowie *König*, S. 258–262.

3. Vergesellschaftungsbilanz: Die »gemeinnützige« Zurichtung von Populärkultur

Vor dem Ersten Weltkrieg und bis in die Weimarer Republik hinein hatte die außerhalb des Privatbereichs verbrachte Freizeit ihren wichtigsten Ort im schichtenübergreifenden Lokalverein. Dieser eröffnete seinen einfachen Mitgliedern die Teilhabe an geselligkeitsfördernder Populärkultur vom Preisturnen bis zum Wettsingen. Allerdings hielt er sie zugleich in Abhängigkeit von zumeist besser gestellten Vereinsförderern. Der Lokalverein festigte somit eher Statusunterschiede, als dass er Gelegenheit zum geselligen, d.h. gleichgestellten sozialen Austausch gab.

Gegen Ende der Weimarer Republik begann dieses Assoziationsmuster zu erodieren. Der Verfallsprozess lässt sich neben widrigen wirtschaftlichen Umständen wie der Weltwirtschaftskrise auf staatliche Versuche zurückführen, Vereine zur Verwirklichung sozial- und kulturpolitischer Zwecke zu bewegen. Damit Vereine sich sozial öffneten, sich der Pflege »werthaltiger« Kultur widmeten sowie »Volksbildung« und »Volksgesundheit« förderten, stellten die jeweils zuständigen Kultus-, Wohlfahrts- und Innenministerien ihnen materielle Unterstützung und Steuererleichterungen in Aussicht. Die Zuteilung dieser Mittel machten die Behörden abhängig davon, ob sich die Vereine in diesem Sinne als »gemeinnützig« erwiesen.

Um der Vereinsbasis seine Absichten nahezubringen, bemühte sich der Staat zunächst um die Zusammenarbeit mit den Verbänden. Die wiederum zeigten daran großes Interesse, weil ihnen die Vermittlung von Vergünstigungen steigende Mitgliederzahlen und wachsende Einkünfte verhieß und sie als gesellschaftspolitische Akteure anerkannte. Die beabsichtigte Steuerung des Vereinswesens über die Dachorganisationen misslang jedoch. Zwar führte die Aussicht auf Subventionen und Steuernachlässe vornehmlich in der ersten Hälfte der 1920er Jahre den Verbänden viele neue Mitgliedsvereine zu. Jedoch ließen sich nicht einmal diese davon überzeugen, ihr Vereinsleben auf die vom Staat gewünschte »Gemeinnützigkeit« auszurichten. Erst recht gewannen die Verbände keinen Einfluss auf die verbandsfernen, »wilden« Vereine, die in vielen Sparten weiterhin die Mehrheit bildeten und von »gemeinnützigen« Verhaltenserwartungen eher abgeschreckt wurden. Auf »Volksbildung« und »Volksgesundheit« reagierte die Vereinsbasis mit Ausweichmanövern, wenn nicht sogar mit Gegenwehr, denn ein »gemeinnütziges« Vereinsleben war in der Regel unvereinbar mit der von den einfachen Mitgliedern geschätzten Populärkultur.

Angesichts der noch intakten Eigenständigkeit der Lokalvereine stagnierte der Verbandlichungsprozess in der zweiten Hälfte der 1920er Jahre. Da die Vereine die Förderkriterien nicht erfüllten, und wohl auch, weil die finanziellen Handlungsräume enger wurden, hielt der Staat Vergünstigungen zurück, weshalb wiederum die Vereine immer geringere Veranlassung hatten, sich den Verbänden anzuschließen und deren Empfehlungen zu folgen. In dieser Situation änderten die Verbände ihre Strategie. Um ihre Förderungswürdigkeit zu unterstreichen, gingen sie in die Offensive und eröffneten den Kampf gegen »Vereinsegoismus«, »Kitsch« und »Geschäftemacherei« in den Vereinen. Sie warben nun weniger mit Anreizen und Argumenten für »gemeinnützige« Ziele, als dass sie »gemeinschädliche« Vereine ausgrenzten.

Die entsprechenden Kampagnen zeigten Wirkung. Sie etablierten ein Negativbild der »wilden« Vereine und veranlassten dadurch mehr und mehr private Förderer, ihre Unterstützung einzustellen. Mit dem Rückzug der Honoratioren und finanzkräftigen »Passiven«, die auf ein »würdiges« Auftreten ihrer Vereine bedacht waren und nun fürchten mussten, mit »gemeinschädlichem« Treiben assoziiert zu werden, begann die materielle Basis der Lokalvereine zu bröckeln. Ohnehin war das finanzielle Fundament der Vereine infolge der Inflation in der ersten Hälfte und der Weltwirtschaftskrise am Ende der zwanziger Jahre angeschlagen.

Erschwerend kam hinzu, dass deutsche Vereine anders als britische Klubs und Assoziationen von Marktunternehmen kaum Unterstützung erfuhren. Auch in diesem Punkt spielten die Verbände eine wichtige Rolle. Zum einen achteten sie streng darauf, dass die ihnen angeschlossenen Vereine sich von jeder »Geschäftemacherei« distanzierten, da Gewinnerzielung mit förderungswürdiger »Gemeinnützigkeit« kollidierte. Diese Überlegung motivierte beispielsweise den DFB, strikte Maßnahmen gegen die Einführung des bezahlten Fußballs zu ergreifen. Zum anderen betätigten sich Verbände wie die Sängerbünde oder die Deutsche Turnerschaft selbst unternehmerisch, indem sie Chorliteratur verlegten, Turn- und Sportartikel verkauften oder auflagenstarke Zeitschriften herausgaben, welche die Mitglieder der angeschlossenen Vereine mit ihrem Verbandsbeitrag bezahlten. Unabhängige Anbieter von Vereinsbedarf sahen sich gegenüber der verbandlichen Konkurrenz im Nachteil, und das legte es nahe, dass sich kommerzielle Unternehmen mit den mächtigen Dachorganisationen arrangierten. So profitierten nicht die Vereine, sondern die Verbände von den vergleichsweise geringen Mitteln, die von Marktunternehmen in den Assoziationssektor flossen.

In der nationalsozialistischen Diktatur führten die »bürgerlichen« Verbände den Kampf gegen »Vereinsmeierei« und »Unkultur« fort in der Hoffnung, unter veränderten politischen Bedingungen den Stand der eigenen Organisation zumindest zu halten, wenn nicht sogar zu heben. Das wandlungsfähige Konzept der »Gemeinnützigkeit« leitete weiterhin das Vorgehen der Verbände, welche die Vereinsbasis im Wesentlichen mit den bereits aus der Republik bekannten Verhaltenserwartungen konfrontierten. In der Diktatur errangen die Bünde schließlich den Sieg über die »Vereinsmeierei«. Dafür sorgte zum einen die Interventionsbereitschaft der nationalsozialistischen Behörden, die ein großes Interesse an der einheitlichen Organisierung des Vereinswesens hatten und sich dazu der anpassungsbereiten Verbände bedienten. Zum anderen beschleunigte sich im Umfeld der überlebenden Lokalvereine der Verfall der Unterstützerbasis. Honoratioren zogen sich weiter aus dem traditionellen Vereinswesen zurück, weil dieses seine kommunalpolitische Netzwerkfunktion an die NSDAP und deren Gliederungen verloren hatte. Als den Vereinen die Ressourcen schwanden, wanderten auch »aktive« Mitglieder ab, denen Kulturindustrie und KdF alternative Angebote für den individuellen Freizeitkonsum bereitstellten. Verglichen mit der britischen Massenkultur erreichte der Individualkonsum im Deutschland der dreißiger Jahre jedoch eine deutlich geringere soziale Ausbreitung; untere Einkommensgruppen scheinen größtenteils nicht an ihr teilgenommen zu haben. Folglich sind Vergesellschaftungseffekte ähnlich denen, die der Individualkonsum im britischen Fall zeitigte, im nationalsozialistischen Deutschland schon aus diesem Grunde nicht zu vermuten.

Welche Folgen hatte die organisatorische Entwicklung, d.h. die Verbandlichung des Vereinswesens, für die Geselligkeit in den Assoziationen? Zunächst einmal lief die vom Staat in Aussicht gestellte Förderung darauf hinaus, die Abhängigkeit der einfachen von den besser gestellten unterstützenden Mitgliedern zu lockern. Mit dem Staat trat ein neuer Ressourcengeber auf, der die Möglichkeit eröffnete, den Einfluss lokaler Honoratioren zurückzudrängen und die im traditionellen Vereinswesen bestehenden Abhängigkeitsverhältnisse aufzubrechen. Wichtig ist festzuhalten, dass sich dieser Prozess allmählich vollzog und nicht alle Vereinssparten erfasste. Die traditionellen Schützenvereine etwa entsprachen noch bis in die nationalsozialistische Diktatur hinein dem Organisationsmuster des Lokalvereins; zu prüfen wäre, wie es sich mit den Kriegervereinen, Freiwilligen Feuerwehren und Vereinen zur Brauchtumspflege wie beispielsweise Karnevalsvereinen verhielt. In diesem Zusammenhang müsste der »Klassenaspekt« behandelt werden, der in der einseitig auf politische Milieuentwicklung fokussierten Forschung vernachlässigt wird und auch im Weimar-Kapitel der vorliegenden Arbeit mangels sozialgeschichtlicher Vorarbeiten und ausreichendem Quellenmaterial in den Hintergrund getreten ist.

Die Intervention »von oben« war geeignet, die Abhängigkeit zwischen den assoziierten Gruppen zu lockern und stellt damit eine Maßnahme gegen soziale Ungleichheit dar, wobei hier nicht zu klären ist, inwieweit dies den Sozial- und Kulturpolitikern der Weimarer Republik voll bewusst war und ob die Auflösung lokaler Machtverhältnisse ein vorrangiges Motiv für politisches Handeln darstellte. Für Geselligkeit, den sozialen Austausch zwischen zeitweilig Gleichgestellten, bewirkte diese Politik jedoch alles andere als positive Effekte. Denn die staatliche Förderung verfolgte mit »Volksbildung« und »Volksgesundheit« Ziele, die mit der Populärkultur der Vereine, etwa »wertloser« Schlagermusik, »Theaterkitsch« oder zuschauerträchtigen Sportspektakeln, kaum zu vereinbaren waren. Es war aber gerade diese Populärkultur, die für Geselligkeit sorgte, weil sie Eigenwelten schuf, geringe Voraussetzungen für die Teilhabe erforderte und ein hohes intrinsisches, ausschließlich auf den trivialen Gegenstand gerichtetes Interesse erzeugte, das wiederum politisch-soziale Differenzen überwinden konnte, wie in Abschnitt III.2 gezeigt.

Durch die zunehmende Verbandlichung und die Ausrichtung auf staatliche Vorgaben veränderte sich das öffentliche Vereinsleben zu Lasten geselligkeitsfördernder Populärkultur. Sofern sich die Vereine nicht in Nischen zurückzogen, betätigten sie sich an Veranstaltungen, die im Vergleich mit populärkulturellen Aktivitäten wie dem Gesangwettstreit oder dem Preisturnen über geringeres geselliges Potential verfügten. Während diese den einzelnen Akteuren die Chance boten, unabhängig von ihrer sozialen Stellung soziale Anerkennung zu erfahren, absorbierten Veranstaltungsformen wie das spannungsarme, weil den Leistungsvergleich unterbindende Wertungssingen jegliche individuelle Initiative. Vereine und deren Mitglieder erhielten ihren festen Platz im straff organisierten Ganzen, das mit dem »Massenchor« aller Beteiligten seinen »harmonischen« Abschluss finden sollte. Da eine möglichst hohe Durchschnittsleistung gewünscht war, konnte man sich kaum mehr in den Vordergrund spielen.

Auch eröffneten »gemeinnützige« Veranstaltungen anders als die ergebnisoffenen populärkulturellen Ereignisse nur wenige kommunikative Anschlussmöglichkeiten. Große Kundgebungen wie ein Umzug von Kleingärtnern oder die synchronen Freiübungen hunderter Turner mochten, solange sie ihren Schauwert jeweils steigern konnten, ein Publikum beeindrucken. Doch was ließ sich weiter darüber sagen, wenn man sich über Umfang und Perfektionsgrad der Darbietung geäußert hatte? Ihnen fehlte das kommunikationsfördernde Moment von Erwartung, Überraschung und leidenschaftlicher Anteilnahme, das den Gesangwettstreiten, Brieftaubenwettflügen oder »wilden« Turnwettkämpfen inhärent war.

In der historischen Forschung wird mitunter diskutiert, warum entgegen der verbreiteten Ansicht der Sozialwissenschaften, nach der freiwillige Vereinigungen einen vorrangigen Beitrag zum Funktionieren einer lebendigen Demokratie leisten, in Weimar-Deutschland ein quantitativ starkes Vereinswesen der Republik kein zivilgesellschaftliches Fundament geboten hat. Zur Beantwortung der Frage wird im Allgemeinen angeführt, in diesem historischen Fall hätten Vereine ihren Mitgliedern eine antidemokratische politische Kultur vermittelt oder sie als Angehörige parteipolitischer Lager gegeneinander aufgebracht. Das Weimarer Vereinswesen leistete demnach durchaus politische Sozialisation, allerdings mit demokratieschädigenden Inhalten.[184]

Das hier entwickelte Argument macht auf eine andere Dimension aufmerksam. Es erkennt das Problem nicht so sehr in den Inhalten politischer Sozialisation als vielmehr in der Tatsache, dass das Vereinsleben überhaupt sehr stark politisiert wurde, und zwar sowohl im Sinne der weltanschaulichen Mobilisierung als auch der staatlich geförderten »Gemeinnützigkeit«. Denn Politisierung, ob sie nun auf soziale Offenheit und Gemeinwohlorientierung oder auf parteipolitische Polarisierung zielte, verengte die Freiräume für notwendig politikferne Geselligkeit. Es fehlte im Vereinswesen der Weimarer Republik an Orten und trivialen Inhalten, an denen sich geselliger Austausch jenseits der »ernsten« Politik und des Wirtschaftslebens entzünden und entfalten konnte. In Kapitel III dieser Arbeit wurden Fälle beschrieben, in denen das Interesse an Populärkultur Menschen aus ihren Milieuzusammenhängen herausführte. Ob dies unter den Bedingungen der stärkeren parteipolitischen Polarisierung in der Weimarer Republik hätte gelingen können, ist schwer einzuschätzen. Man sollte daher einerseits das Integrationspotential politikferner Unterhaltung nicht überschätzen. Andererseits jedoch ist es gut möglich, dass ungehinderte Geselligkeit gesellschaftliche Spannungen zumindest hätte mildern können.

Auf diese nicht realisierte Möglichkeit für die Weimarer Gesellschaft verweist indirekt die im folgenden Kapitel behandelte britische Entwicklung. Dort nahm eine entpolitisierende, von sachfremden Erwartungen entlastete Vereinsgeselligkeit in einer dem deutschen Fall durchaus ähnlichen politischen und wirtschaftlichen Krisensituation sozialen Konflikten die politische Spitze.

184 *Berman* sowie *Reichardt*. Siehe auch die in der Einleitung aufgeführten Titel zur historischen Milieuforschung.

V. Großbritannien 1914–1945: Schichtenspezifische Assoziationswelten zwischen kommerzieller Massenkultur und staatlicher Vereinspolitik

1. Jugendverbände und Werksvereine als letzte Ausläufer schichtenübergreifender Vereinigungsangebote

In Großbritannien setzten sich nach dem Ersten Weltkrieg die Trends fort, die in der Zeit vor 1914 zur schichtenspezifischen Aufteilung des geselligen Assoziationswesens in die exklusiven Klubs der »middle class« einerseits und die in »pubs« beheimateten, lose organisierten Hobbyvereine bzw. die genossenschaftlichen Freizeitverbände der »working class« andererseits geführt hatten. Dazu gehörte der weitere Verfall von Vereinigungen, die Angehörige der Mittelschicht zur »Verbesserung« der Lebensführung von Arbeitern initiierten. Entsprechende Organisationsangebote wurden entweder den Wünschen und Gewohnheiten der Zielgruppe weiter angepasst, wodurch sie ihren sozialreformerischen Zweck verfehlten. Oder sie lösten sich mangels Interesse auf.

Abwanderung und Nutzung gegen die Intention der Anbieter betrafen auch das Vereinswesen von Kirchengemeinden, das bis 1914 zumindest in quantitativer Hinsicht einigermaßen erfolgreich Arbeiter rekrutiert hatte. Gemeindliche Sportvereine, die im Norden Englands bis 1914 in vielen Städten die mit Abstand wichtigste organisatorische Basis für Cricket- und Fußballteams von Arbeitern gebildet hatten, büßten diese Vorrangstellung nach dem Krieg allmählich ein. In Sheffield fand diese Tendenz besonders deutliche Ausprägung. Dort fiel die Zahl der konfessionellen Fußballklubs zwischen 1914 und 1939 von 150 auf sechzig, während die Gesamtzahl der Fußballvereine um 50% auf über 600 stieg. Die »Bible Class League« stellte 1931 mangels teilnehmender Teams den Spielbetrieb ein;[1] die »Churches League« beschleunigte ihren Verfall, als sie 1925 ihren Spielern vorschrieb, sich als Mitglied einer Kirchengemeinde registrieren zu lassen.[2]

1 *Fishwick*, From Clegg to Clegg House, S. 31.

2 *Ders.*, English Football and Society, S. 12; Zahl der der »Sheffield and Hallamshire Football Association« affiliierten Klubs nach SHFA, Annual Report 1938/39. – Auf eine allgemeine, im Vergleich zu Sheffield allerdings schwächer ausgeprägte Verschiebung von gemeindlichen zu be-

Auflösungserscheinungen zeigten auch andere kirchengemeindliche Vereinigungen, insbesondere wenn sie sich an erwachsene Arbeiter richteten. Das ergibt ein Vergleich der jährlichen Handbücher der »Congregational Church« in Sheffield für die Jahre 1906 und 1929 bis 1931. Bei etwa gleichbleibender Zahl von 4000 Mitgliedern in 28 (1906) bzw. 29 (1930) Gemeinden ging das Organisationsangebot für Männer und Frauen stark zurück. 1906 hatten noch mindestens sieben Gemeinden eine Einrichtung zur religiösen Vergemeinschaftung von Männern, zumeist eine Bibelgruppe, unterhalten; mindestens vier Gemeinden hatten Erwachsenenbildung geboten. Die Handbücher von 1929 bis 1931 erwähnen noch eine einzige »men's bible class«, ein »men's institute« und zwei »men's meetings«. Auch die »mothers' meetings« und Nähzirkel, die 1906 in fast allen Gemeinden existierten, waren um 1930 selten geworden. Die Zahl der Gemeinden mit Sportklubs sowie der mit literarisch-künstlerischen Gruppen sank zwischen 1906 und 1930 jeweils von sieben auf drei. Die Alkoholgegner-Vereine, 1906 noch in mindestens sechs Gemeinden aktiv, hatten sich bis 1930 sämtlich aufgelöst. Gleiches gilt für Unterstützungskassen wie »penny banks« oder »sick and dividing clubs«, die 1906 noch in mindestens acht Gemeinden bestanden hatten. Besonders das Verschwinden dieser auf die Bedürfnisse finanzschwacher Gemeindemitglieder ausgerichteten Organisationsangebote ist ein Indiz für das gesunkene Interesse von Arbeitern an kirchlichen Vereinen.[3]

Weil Assoziationen für Erwachsene Mitglieder verloren, richteten die Anbieter von schichtenübergreifenden Vereinigungen ihre Angebote zunehmend an Jugendliche und Kinder. Diese bildeten eine zunehmend wichtige Zielgruppe für »sinnvolle« Freizeitgestaltung und die Ideologie des schichtenübergreifenden Konsenses, nicht zuletzt weil sie über geringere Alternativen verfügten, sich vermeintlich leichter beeinflussen ließen und, sofern sie noch zur Schule gingen, von Lehrern einfach anzusprechen waren. Im deutschen Fall bemühten sich – wie gezeigt – Verbände wie die Deutsche Turnerschaft, die Deutsche Jugendkraft oder der Arbeiter-Turn- und -Sportbund ebenfalls um Jugendliche und Kinder und erzielten auf diese Weise erhebliche Mitgliederzuwächse, während vor allem männliche Erwachsene sich vergleichsweise zurückhielten und mitunter sogar aus Verbänden austraten. In Großbritannien ereignete sich Ähnliches. Die uniformierten Jugendverbände von der »Boys' Brigade« zu den »Boy Scouts« und »Girl Guides« bekamen in der Zwischenkriegszeit starken Zulauf, nachdem die »Volunteer Force«, an die sich »Scouts« und ähnliche Organisationen angelehnt hatten, bereits vor dem Krieg abgewickelt worden war. Eine Abwanderung von Erwachsenen bei gleichzeitigem

trieblichen Sportklubs in anderen Städten Nordenglands deuten die von *Williams, J.*, Churches, Sport and Identities, S. 123f., ermittelten Zahlen hin.

3 Sheffield Congregational Year Books for 1907, 1929, 1930 u. 1931.

Zulauf von Minderjährigen geschah auch im Vorfeld der konservativen Partei, wo die »Primrose League« nach 1919 verstärkt auf die Jugendarbeit setzte und ab 1926 mit den »Young Britons« auch die Gruppe der Neun- bis Fünfzehnjährigen zu gewinnen suchte.[4]

Minderjährige konnten also einfacher als Erwachsene als Mitglieder gewonnen werden. Allerdings gestaltete sich im Vereinsalltag das Verhältnis zwischen Jugendlichen und den jeweiligen Vorständen ähnlich spannungsvoll wie zuvor, als erwachsene Arbeiterinnen und Arbeiter die primäre Zielgruppe sozialreformerischer Assoziationsangebote gebildet hatten. So wiederholten sich Entwicklungen des 19. Jahrhunderts in den Jugendorganisationen der Zwischenkriegszeit: Angebote wurden selektiv genutzt, und die Mitglieder entzogen sich soweit möglich den Erwartungen der Vereinsleitungen.

Die erwachsenen Vorstände gemeindlicher Klubs mussten die Heraufkunft des »casual members«, des »unverbindlichen Mitglieds« registrieren, das die Einrichtung nur zu einzelnen Veranstaltungen oder wegen ihrer Ausstattung besuchte und sich nicht zur Teilnahme an Sonntagsschule oder Bibelgruppe verpflichten ließ. Manche Klubs setzten auf verstärkte Disziplinierung und vertrieben dadurch ihre Klientel. Andere reagierten, indem sie den Jugendlichen entgegenkamen, das Ziel der »Charakterbildung« aufgaben und den Gemeindeverein schrittweise in einen weitgehend offenen Jugendklub umwandelten.[5]

Im »Park Wesleyan Church Club« in Sheffield, der Gemeindeangehörigen ab 16 Jahren offen stand, kamen beide Strategien zur Anwendung. Zunächst versuchte der Vorstand, mit Härte gegen Mitglieder vorzugehen, die ihre finanziellen und »spirituellen« Beiträge säumig blieben. Er mahnte an, die Beteiligung von Klubbesuchern am religiösen Gemeindeleben strikter zu erfassen. Als dies nicht fruchtete, schloss der Vorstand Jugendliche aus, die trotz mehrfacher Ermahnung Bibelkreis und Gottesdienst ferngeblieben waren. Doch schon kurze Zeit darauf vollzog die Vereinsleitung eine Kehrtwende, schrieb ehemalige Mitglieder, darunter die kurz zuvor verbannten, an und warb für einen Wiedereintritt, und dies noch zu günstigeren Konditionen als vorher. Der Beitrag wurde gesenkt, und statt drei Besuchen von Sonntagsschule, Messe oder Bibelklasse innerhalb von vier Wochen forderte der Vorstand nurmehr sechs im Quartal. Zudem gestattete der Klub auch Nicht-Gemeindemitgliedern den Besuch.

Der Grund für den Strategiewechsel lag wohl vor allem darin, dass der Gemeindeverein in finanzieller Hinsicht auf zahlende »Kunden« angewiesen war, und das erforderte Zugeständnisse an die Jugendlichen. Langfristig vermochte der »Park Wesleyan Church Club« jedoch auch durch seine schrittweise Sä-

4 *Pugh*, The Tories and the People, S. 183; *Ders.*, Popular Conservatism, S. 263.

5 *Fowler*, S. 139 (»casual member«) u. 159 (Säkularisierung).

kularisierung nicht zu überleben. Zunächst wurde die Zahl der Öffnungstage reduziert, bis der Klub 1927 mit finanziellem Verlust seine Tore schloss. Der Grund für den Beschluss war die mangelnde Nachfrage der Jugendlichen. Der Vorstand stellte fest, »[t]he majority of members had migrated to other clubs, where there was an outdoor section of Sport.« Drei Jahre darauf trat das »governing committee« erneut zusammen und erwog die Neugründung, diesmal als gemischtgeschlechtliche Einrichtung, was die weitere Entwicklung hin zu einem säkularen Jugendklub anzeigt.[6]

Erfolgreicher als kirchliche Jugendklubs rekrutierten die uniformierten Verbände der »Boy Scouts« (1908) und »Girl Guides« (1910), der »Boys' Brigade« (1883), der »Boys' Life Brigade« (1899) und »Girls' Life Brigade« (1902), der »Church Lads' Brigade« (1891) und »Jewish Lads' Brigade« (1895) ihre Klientel. Die lokalen Einheiten dieser Jugendverbände waren meist in Verbindung mit Kirchen und Schulen gegründet worden. Die größten Zuwächse verzeichneten »Scouts« und »Guides«. 1919 gab es im Vereinigten Königreich knapp 220 000 »Boy Scouts«, 1933, auf dem Höhepunkt der Organisationsentwicklung, gut 480 000; die Zahl der »Girl Guides« stieg im selben Zeitraum sogar von 123 000 auf 623 000. Die übrigen Verbände vereinten zusammen weniger als die Hälfte der »Scouts«; die »Boys' Brigade«, die 1927 mit der »Boys Life Brigade« fusionierte, erreichte ihre höchste Mitgliederzahl 1939 mit gut 160 000.[7]

Grund für diesen Zuwachs ist wohl vor allem die stärkere Ausrichtung auf jüngere Kinder ab acht Jahren, auf die Geländespiele und Fahnenappelle, Uniformen und Geheimcodes der »Scouts« besonderen Reiz ausübten. Schulkinder bestimmten mehr und mehr das Erscheinungsbild der Jugendverbände, was wiederum ältere Jugendliche eher abschreckte, ebenfalls Uniformen mit kurzen Hosen zu tragen. Zwar fehlen landesweite Statistiken, die über die altersmäßige Zusammensetzung der »Scout«- und »Guide«-Kompanien genaueren Aufschluss geben könnten. Jedoch deuten einzelne lokale zeitgenössische Untersuchungen und Einschätzungen von Aktivisten in der Jugendbewegung darauf hin, dass die Organisationen ihren Reiz für Schulabgänger verloren.[8]

Eine 1931 von der »London School of Economics and Political Science« in der Metropole durchgeführte Erhebung ergab, dass von jeweils 1 000 Mitgliedern der »Boys'« bzw. der »Church Lads' Brigade« 370, von »Boy Scout«-Truppen 485 unter 14 Jahre alt waren. Von den über 14jährigen besuchten weiterhin mehr als die Hälfte der »Scouts« und knapp 30% der »Brigadisten« eine Schule.[9] »Scouting« – und ähnliches gilt wohl auch für »Guiding« – blieb also mehrheit-

6 Park Wesleyan Young Men's Social, Recreation and Sports Club, Minutes 1923–30, Sheffield Archives, NR 1697.

7 Zahlen nach *Proctor*, S. 105f.

8 *Fowler*, S. 149.

9 *London School of Economics*, S. 193f.

lich auf den Lebensabschnitt bis zum Verlassen der Schule beschränkt. Daraus folgte ein schneller Durchlauf der Mitglieder, der wiederum erklärt, warum eine 1966 durchgeführte Umfrage unter 2000 Erwachsenen zu dem Ergebnis führte, dass 59% der Männer und 52% der Frauen eine Zeitlang einer uniformtragenden Jugendorganisation angehört hatten.[10]

Auch im deutschen Fall gibt es Anzeichen dafür, dass jugendliche Mitglieder sich nach Möglichkeit den sachfremden Erwartungen seitens der Vereinsvorstände und Verbandsfunktionäre entzogen. So galten die DJK-Fußballer den katholischen Autoritäten als »schwarze Schafe«, da sie um des Sports willen der Andacht fernblieben, gemeindefremde Spieler in ihre Teams aufnahmen und mitunter im Alkoholrausch Jugendkraftlieder grölend durch die Gemeinde zogen.[11] Ob und in welchem Umfang solche Entwicklungen sich auch in anderen Verbänden wie der Turnerschaft oder dem ATSB ereigneten, bedarf weiterer Forschung. Anzunehmen ist, dass wie bereits für die Arbeiterschaft im 19. Jahrhundert geschildert die Unabhängigkeit minderjähriger Vereinsmitglieder im hohen Maße davon abhing, ob ihnen Alternativangebote offenstanden.

Ein Grund dafür, dass sich erwachsene Arbeiterinnen und Arbeiter aus den kirchengemeindlichen Vereinigungen zurückzogen, lag in der Expansion des Werksvereinswesens nach dem Krieg. Vor allem Industrieunternehmen und Betriebe des öffentlichen Dienstes, aber auch Firmen aus dem Bereich Handel und Gewerbe wie Banken und Kaufhäuser schufen seit den 1920er Jahren im Rahmen einer ausgeweiteten betrieblichen Sozialpolitik vermehrt Freizeiteinrichtungen für ihre Arbeiter und Angestellten. Sie initiierten Klubs für Fußball, Cricket, Golf, Leichtathletik oder Tennis und sorgten für die dazu notwendigen Sportanlagen. Betriebe richteten Klubräume ein, legten Fabrikgärten an, bauten Schwimmbäder, veranstalteten Betriebsausflüge, Billard- und Brettspielturniere, unterstützten Chöre, Orchester und »brass bands«, Laientheater-, Volkstanz- und Diskussionsgruppen, Handarbeitszirkel, Anglervereine und Radlerklubs.[12]

Primär sollten die betrieblichen Freizeiteinrichtungen dafür sorgen, dass sich Arbeiterinnen und Arbeiter mit »ihrem« Betrieb identifizierten und für den Einfluss von Gewerkschaften unempfänglich wurden. »The only strike they really like // Is striking steel, they say«, lauten in diesem Sinne zwei Zeilen aus der Betriebshymne des Vickers-Stahlkonzerns.[13] »Corporate culture« verfolgte ähnlich der weiter oben für den deutschen Fall beschriebenen betrieblichen Sozialpolitik der 1920er Jahre das Ziel, die Beziehungen zwischen

10 *Wilkinson*, S. 3.
11 *Kösters*, S. 139.
12 *Jones, Stephen G.*, Workers at Play, S. 70.
13 A Song of Vickers, in: Vickers News, New Series, Bd. 2 (1925/26), S. 61.

Belegschaft und Management zu verbessern, indem sie Arbeitern und Angestellten den Gedanken nahebrachte, Teil einer Betriebsgemeinschaft zu sein. Zu diesem Zweck bemühten die Initiatoren der Werksfreizeit noch einmal die aus den Zeiten der »rational recreations« überkommene Rhetorik, nach der gemeinsame, »sinnvolle« Freizeitgestaltung Klassenunterschiede einebne: »Sport in itself is the best antidote to revolutionary ideas, for on the sports ground, king and subjects, prince and workmen all stand alike«, verkündete beispielsweise der Sheffielder Industrielle Sir Robert Hadfield, einer der Vordenker der Werksvereinsbewegung, bei der Eröffnung des betrieblichen Sportgeländes.[14]

Die Idee, durch betriebliche Sozialmaßnahmen die Arbeitsfreude von Lohnempfängern zu steigern und ihr Verhältnis zur Betriebsführung zu verbessern, war keine Erfindung der Zwischenkriegszeit. Paternalistische Einrichtungen für die Freizeitgestaltung der Belegschaft bestanden schon im 19. Jahrhundert.[15] Jedoch wuchsen die Werksvereine nach dem Krieg vor einem anderen Hintergrund, was ihnen einen neuen Charakter verlieh.

Zu den gewandelten Bedingungen gehörte zunächst einmal, dass die Unternehmen selber durch Fusionen und Übernahmen erheblich gewachsen waren. Die zunehmende Betriebsgröße machte einen »persönlichen« Paternalismus mit altruistischem Anstrich, wie er noch im 19. Jahrhundert gängig war, unmöglich. Die Schaffung einer Betriebsgemeinschaft wurde so zu einer offenkundig ökonomisch motivierten Managementstrategie, weil die Arbeiterschaft nicht mehr zu persönlicher Dankbarkeit verpflichtet werden konnte.[16] Dieser Wandel vom paternalistischen zum Managementkapitalismus hatte bereits im ausgehenden 19. Jahrhundert begonnen und gewann nach dem Ersten Weltkrieg an Dynamik.

Hinzu kam, dass unternehmerische Sozialpolitik nach dem Krieg auch darauf zielte, staatliche Interventionen abzuwenden. Im Krieg hatte die Regierung in Produktion und Arbeitsverhältnisse eingegriffen, und es war in den zwei Jahren nach seiner Beendigung alles andere als sicher, dass sie sich wieder vollständig zurückziehen würde. Die Labour-Partei versprach 1918 die unmittelbare Verstaatlichung der Eisenbahnen, Zechen und Elektrizitätswerke sowie die mittelfristige »Nationalisierung« weiterer Industriezweige. Selbst unter den »Tories« fanden sich angesichts der im Krieg offenbar gewordenen Ineffizienz britischer Unternehmen Befürworter staatlicher Wirtschaftslenkung.[17] Um zu demonstrieren, dass weitere Maßnahmen des Gesetzgebers unnötig seien,

14 Sport and Work. Better Relations Beween Employers and Employed, in: Sheffield Telegraph v. 28.5.1923, S. 3.

15 *Joyce*, S. 171f.

16 *Smith*, S. 144.

17 *Singleton*, S. 15 u. 17–20.

ergriffen die Arbeitgeber die Initiative und investierten selbst in betriebliche Einrichtungen.[18]

Beide Motive, die längerfristige Wandlung betrieblicher Sozialpolitik von der paternalistischen Fürsorge zur Managementstrategie sowie die Furcht vor staatlicher Intervention, versetzten Arbeiter in eine starke Position, in der sie sich den disziplinierenden Absichten der Unternehmer entziehen konnten. Unter den gegebenen Umständen verwechselten Arbeiter betriebliche Freizeitangebote nicht mit Altruismus, und so forderten sie entsprechende Einrichtungen, anstatt bloß darauf zu warten. Die »works clubs« verwalteten sie häufig selbst.[19] Die schichtenübergreifende Rhetorik, in die die Arbeitgeber ihre Organisationsangebote nach wie vor kleideten, dürfte ohnehin kaum verfangen haben, da sie offenkundig der Realität widersprach. Kantinen, Pensionskassen und Freizeitklubs richteten sich jeweils spezifisch an »manual« und »non-manual employees«, was soziale Hierarchien nicht abbaute, sondern im Gegenteil das Gefühl von »›them‹ and ›us‹« verstärkte.[20]

Ein gewisses Misstrauen gegenüber den unternehmerischen Motiven hielt Arbeiter und Arbeiterinnen nicht davon ab, betriebliche Freizeiteinrichtungen weidlich zu nutzen. Das gesamte Ausmaß des Werksvereinswesens ist zwar nicht zu bestimmen, da entsprechende Erhebungen fehlen. Zudem verblieben viele Werksklubs mit ihren Aktivitäten im betrieblichen Umfeld; ihre Erfassung müsste daher auf betrieblicher Ebene geschehen. Nimmt man jedoch den Werkssport und damit den von außen am ehesten sichtbaren Teil der betrieblichen Vereine zum Indikator, dann deutet vieles darauf hin, dass »works' clubs« an zahlreichen Orten in der Zwischenkriegszeit zu einem der wichtigsten Freizeitanbieter avancierten und ihre Verbreitung die Dimension des Werksvereinswesens in Deutschland übertraf. Dort spielte, wie gezeigt, betriebliche Freizeit zumindest vor 1933 eine gemessen am »freien« Vereinswesen geringe Rolle.

In Sheffield etwa wurde 1919 die »Sheffield Works' Sports Association« (SWSA) gegründet, der am Vorabend des Zweiten Weltkrieges 105 Betriebe angehörten und die Sektionen unter anderem für Fußball, Cricket, Tennis, Bowls, Schach und Darts unterhielt.[21] Die SWSA zählte in den dreißiger Jahren 100 Angelklubs und veranstaltete das größte Wettfischen in der Stadt mit bis zu 2000 Teilnehmern.[22] Gut 100 Werks-Fußballteams, etwa ein Siebtel aller antretenden Mannschaften, nahmen am Ligabetrieb teil, der der Aufsicht der örtlichen »Football Association« unterstand und über den die Lokalpresse

18 *Fitzgerald*, S. 204.

19 *Jones, Steve*, S. 75f.

20 *Jones, H.*, S. 69f.

21 Sheffield and District Works' Sports Association, Twenty-first Annual Report (1940).

22 Fred Gould, Works Sports Men have pushed ›New Boy‹ to top, in: Angling Review, Nov. 1962, S. 14.

berichtete.[23] Hinzu kam eine Vielzahl von Teams, die sich lediglich an firmeninternen Wettkämpfen beteiligten. Die Edgar-Allen-Stahlwerke, die vier Mannschaften für den außerbetrieblichen Ligabetrieb meldeten, veranstalteten ein jährliches Turnier, an dem 1920 13 Teams teilnahmen, die verschiedene Werkstätten innerhalb des Unternehmens repräsentierten. Das Finale bestritten die »Finishers« gegen die Mannschaft des »building departments«.[24]

Lokale Werkssportverbände wie in Sheffield gab es unter anderem in Birmingham, Liverpool und Coventry. In Hull wurde 1930 eine Assoziation gegründet, der fünf Jahre später 52 Firmen angehörten und die 30000 Beschäftigte organisierte; die Londoner »Business Houses' Amateur Sports Federation«, die größte »works' sports association« des Landes, koordinierte den Sportbetrieb zwischen 300 Firmen. Eine 1936 durchgeführte Erhebung der »Industrial Welfare Society« (1918) schließlich ergab, dass von 88 befragten Betrieben mit über 1000 Beschäftigten 75 über einen firmeneigenen Sportplatz verfügten und durchschnittlich ein Viertel ihrer Belegschaft in einem Werksverein organisierten.[25]

Der Zulauf zu den britischen Werksvereinen ist vor allem darauf zurückzuführen, dass sie oft die mit Abstand besten Bedingungen für Freizeitaktivitäten offerierten. Während beispielsweise die kirchengemeindlichen Sportklubs für besonders schlechte Plätze bekannt waren, sorgten Unternehmen mancherorts für die am besten hergerichteten Spielfelder, die zu nutzen unschlagbar preisgünstig war.[26] Hinzu kam, dass Werksvereine ihren Mitgliedern den uneingeschränkten Sportbetrieb ermöglichten. Dagegen erforderte der Sport in kirchengemeindlichen Vereinen Kompromisse mit den nicht sporttreibenden Gemeindemitgliedern, denn die waren kaum bereit, bedingungslos den Spielbetrieb bloß nomineller Gemeindeangehöriger oder gar Außenstehender mitzufinanzieren. Folglich wurden Sportplätze nicht nur für die jeweils mit einer Kirche verbundenen Cricket-, Fußball-, Hockey-, Tennis- oder Bowlsklubs genutzt, sondern auch für Gemeindefeste und Picknicks beansprucht.[27] Das sorgte für latente Konflikte, die Sportler mit dem Eintritt in Werksvereine von vorneherein vermieden.

So lag die größte Wirkung der Werksvereine wohl darin, Arbeitern eine weitere Alternative zu eröffnen, um sich den Zumutungen zu entziehen, die mit der Mitgliedschaft in anderen schichtenübergreifenden Vereinigungen verknüpft waren. Sie trugen daher zum Verfall dieser Vereine bei. »Works' clubs« selbst blieben zwar finanziell abhängig von den Unternehmen. Dass sie wie be-

23 *Fishwick*, English Football and Society, S. 12.

24 Edgar Allen Works and Sports Magazine 1 (1920), S. 21.

25 *Jones, Stephen G.*, Workers at Play, S. 70; *Durant*, S. 241.

26 *Smith*, S. 144; zu Mitgliedsbeiträgen siehe *Fishwick*, English Football and Society, S. 13.

27 Für Beispiele siehe Church Sports Ground. Mr. J. C. Clegg on Government Control, in: Sheffield Telegraph v. 4.5.1925, S. 7; Sheffield Wesleyan Mission. Annual Report (1921).

absichtigt Belegschaften gegen gewerkschaftliche Mobilisierung immunisiert hätten, kann man jedoch nicht behaupten. So trat beim Süßwarenproduzenten Cadbury, der sich in der betrieblichen Sozialpolitik besonders hervortat, während des Generalstreiks im Mai 1926 gut ein Viertel der Belegschaft in den Ausstand.[28]

28 Zum Sportengagement Cadburys siehe *Jones, Stephen G.*, Workers at Play, S. 69; zum Unternehmen im Generalstreik: *Birmingham Public Libraries*, S. 31.

2. Die Verfestigung schichtenspezifischer Assoziationswelten

2.1. Ausdehnung, Verdichtung und Abgrenzung gegen die »working class«: Vereine der Mittelschicht

Während der schichtenübergreifende Verein mit den gleichen Schwierigkeiten konfrontiert war wie vor dem Krieg, verstärkte sich in den Jahren zwischen den Kriegen die Profilierung und Ausdehnung der jeweils der Mittel- bzw. der Arbeiterschicht zuordnenbaren Vereinsbereiche. Eine zunehmende Formalisierung der Geselligkeit in den Klubs der Mittelschicht ließ sich bereits am Ende des 19. Jahrhunderts beobachten. Angehörige der »middle class«[29] organisierten ihren sozialen Austausch zunehmend in Assoziationen, die überdies immer exklusiver und reglementierter wurden. Der Bedarf nach vereinsmäßig organisierter Geselligkeit ergab sich unter anderem durch die Tendenz, dass Angehörige der Mittelschicht aus den Stadtzentren in die Vororte zogen, wodurch sich Gelegenheiten zu zufälligen Begegnungen reduzierten. Dass die assoziative Geselligkeit ihrerseits stärker formalisiert wurde, resultierte aus einem wachsenden Abgrenzungsbedürfnis gegen Kultur und gesellige Formen der Arbeiterschaft. Beide Faktoren, der räumliche Rückzug und der Wille zur sozialen Abgrenzung, gewannen nach dem Krieg weiter an Gewicht. Sie förderten die Ausdehnung des spezifischen Assoziationswesens der Mittelschicht und prägte den dort gepflegten Geselligkeitsstil.

Zwischen 1919 und 1939 schritt vor allem in England der Zug in die Vororte dynamisch voran. In diesen Jahren entwickelte sich das am stärksten urbanisierte Land der Welt zum »suburbansten«; das gesamte städtische Gebiet Englands dehnte sich um 50% aus, während die Stadtbevölkerung lediglich um 10% zunahm.[30] Insgesamt wurden vier Mio. neue Häuser errichtet, drei Viertel davon für den privaten Markt und zu Preisen, die auch für die untere Mittel- und die gehobene Arbeiterschicht erschwinglich waren.[31]

29 Das waren nach dem Sozialhistoriker Ross McKibbin neben denjenigen, die mindestens £250 im Jahr verdienten und knapp 15% der Bevölkerung ausmachten, die kleinen Angestellten und Händler, die mit dieser Verdienstgruppe Ansichten und Verhaltensweisen teilten und von Arbeitern der »middle class« zugerechnet wurden. Insgesamt gehörten damit 1931 ca. 22% der Bevölkerung zur Mittelschicht (*McKibbin*, Classes and Cultures, S. 45f.). Bezogen auf das gesamte Vereinigte Königreich – McKibbin betrachtet allein England und Wales – entsprach dies absolut gut zehn Mio. Menschen (Bevölkerungszahl nach *Butler* u. *Butler*, S. 323).

30 *Whitehand* u. *Carr*, S. 483. Für Schottland siehe *Glendinning*, S. 150–155.

31 *Meller*, Housing and Town Planning, S. 399.

Vor allem aber die Mittelschicht ließ sich in »Suburbia« nieder. Der Anteil der Hauseigentümer an der »middle class« stieg auf ein bis dahin unerreichtes Maß; 60% aller Mittelschichtenfamilien besaßen am Vorabend des Zweiten Weltkriegs ein Haus oder waren dabei, es abzubezahlen. Dagegen nahm der Anteil von Arbeitern an der Eigentümerschaft im Vergleich zur Vorkriegszeit ab. Hausbesitz bildete auch aus Sicht der Zeitgenossen einen zentralen Bestandteil des Lebensstils der Mittelschicht. Das eigene Haus wurde mit kulturellen und ökonomischen Erwartungen aufgeladen; es diente seinem Besitzer als Geldanlage, beförderte das Ansehen seiner Bewohner und bot ihnen ein »Heim« im emphatischen Sinne.[32]

Suburbanisierung und Hausbesitz bestimmten stärker als in der Vorkriegszeit das gesellige Leben der »middle class«. Da man mehr Zeit darauf verwendete, zur Arbeit zu fahren und Haus und Garten in Schuss zu halten, reduzierte sich das Zeitbudget für außerhäusige Kontakte. Auch fehlte es den Vorstädten oft an einer sozialräumlichen Struktur, die es begünstigt hätte, dass sich die Wege der Bewohner kreuzten. Der Hausbau schritt weitgehend ohne städtebauliche Planung voran, und so entstanden im Extremfall »ribbon developments«, lange Reihen von Doppelhäusern entlang den Ausfallstraßen der Städte, ohne öffentliche Plätze und mit weiten Wegen zu Läden, Theatern, Kinos und Kneipen.[33] Um unter diesen Gegebenheiten nicht in den eigenen vier Wänden zu vereinsamen, mussten die Bewohner der Vororte ihr geselliges Leben stärker planen. Dazu bot es sich an, Vereinen beizutreten bzw. solche zu gründen. Folgerichtig stieg die Zahl von Assoziationen der Mittelschicht auch nach dem Krieg weiter an.

Unter anderem entstanden zwischen 1919 und 1950 3000 neue Freimaurerlogen, so dass bis 1950 450000 Männer – das entsprach etwa 20% der mittleren bis gehobenen männlichen Mittelschicht – einer Loge angehörten.[34] Schnell verbreiteten sich nach dem Krieg auch die von den Vereinigten Staaten herkommenden »service clubs« wie »Rotary«, »Lions«, »Elks« oder »Kiwanis«, die sich satzungsgemäß der Förderung des Gemeindewohls verschrieben, die aber ähnlich den Logen und den »chambers of commerce« vornehmlich dem geschäftlichen und sozialen Vorankommen ihrer Mitglieder dienten. In Großbritannien und Irland gab es 1914 erst acht, 1933 bereits knapp 400 »Rotary«-Klubs. Die absolute Mitgliederzahl der »service clubs« blieb jedoch insgesamt gering – 1935 zählte die »Rotary International-Association for Great Britain and Ireland« 18389 Mitglieder – was für die Exklusivität dieser Vereinigungen spricht.[35]

Frauen aus der Mittelschicht partizipierten allgemein in deutlich geringerem Maße an Vereinsgeselligkeit. Dass sie jedoch als Hausfrauen ein gänzlich isolier-

32 *McKibbin*, Classes and Cultures, S. 74f.

33 *Ebd.*, S. 73–75.

34 *Ebd.*, S. 89.

35 *Rotary International*, S. 97–126; Zahl der Einzelmitglieder bei *Bürgers*, S. 8.

tes Leben geführt und sich allein um Haus, Garten und eine abnehmende Zahl von Kindern gekümmert hätten, wie zeitgenössische Kritiker beklagten, ist stark übertrieben.[36] Mittelschichtenfrauen prägten Organisationen wie die anglikanische »Mothers' Union«, die 1939 538 000 Mitglieder zählte, und die »Women's Institutes«, die in Ortschaften bis 5 000 Einwohner aktiv waren und 1937 318 000 Frauen vereinigten. In den Städten waren solche Vereinigungen weit weniger erfolgreich. Die »Townswomen's Guilds«, 1928 als städtische Ergänzung der »Women's Institutes« entstanden, brachten es bis 1939 auf 54 000 Mitglieder. Frauen aus der »middle class« besetzten die Vorstände dieser Vereinigungen; umstritten ist allerdings, ob sie auch die Mehrheit der Mitglieder stellten.[37]

Neben diesen eher konventionellen Hausfrauenorganisationen richtete sich die »National League for Health and Beauty« an die »moderne«, konsumorientierte Frau mit kleinem, aber eigenem Einkommen. 1930 als eine Art semikommerzieller Fitnessklubbewegung ins Leben gerufen, zählte die Liga am Vorabend des Zweiten Weltkriegs 170 000 Mitglieder in Großbritannien, Australien, Kanada und Hongkong. Frauen besuchten dabei nicht nur bloß Fitnesskurse, sondern schätzten besonders die Klubatmosphäre und schlossen in der Liga oft Freundschaften. Da die Liga unter anderem einen Babysitterdienst bot, stand sie auch jungen Müttern offen, die mit ihren Männern berufsbedingt fortgezogen waren und am neuen Wohnort abgeschnitten von familiärer Unterstützung etwas gegen die drohende Vereinsamung unternehmen wollten.[38]

Zuwächse verzeichneten auch die von der »middle class« bevorzugten Sportklubs. Darauf weisen weiter steigende Mitgliedszahlen der Dachverbände hin. Der »Lawn Tennis Association«, der 1914 etwa 1 000 Klubs angeschlossen gewesen waren, gehörten 1925 1 620 und 1938 3 220 Vereine an. Mitte der 1930er waren es bei 2 874 Klubs über 75 000 Einzelmitglieder. Der »Amateur Athletic Association« waren 1914 etwas über 500, 1930 ca. 1 000 Klubs affiliiert. Das Golfspiel hatte seine größten Zuwachsraten in den beiden Jahrzehnten um 1900 verzeichnet; in der Zwischenkriegszeit entstanden jedoch noch einmal 239 neue Klubs. »Football« nach den Regeln der »Rugby Union« nahm in den 1920ern ebenfalls einen Aufschwung mit 231 neuen Klubs. Der »Cyclists' Touring Club« und die »National Cyclists' Union«, beides Verbände von Radwandererklubs, zählten 1938 zusammen über 60 000 Mitglieder.[39]

36 *McKibbin*, Classes and Cultures, S. 82f.

37 Zahlen nach *Beaumont*, S. 415–419. Beaumont charakterisiert diese Organisationen als »mainly middle-class« (S. 414), während *Andrews*, S. 117, betont, es sei falsch, zumindest die »women's institutes« als »predominantly middle class« zu bezeichnen. Beide stimmen jedoch darin überein, dass die Vereinsleitung von Frauen aus der Mittelschicht übernommen wurde. Eine genaue Analyse der Mitgliederbasis steht aus.

38 *Matthews*, S. 49f. u. 23 (Mitgliederzahlen).

39 *Walker*, S. 250 (Tennis); *Huggins* u. *Williams*, S. 10 (Einzelmitglieder LTA); *Crump*, S. 45 (Leichtathletik); *Lowerson*, Golf, S. 200; *Williams, G.*, S. 325 (Rugby); *Howkins* u. *Lowerson*, S. 46 (Radfahrklubs).

Während die Zahl der Mittelschichten-Sportklubs schon vor dem Krieg beträchtlich gewesen war, erreichten die häufig von Angehörigen der Mittelschicht getragenen Theatervereine erst nach 1919 ihren Durchbruch. Aus einer Adressenliste für eine Umfrage unter Theater- und Opernvereinen in Sheffield aus dem Jahr 1930 geht hervor, dass typische Vertreter der »lower middle class« wie »clerks«, Versicherungsagenten, reisende Vertreter und kleine Ladenbesitzer die größte Gruppe unter den geschäftsführenden Vorständen bildeten. Einen fast ebenso hohen Anteil hatten zumeist unverheiratete Frauen, darunter einige, die als Musiklehrerin oder Sprechausbilderin arbeiteten und professionelles Interesse am Laienspiel hatten. Als einziger Handarbeiter ließ sich ein Klempner ermitteln.[40]

Die Gesamtzahl der Laienspielvereine ist nicht zu eruieren, da sich nur ein Teil von ihnen nationalen und regionalen Verbänden anschloss. Schätzungen zufolge sollen Mitte der 1930er allein in Nordengland 10000 Gruppen mit einer halben Million Mitglieder aktiv gewesen sein; an anderer Stelle ist für 1939 von geschätzten 30000 Amateurvereinen die Rede, die jährlich ein Publikum von annähernd fünf Mio. Menschen erreichten.[41] Der 1919 gegründeten »British Drama League«, dem größten Theaterverband des Landes, gehörten 1931 über 3300, am Vorabend des Zweiten Weltkriegs knapp 4000 und auf ihrem Höhepunkt 1943/44 5000 »societies« an.[42] Die 1899 gegründete »National Operatic and Dramatic Association« (NODA), die trotz ihres Doppelnamens weit überwiegend Operngruppen vereinte, zählte in den dreißiger Jahren um 1000 affiliierte »societies« und nahm an, dass noch einmal ebenso viele Gruppen außerhalb des Verbandes existierten.[43]

In Sheffield, wo es vor 1914 vielleicht eine Handvoll Theatervereine gegeben hatte, sprach ein gut informierter Insider von mindestens 100 Gruppen in der Stadt. 45 Vereine, die sich zu einem lokalen »First Night Circle« zusammengeschlossen hatten, der den wechselseitigen Premierenbesuch der Gruppen fördern sollte, verzeichneten etwa 3000 Mitglieder, so dass man insgesamt allein in Sheffield von 5000 Mitgliedern ausgehen kann.[44]

Zum großen Teil entstanden die Gruppen in Verbindung mit Kirchengemeinden und Unternehmen, die ihnen geeignete Räume für Proben und Aufführungen bereitstellen konnten. Einige Gruppen wurzelten in anderen Vereinigungen wie der Veteranenvereinigung »British Legion«, andere bildeten

40 Sheffield Social Survey Committee, Survey on Amateur Dramatics (1930), Sheffield Archives, MD – 1232–1.

41 *Taylor, G.*, S. 117–119 u. 59f. (Nordengland); *Brockett* u. *Findlay*, S. 470. – Keine der beiden Arbeiten nennt Quellen für die Schätzungen.

42 *Davies*, Other Theatres, S. 81.

43 *Lowerson*, An Outbreak of Allodoxia?, S. 200.

44 Playhouse for Amateurs. Sheffield Festival Development, in: Sheffield Independent v. 8.5.1930, S. 7.

sich aus theaterinteressierten Freundeskreisen. Einen gewissen Teil der Theatervereine machten schließlich semiprofessionelle Ensembles aus, worauf neben dem erwähnten Engagement von Musiklehrerinnen und Sprechausbilderinnen auch der verbreitete Einsatz von Berufsschauspielern in tragenden Rollen schließen lässt. Im Unterschied zum Sport – und anders als in Deutschland, wo der Gesetzgeber Berufstheater und Laienspiel strikt voneinander zu trennen versuchte – blieb die Unterscheidung zwischen Amateuren und »professionals« unscharf und war auch nicht mit eindeutigen sozialen und kulturellen Wertungen verbunden.[45]

Das anwachsende Assoziationswesen der Mittelschicht grenzte sich in den 1920er und dreißiger Jahren stärker noch als vor 1914 von der Arbeiterschicht ab. Unter anderem geschah dies dadurch, dass sich Mittelschichtenklubs räumlich abschlossen. Mehr und mehr Vereinigungen zogen sich aus öffentlichen Räumen wie »pubs«, »hotels« und »inns« in private Klubräume zurück, wie die Zunahme an Klubs mit Schanklizenz belegt. Zwischen 1919 und 1935 verdoppelte sich die Zahl der »registered clubs« in England und Wales beinahe und stieg von 8049 auf 15657, wobei allerdings »working men's clubs« sowie lizensierte Klubs von Gewerkschaften und der Labour-Partei in dieser Zahl enthalten sind. Nimmt man die nach Vereinigungszwecken aufgeschlüsselten Zahlen für das Jahr 1930 zum Ausgangspunkt, dann entfielen auf die von der »middle class« frequentierten Freimaurerlogen, »sport« und »gentlemen's clubs« gut 1,7 Mio. Mitgliedschaften; hinzu kommt ein nicht näher zu bestimmender Anteil an mehr als 1,2 Mio. Mitgliedschaften von »political«, »service or exservice« und »other clubs«. 1896, für das vergleichbare Daten vorliegen, hatte die Gesamtzahl aller Mitgliedschaften in »registered clubs« bei etwas über 880000 gelegen.[46]

Eine andere Form der sozialräumlichen Distanzierung bestand im Falle der Sportklubs darin, dass sich die »middle class« von populären Sportarten abwandte und sich auf andere, für Arbeiter teilweise zu kostspielige »sports« konzentrierte. Die Aufteilung des Sportinteresses nach Schichten, bereits vor 1914 ausgeprägt, verstärkte sich in der Zwischenkriegszeit eher noch. Der Aufschwung des Rugbyspiels beispielsweise verdankte sich der Abwendung der »middle class« vom proletarischen Fußball. Die soziale Basis der aktiven Ruderer wurde enger, weil die mit dem Rudern verbundenen Berufe ausstarben und so vor allem Universitäten und Privatschulen dem Sport Nachwuchs zuführten. Hinzu kam, dass man auf die Ergebnisse in anderen Sportarten bequemer wetten konnte, was dem auf Wetteinsätze und Preisgelder angewiesenen Arbeiterrudern die finanzielle Basis entzog. Die gleiche Entwicklung vollzog sich in der Leichtathletik, wo die kommerziellen, auf das Wetten ausgerich-

45 *Lowerson*, Amateur Operatics, S. 172.

46 Zahlen nach *Wilson*, S. 141 u. 384.

teten und außerhalb der Verbände veranstalteten Laufwettbewerbe des »pedestrianism« bereits vor dem Krieg verschwunden waren und sich die Athleten nunmehr meist aus Schulen und Universitäten rekrutierten.[47]

Im »first class cricket«, das Anhänger in allen Bevölkerungskreisen hatte und wo ein Ausweichen der Schichten schwer möglich war, markierte die Unterscheidung zwischen Amateuren und Profis die Distanz zwischen »middle« und »working class«. Es gab separate Umkleideräume und jeweils eigene Zugänge zum Spielfeld; Berufsspieler redeten Amateure mit »Mr« oder »Sir« an, trugen gesonderte Spielkleidung und wurden auf den Anzeigetafeln in den Stadien mit den Initialen hinter statt vor dem Nachnamen aufgeführt. Das Amt des »captains«, der auf dem Spielfeld Anweisungen gab und abseits davon über die Teamaufstellung und die Entlohnung der Berufsspieler mitentschied, blieb Amateuren vorbehalten. Vereinzelt mochte die Unterscheidung zwischen »gentlemen« und »players« zwar an Schärfe verloren haben, wie der Sporthistoriker Jack Williams feststellt.[48] Bemerkenswert ist aber weniger, dass Berufsspieler fallweise mehr Einfluss gewannen, als vielmehr die Tatsache, dass man überhaupt so sehr am Amateurideal festhielt. Denn dies geschah entgegen der Erfahrung, dass der von der »middle class« zum Leitbild erhobene untrainierte »allround sportsman« kaum mehr konkurrenzfähig war.

Neben der Wahl einer Sportart unterstrich die Art, sie zu betreiben, die Distanz zwischen »middle« und »working class«. Die Abneigung gegen »übertriebenen« sportlichen Ehrgeiz, welche in den Sportklubs der Mittelschichten bereits vor dem Ersten Weltkrieg anzutreffen gewesen war, hatte in der Zwischenkriegszeit weiter Bestand; Regeln, um Konkurrenz zu mildern oder zu meiden, blieben in Kraft. In Radlerklubs beispielsweise gab es nach wie vor die »captains«, welche die Reisegeschwindigkeit vorgaben, damit niemand abgehängt würde.[49]

Der in den Mittelschichtenklubs gepflegte subtile Geselligkeitsstil sorgte für eine effektivere Abschließung, als ihn die räumliche Distanzierung oder gar die offene Exklusion hatten leisten können. Darüber hinaus vermochte er, die latenten Spannungen innerhalb der sozio-ökonomisch, religiös und politisch heterogenen Mittelschicht zu reduzieren. Der Sozialhistoriker Ross McKibbin, auf dessen Argumentation die vorliegende Darstellung der Mittelschichtengeselligkeit weitgehend fußt, charakterisiert diese Art des sozialen Umgangs als bereinigt von Themen und Verhaltensweisen, die Anstoß erregen und zu Peinlichkeit Anlass geben konnten. So habe man vermieden, eingehender über Politik oder Religion zu sprechen; sportlicher Einsatz sei schnell als »Übereifer« empfunden und als konfrontativ abgelehnt worden. Größte Wertschät-

47 *McKibbin*, Classes and Cultures, S. 358.
48 *Williams, J.*, Cricket and England, S. 118.
49 No One Dared to Pass the Captain, in: *Hoxley*, S. 34–37.

zung hätten dagegen persönliche Eigenschaften wie Nettigkeit und Humor erfahren, da sie halfen, Gegensätze zu entschärfen, die in einer aus Anglikanern und Nonkonformisten, Konservativen und Liberalen, Alteingesessenen und Zugewanderten bestehenden Mittelschicht potentiell Konfliktstoff darstellten. Nach innen habe dieser entspannte, unernste und sich als »unpolitisch« verstehende Geselligkeitsstil harmonisierend gewirkt. Nach außen habe er effektiv und politisch folgenreich die Mittelschicht gegen politische Ansprüche der organisierten Arbeiterschaft imprägniert:

»By encouraging the belief that all relationships, however intrinsically political, could be depoliticized, this social style became crucial to the development of an ›apolitical‹ anti-socialist vocabulary: it was the Labour Party which dragged ›politics‹ into everything, which took everything so ›seriously‹, which politicized human relationships by emphasizing conflict instead of good humour.«[50]

Die politische Implikation des »unpolitischen« Geselligkeitsstils wurde dadurch verstärkt, dass seine Elemente zu zentralen Bestandteilen von »Englishness« wurden. »Sportsmanship« und »fair play« beispielsweise gehörten nach Ansicht von Männern wie Sir Theodore Cook, Sportredakteur, ehemaliger Kapitän der englischen Fechtmannschaft, Ruderer für das Team der Universität Cambridge und vor dem Krieg eifriger Propagandist im Dienste der »olympischen Idee«, zu den »most deep-seated instincts of the English race«.[51] Die Bereitschaft, über sich selbst zu lachen, sowie die Fähigkeit zur Selbstorganisation avancierten zu englischen Besonderheiten, die das Land gegenüber den Gesellschaften Kontinentaleuropas auszeichneten.[52] Cricket, »Rugby Union«, das kontemplative »game fishing« und das gemächliche Golfspiel galten ebenso als »English« wie das »village green« und die Landschaft, in der diese Sportarten betrieben wurden. »English« war die von der »English Folk Dance Society« »wiederentdeckte« »folk culture«[53] sowie die witzig-humorvollen, gemäßigt patriotischen Opern von William S. Gilbert und Arthur Sullivan, die im späten 19. Jahrhundert entstanden waren und nach dem Krieg das Repertoire der zahlreichen »operatic societies« bestimmten.[54] »Englishness« stand dabei für keinen ethnisch exklusiven englischen Nationalismus. Der Begriff bezeichnete vielmehr Institutionen, Werte, Traditionen und eine bewährte Lebensweise, denen auch die Mittelschicht in Schottland und Wales folgen konnte. Indem »Englishness« nationale Eigenheiten ausblendete, repräsentierte der Terminus letztlich »Britishness«, weshalb beide Begriffe häufig synonym verwendet wurden.[55]

50 *McKibbin*, Classes and Cultures, S. 96–98, Zitat S. 97f.

51 Zitiert nach *Huggins* u. *Williams*, S. 99.

52 *Kirchner*, S. 22–26, 39–43 u. 197–200.

53 *Boyes*, S. 99.

54 *Cannadine*.

55 *Cragoe*, S. 193.

Die Gleichsetzung der von der »middle class« geteilten kulturellen Vorlieben mit »Englishness« bzw. »Britishness« sorgte für einen gemeinsamen Nenner, der der politischen Verständigung innerhalb der parteipolitisch gespaltenen Mittelschicht eine Basis bot und zum Teil erklärt, warum der liberale, nonkonformistische Teil der »middle class« nach dem Ersten Weltkrieg zur konservativen Partei wanderte. Denn vor allem die »Tories« schrieben sich »Englishness« auf ihre Fahne und stellten mit Stanley Baldwin einen Premierminister, den die konservative Presse als »most typical Englishman of his day« bezeichnete.[56] Auf »Englishness«, die über den Parteien stand, konnten sich Angehörige der »middle class« über die verschwimmenden politischen Lagergrenzen hinweg einigen. Zugleich implizierte »Englishness« einen allgemeinen Vertretungsanspruch, der es der Mittelschicht erlaubte, als »the public« oder »the society« aufzutreten und wie selbstverständlich die Vertretung des Gemeininteresses zu beanspruchen, ohne sich mit »Labour« überhaupt auseinandersetzen zu müssen.

Wie Forderungen der organisierten Arbeiterschaft an dieser »unpolitischen« Mittelschicht geradezu abperlten, veranschaulicht der Verlauf des Generalstreiks vom Mai 1926, bei dem landesweit Arbeiter zur Unterstützung ausgesperrter Bergleute in den Ausstand traten. Die von der »middle class« bevorzugten Zeitungen bezeichneten den Streik durchgehend als »folly«, als Narretei, die dem Land zwar Schaden zufüge und einen Arbeitskampf in verfassungswidriger Weise politisiere, die in ihrem Kern jedoch nicht ernst genommen werden könne. Die Leser dieser Presse sahen den Ausstand nicht selten als sportliche Herausforderung und meldeten sich freiwillig als Streikbrecher, um Züge und Busse zu fahren oder für die Einhaltung der öffentlichen Ordnung zu sorgen. Obwohl sich Arbeiter und »Bourgeois« in Person gegenüberstanden und die Bedingungen für einen handfesten »class war« gegeben waren, verliefen die neun Streiktage von Ausnahmen abgesehen friedlich. Eine harte Behandlung erfuhren viele Streikende erst später. Als sich die Aufregung gelegt hatte, und während das »kollektive Gedächtnis« ein Fußballspiel zwischen Streikenden und Polizei als Sinnbild des Generalstreiks abspeicherte, wurde zahlreichen Arbeitern die Kündigung ausgehändigt.[57]

Die »middle class« konnte in besonderen Fällen wie dem Generalstreik also durchaus politisch agieren. Allerdings zeigten ihre Angehörigen nur sehr geringe Neigung, sich dauerhaft zu nationalen »Bewegungen« zu formieren. Wie ein Blick auf die konservative Partei sowie einige Freizeitverbände zeigt, folgte aus einem übereinstimmenden Geselligkeitsstil, geteilten Vorstellungen von »Englishness« bzw. »Britishness« und quasi subkutaner Abneigung gegen »Labour« noch längst keine Organisation, welche die Angehörigen der breiten und heterogenen Mittelschicht auch formal zusammengeschlossen hätte.

56 So der »Daily Telegraph« im Mai 1923, zitiert nach *Nicholas*, S. 130.

57 *Laybourn*, S. 31f.

Die »Conservative Party« etwa verzeichnete nach dem Ersten Weltkrieg zwar einen starken Mitgliederzuwachs, der fast ausschließlich aus Bewohnern der neuen »middle class suburbs« bestand. Mitte der zwanziger Jahre vereinte sie etwa 700 000 Mitglieder und damit mindestens doppelt so viele wie die Labour-Partei.[58] Die beeindruckende Mitgliederentwicklung steht jedoch nicht für eine wohlorganisierte landesweite »Bewegung« von politisch Gleichgesinnten. Nicht nur galt für die eingetragenen Mitglieder, dass sich nur ein kleiner Teil von ihnen tatsächlich aktivieren ließ. Vor allem wurden die Konservativen in der Zwischenkriegszeit zur »ratepayers' party«, zur lokalen Interessenvertretung der Steuerzahler und Besitzstandswahrer. Die Partei mobilisierte ihre Wähler also nicht über explizit »nationale« Themen, sondern reduzierte Politik auf das Problem sparsamer Haushaltsführung vor Ort.[59]

Die Verbände des Sports als ein weiteres Beispiel waren meist im 19. Jahrhundert als reine »governing bodies« entstanden. Sie waren »gentlemen's clubs«, die Regeln definierten und deren Einhaltung überwachten. Anders als die Turnverbände in Deutschland zählten sie diejenigen, welche die jeweilige Sportart betrieben, nicht als ihre Mitglieder. Die Affiliierung einzelner Klubs zu den Verbänden war nur lose; niemand dachte daran, die Vereine wie in Deutschland etwa bei einem großen Sportfest aufmarschieren zu lassen. An dieser Haltung änderte sich auch in der Zwischenkriegszeit nichts.[60]

Verbände auf anderen Gebieten schließlich, die im Unterschied zu »governing bodies« des Sports keine für Klubs notwendige Funktion erfüllten und potentielle Mitglieder anders ansprechen mussten, bemühten sich durchaus um die Schaffung einer »corporate identity«. Die »National Operatic and Dramatic Association« (NODA) beispielsweise, der Verband der Operettenvereine, bemühte sich in den 1920ern verstärkt, als »Bewegung« aufzutreten. Dazu bezeichnete sie sich in ihren Verlautbarungen als »movement« oder gar »The Movement« und gab eine Vielzahl von Anstecknadeln und Medaillen heraus, die fein abgestuft besondere Verdienste um das Laienspiel oder langjährige Mitgliedschaft anzeigten.

Diese Symbole prägten jedoch weder das öffentliche Erscheinungsbild der »amateur operatics« im Allgemeinen noch der NODA und der ihr affiliierten Vereine im Speziellen, zumal die Mitglieder an ihnen geringeres Interesse zeigten als vom Verband erhofft. Das Image der NODA bestimmten vielmehr Abendkleider und »dinner jackets« sowie kostspielige Jahreshauptversammlungen an Badeorten, bei denen sich die Delegierten in Golfturnieren maßen und nach dem Abendessen zum Tanz schritten. Dies aber waren keine Symbole einer »Bewegung«, sondern Insignien des Mittelschichtenstatus, wie man sie

58 *McKibbin*, Class and Conventional Wisdom, S. 267.

59 *Ders.*, Classes and Cultures, S. 101.

60 *Eisenberg*, ›English sports‹, S. 306f.

auch in Tennis- und Rotarierklubs fand. Die Verbandsspitze übernahm damit – anders als im deutschen Fall – weit mehr das Erscheinungsbild von Klubs, als dass umgekehrt die Vereine ihre Identität aus der vom Verband ausgerufenen »Bewegung« bezogen hätten. Was einzelne Operngruppen tatsächlich verband, war die Bereitschaft zur gegenseitigen Unterstützung in praktischen Angelegenheiten. Diese individuelle Tugend hing jedoch ab von den Aktiven; sie wurde auf lokaler Ebene gezeigt und erfahren, etwa beim wechselseitigen Verleih von Ausstattungsgegenständen oder beim Besuch von Aufführungen befreundeter Gruppen. Der Verband inspirierte diese Tugend weniger als dass er versuchte, sie als »NODA spirit« zum Geist der Organisation zu erklären.[61]

Während sich die »Bewegung« der NODA in Abendgarderobe kleidete, gab es in der Segelflieger- und Flugzeug-Modellbauerszene den vereinzelten Versuch, Bastler und Hobbyflieger mit Uniformen auszustatten. Im März 1937 appellierte die Fachzeitschrift »The Model Aeroplane Constructor« an ihre Leserschaft, nach deutschem und französischem Vorbild eine »Air Organisation« zu bilden, die sich den Behörden unterstellen und einen Beitrag zur Ausbildung künftiger Flugzeugmechaniker und Piloten leisten sollte. Der »Aeroplane Constructor« entwarf den Plan einer freiwilligen Hilfstruppe, die sich neben den aeronautischen Dingen auch im Zivilschutz bei etwaigen Luftangriffen engagieren könnte. Zu einer solchen Truppe gehörte nach Ansicht des Herausgebers auch einheitliche Kleidung, bestehend aus einem »Air Force blue shirt, or pullover with a badge on the breast pocket.«[62]

Der Autor des Appells äußerte selbst die Befürchtung, Uniformen seien »perhaps not in keeping with British thoughts«. Es sollte sich herausstellen, dass diese Einschätzung zutraf. Trotz der »nationalen Bedeutung« der geplanten Organisation blieb die Resonanz hinter den Erwartungen zurück. Die »Air Organisation« fand nach einem neuerlichen Aufruf in der darauffolgenden Nummer der Zeitschrift, in der der Herausgeber potentielle Interessenten bat, ihm zumindest eine Postkarte mit den Buchstaben »O.K.« zuzusenden, keine Erwähnung mehr. Statt Uniformen trugen die in der Zeitschrift abgelichteten Modellflieger weiterhin Zivilkleidung und gaben sich mit einer Zigarette im Mundwinkel betont lässig.

Die Beispiele halbherziger und letztlich erfolgloser nationaler Organisationsversuche zeigen, dass die Vergesellschaftung der Mittelschichten auf der lokalen Ebene in einzelnen Klubs geschah und von nationalen Assoziationen weitgehend unbeeinflusst blieb. Zu Verbänden unterhielt man ein distanziert-nutzenorientiertes Verhältnis; für weitergehende Identifikationsangebote, so sie überhaupt gemacht wurden, interessierten sich die einfachen Mitglieder kaum.

61 *Lowerson*, Amateur Operatics, S. 149.

62 Preliminary Announcement of Importance to all Modellers, in: The Model Aeroplane Constructor 1, Nr. 9 (1937), S. 257.

Die geringe Neigung zur nationalen Organisierung hat mindestens zwei Gründe. Zunächst einmal mangelte es der auf Harmonisierung und Entpolitisierung ausgerichteten »Englishness« an einer offensiven Komponente, welche die Entstehung einer »Bewegung« nahegelegt hätte. Vor allem aber widersprach nationale Organisierung den Distinktionsbedürfnissen, die innerhalb der heterogenen Mittelschicht bestanden. Statusunterschiede ließen sich am besten in einem von nationalen Verbänden unabhängigen Assoziationswesen mit lokalem Schwerpunkt erhalten, während sie in nationalen Organisationen zumindest tendenziell eingeebnet worden wären.

So blieb das Assoziationswesen der Tennis- und Rudervereine, »amateur operatics« und »gentlemen's clubs«, das einerseits die Angehörigen der Mittelschicht zusammenhielt, andererseits von sozialen Differenzierungen gekennzeichnet. Die zahlreichen Freimaurerlogen etwa waren sozial gestuft und boten den Angehörigen der lokalen Elite, den »professionals« sowie den kleinen Gewerbetreibenden jeweils eigene, dem gesellschaftlichen Status angemessene Vereinigungen, in denen sie Geselligkeit mit ökonomischen und politischen Interessen verbanden.[63] Exklusive Klubs existierten übrigens auch in Deutschland, im Unterschied zu Großbritannien jedoch vorwiegend für die bürgerliche Elite. Für die Vergesellschaftung der breiten Mittelschicht dagegen spielten die schichtenübergreifenden Lokalvereine eine weitaus wichtigere Rolle.

Kamen Angehörige der »upper« und der »lower middle class« einmal zusammen wie etwa in den Bühnenvereinen, dann wurden die Mitglieder der lokalen Elite wie Stadtverordnete und Unternehmer in den Programmen als »presidents«, »patrons« oder »associate members« gesondert aufgeführt.[64] Die jährlich veröffentlichten Spenden- und Beitragslisten der Kirchengemeinden, welche die Namen der Einzahler und auf den Penny genau die Höhe ihrer Zuwendungen aufführten, dokumentierten und bewahrten die gewaltigen Statusunterschiede zwischen dem Unternehmer, der der Kirche £50 zukommen ließ, und »Mr. und Mrs. George Smith«, die es auf zehn Schilling brachten.[65] Das in Kapitel II beschriebene Organisationsmodell der »subscriber democracy« war offenbar in der Zwischenkriegszeit noch intakt.

»Englishness« bzw. »Britishness« war als lockere Übereinkunft in politischer Anschauung, kulturellen Vorlieben, geselliger Praxis und selten ausgesprochener Abneigung gegen die organisierte »working class« bestens geeignet, die im Vergleich zum deutschen Bürger stärker individualisierten Angehörigen der britischen Mittelschicht zusammenzuhalten. Denn zum einen ließ sie die deutlichen Statusunterschiede innerhalb der »middle class« unberührt. Zum anderen

63 Detailliert am Beispiel der Stadt Norwich *Doyle*, S. 186–188.

64 Siehe etwa die Programmhefte der Sheffielder »Pitsmoor Operatic Society«, 1926–1930, Sheffield Local Studies Library.

65 Sheffield Wesleyan Mission, Annual Report 1922/1923, S. 32–36.

half sie, offene Konflikte mit der organisierten Arbeiterschaft zu vermeiden und soziale und politische Vormachtstellung, die nach dem Krieg infolge der Ausweitung des Wahlrechts zunächst bedroht erschienen, zu festigen.

Die Beziehung zwischen Mittel- und Arbeiterschicht sind für diese Zeit mithin nicht einfach mit den Kategorien von Konflikt oder Konsens zu beschreiben.[66] Vielmehr bewegten sich beide Schichten in ihren eigenen Welten, von denen eine wie selbstverständlich die Allgemeinheit repräsentierte und die gesellschaftliche Vorrangstellung beanspruchte. Die Vereinigungen der »middle class« institutionalisierten diese Teilung, indem sie gegenüber der »working class« abgeschlossene Räume definierten, in denen die Mittelschicht gemeinsame Umgangsformen, kulturelle Präferenzen und politische Ansprüche vertiefte.

2.2. Wachsende Teilhabe an der Konsumgesellschaft: Assoziationen der Arbeiterschicht und die Zunahme kommerzieller Unterhaltungsangebote

Wie in den geselligen Vereinigungen der Mittelschicht setzten sich in der Assoziationswelt der »working class« Trends aus der Vorkriegszeit fort. So existierten die eng mit den »pubs« verbundenen Sparklubs auch nach dem Krieg weiterhin in großer Zahl und ähnlicher Form. Eine kurz vor dem Zweiten Weltkrieg in Bolton unternommene soziologische Feldstudie von »Mass Observation« nennt »savings clubs« bzw. »picnic« oder »diddlum clubs« als den in »pubs« am häufigsten anzutreffenden Assoziationstyp. Für die Bezeichnung »diddlum club« fanden die Beobachter zwei Erklärungen: Zum einen kam es vor, dass Initiatoren solcher Vereine mit den Einlagen verschwanden; zum anderen veranstalteten »diddlum clubs« Verlosungen, bei denen leere Pakete vergeben wurden.[67] Die beiden Arten, die Einzahler der Klubs zu beschwindeln (»to diddle«), verweisen auf die Instabilität und das Element der Lotterie, die schon in den Sparklubs des 19. Jahrhunderts anzutreffen waren.

Die Funktionsweise der »savings clubs« deckt sich mit den bei Booth, Rowntree und anderen um die Jahrhundertwende beschriebenen Vereinigungen. Der Wirt ergriff die Initiative mit einem Anschlag in seinem Schankraum, auf dem Gäste, die an einer gemeinsamen Aktivität teilnehmen würden, ihre Namen eintrugen. Zeichnete sich ausreichendes Interesse ab, wurde ein Klub gegründet, der die Höhe der Sparsumme festlegte und das Fundraising organisierte. In

66 Vgl. dagegen *Huggins* u. *Williams*, S. 152 u. 155, die ausgehend von dieser begrifflichen Opposition weitgehende Harmonie zwischen den Klassen konstatieren. Zu diesem Urteil gelangen sie vor allem deshalb, weil sie den betont konfliktfreien gesellschaftlichen Teilbereich des Sports nicht mit Blick auf seine spezifische Funktion kontextualisieren, sondern als »Spiegel« für gesamtgesellschaftliche Beziehungen betrachten.

67 *Mass Observation*, S. 272.

den meisten Fällen übernahm der Wirt die Kassenführung. Wie bei Booth ersuchte der Klub Unterstützung von der Brauerei, die das »pub« belieferte. Der Organisationsaufwand der Klubs beschränkte sich auf das Notwendige, und die meisten »saving clubs« lösten sich auf, sobald der Zweck erreicht war.

Nach wie vor generierte die Übernahme der Leitungsfunktion in einem solchen Klub an sich kein symbolisches Kapital. Die Boltoner »Mass Oberservation«-Studie fand vielmehr heraus, dass Initiatoren von Sparvereinen mitunter eine Provision erhielten, was der Idee des »Ehrenamtes« deutlich zuwiderlief. Ebenso wenig spielten Symbole wie Fahnen, Stiftungsfeste oder Jubiläen eine Rolle. Eher wurden derlei Förmlichkeiten veralbert, wenn Verstöße gegen nicht ganz ernst gemeinte Regeln, etwa die Anrede des Vorstands mit bedecktem Haupt, mit »Strafgeldern« geahndet wurden. Strafgelder wiederum boten den Mitgliedern Gelegenheit, vor den Klubkameraden Großzügigkeit zu demonstrieren, ohne dass dies anmaßend erschien. »Mass Observation« beschreibt die Sitzung eines Klubs, bei dem ein Mitglied dem »chairman« einen kleinen Betrag zahlte und feststellte, er könne nun fluchen so viel er wolle. Kurze Zeit darauf bezichtigte der Mann andere Klubkameraden, gegen das Fluchverbot verstoßen zu haben. Die Mitglieder überboten einander in Schimpftiraden, lachten und bezahlten ihr Strafgeld.[68] Solche bewusste Übertretung von Klubregeln wirkte komisch und milderte dadurch die latente Überheblichkeit des Aktes von »conspicuous spending«.

Obwohl »pub clubs« weiterhin in großer Zahl anzutreffen waren, verschob sich die organisatorische Basis der Arbeitergeselligkeit allmählich weg vom Kneipenverein hin zu alternativen Assoziationsstrukturen, nämlich zu den weiter oben bereits behandelten Werksvereinen sowie zu den »working men's clubs«. Die »pubs« büßten nach dem Krieg ihre zentrale Bedeutung für Sport- und Hobbyklubs von Arbeitern ein Stück weit ein. Zwar blieben vor allem Bowls-, Darts- und Angelklubs weiterhin der Kneipe treu.[69] Doch der Beitrag der Wirte zur vereinsmäßig organisierten Freizeit ging insgesamt zurück.

In Bolton fand »Mass Observation« am Vorabend des Zweiten Weltkriegs keine Verbindung mehr zwischen Fußball oder Cricket und dem »pub«.[70] In Sheffield wurden die »Licensed Victuallers' Cups« und »Leagues« für Fußball und Cricket, die nach der Jahrhundertwende gegen Vorbehalte an der Verbindung von Alkohol und Sport etabliert worden waren, bis zur Mitte der 1920er Jahre eingestellt. »Horticultural shows« fanden um 1930 nicht mehr wie noch 25 Jahre zuvor überwiegend in »pubs« statt, sondern vor allem in »working men's clubs« und Werkskantinen.[71] Traditionelle »pub sports« wie Schießen,

68 *Ebd.*, S. 272–274.

69 *Collins* u. *Vamplew*, S. 31.

70 *Mass Observation*, S. 302.

71 Vgl. die Montagsausgaben des Sheffield Telegraph aus dem September 1930.

»quoits« (Wurfringe) und »coursing«, bei dem Hunde ein Kaninchen jagten, befanden sich nach dem Krieg im Niedergang. Billard hatten die Wirte nach der Jahrhundertwende in der Hoffnung eingeführt, das in »gentlemen's clubs« gepflegte Spiel möge die Reputation der »pubs« verbessern. Strenge Gesetze verboten jedoch das Spielen außerhalb der Schankzeiten und verlangten eine gesonderte Billardlizenz. So verschwand das Spiel nach dem Krieg wieder aus den »pubs« und hielt Einzug in private Klubs und eigens dafür eingerichtete Billardhallen.[72]

Die abnehmende Bedeutung des »pub« für Arbeiterfreizeit lässt sich zunächst einmal darauf zurückführen, dass die Zahl der lizenzierten Häuser bereits seit dem späten 19. Jahrhundert fiel. Zwischen 1918 und 1938 ging die Zahl der »licensed premises« in England und Wales von 84 644 auf 73 920 zurück.[73] Daneben boten alternative Assoziationsformen bessere Bedingungen für bestimmte Hobbys. Auf die Vorzüge der Werksvereine für Anhänger kostenträchtiger Sportarten wurde bereits hingewiesen. Neben den Werksvereinen expandierten in der Zwischenkriegszeit die »working men's clubs«, die sich gegen Ende des 19. Jahrhunderts mit Krediten der Brauindustrie von Patronage emanzipiert und zu Konsumvereinen für den vergünstigten Bezug von Alkohol und Unterhaltungsangeboten entwickelt hatten, weiter und übernahmen viele der organisatorischen Funktionen des »pub«. Die Zahl der der »Working Men's Club and Institute Union« (CIU) angeschlossenen Vereinigungen stieg, vom Krieg kaum gebremst, von gut 1 600 im Jahr 1914 auf zunächst über 2 000 (1920), dann über 2 500 (1926) bis 1939 auf 2 863. 1930 gehörten knapp 915 000 Männer den CIU-Klubs an.[74]

In den Industriestädten Nordenglands waren »working men's clubs« omnipräsent. In York beispielsweise zählten 29 der CIU angeschlossene Klubs 1938 um die 11 000 Mitglieder, was nach Berechnung des Philanthropen Joseph Seebohm Rowntree 60% der männlichen Arbeiter über 18 Jahre entsprach.[75] In Bolton existierten am Vorabend des Zweiten Weltkriegs 65 Klubs;[76] in Sheffield und Umgebung gab es 1932 nach Angabe von »Our Clubs«, einer von ortsansässigen Klubs herausgegeben Zeitschrift, 150 Vereinigungen. Allein die der CIU angeschlossenen Sheffielder Klubs organisierten 1939 20 000 Mitglieder.[77]

Einzelne Klubs wie auch die CIU erfuhren zwischen den Kriegen einen deutlichen organisatorischen Aufschwung. Klubs waren in der Lage, hohe Kredite aufzunehmen und bauliche Erweiterungen durchzuführen. Provisori-

72 *Collins* u. *Vamplew*, S. 26 u. 32.

73 *Howkins* u. *Lowerson*, S. 20.

74 *Tremlett*, S. 296f.; *Wilson*, S. 384 (Zahl der Einzelmitglieder).

75 *Seebohm Rowntree*, Poverty and Progress (1941), S. 333.

76 *McKibbin*, Classes and Cultures, S. 184.

77 Matters of the Moment (Editorial), in: Our Clubs v. 18.2.1932; Sheffield's Strong Lead in the Working Men's Club and Institute Movement, in: Sheffield Star v. 6.4.1939, S. 6.

sche Hütten wichen immer häufiger beeindruckenden Klubhäusern; die Entwicklung zur wirtschaftlichen Selbstständigkeit, die der Historiker Timothy Ashplant für London im ausgehenden 19. Jahrhundert beschreibt, setzte sich in der Zwischenkriegszeit auch in anderen Städten verstärkt fort. Ein Beispiel aus Sheffield ist der »Firth Park Working Men's Club«, der 1923 in einem Holzschuppen eröffnet wurde. Vier Jahre nach Gründung erwarb der Klub ein Gebäude, das er schrittweise zu einem Klub mit Bar, Billardzimmer, Konzert- und Tanzsaal ausbaute. Zur Erweiterung kaufte der Klub wenige Jahre darauf ein benachbartes Wohnhaus. Die Mittel dazu stammten größtenteils aus Brauereikrediten. Im Oktober 1936 lieh der Klub £3 345 von der Brauerei John Smith's.[78] Der größte Sheffielder Klub, der 1921 gegründete »Crookes Working Men's Club«, nahm einen Bankkredit auf, jedoch deutet die besondere Erwähnung dieser Tatsache darauf hin, dass dieser Finanzierungsweg eine Ausnahme darstellte.[79]

Lokale Klubs vernetzten sich stärker und wurden unabhängiger von privatwirtschaftlichen Partnern. Aus Unzufriedenheit über hohe Bierpreise und Lieferengpässe hatten sich während des Krieges, ermutigt von der CIU, einige Klubs zusammengeschlossen, um ihr eigenes Bier zu brauen und an andere Klubs zu verkaufen. Bis zu den 1950er Jahren entstanden so sieben Klubbrauereien, die über 1 000 Klubs belieferten. Auch wenn der Ausstoß dieser genossenschaftlichen Unternehmungen zu dieser Zeit gemessen an der landesweiten Gesamtproduktion sehr gering und die Qualität des Bieres schlechter war als die kommerzieller Brauerzeugnisse, betrachteten die privatwirtschaftlichen Unternehmen die genossenschaftliche Konkurrenz mit Sorge.[80] Es ist daher wahrscheinlich, dass die kommerziellen Brauereien den Klubs bei Krediten und Lieferpreisen entgegenkamen, um diese auch quantitativ immer wichtigere Kundengruppe zu halten.

Daneben verbesserten »working men's clubs« durch Zusammenschlüsse ihre Position als Nachfrager von Unterhaltungsangeboten. Ein Dutzend Sheffielder Klubs etwa bildete 1932 die »Sheffield and District Concert Secretaries Federation«, die dem Zweck diente, Klubs gegen vertragsbrüchige Künstler zu schützen. Tatsächlich verbesserten die Klubs auf diese Weise ihre Stellung gegenüber den Anbietern von Entertainment; dazu weiter unten mehr.

Derart mitgliederstark und organisatorisch gefestigt boten die Klubs eine zunehmende Fülle von Aktivitäten, die vormals im Umfeld der »pubs« und der Kirchengemeinden organisiert worden waren. In den Klubs entstanden zahlrei-

78 Schreiben an die John Smith's Tadcaster Brewery Co. Ltd. v. 10.10.1936 (Quelle im Besitz des »Firth Park WMC«). Siehe auch die kurzen Berichte über die Entwicklung weiterer Klubs in: Progress through the Years, in: Sheffield Independent v. 19.2.1938, Supplement.

79 Crookes WMC. Extension to Premises in Mulehouse Rd Opened Yesterday, in: *Ebd.* v. 11.11.1930, S. 4.

80 *Gourvish* u. *Wilson*, S. 413f.

che »sub clubs« für Sportler, Tauben- und Blumenzüchter, Tänzer, Laienspieler, Sänger und Blasmusiker; gegründet wurden »camping«, »outing«, »hiking« und »cycling clubs«; Wettbewerbe für Angler, Fußballer, Bowls-, Darts- und Snookerspieler traten zunehmend an die Stelle der »Licensed Victuallers' Leagues« und »Cups« der Vorkriegszeit.[81]

Die organisatorische Basis für Arbeitervereine verlagerte sich mithin allmählich von »pub clubs« hin zu »sub clubs«, also Hobbygruppen, die sich unter dem Dach der »working men's clubs« sowie der Werksvereine bildeten. Für die Geselligkeit in Vereinen zeitigte diese organisatorische Veränderung jedoch nur geringe Folgen.

Die in den überschaubaren »pub clubs« fest verankerte solidarische Komponente etwa ging zumindest in den »working men's clubs« trotz steigender Mitgliederzahlen und interner Differenzierung in »sub clubs« offenbar nicht verloren. Allgemein stand das Unterstützungskassenwesen in der Zwischenkriegszeit noch in voller Blüte, und zwar gänzlich unabhängig davon, dass der britische Staat 1909 eine allgemeine Altersvorsorge eingeführt hatte, seit 1913 die meisten Arbeiter im Krankheitsfall absicherte sowie seit 1920 Unterstützung bei Arbeitslosigkeit zahlte. Weder förderte, wie die Befürworter der Sozialgesetzgebung hofften, die Zahlung eines staatlichen Sockelbetrags bei Krankheit, Alter und Arbeitslosigkeit das individuelle Arbeitersparen auf Bankkonten. Noch erfüllte sich die Prophezeihung der Kritiker, die erwarteten, dass die Neigung zur Rücklagenbildung abnehmen würde. Nach Einschätzung Paul Johnsons, der nach einem Zusammenhang zwischen der staatlichen Sozialversicherung und dem Sparverhalten von Arbeitern geforscht hat, waren die Einkommen von Arbeitern einfach nicht hoch genug, um eine Verhaltensänderung zu bewirken. Anstatt dass sie wie die Angehörigen der »middle class« in individuelle Vorsorge investierten, sicherten sich Arbeiter auch in der Zwischenkriegszeit vor allem in kollektiven, häufig selbst organisierten Kassen ab.[82]

Bei den »working men's clubs« im Speziellen registrierte Seebohm Rowntree in York, dass die meisten der dort ansässigen Klubs Kassen unterhielten, die in Krankheits- und Todesfällen auszahlten. Einige Vereinigungen boten dazu Solidarkassen für arbeitslose und anderweitig bedürftige Mitglieder.[83] Die CIU unterhielt Anfang der 1920er vier Erholungsheime, in die angeschlossene Klubs Mitglieder entsenden konnten. Von der Eröffnung des ersten unabhängigen »convalescent home« 1894 – ein Heim wurde bereits 1878, zur Zeit der Patronage eröffnet, 1881 aber wieder geschlossen – bis 1937 hatten nach Anga-

81 Zu den Aktivitäten siehe Our Clubs 1 (1932) sowie die Artikel in Sheffield Independent v. 20.2.1937, Supplement.

82 *Johnson*, Saving and Spending, S. 215.

83 *Seebohm Rowntree*, Poverty and Progress (1941), S. 337.

ben der CIU rund 100 000 »clubmen« die Häuser besucht.[84] Neben diesem formellen Unterstüzungswesen war die Bereitschaft zur informellen Hilfe innerhalb der Klubs gegeben. Meldungen über Sammlungen und Benefizkonzerte für kranke, verunfallte oder in Not geratene Mitglieder fanden in den Spalten des Sheffielder Klubjournals immer wieder Erwähnung.[85]

Solidarität beschränkte sich jedoch weitgehend auf die Vereinskameraden. Als genossenschaftliche Unternehmungen bemühten sich die Klubs um neue Mitglieder und zugkräftige Unterhaltung, was dazu führte, dass »working men's clubs« im Widerspruch zur »Bewegungs«-Rhetorik der CIU durchaus miteinander konkurrierten. So setzte sich ein Editorial von »Our Clubs« mit dem Verdacht auseinander, die Publikation sei von den großen Sheffielder Klubs initiiert worden in der Absicht, die besten Entertainer für sich zu gewinnen und den kleineren Klubs vorzuenthalten.[86] Die Herausgeber mochten wortreich beteuern, dass das Journal allen Klubs diente. Tatsache war jedoch, dass die Zeitschrift lediglich von einem Teil der Klubs im Einzugsbereich gehalten wurde,[87] von denen wiederum nur die etablierten regelmäßig Programmankündigungen, Veranstaltungsberichte und Kontaktadressen veröffentlichten und so um neue Mitglieder und auftrittswillige Künstler warben.

Als marktorientierte Vereinigung das Solidaritätsprinzip zu befolgen, erforderte immer stärkere Selbstbeschränkung, je mehr sich die Klubs kommerzialisierten. Gegenüber den Entertainern, den abhängig Beschäftigten der Klubs, legte man sich solche Beschränkung offenbar nicht mehr auf. In Sheffield waren spätestens in den 1930ern sogenannte »audition concerts« üblich, bei denen Entertainer ohne Gage auftraten, um sich für ein anschließendes bezahltes Engagement zu empfehlen. Aufrechten Gewerkschaftern unter den »clubmen« fiel der Widerspruch zu den Prinzipien der Arbeiterbewegung auf. Ein Leserbrief an »Our Clubs« warf die Frage auf: »Have the Entertainment Secretaries of those clubs even realised what they would say or do if, when applying for a job, were asked to do half a day's work for nothing«, und schloss mit der Empfehlung: »Your union wouldn't allow it, so keep to your principle is my advice to Entertainment Secretaries.«[88]

84 Remarkable Growth of the Club and Institute Movement in South Yorkshire, in: Sheffield Independent v. 20.2.1937, Supplement.

85 Siehe etwa H. Cocker, Wincobank and Blackburn WMC & I. To the OC, in: Our Clubs v. 14.1.1932; The Weekly Rounds of the Clubs, in: *Ebd.* v. 21.1.1932; Benefit for Mr. A. Hoole, in: *Ebd.* v. 4.2.1932; Bradgate W.M.C. & I., in: *Ebd.* v. 25.2.1932; Notes from Correspondents, in: *Ebd.* v. 28.4.1932.

86 Introduction and Matters of the Moment. An open letter to Sheffield and District Clubs, in: *Ebd.* v. 21.1.1932; siehe auch Matters of the Moment, in: *Ebd.* v. 31.3.1932.

87 Matters of the Moment (Editorial), in: *Ebd.* v. 18.2.1932.

88 Notes from Correspondents (Leserbrief von Hal Browne), in: *Ebd.* v. 12.5.1932.

Wie in den eher informellen »saving clubs« der »pubs« wurde der Vereinsorganisation mit ihren Ämtern und Jubiläen in den »working men's clubs« nur geringe Bedeutung beigemessen. So mochte sich die CIU an der Spitze einer »Bewegung« wähnen und sich um ein entsprechendes Erscheinungsbild bemühen. Die Klubs an der Basis blieben demgegenüber distanziert und entschieden nach dem Kosten-Nutzen-Kalkül für oder gegen den Anschluss an den Dachverband.[89] Die Organisationsarbeit erschien den »clubmen« eher als notwendiges Übel. Die Übernahme einer Funktion im Klub verschaffte dem Amtsträger keine besondere »Ehre«. Statt dass man sich um Posten stritt und sie möglichst lange einzunehmen versuchte, wurden sie herumgereicht; folglich kamen viele Mitglieder in den zweifelhaften Genuss, einmal mit einem Amt betraut zu werden. Die Klubs verteilten die Organisationsarbeit auf viele Schultern, so dass dem eigentlichen »Geschäft« der Klubs, nämlich »drinking and talking«, nichts im Wege stand.[90]

Spätestens nach dem Zweiten Weltkrieg erhielten im Sheffielder »Firth Park WMC« aktive Vorstandsmitglieder Gehälter und Bonuszahlungen. Dem geschäftsführenden »secretary« bewilligte die Jahreshauptversammlung 1949 £150 im Jahr, seinem Assistenten £50 – ein einfacher Arbeiter in der metallverarbeitenden Industrie in Sheffield verdiente, zum Vergleich, 1950 bei normaler Arbeitszeit jährlich annähernd £250. Daneben gewährte der Klub Provisionen bei Sonderveranstaltungen, etwa 5% des Verkaufserlöses eines »Christmas Wine and Spirit Clubs«.[91] Leider fehlen im Falle des Firth Park-Klubs Unterlagen aus früheren Jahren; es ist jedoch nicht unwahrscheinlich, dass geschäftsführende Vorstände bereits in der Zwischenkriegszeit Gehälter und Prämien bezogen.

Die Assoziation diente den Mitgliedern nach wie vor vor allem als Infrastruktur für geselligen Austausch und die Organisation von Freizeit. Entsprechend gering blieb auch der Politisierungsgrad der britischen Arbeiterklubs, wie der Blick auf die Arbeiterkultur- und -sportverbände zeigt. Die 1923 gegründete »British Workers' Sports Federation« (BWSF), die Profisport und Werksvereinen eine sozialistische Alternative entgegensetzen wollte, blieb besonders im Vergleich mit deutschen Arbeiterverbänden zahlenmäßig unbedeutend und schwach organisiert. Eine der Labour-Partei und den Gewerkschaften nahestehende »National Workers' Sports Association«, die 1930 in Abspaltung von der zu diesem Zeitpunkt kommunistisch kontrollierten BWSF entstand, zählte 1936 etwa 13000 Mitglieder, von denen mehr als die Hälfte dem »Cla-

89 Notes from Correspondents. Sheffield Loco Club, in: *Ebd.* v. 3.3.1932.

90 *McKibbin*, Cultures and Classes, S. 184.

91 Protokoll der Generalversammlung v. 20.2.1949, Firth Park WMC Minute Book (im Besitz des Klubs). Jahresverdienst des Metallarbeiters berechnet nach *Department of Employment and Productivity*, S. 28f., Tab. 1.

rion Cycling Club« angehörte. Genossenschaften boten zwar auf lokaler Ebene ihren Angestellten Möglichkeiten der aktiven Freizeitgestaltung, allerdings eher als lokale Arbeitgeber denn als politische »Bewegung«. Eine 1932 gegründete »British Co-operative Employers' Sports Association« ging bereits 1937 wieder ein.[92] Das gleiche Schicksal ereilte in der Zwischenkriegszeit die 1895 gegründete »Clarion Vocal Union«, die 1910 mit 23 angeschlossenen Chören noch die größte britische Arbeitersängerorganisation gewesen war.[93]

Zersplittert und marginal blieb auch die sozialistische Theater-»Bewegung«. Eine 1922 von der »Independent Labour Party« ins Leben gerufene »Arts Guild« umfasste Mitte der 1920er gerade einmal fünfzig »societies«. Die 1926 von Kommunisten initiierte »Workers' Theatre Movement« bestand 1933 aus zwanzig Gruppen; ihre Vertreter blamierten sich mit ihrem Auftritt bei der Moskauer »Arbeitertheater-Olympiade«. Versuche, den »Trades Union Congress«, die zentrale britische Gewerkschaftsorganisation, zur Unterstützung eines Theaterverbandes bzw. zur Finanzierung eines Arbeitertheaters zu bewegen, schlugen fehl. Im Umfeld der Genossenschaften schließlich existierten 1937 mindestens 49 »dramatic societies«, deren Politisierungsgrad jedoch, nimmt man die aufgeführten Stücke von George Bernhard Shaw bis John Galsworthy zum Maßstab, gering zu veranschlagen ist.[94]

So bleibt festzustellen, dass sich auch durch die langsame Verschiebung der organisatorischen Basis weg von den »pubs« hin zu »working men's clubs« die Vereinsgeselligkeit von Arbeitern kaum veränderte. Die finanzielle Unabhängigkeit, die klubinterne Solidarität, die Bereitschaft zur individuellen Konkurrenz in versportlichten Aktivitäten, die geringe Bedeutung von »Ehrenämtern«, die schwache Politisierung sowie der Ausschluss von Frauen, die in den meisten »working men's clubs« allenfalls geduldet waren, kennzeichneten weiterhin das gesellige Assoziationswesen der britischen Arbeiterschicht.

Der bereits für das späte 19. Jahrhundert konstatierte Unterschied zwischen Vereinigungen der Mittel- und Arbeiterschicht in Funktion und geselliger Praxis blieb bestehen. Der »middle class« diente die Assoziation als Mittel des Ein- und Ausschlusses sowie der Statuszuweisung; für die planvolle, exklusive und stark formalisierte Geselligkeit spielte sie eine zentrale Rolle. Arbeitern hingegen eröffnete die Organisationsform »Klub« die Partizipation am Freizeitkonsum; »soziales Kapital« ließ sich aus Mitgliedschaft oder »Ehrenamt« als solchen kaum gewinnen. Die genossenschaftlichen »working men's clubs«, aber auch die »anglers' associations«, die nach kriegsbedingtem Rückgang langsam die Mitgliederzahlen der Vorkriegszeit erreichten und dann übertrafen, sind

92 *Jones, Stephen G.*, Sport, Politics and the Working Class, S. 77, 107 u. 112.

93 *Hall, D.*, S. 63.

94 *Davies*, Other Theatres, S. 98f., 108 u. 112.

dafür gute Beispiele. Die von Arbeitgebern unterstützten Werksvereine blieben ihren einfachen Mitgliedern erst Recht Mittel zum Zweck.

Der funktionale Unterschied von Assoziationen wirkte sich auch in quantitativer Hinsicht aus. Die »working class« war in geringerem Maße in Vereinen organisiert als die »middle class«.[95] Um die Bedeutung von Assoziationen für die Vergesellschaftung von Arbeiterinnen und Arbeitern angemessen beurteilen zu können, ist deshalb ein abschließender Blick auf die beiden nichtvereinsmäßig organisierten Formen von Arbeitergeselligkeit erforderlich, die aus zufälligen Begegnungen mit Bekannten auf der Straße und dem Konsum der Massenkultur erwuchsen.

Die akzidentielle Geselligkeit der Straße war nach dem Ersten Weltkrieg für die Mehrheit der »working class« wohl noch die Regel. Diese Form des sozialen Austausches stand der Vereinsorganisation entgegen, denn wer sich ohnehin dauernd über den Weg lief, benötigte keinen institutionellen Rahmen für Kontakte. Verbreitet war eine regelrechte Abneigung gegen organisierte Freizeit. So stellte der Kulturwissenschaftler Richard Hoggart in den sechziger Jahren im Rückblick auf die »working-class community« der Zwischenkriegszeit fest:

»Most react instinctively against consciously planned group activities; they are used to a group life, but one which has started from the home and worked outwards in response to the common needs and amusements of a densely packed neighbourhood.«[96]

Allerdings ging »Straßengeselligkeit« in ihrer Bedeutung zurück, vor allem weil ihre sozialräumlichen Voraussetzungen seit dem Krieg allmählich beseitigt wurden. Magistrate räumten dicht besiedelte Innenstadtviertel und errichteten für die Bewohner neue Sozialbausiedlungen an den Stadträndern. Zwischen 1919 und 1939 baute die öffentliche Hand 1,1 Mio. Häuser, 90% davon in kommunalen Vorortsiedlungen. Insgesamt lebten kurz vor dem Zweiten Weltkrieg 4,5 Mio. Menschen, etwa 10% der Bevölkerung, in Sozialwohnungen.[97]

Das gänzlich andere Lebensumfeld der »council estates« verhinderte die Entfaltung akzidentieller Geselligkeit in vielfacher Hinsicht. Zunächst einmal hatte der Umzug lange bestehende Sozialbeziehungen gekappt, wenn nicht gerade, was einige Magistrate ermöglichten, ganze Nachbarschaften und Familien blockweise transferiert wurden. Aber selbst dann sorgte die Infrastruktur der Neubausiedlungen nicht mehr dafür, dass sich die Wege der Bewohner zwangsläufig kreuzten. Dazu fehlte es an einer Vielzahl von »corner shops«, Cafés und Märkten, welche die innerstädtischen Viertel gekennzeichnet hatte. Manche »council estates« wie Sheffield-Manor ließen nicht einmal »pubs« zu; in Bristols Siedlungen und in London-Becontree kam eine Kneipe auf

95 *McKibbin*, Classes and Cultures, S. 198.

96 Zitiert nach *Ravetz*, S. 166.

97 *McKibbin*, Classes and Cultures, S. 188; *Olechnowicz*, S. 1.

gut 12000 Anwohner. Bei den »pubs«, die eine Lizenz erhielten, handelte es sich zudem um reformierte »refreshment houses«, in denen sich keine rechte Kneipenatmosphäre einstellte. Als Orte der Begegnung hatten die Stadtplaner Freiflächen zur kollektiven Nutzung vorgesehen, die jedoch oft brachliegend blieben.[98]

Längere Wege zu Arbeit, Läden, Kinos und Kneipen reduzierten weiter die Gelegenheiten für zufällige Geselligkeit. Viele Bewohner der Becontree-Siedlung pendelten vom äußersten Osten Londons zu ihrem Arbeitsplatz am westlichen Rand der Metropole und wandten dazu täglich drei Stunden Fahrtzeit auf. Manchem Pendler raubte dies schlicht die Energie, sich nach Feierabend noch in Gesellschaft zu begeben. Hinzu kamen die im Vergleich zum Leben in der Stadt gestiegenen Ausgaben für Mieten, Wohnungseinrichtung und Fahrtkosten, so dass für außerhäusige Freizeitgestaltung das Geld knapper wurde.[99]

Die Bedingungen für geselliges Leben in den Sozialbausiedlungen ähnelten in mancher Hinsicht denen in den »suburbs« der Mittelschichten. Die entwurzelte »working class« war in ähnlicher Weise von Vereinzelung bedroht wie die stadtflüchtige »middle class«. Die Mittelschicht reagierte darauf, wie beschrieben, mit verstärkter Assoziationsbildung, also mit dem Rückgriff auf das für sie bewährte Mittel des geselligen Klubs. Die Bewohner der »council estates« dagegen zeigten deutlich geringere Neigung, ihr Sozialleben in Assoziationen zu organisieren. Hier und dort entwickelte sich zwar im Umfeld von Kirchen und Labour-Partei organisierte Geselligkeit gewissen Ausmaßes. Unter dem Strich jedoch blieb der Vereinseifer von Arbeitern hinter dem der Mittelschicht zurück.

Daran änderten auch die vielen Anregungen zur Assoziationsbildung nichts, die von Magistraten und philanthropischen Initiativen ausgingen. Behörden und engagierte Angehörige der Mittelschicht versuchten nach dem Vorbild der »settlements« des späten 19. Jahrhunderts von außerhalb ein Gemeinschaftsleben zu initiieren, das die Klientel zur Übernahme von Selbstverantwortung und Beschäftigung mit »werthaltiger« Kultur beeinflussen sollte. In diesem Zusammenhang entstanden »community centres«, mit öffentlichen Mitteln und Zuwendungen privater Stiftungen erbaute Gemeinschaftshäuser, die der kollektiven Selbstverwaltung der Bewohner übergeben werden und zur Bildung repräsentativer »community associations« anregen sollten. Das erste »community centre« errichtete die Stadt Sheffield 1933; 1939 waren etwa 200 Zentren im Entstehen begriffen.[100]

Geleitet wurden »community centres« und die damit verbundenen »associations« jedoch sehr viel seltener von Repräsentanten der Siedler als von be-

98 *Ravetz*, S. 167.

99 *Olechnowicz*, S. 216; *McKibbin*, Classes and Cultures, S. 196.

100 *Ravetz*, S. 137.

zahlten Sozialarbeitern, externen Freiwilligen oder Vertretern der wenigen Anwohner, die der Mittelschicht zuzurechnen waren. Dabei gab es auch unter den ansässigen Arbeitern durchaus Leute, die ihr Organisationstalent in der Führung von Labour-Ortsvereinen, Gewerkschaften und diversen Selbsthilfevereinen unter Beweis stellten. Doch übergingen die Förderer der »community associations« diese Gruppe, wohl weil sie eine Politisierung der Siedlervereine verhindern wollten.[101]

Ebenso selbstverständlich setzten sich die Initiativen über die kulturellen Präferenzen der Bewohner hinweg. Mit Diskussionsveranstaltungen, Theatergruppen und Erwachsenenbildung erhoben die Gemeinschaftszentren hochkulturelle Ansprüche. Erklärtes Ziel war es, mit einem bildungsorientierten Alternativprogramm die Bewohner von »minderwertigen« kommerziellen Vergnügungen wie Kino und Sportwetten abzubringen und zu aktiver und »sinnvoller« Freizeitgestaltung anzuleiten.[102] Der Leiter des »community centres« in Sheffield-Manor beispielsweise sah sein Haus als »meeting place for intelligent people, and a clearing-house for the exchange of ideas – an educational and cultural centre where people can develop their abilities to the fullest extent.«[103] Um sicherzustellen, dass die Siedler ihre intellektuellen Fähigkeiten tatsächlich entwickelten und nicht etwa die Einrichtung bloß als Klub nutzten, ließ er unter anderem aus einem Raum Billardtische entfernen und dort eine Bibliothek einrichten.

Angesichts solcher Bevormundung blieb das Interesse der einfachen Mieter an »community associations« gering. Sofern diese überhaupt entstanden, gewannen sie nur einen sehr geringen Teil der Anwohner als Mitglieder. Selbst die 1930 gegründete Vereinigung in Watling bei London, die vom »Pilgrim Trust« unterstützt wurde und deren »centre« als Mustereinrichtung galt, verzeichnete lediglich 276 Mitglieder, die der Assoziation ein Jahr oder länger angehörten. Das entsprach zwei Prozent der Wohnbevölkerung. Demgegenüber zählte der in der Siedlung ansässige Kreditverein über 1300 Einzahler und die vier »working men's clubs« zwischen 2500 und 3000 Mitglieder,[104] was die Präferenz der »working class« für marktorientierte Assoziationen ebenso verdeutlicht wie die Zurückhaltung gegenüber »community associations«.

Die Bewohner der »council estates« schlossen sich also in der Regel nicht zu Vereinen zusammen, die den Vorstellungen der Mittelschicht entsprachen. Dazu gab es weder die nötige Eigeninitiative, noch fruchteten entsprechende Anregungen von außen. Statt einen Verlust an Geselligkeit mit Vereinsbildung zu kompensieren, entwickelten die Siedler einen extrem häuslichen Lebensstil.

101 *Ebd.*, S. 145.

102 Zum Ideenhintergrund der »community associations« siehe *Olechnowicz*, S. 137–179.

103 Editorial, in: The Manor and Woodthorpe Review 1 (1934), Nr. 3, S. 33.

104 *Olechnowicz*, S. 189 u. 205.

Arbeiterfamilien zogen sich in ihre vier Wände zurück, und zwar konsequenter als Angehörige der Mittelschicht, die im höheren Maße am Vereinsleben teilhatten und für gewöhnlich mit der Veranstaltung von »parties« ihre Heime für Besucher öffneten.

Der Rückzug ins Private war in der überkommenen sozialen Orientierung von Arbeitern durchaus angelegt. Der äußerliche Eindruck starker Verbundenheit in den alten Vierteln kann leicht darüber hinwegtäuschen, dass bereits dort der Wunsch nach ungestörter Häuslichkeit bestanden hatte. Von jeher nahm man sich vor neugierigen, tratschenden, ständig um Gefallen bittenden oder generell als »rough« empfundenen Nachbarn in acht, folgte der Maxime »keeping one's self to one's self« und versuchte, sich dem sozialen Dauerkontakt, dieser Kehrseite des Lebens in traditionellen »working class communities«, zu entziehen. Während aber in den innerstädtischen Vierteln die sozialräumlichen Verhältnisse ein Miteinander erzwangen, erlaubte das Umfeld der »council estates« den Rückzug ins Private. Der Umzug vom Viertel in die Vorstadt mitsamt seinen sozialen Folgen zeigt mithin auch, wie sehr die Geselligkeit der »working class« von äußeren Strukturen abhing.[105]

Sowohl gegenüber ungeplanter Geselligkeit, die durch städtebauliche Veränderungen an zahlreichen Orten ihre Voraussetzungen verlor, als auch der vereinsmäßig organisierten Geselligkeit gewann der Konsum kommerzieller Populärkultur verstärkt an Bedeutung für die Vergesellschaftung der Arbeiterschicht. Trotz Wirtschaftskrise und Massenarbeitslosigkeit nahm ein größerer Teil der »working class« teil am Konsum populärer Unterhaltungsangebote als vor 1914. Der Schausport zog deutlich mehr Zuschauer an: Zwischen 1910 und 1950 verdoppelte bis verdreifachte sich die Besucherzahl bei Fußballspielen; durchschnittlich sahen in der letzten Saison vor dem Zweiten Weltkrieg über 30 000 Zuschauer, weit überwiegend Angehörige der Arbeiterschicht, ein Spiel der ersten Liga.[106] Neue Sportarten, die wegen ihrer engen Verbindung mit dem Wetten fast ausschließlich Arbeiter ansprachen, hielten in Großbritannien erfolgreich Einzug. Neben dem »speedway racing« ist das Hunderennen zu nennen. Es wurde Mitte der 1920er aus den USA importiert; bereits für das Jahr 1928 verzeichneten die registrierten Rennbahnen 13,5 Mio. Besuche.[107]

Daneben erfuhr das ohnehin schon populäre Wetten in der Zwischenkriegszeit weitere Ausdehnung. Die größte Anhängerschaft hatten Pferdewetten sowie das Wetten auf Fußballspiele per Post, die »football pools«, an denen sich in den späten 1930ern etwa ein Drittel der Bevölkerung zumindest zeitweilig beteiligte. Bei konservativ geschätzten zehn bis 15 Mio. Teilnehmern an Wett-

105 *Ebd.*, S. 212f. Nach *Ravetz*, S. 166, wäre deshalb besser von »localism« anstatt von »community« die Rede.

106 *Fishwick*, English Football and Society, S. 49.

107 *McKibbin*, Classes and Cultures, S. 363.

spielen dürfte die Mehrheit von Arbeitern zumindest einigermaßen regelmäßig an diesem Zeitvertreib partizipiert haben.[108]

Kommerzielle Vergnügungen waren zugänglich für jüngere und weibliche Angehörige der Arbeiterschicht, die von der Klubgeselligkeit meist ausgeschlossen waren. Fußball-Wettscheine etwa wurden oft im Kreis der Familie oder von Frauen ausgefüllt.[109] Das Kino erreichte Frauen und jüngere Leute. Es avancierte in der Zwischenkriegszeit zum populärsten außerhäusigen Zeitvertreib und war nirgendwo so populär wie in England. In den 1930ern zählten die Kinos dort wöchentlich 18 bis 19 Mio. Besuche; nach einer Gallup-Erhebung vom Januar 1938 waren 56% der Befragten binnen zehn Tagen mindestens ein Mal im Kino gewesen. Das Kino zog Angehörige aller Bevölkerungskreise an. Am seltensten gingen noch die Älteren, aber selbst von der Gruppe der über Fünfzigjährigen sahen nach der Gallup-Studie noch knapp 50% der Befragten mindestens ein Mal im Monat einen Film. Zuschauerinnen bildeten nach einigen Studien eine deutliche Mehrheit des Publikums.[110] Erschwinglich war der Kinobesuch schließlich auch für Arbeitslose. Eine Umfrage des »Carnegie Trusts« in Liverpool, Cardiff und Glasgow kam zu dem Ergebnis, dass von den befragten arbeitslosen Jugendlichen 80% mindestens einmal, davon 25% mehrmals in der Woche ins Kino gingen.[111]

Arbeiterinnen und Arbeiter frequentierten die kommerziellen Tanzpaläste, die vielen Angehörigen der »working class« erstmals Gelegenheit zum Tanz boten. Der »palais-de-danse« ließ sich besuchen, ohne dass man zuvor kostspielige Tanzstunden absolviert haben musste. Das Angebot zielte konsequent auf den schmalen Geldbeutel und den Erlebnishunger der Arbeiter- und unteren Mittelschicht, und zwar überaus erfolgreich. Für 1938 wurde geschätzt, dass wöchentlich 1,5 Mio. Menschen öffentliche »dance halls« besuchten, wobei junge Frauen aus der Arbeiterschicht häufig zu den »regulars« zählten.[112]

Welche vergesellschaftenden Effekte zeitigte nun der allgemein verbreitete Individualkonsum von Populärkultur, und in welchem Verhältnis stand er zur Assoziationsentwicklung? Nach Ansicht zeitgenössischer Kritiker sowohl aus der Mittelschicht als auch aus der Arbeiterbewegung wirkte die Konsumkultur durchweg negativ auf das Bewusstsein der Konsumenten, führte zu Vereinzelung und Passivität. Demgegenüber wurde das Prinzip der Selbstorganisation positiv bewertet; unter anderem hoffte man – ganz in der Tradition der »rational recreations« – durch die Gründung von »film societies« und »listening

108 *Ders.*, Working-class Gambling, S. 110.

109 *Ders.*, Classes and Cultures, S. 374.

110 *Durant*, S. 117–119.

111 *McKibbin*, Classes and Cultures, S. 419; *Olechnowicz*, S. 205 (Gallup); *Beaven*, S. 190.

112 *Nott*, S. 158 u. 177.

groups« Konsumenten zur »richtigen« Rezeption kommerzieller Kulturangebote erziehen zu können.[113]

Bei näherer Betrachtung jedoch erscheint das Verhältnis zwischen Kommerz- und Vereinskultur weit weniger gegensätzlich. Denn Assoziationen wie die »working men's clubs«, »anglers' associations« und die flüchtigen Zusammenschlüsse in den »pubs« hatten ja immer schon dazu gedient, Menschen mit begrenzter Kaufkraft kollektiv die Marktteilnahme zu ermöglichen. Sozialen Zusammenhalt hatte also nicht erst die Organisation gestiftet. Vielmehr hatte umgekehrt zunächst das Interesse an populärkulturellen Inhalten Gleichgesinnte zusammengeführt, und weil die Nutzung Ressourcen erforderte, die Einzelne nicht aufbringen konnten, anschließend die Assoziationsbildung motiviert.

Entsprechend verfügten auch die in der Zwischenkriegszeit expandierenden Vergnügungen wie Schausport, Kino, Wetten, aufgezeichnete Musik und Tanzvergnügen über ein großes Vergesellschaftungspotential, und zwar unabhängig davon, dass sie für den Einzelnen erschwinglich waren und demgemäß keine Organisation erforderten. Der Sport generierte dank seiner Ubiquität höchst anschlussfähige Themen geselliger Konversation. Feldstudien zum Kneipengespräch in den 1930ern kamen zu dem Ergebnis, dass sich in Bolton 29% der Unterhaltungen und in London 37% um »Sport« drehten.[114] Das Wetten erzeugte ebenso einen hohen Informations- und damit Gesprächsbedarf, weil mehr Wissen den Zufall minimiert und dadurch die Gewinnchancen erhöht. Die soziale Komponente der in den »palais-de-danses« angesagten, ebenso spaßigen wie einfachen Modetänze ist offensichtlich, und selbst das in den »council estates« verbreitete Gärtnern musste seine Anhänger durchaus nicht in die Isolation führen, sondern konnte Geselligkeit fördern. Erschwingliche Fachliteratur, Zeitungskolumnen, Radiosendungen und sogar Zigarettenbildchen sorgten für ausreichend Gesprächsstoff, und für eine Meinung zum Thema brauchte man nicht einmal eigene Gartenerfahrung.[115]

Der fortschreitende Trend zum Konsum von Massenkultur bedeutete also für die Arbeiterschicht weder einen Bruch mit einer älteren Vereinsgeselligkeit, denn wie gezeigt erwuchs Geselligkeit von jeher in erster Linie aus dem gemeinsamen Konsum, und die Organisation hatte lediglich nachrangige Bedeutung. Noch führte die für Einzelne bezahlbare Massenkultur per se in die Vereinzelung. Ganz im Gegenteil bot die erschwingliche und populäre Kommerzkultur einem weiteren Personenkreis die Möglichkeit zur Teilhabe an Geselligkeit als die formalen Assoziationen, aus denen Frauen und Jugendliche bis dahin häufig ausgeschlossen gewesen waren und weiterhin blieben.

113 *Castle u.a.*, S. 71; zur »linken« Kritik siehe *Hall, S.*

114 *Collins* u. *Vamplew*, S. 24.

115 *Constantine*, S. 379–399.

3. Die Wirkungslosigkeit staatlicher Vereinsförderung

Die weitgehende Kontinuität der Assoziations- und Geselligkeitsentwicklung in Großbritannien während der Zwischenkriegszeit steht im deutlichen Kontrast zum deutschen Vergleichsfall. Dort wandelte sich in Krieg und Weimarer Republik das Vereinswesen in seiner organisatorischen Struktur sehr weitgehend und in einer Weise, die sich stark auf die Vereinsgeselligkeit auswirkte.

Den entscheidenden Faktor für die Veränderungen im deutschen Fall bildete die sozialpolitische Intervention des Weimarer Staates, der mit finanziellen Anreizen die verbandliche Formierung des Vereinswesens vorantrieb. In Großbritannien ist eine solche Entwicklung nicht zu beobachten, obwohl auch der britische Staat eine Bereitschaft zur direkten oder indirekten Förderung von Assoziationen seit dem Ersten Weltkrieg entwickelte.

Zu nennen sind in diesem Zusammenhang zunächst die Zuwendungen zum Ausbau öffentlicher Freizeitmöglichkeiten, besonders der Infrastruktur für Sport, die nach dem Urteil des Historikers Stephen Glyn Jones neue Höhen erreichten. Jones verweist auf die Einrichtung eines Fördertopfes durch den »Mining Industry Act« von 1920, aus dem bis 1938 über £5,5 Mio. für knapp 1 500 Freizeiteinrichtungen bereitgestellt wurden, und listet die jährlichen Ausgaben von Lokalverwaltungen in England und Wales für öffentliche Schwimmbäder, Parks, Bibliotheken und Museen. Nach diesen Zahlen vervierfachten sich unter anderem die Aufwendungen für Parks, öffentliche Gärten und Erholungsflächen zwischen 1914 und 1937 auf knapp £6,3 Mio.[116]

Mit der Verabschiedung des »Physical Training and Recreation Act« im Jahr 1937 stellte die Zentralregierung zunächst £2 Mio. zur Sportförderung zur Verfügung. Bis zum Sommer 1938 flossen £5,5 Mio. als Beihilfen an Magistrate und freiwillige Körperschaften unter anderem für die Schaffung von Schwimmbädern, Sportfeldern, Campingplätzen, Jugendherbergen sowie für Ausrüstung und Trainerausbildung. Zwischen 1937 und 1939 finanzierte der Staat den Bau von 283 Fußball-, 197 Cricket- und 73 Hockeyfeldern, von 96 »netball courts«, 152 »pavillions« und 37 Leichtathletikbahnen.[117]

Neben der Förderung von Sportstätten trug der britische Staat zur Schaffung von »village halls« und den bereits erwähnten »community centres« bei, die den schwach integrierten Landgemeinden bzw. den »council estates« einen Fokus des sozialen Zusammenhalts bieten sollten. Beihilfen für »village halls«

116 *Jones, Stephen G.*, State Intervention in Sport, S. 165–167 u. 177.

117 *Huggins* u. *Williams*, S. 11 u. 22.

stellte die »Development Commission« zur Verfügung; zusammen mit privaten Spenden flossen diese an über vierhundert Dorfgemeinschaften.[118] »Village halls« und »community centres« erhielten in den letzten Jahren vor dem Zweiten Weltkrieg Gelder aus den Töpfen der Sportförderung.

Ferner unterstützte der Staat in den 1930ern die Einrichtung von »occupational centres« für Arbeitslose. Diese Zentren dienten dazu, die Klientel mit einfachen Handwerkstätigkeiten wie Holzarbeiten, Polstern oder Weben zu beschäftigen. Daneben boten sie Freizeitmöglichkeiten wie Sportspiele sowie Musik- und Theatergruppen. Mit dem Rückgang der Arbeitslosigkeit konzentrierten sich die Zentren auf den Freizeitaspekt und entwickelten sich zu »community clubs«. 1937 gab es 700 solcher Einrichtungen für Männer und 450 für Frauen mit einer Gesamtmitgliederzahl von etwa 160 000. Das Arbeitsministerium stellte 1932/33 £ 80 000 zur Verfügung. Die staatlichen Beiträge stiegen bis 1936/37 auf knapp £ 335 000.[119]

Sozialpolitische Mittel des Staates gewannen also auch in Großbritannien an Umfang. Sie wirkten jedoch auf das britische Assoziationswesen nicht in einer dem deutschen Vergleichsfall ähnlichen Weise. Gründe dafür lagen einerseits auf Seiten des Staates, in Art und Höhe staatlicher Förderung. So dürfte der Umfang öffentlicher Subventionen in Großbritannien insgesamt kleiner gewesen sein als in Deutschland, die Anreize zu zentralisierter Organisation und Orientierung an staatlichen Vorgaben mithin geringer. Sicher war auch das Interesse der britischen Regierung an sozialstaatlichen Interventionen weniger ausgeprägt als in Deutschland, wo sich die politischen Vertreter der neuen Republik vor der Aufgabe sahen, die autoritären Strukturen des Kaiserreichs zu überwinden und die Gesellschaft zu demokratisieren. Hinzu kommt schließlich, dass der britische Staat meist nur dann einen Teil des jeweils benötigten Geldes zur Verfügung stellte, wenn eine private Finanzierung des anderen Teils gewährleistet war. Während sich also in Deutschland der Staat für alleinzuständig erklärte, war in Großbritannien eine staatlich-private Mischfinanzierung üblich. Der »Carnegie United Kingdom Trust« beispielsweise unterstützte Anfang der 1930er Jahre die Gründung von »community centres« und bezuschusste die Errichtung der ersten »village halls« bis zu einem Sechstel der Gesamtkosten. Zwischen 1928 und Ende 1931 förderte die Stiftung die Errichtung von Sportplätzen mit gut £ 130 000. Zudem bedachte sie die Arbeit der »British Drama League« und der »Scottish Community Drama Association« zur Verbreitung des gemeinschaftsfördernden Laienspiels mit kleineren Beträgen.[120] Die Förderung war häufig als Anschubfinanzierung intendiert

118 *Burchardt*, S. 193–216.

119 *Brasnett*, S. 78–81.

120 *Carnegie United Kingdom Trust*, S. 30 (»playing fields«), 35 (»village halls«), 51 (»community centres«) u. 56f. (»amateur drama«). Siehe auch *Brasnett*, S. 52, 64 u. 109f.

und mit der Erwartung verbunden, dass sich eine Unternehmung konsolidiere und möglichst selbst trage. Die Mischfinanzierung durch Staat, Stiftungen und Vereinigungen sorgte daher für Anreize, dass Assoziationen eigene wirtschaftliche Anstrengungen unternahmen, während die in Deutschland etablierte Förderung von »Gemeinnützigkeit« darauf hinauslief, dass Vereine und Verbände eigene Gewinne vermieden und stattdessen ihre finanzielle Bedürftigkeit unter Beweis zu stellen versuchten.

Die vergleichsweise weniger umfängliche und intensive Intervention des britischen Staates reicht jedoch als alleinige Erklärung für die sehr unterschiedlichen Entwicklungen der Vergleichsländer nicht aus. Die entscheidenden Gründe scheinen eher auf der Seite der Assoziationen zu liegen. Das zeigt beispielhaft die vom deutschen Fall sehr verschiedene Reaktion von »clubs« und »associations« auf die Vergnügungssteuer. Wie in Deutschland konnten in Großbritannien die Steuerbehörden solche Assoziationen von der 1916 eingeführten »entertainment tax« ausnehmen, deren Programme als »educational« anerkannt wurden und die nachwiesen, dass ihre Unternehmung nicht der Profiterzielung diente.[121] In der Weimarer Republik löste – wie gezeigt – eine solche Kopplung von Steuervergünstigungen und Verhaltenserwartungen eine sehr weitreichende Verbandlichung des Vereinswesens aus. Im britischen Fall blieben solche Folgen aus, und zwar vor allem deshalb, weil dort die Dachverbände eine andere, weit weniger einflussreiche Rolle spielten. Zwar schaltete sich etwa die »National Operatic and Dramatic Association« (NODA) ein und versuchte, mit dem Verweis auf den Amateurcharakter der Laienspielgruppen eine Aufhebung der Besteuerung zu erwirken. Jedoch stießen die Bemühungen des Verbandes nicht einmal bei den ihm angeschlossenen Vereinigungen auf nennenswertes Interesse. Von den knapp 1 000 Fragebögen, welche die NODA 1929 an ihre Mitgliedsvereine verschickte, um deren Haltung zur Vergnügungssteuer zu eruieren, wurden weniger als die Hälfte beantwort; nur 372 konnten verwendet werden. 1936 forderte die Verbandsleitung die Vereine auf, in der Steuerfrage ihre lokalen Parlamentsvertreter anzuschreiben. Auch diese Initiative scheiterte am Desinteresse der »societies«. Diese verhandelten weiterhin individuell mit den Steuerbehörden und vermieden häufig die Abgabenpflicht, indem sie einen Teil ihrer Überschüsse für wohltätige Zwecke spendeten.[122]

Während in Deutschland die Verbände bereits auf in Aussicht gestellte Vergünstigungen reagierten, zeigten in Großbritannien Vereine und Verbände nicht einmal Interesse an staatlichen Beihilfen, wenn diese vergleichsweise reichhaltig flossen. Als beispielsweise die britische Regierung 1937 mit dem »Physical Training and Recreation Act« Subventionen in Millionenhöhe ver-

121 *Herbert, A.P.*, S. 19.
122 *Lowerson*, Amateur Operatics, S. 166.

sprach und das neugeschaffene »National Fitness Council« per Fragebogen den Unterstützungsbedarf ermitteln wollte, antworteten von 16000 angeschriebenen Sportorganisationen nur 689.[123] Darüber hinaus wandten sich Sportfunktionäre mitunter sogar dezidiert gegen staatliche Interventionen. Beispielsweise verkündete John Charles Clegg, Präsident der nationalen und Vorsitzender der »Sheffield and Hallamshire Football Association«, bei jeder sich bietenden Gelegenheit, dass er, falls ein in Teilen der organisierten Arbeiterschaft gewünschtes Sportministerium Wirklichkeit würde, sein Engagement für den lokalen Fußball einstellen werde.[124]

Verständlich werden Desinteresse und Ablehnung, wenn man die Geschichte und Struktur der englischen bzw. britischen Verbandsorganisationen in Betracht zieht. Anders als die für Deutschland prototypischen Dachorganisationen der Turner, Sänger, Schützen und Krieger waren Verbände in Großbritannien nicht als Speerspitze nationalistischer »Bewegungen« entstanden. Entsprechend ging es ihnen auch nie darum, möglichst zahlreiche Anhänger zu gewinnen, sie als »treue« Mitglieder an die Organisation zu binden und sie zu Kundgebungen zu mobilisieren.

Englische »associations« – ebenso die separaten schottischen und irischen Dachorganisationen – hatten sich vielmehr aus exklusiven Klubs entwickelt und boten als »governing boards« Außenstehenden limitierte praktische Dienste wie etwa die Kodifizierung sportlicher Wettkampfregeln oder die Beratung von Musikfestivals. Das bedeutet, dass britische Verbände anders als ihre deutschen Entsprechungen keine Mitgliederorganisationen darstellten. Einzelpersonen gehörten ihnen allenfalls in kleiner Zahl an. Mit Klubs oder größeren Organisationseinheiten wie Sportligen oder Festivals unterhielten sie häufig eher lose Verbindungen.[125]

Ein anschauliches Beispiel dieser Assoziationsstruktur bietet die Organisation des Cricketspiels in England.[126] An deren Spitze stand der 1787 von Aristokraten gegründete »Marylebone Cricket Club«. Der MCC war in seinem Kern ein Klub, dessen Mitgliederzahl in der Zwischenkriegszeit auf knapp 7000 Männer begrenzt blieb. Die Mitgliedschaft war begehrt, kostspielig und exklusiv. 1935 standen 12000 Personen auf der Kandidatenliste, von denen jährlich allenfalls einige hundert Aufnahme fanden. Die Leitung des MCC oblag für jeweils vier Jahre einem Komitee von 16 Männern, die hohe Posten in der Politik, im Finanzgewerbe, in der Industrie oder beim Militär innehatten.

123 *Eisenberg*, ›English sports‹, S. 306f.

124 Church Sports Ground. Mr. J. C. Clegg on Government Control, in: Sheffield Telegraph v. 4.5.1925, S. 7.

125 Mit Blick auf den Sport *Eisenberg*, ›English sports‹, S. 304f.

126 Zum Folgenden siehe *Williams, J.*, Cricket and England, S. 20–44.

Dem Vorstand gehörte zeitweilig Premierminister Stanley Baldwin an. Die Wahl in das Komitee erfolgte stets ohne Gegenkandidaten.

Der MCC war über das »Advisory County Cricket Committee« mit den »county clubs« verbunden, welche die nächstuntere Organisationsebene bildeten. Im »Advisory Committee« saßen neben Vertretern des MCC Abgeordnete der »county clubs«, die an der Meisterschaft zwischen den Teams der Grafschaften teilnahmen. Der MCC präsidierte und behielt sich die Zustimmung über Entscheidungen des Gremiums vor. Die Klubs akzeptierten die Hegemonie des MCC, weil dieser einerseits zurückhaltend agierte und andererseits die »county clubs« das Establishment der Provinz versammelten, das wegen seines ähnlichen sozialen Hintergrundes im Allgemeinen die im MCC herrschende Auffassung teilte.

Auf den unteren Organisationsebenen verabredeten einzelne Klubs entweder untereinander Wettspiele oder traten lokalen Ligen bei. Die Ligen registrierten die Spieler, damit sich Teams nicht durch die Verwendung ausgeliehener Kräfte unerlaubt verstärkten, legten den Spielplan fest und vermittelten bei Streitfällen zwischen angeschlossenen Klubs. Eine nationale Dachorganisation für diese Ligen gab es nicht. Allenfalls schloss man sich zu Föderationen auf Grafschaftsebene zusammen, was so recht erst in der Zwischenkriegszeit in Gang kam. Zuweilen traten diese Föderationen gegenüber den Behörden als Interessenvertretungen auf, etwa indem sie Magistrate zur Schaffung von Spielfeldern drängten.

Anders als vergleichbare Regionalverbände in Deutschland standen die Föderationen in keinem nationalen Organisationszusammenhang, da der MCC sich nicht weiter um »league cricket« kümmerte. Ebenso wenig verfügten sie nach »unten« hin über Disziplinargewalt gegenüber einzelnen Klubs, denn ihnen waren ja nur selbstständige Ligen angeschlossen. Die den Ligen angehörenden Klubs wiederum konkurrierten miteinander um die besten Spieler, was ihre Kooperation erschwerte und dazu führte, dass die Föderationen äußerst fragile Gebilde darstellten.

Der Blick auf die Organisationsstruktur des Cricket, die in Grundzügen auch in anderen Freizeitsparten bestand, macht zweierlei deutlich: Zum einen erscheint eine zentral geleitete staatliche Förderung nach deutschem Muster angesichts solcher Assoziationsstrukturen fast unmöglich. Offiziellen Stellen fehlten Kooperationspartner, die Zielvorstellungen und Mittel an die Basis der Vereine hätten übermitteln können. Zum anderen wird erkennbar, dass die Organisationsstruktur den Kernmitgliedern Exklusivität und Vorherrschaft sicherte. Freiwilligkeit, Unabhängigkeit vom Staat, ja sogar Ineffizienz, als nationale Charakteristika ideologisch überhöht, begünstigten diejenigen mit Geld, Einfluss und kulturellem Kapital. Dagegen stellte staatliche Intervention für die Elite eine latente Bedrohung ihrer Vorrangstellung dar, denn die Zuweisung von Subventionen hätte Transparenz, Rechenschaftspflicht und letztlich eine Demokratisierung der Organisationen verlangt.

Zum weitgehenden Desinteresse an staatlichen Anreizen trug neben der zählebigen Klubstruktur von Spitzenorganisationen schließlich die große Marktnähe des britischen Vereinswesens bei. Bereits in der zweiten Hälfte des 19. Jahrhunderts unterhielten, wie dargestellt, Assoziationen enge Beziehungen zu kommerziellen Unternehmungen wie Brauereien, Eisenbahngesellschaften und Zeitungsverlagen.

Die Bedeutung privatwirtschaftlicher Förderer nahm im 20. Jahrhundert weiter zu. In Sheffield etwa entstanden zahlreiche Stadtverbände für unterschiedlichste Hobbyklubs durch Initiative der örtlichen Zeitungshäuser. 1907 schrieben die beiden führenden Zeitungen, der »Sheffield Telegraph« und die »Sheffield Independent«, fast zeitgleich Trophäen für Bowlingwettbewerbe aus und bewegten interessierte Klubs zur Bildung zweier Stadtverbände, die der Administration des jeweiligen Wettbewerbs dienen sollten. In der Zusammenarbeit zwischen Presse und Klubs verschwammen die Grenzen zwischen Markt und Assoziationswesen. Ehrenamtlicher Geschäftsführer der auf Initiative des »Telegraph« entstandenen »Sheffield and District Amateur Bowls Association« wurde ein Angestellter der Zeitung, der unter dem Pseudonym »The Jack« die Bowlingkolumne in der Sportbeilage verfasste.[127]

Sheffields Zeitungen sponserten des weiteren Wettkämpfe im Tennis, Brieftaubenflug, Golfen, Schießen, Segeln, Schwimmen, Querfeldeinlaufen und Gehen; sie veranstalteten Hundeausstellungen und Gartenwettbewerbe.[128] Nach dem Muster der »bowls associations« entstanden daraus mitunter Stadtverbände wie die »Sheffield Kennel Association« (1925) für Hundezüchter und der »Sheffield Mail First Night Circle« (1929), mit dem lokale Amateurtheatergruppen den wechselseitigen Premierenbesuch anregen wollten. Der Theaterzirkel offenbart erneut eine Überschneidung zwischen Presse und Assoziationswesen. Seine Gründung fand in den Räumen der »Sheffield Mail« unter dem Vorsitz eines Redakteurs statt; die Zeitung übernahm zudem die Werbung für die angeschlossenen Gruppen. Zum Geschäftsführer der Organisation wurde T. Alec Steed gewählt. Steed, Angestellter eines Stahlunternehmens, tat sich als Schauspieler, Produzent, Autor und Organisator in der lokalen Amateurtheaterszene hervor und veröffentlichte nebenbei unter dem Pseudonym »Baton« (Taktstock) Theaterkritiken in der »Mail«.[129]

In ähnlicher Weise engagierten sich privatwirtschaftliche Unternehmen auf nationaler Ebene. Brauereien sponserten Angelwettbewerbe, deren Teil-

127 Sheffield and District Amateur Bowls Ass. Successful Inauguration, in: Sheffield Telegraph v. 26.2.1908, S. 8. – Als »jack« bezeichnet man im »bowls« die kleine Kugel, die zu Beginn des Spiels in das Feld geworfen wird und an die die Spieler ihre Bowlingkugeln möglichst nahe heranzurollen versuchen.

128 Siehe den Abschnitt »Telegraph Trophies« in: *Sheffield Telegraph and Star*, S. 37f.

129 Theatre Notes, in: Sheffield Independent v. 5.2.1929, S. 11; Circle of First-Nighters. ›Sheffield Mail‹ Scheme Adopted, in: *Ebd.* v. 11.1.1929, S. 4.

nehmer im Zuge des aufkommenden Autoverkehrs die Gelegenheit nutzen, neben den Eisenbahngesellschaften mit Busunternehmen vergünstigte Transporte auszuhandeln.[130] Eine Gruppe von Wirten rief 1924 die »National Darts Association« ins Leben; der Wettbewerb, aus dem 1947 die »National Championships« hervorgingen, wurde 1927 von der Zeitung »News of the World« ausgeschrieben.[131]

Im Musikbereich boten der »Melody Maker«, die 1926 erstmals erschienene Zeitschrift für Jazz-Enthusiasten, sowie die 1935 auf den Markt gebrachte »Swing Music« den in den dreißiger Jahren neu entstehenden »rhythm clubs« eine Kommunikationsplattform. Auf lokaler Ebene unterhielten diese Klubs, deren Mitglieder sich zum gemeinsamen Hören von Musikaufnahmen trafen, häufig aber auch selbst musizierten, Unterstützung durch Musikalienhändler, die beispielsweise Grammophone zur Verfügung stellten, an Klubabenden neue Aufnahmen präsentierten oder Versammlungstermine in ihren Schaufenstern aushängten. Jazzgrößen wie der Bandleader Jack Hylton und der bekannte Jazzkritiker Edgar Jackson gehörten Klubs als »Ehrenmitglieder« an und besuchten zuweilen die Veranstaltungen der Fangruppen. Die Mitglieder des »No. 1 Rhythm Clubs«, dessen beiden Gründer den Ursprung ihres Klubs auf eine Begegnung in einem Schallplattengeschäft in der Londoner Fleet Street während der Mittagspause zurückführten, waren 1936 zu einer Tour durch die Studios der Tonträgerfirma »Parlophone« eingeladen, wo sie die Möglichkeit bekamen, selbst vor das Aufnahmemikrophon zu treten. Viele Angehörige von »rhythm clubs« waren Musiker und gründeten in den Klubs Jazzbands. Kontakte zwischen der jungen Tonträgerindustrie und Jazzfans führten auch zu der Idee, eine Föderation der »rhythm clubs« zu gründen, um als Konsumentenkollektiv Firmen zur Produktion bestimmter Aufnahmen zu bewegen. Im April 1935 kam es unter dem Vorsitz von Mathison Brooks vom »Melody Maker« zur Gründung der Föderation, die jedoch schon bald über die schlechte Zahlungsmoral der affiliierten Klubs klagte.[132] Die Zusammenarbeit zwischen Musikpresse, Tonträgerfirmen und Musikalienhandel auf der einen und Jazzfans auf der anderen Seite förderte also die Vernetzung von Konsumenten, ohne allerdings effiziente Verbandsstrukturen hervorzubringen.

In Großbritannien reduzierte das Engagement privatwirtschaftlicher Förderer, die durch Sponsoring Kunden binden und generelle Aufmerksamkeit erzielen wollten, den Bedarf nach einer straffen verbandlichen Mitgliederor-

130 *Huggins* u. *Williams*, S. 95.

131 *Collins* u. *Vamplew*, S. 32.

132 Vgl. die Veranstaltungsberichte einzelner Klubs in den monatlichen Ausgaben der »Swing Music« für 1935 und 1936. Zur Gründung der Föderation siehe W. Elliott, My Ideas for a Rhythm Club Federation, in: *Ebd.*, März 1935, S. 2, u. Rhythm Club News. The British Rhythm Club Federation, in: *Ebd.*, Mai 1935, S. 70.

ganisation, wie sie für Deutschland kennzeichnend war. Vor allem die kommerzielle Presse besetzte ein Aufgabenfeld, das in Deutschland die Verbände beanspruchten, indem sie für die Kommunikation zwischen Vereinen sorgte, auf kommende Veranstaltungen hinwies, von vergangenen Ereignissen berichtete, Fachberatung leistete und einen Marktplatz für Anbieter und Käufer von Hobbybedarf eröffnete. Da privatwirtschaftliche Unternehmen selten daran interessiert waren, Mitglieder zu zählen oder gar zu politischen Zwecken zu mobilisieren, verbarg sich häufig hinter einem repräsentativen Namen eine Organisation, die nur das Nötige – etwa die Veranstaltung einer Ausstellung oder eines Wettkampfes – leistete und daher für die Implementierung staatlicher Sozialpolitik gänzlich ungeeignet war.

4. Vergesellschaftungsbilanz: Auswirkungen von Vereinsgeselligkeit auf sozialen Wandel und politische Systementwicklung

Im Unterschied zu Deutschland, wo sich die Organisation des Vereinswesens nach dem Ersten Weltkrieg deutlich veränderte, verlief die britische Assoziationsentwicklung in der Zwischenkriegszeit kontinuierlich in den Bahnen, die im 19. Jahrhundert gelegt worden waren. Der Verbandlichungsprozess, der in der Weimarer Republik die Lokalvereine unter Druck setzte, fand in Großbritannien keine Entsprechung, und dies obwohl auch der britische Staat insbesondere in den 1930er Jahren seine Aufwendungen für »gemeinnützige« Freizeitzwecke erhöhte und in Ansätzen eine gezieltere, auf freiwillige Vereinigungen ausgerichtete Freizeitpolitik betrieb. Grund für die unterschiedliche Entwicklung im britischen Fall war nicht nur, dass staatliche Maßnahmen trotz Zunahme quantitativ unter dem deutschen Niveau verblieben. Entscheidend war vielmehr, dass die staatliche Assoziationsförderung in Großbritannien auf weitgehend unfruchtbaren Boden fiel. Während sich in Deutschland mitgliederstarke, effizient organisierte Verbände zur Subventionsvermittlung anboten, waren britische »national associations« wie die »governing bodies« des Sports an einer Zusammenarbeit mit staatlichen Stellen nicht interessiert. Hierarchische und sozial exklusive Organisationen wie der Marylebone Cricket Club mussten befürchten, dass eine öffentliche Sportförderung ihre Demokratisierung erzwingen würde. Im Interesse des Machterhalts sprachen sich die Vorstände solcher Organisationen üblicherweise vehement gegen jegliche staatliche Intervention aus. Andere Assoziationen von den bereits in Kapitel II beschriebenen »anglers' associations« bis zu den Sheffielder Stadtverbänden für Amateurtheatergruppen und Hundezüchter wurden von kommerziellen Sponsoren wie Brauereien oder Zeitungsverlagen getragen und zum Teil sogar initiiert. Diese Marktnähe machte eine effiziente Mitgliederorganisation häufig und eine Ausrichtung auf sozialstaatliche Ziele in jedem Fall überflüssig.

Zur Kontinuität der britischen Assoziationsentwicklung gehört zunächst, dass Angehörige der Mittelschicht weiterhin Versuche unternahmen, mit Vereinigungsangeboten Arbeiter sowie Jugendliche und Kinder aus der »working class« zu »sinnvoller« Lebensführung anzuleiten. Werksvereine, kirchliche Jugendklubs, Pfadfindergruppen und die in neuen Arbeitersiedlungen gegründeten »community associations« stießen jedoch wie ihre Vorläufer im 19. Jahrhundert – »mechanics' institutes«, »working men's clubs« oder die »Volunteer Force« – bei der Zielgruppe entweder auf Desinteresse oder wurden von ihr eigensinnig genutzt und dadurch ihrer sozialreformerischen Zwecke entfremdet.

Während neuerliche Organisationsangebote der »rational recreations« fehlschlugen, expandierten und verfestigten sich die schichtenspezifischen Assoziationswelten, die sich im späten 19. Jahrhundert herausgebildet hatten. Auf der einen Seite stieg die Zahl der von der Mittelschicht frequentierten »social clubs«, der Freimaurerlogen, der Frauenvereine sowie der Sport- und Theaterklubs weiter an. Auch setzte sich der Trend zur sozialen und räumlichen Distanzierung zur Arbeiterschicht fort. »Middle class clubs« zogen sich vermehrt zurück aus öffentlichen in semiprivate Räume, und sie organisierten zumeist andere Freizeitaktivitäten als die von Arbeitern bevorzugten. Dort, wo sich wie beim Cricketspiel Interessen überschnitten, hielt die Mittelschicht an überlieferter Etikette fest, die strikt zwischen »gentlemen« und »players« unterschieden.

Kennzeichnend blieb für die »middle class clubs« ein Geselligkeitsstil, der darauf zielte, jegliches Spannungspotential zwischen den Mitgliedern zu entschärfen. Sportlichen »Übereifer« lehnte man ebenso ab wie allzu »ernste« Gesprächsthemen; hoch geschätzt wurden hingegen persönliche Eigenschaften wie Humor und Nettigkeit, weil sie halfen, konfliktträchtige Themen zu umschiffen. Die als angenehm empfundene, unverbindliche Geselligkeit ermöglichte es, Angehörige einer sozio-ökonomisch, politisch und religiös heterogenen Mittelschicht zusammenzuführen, ohne solche Unterschiede thematisieren und einen näher bestimmten Konsens aushandeln zu müssen.

Auf der anderen Seite gewannen die von Arbeitern eigenständig geführten genossenschaftlichen Freizeitorganisationen, insbesondere die »working men's clubs«, in der Zwischenkriegszeit an Mitgliedern und Marktmacht. Weitgehend unverändert blieb die in Vereinen der »working class« gepflegte Geselligkeit, die nach wie vor stark von der Spannung zwischen Solidarität und Konkurrenz sowie von der Geringschätzung formaler Organisation geprägt war und sich dadurch vom Vereinsleben der Mittelschicht abhob.

Neben solchen Assoziationen gewannen für die Arbeiterschicht kommerzielle Unterhaltungsangebote des Kinos, der Tanzpaläste, des Schausports, der Musikindustrie und der Sportwetten eine wachsende, im Vergleich zum deutschen Fall erheblich größere Bedeutung als Medien der Vergesellschaftung. Ihre Verbreitung bedeutet bei näherem Hinsehen weder einen Bruch noch einen Gegensatz zum Assoziationswesen. Denn erstens dienten die kommerziell ausgerichteten Arbeiterklubs von jeher dem Freizeitkonsum. Zweitens regte die geteilte Begeisterung für massenkulturelle Phänomene ihrerseits zu Gemeinschaftsbildung und Selbstorganisation an, die bei Bedarf die feste Form der Assoziation fand. Auf diesen gemeinschaftsstiftenden Aspekt kommerzieller Populärkultur wird im folgenden Kapitel zur Assoziationsentwicklung nach 1945 zurückzukommen sein, als Präsenz und Verfügbarkeit solcher Unterhaltungsformen weiter zunahmen.

Was den vergesellschaftenden Effekt organisierter Geselligkeit betrifft, so wirkte in Großbritannien die Koexistenz zweier organisatorisch wie kulturell verschiedener Assoziationswelten zunächst einmal polarisierend. Schichtenspezifisches Vereinsleben förderte durchaus keine übereinstimmenden Werthaltungen; die These, wonach der allseits beliebte Sport Werte wie »sportsmanship« in alle Schichten getragen und dadurch zu sozialer Harmonie beigetragen habe, fand in dieser Untersuchung keine Bestätigung.[133] Vielmehr vergrößerte sich die Distanz zwischen Mittelschicht und »working class«, da erstere ihre Verhaltensweisen und kulturellen Vorlieben mit »Englishness« bzw. »Britishness« gleichsetzte und dadurch beanspruchte, als »the public« die gesamte Gesellschaft des Landes zu repräsentieren.

Soziale und kulturelle Polarisierung blieben jedoch in der Zwischenkriegszeit anders als in Kontinentaleuropa für die britische politische Systementwicklung weitgehend folgenlos, da der in beiden Assoziationswelten gepflegte Geselligkeitsstil einer offenen Politisierung entgegenstand. Die Arbeiterschaft organisierte sich im Vergleich zu Deutschland in weitaus geringerem Maße in Freizeitorganisationen der Arbeiterbewegung, und sie verfügte über mehr Möglichkeiten selbstbestimmter Freizeitgestaltung, nicht zuletzt durch die weitere Expansion kommerzieller Unterhaltungsangebote. Für die britische »working class« der Zwischenkriegszeit gilt in noch größerem Maße der bereits für die Zeit vor dem Ersten Weltkrieg formulierte Befund, nämlich dass sie stärker als ihr deutsches Pendant in die Konsumgesellschaft integriert war und auf diese Weise am gesellschaftlichen Leben teilhatte.

Auf Seiten der Mittelschicht diente ein allen »Ernst« vermeidender Geselligkeitsstil zwar nicht zuletzt dazu, sich von der »allzu ernsten« organisierten Arbeiterschaft zu distanzieren; a-politische Geselligkeit erfüllte also in dieser Hinsicht durchaus eine politische Funktion. Allerdings vermied es die »middle class«, latente Klassenkonflikte explizit zu machen. Geselligkeit, die über potentiell spannungsfördernde Differenzen mit Humor hinwegging, immunisierte gegen politische Mobilisierung. Nur in Ausnahmefällen wie dem Generalstreik von 1926 ließen sich Angehörige der Mittelschicht auf nationaler Ebene zum gemeinsamen Handeln bewegen. Aber selbst dabei wurde der politische Frontverlauf des Klassenkampfes verwischt, indem man die Auseinandersetzung zur »Narretei« herunterspielte und ihr als »sportlicher« Herausforderung begegnete. Der Geselligkeitsstil der »middle class« vergrößerte also die Distanz zwischen den Schichten, wirkte jedoch zugleich konfliktmildernd, weil er eine durchgreifende Politisierung des sozialen Lebens verhinderte.[134]

Demokratie und Vereinswesen standen in Großbritannien zwischen den Kriegen in einem anderen Verhältnis, als es das historische bürgerliche und das neuere zivilgesellschaftliche Assoziationsideal vorsehen. Freiwillige Vereinigungen erwiesen sich durchaus nicht mit den für sie konstitutiv erachte-

133 Vgl. dagegen *Huggins* u. *Williams*, S. 152.

134 *McKibbin*, Classes and Cultures, S. 98.

ten Struktureigenschaften sozialer Offenheit und rationaler Entscheidungsfindung als Motor der Demokratisierung. Vielmehr blieben die geselligen Klubs, was die soziale Offenheit betrifft, hinter der politischen Entwicklung zurück. Denn anders als das politische System, an dem nach dem Ersten Weltkrieg neue Wählerschichten teilhatten, bewahrten gesellige Vereinigungen überkommene Ungleichheiten. Dennoch trugen sie zur Stabilisierung des Parlamentarismus bei. Dies taten sie allerdings nicht, indem sie dem aufgeklärten, rationalen Diskurs ein Übungsfeld geboten hätten, sondern indem sie ganz im Gegenteil potentielle Streitfragen ausblendeten und dadurch gesellige Unterhaltung gegen jede Form der Politisierung abschirmten.

VI. Deutschland und Großbritannien 1945–2000: Deutsche und britische Vereine zwischen Staat und Markt

1. Renaissance und Fortbestand des Lokalvereins: Die Bedeutung des Ortsbezugs für das westdeutsche Vereinswesen

Die Entwicklung des westdeutschen Vereinswesens nach 1945 war neben der staatlichen Vereinsförderung, von der weiter unten ausführlich die Rede sein wird, im hohen Maße von Bevölkerungsbewegungen und den damit verbundenen sozialen Integrationsproblemen beeinflusst. Die erste und zugleich größte Wanderungswelle brachte etwa zwölf Mio. Kriegsflüchtlinge aus dem Osten nach Westdeutschland, wo sie unter den Bedingungen des wirtschaftlichen Aufbaus und des politischen Neuanfangs aufgenommen werden mussten. Die heimische Bevölkerung stand vor einer Doppelaufgabe: Auf der einen Seite sorgte die Notwendigkeit, die große, heterogene Gruppe der Flüchtlinge wirtschaftlich und sozial einzugliedern, für erheblichen Problemdruck. Auf der anderen Seite hatten Diktatur und Krieg die soziale Ordnung in den Aufnahmegemeinden erschüttert, so dass neben der Integration der Zugezogenen auch die Verhältnisse unter den Einheimischen neu ausgerichtet werden mussten.

Bei der Bewältigung dieser Aufgabe spielte das an Tradition und Gemeinde gebundene Vereinswesen eine wichtige Rolle. Sobald die Besatzungsmächte dies genehmigten, belebte die ortsansässige Bevölkerung viele bereits vor 1933 entstandene Schützenvereine, Freiwillige Feuerwehren, gesellige, Heimat-, Gesang- und Turnvereine neu. Diese nahmen bald wieder eine zentrale Stellung im Gemeindeleben ein.[1]

Mit großem Eifer bemühten sich die Mitglieder um die Insignien eines »richtigen« Vereins wie Fahnen, Abzeichen und Uniformen und griffen mit Jubiläumsfeiern, Ehrungen und Umzügen auf überlieferte Rituale zurück. Sie trugen ihre eigenen Feste in den öffentlichen Raum, indem sie mit musikalischem Begleitzug durch die geschmückten Straßen der Gemeinde marschierten. Sie beteiligten sich zudem an kirchlichen und städtischen Feiern und zeigten Präsenz bei halböffentlichen Anlässen wie Hochzeiten und Beerdigungen.

1 *Zimmer*, Basiselement, S. 101; ebenso frühe gemeindesoziologische und volkskundliche Studien, über die *Kröll* einen kurzen Überblick bietet.

Vereine repräsentierten ihren Ort, wenn sie an auswärtigen Wettkämpfen teilnahmen oder Delegationen zu Feiern von »Brudervereinen« der Nachbarstädte entsandten. Wie in früheren Zeiten fügten die Vereine ihrem Vereinsnamen den ihrer Heimatgemeinde an und begrenzten in ihrer Satzung den Kreis potentieller Mitglieder auf bestimmte Ortsteile.[2]

Mit dieser Praxis beanspruchten die Vereine, ihren Ort und die dort gepflegte Tradition zu vertreten. Den Zugezogenen signalisierte der Lokalverein, dass seine einheimischen Mitglieder »immer schon da waren« und Neuankömmlinge sich anzupassen hätten. Sich selbst versicherten die Ansässigen mit der Anknüpfung an eine möglichst lange Vereinsgeschichte, dass man die zwölf Jahre nationalsozialistischer Herrschaft unbeschadet überstanden habe. Die Normalität, zu der man nach dem Weltkrieg übergehen wollte, suchte man in der Heimat, die der Verein repräsentierte.

Abgesehen davon, dass das Kriegervereinswesen nicht wieder auferstand und sich insgesamt das nationale und militärische Gepräge im Vergleich zu früheren Zeiten deutlich abgemildert hatte, ähnelte das lokal verwurzelte Vereinswesen nach 1945 dem aus der zweiten Hälfte des 19. Jahrhunderts. Der Lokalverein erlebte also eine Renaissance. Sie erklärt sich dadurch, dass die westdeutsche Nachkriegsgesellschaft vor einem ähnlichen Problem stand wie zuvor die Bewohner der expandierenden Industriestädte. Erneut sahen sich Einheimische damit konfrontiert, mit Zuwanderern ein Auskommen zu finden, und hegten zugleich den Wunsch, ihre lokale Ordnung zu stabilisieren.

Die Vergesellschaftungsbilanz des Lokalvereins nach 1945 fällt angesichts dieser Ähnlichkeiten ebenso gemischt aus wie die der schichtenübergreifenden Schützen-, Krieger-, Turn- und Gesangvereine vor 1914. Zwar standen die Traditionsvereine nach 1945 wie ihre Vorläufer ihrem Selbstverständnis nach allen Gemeindemitgliedern einschließlich Zuwanderern und Arbeitern offen. Im Vergleich zu früheren Zeiten bauten sie sogar formale Barrieren ab, indem sie das bis in die Zeit des Nationalsozialismus vielfach übliche Verfahren der Abstimmung über Neuaufnahmen per Ballotage aufgaben und die Vereinsdisziplin insgesamt lockerten.[3]

Dennoch geschah die Integration von Zugewanderten, besonders von Flüchtlingen, in die Vereine viel zu langsam und vorbehaltlich, als dass man sie als durchweg erfolgreich bezeichnen könnte. Die vorliegenden Gemeindestudien kommen zum Ergebnis, dass Neuankömmlinge gemessen an ihrem Anteil an der Bevölkerung im lokalen Vereinswesen unterrepräsentiert blieben und Vereinsämter fast immer von Einheimischen besetzt wurden. Auch an öffentlichen Vereinsveranstaltungen beteiligten sich Zugezogene in geringerem

2 Zum Festbetrieb ausführlich *Pellengahr* u. *Gerndt*, S. 100–106. Die lokale Begrenzung der Mitgliederschaft erwähnen *Croon* u. *Utermann*, S. 164.

3 *Schmitt*, S. 66 u. 149.

Maße als die Alteingesessenen.[4] Zuzügler traten auch nur selten als führende Gestalter des lokalen Vereinslebens hervor. Im Allgemeinen fanden die Lieder, Tänze, Trachten, Speisen oder Spiele der Zugezogenen geringe Akzeptanz in den Vereinen, weil diese vornehmlich dem Zweck dienten, das »Eigene« der Einheimischen zu definieren. Einzelne Flüchtlinge, die einem Verein beitraten, taten dies nicht als Vertreter ihrer Landsmannschaft, sondern passten sich den am neuen Wohnort gegebenen Umständen an.[5]

Erklärt hat man die Zurückhaltung der Zugewanderten gegenüber den Vereinen unter anderem damit, dass die Auswärtigen ihren Aufenthalt zunächst als temporär begriffen. Indem die Forschung den Grund für die Distanz zum Vereinswesen auf Seiten der Zuwanderer ausmacht, kann sie wiederum an der Auffassung festhalten, Vereine ermöglichten gerade wegen ihres engen Lokalbezugs den Neuankömmlingen, am neuen Wohnort heimisch zu werden: »Einer der wichtigsten Bestandteile der integrierenden Wirkung der Vereine ist ihre Ortsbezogenheit«, befand beispielsweise die Soziologin Renate Mayntz in ihrer unter ihrem Mädchennamen Pflaum veröffentlichten Untersuchung dörflichen Vereinslebens in den frühen 1950er Jahren.[6]

Gegen diese Deutung spricht jedoch, dass eben nicht die lokal verwurzelten Vereine Zuwanderer aufnahmen, sondern noch am ehesten Zusammenschlüsse wie die Sportvereine, in denen ebenso universale wie triviale Freizeitaktivitäten eine Eigendynamik entfalteten und so Räume für geselligen Austausch eröffneten.[7] In den Traditionsvereinen hingegen stand in der Regel alles andere als ein bloßes Hobby im Mittelpunkt. Mit dem Zweck der Heimat- und Brauchtumspflege hielt vielmehr die umstrittene, mit weitreichenden Implikationen verknüpfte Differenz zwischen Einheimischen und Zuwanderern Einzug in den Bereich jenseits von Politik und Ökonomie und erschwerte dadurch gesellige Kommunikation.

Zudem regulierten die Lokalvereine über ihren Mitgliederkreis hinaus die soziale Statuszuweisung innerhalb der Gemeinde. Indem sie ihr Anliegen in die Öffentlichkeit trugen und die Repräsentation der gesamten Ortsbevölkerung beanspruchten, zwangen sie die Neuankömmlinge geradezu, sich zwischen Anpassung oder Exklusion zu entscheiden. Wer in der Gemeinde Fuß fassen wollte, musste folglich einem Lokalverein beitreten. »Man kann sich nicht ausschließen«: Mit diesem Satz erklärten zugewanderte Geschäftsleute ihre Mitgliedschaft in der Schützengilde, die in einer Zechengemeinde im nördlichen Ruhrgebiet den wichtigsten Verein der Alteingesessenen darstellte.[8]

4 *Pflaum*, S. 161f. Siehe auch *Schulze*, S. 172.

5 *Schmitt*, S. 121.

6 *Pflaum*, S. 168. Eine ähnliche Ansicht vertraten zuletzt *Pellengahr* u. *Gerndt*, S. 168.

7 *Croon* u. *Utermann*, S. 175.

8 *Ebd.*, S. 165.

Das Wiedererstarken der Lokalvereine ereignete sich zunächst durchaus auch in den größeren Städten. In Essen beispielsweise nahmen die zumeist vor 1933 gegründeten Schützenvereine ihren Betrieb wieder auf und gründeten 1950 die Arbeitsgemeinschaft der Essener Schützenvereine neu, der im Jahr darauf 15 Gesellschaften angehörten.[9] Anfang der 1950er Jahre fanden in den Ortsteilen zudem gehäuft sogenannte Heimatwochen statt, an denen sich in erster Linie die alteingesessenen Vereine beteiligten.[10]

Die Blüte der Lokalvereine währte in den großen Städten jedoch nur kurz. Die funktionale Ausdifferenzierung der Stadt in Bereiche des Wohnens und des Wirtschaftens, wachsende Mobilität und zunehmende Freizeitalternativen entzogen ihm dort den Boden; Lokalvereine wurden in Großstädten zu einer Randerscheinung. Anfang der 1970er Jahre ergab eine Umfrage unter ca. 2500 Männern und Frauen ab 21 Jahren in Norddeutschland, dass in der Millionenstadt Hamburg und der Großstadt Kiel noch etwa 5% bzw. 7% der angegebenen Mitgliedschaften im Freizeitbereich auf eine Traditionsvereinigung entfielen, wobei neben Schützen- und Jägervereinen auch Studentenverbindungen erfasst wurden, die man nicht den Lokalvereinen zurechnen kann. Demgegenüber banden Traditionsvereine in Städten mit bis zu 10000 Einwohnern ein Viertel, in ländlichen Gemeinden mit weniger als 2000 Bewohnern mehr als die Hälfte aller Mitgliedschaften im Freizeitbereich. Im Gesamtdurchschnitt aller Städtetypen bildeten Traditionsvereine nach den Sportassoziationen mit gut 23% die mit Abstand zweitgrößte Vereinsgruppe.[11]

Schützen-, Feuerwehr-, Karnevals- und Heimatvereine waren also primär in den Klein- und Mittelstädten am Rand der Großstädte sowie in ländlichen Gegenden angesiedelt. Dort zeigen sie eine dauerhafte und beachtliche Präsenz. Nach einer Umfrage des Forsa-Instituts im Auftrag des Instituts für Landes- und Stadtentwicklungsforschung des Landes NRW aus dem Jahr 1988 gehörten von den über 16jährigen Einwohnern Nordrhein-Westfalens immerhin 15% lokalen Traditionsvereinen wie Heimat-, Schützen-, Karnevalsvereinen oder der Freiwilligen Feuerwehr an.[12] Der Bund der Historischen Schützenbruderschaften zählt zur Zeit der Fertigstellung der vorliegenden Studie im rheinisch-westfälischen Gebiet gut 1300 Bruderschaften, die fast ausschließlich in kleinen Gemeinden ansässig sind.[13] Die Gesamtzahl der Schützenvereine in diesem Gebiet dürfte noch deutlich darüber liegen, da viele dieser lokal verwurzelten Vereine gar kein Interesse an ortsübergreifender Organisation haben.

9 *Dern.*

10 Siehe etwa Offizielles Festprogramm der Altendorfer Heimatwoche (1951); Festschrift Borbecker Heimatwoche (1953); Altenessen im Wandel der Zeit. Heimatwochen Altenessen (1953); In einem Jahrhundert wuchs Dellwig, hg. anläßlich der Dellwiger Heimatwochen (1952).

11 Berechnet nach *Dunckelmann*, S. 266, Tab. 55.

12 Nach *Agricola* u. *Wehr*, S. 17, Tab. 10.

13 Mitgliederliste unter www.bund-bruderschaften.de (Datum der Einsichtnahme: 27.2.08).

Auch weisen diese Vereine einen ungebrochenen Lokalbezug auf. Nach wie vor existieren Zusammenschlüsse, die per Satzung den Einzugsbereich potentieller Mitglieder auf einen bestimmten Ortsteil festlegen.[14] Manche Vereine unterhalten eine eigene Veranstaltungshalle, mit der sie ihre zentrale Stellung im gemeindlichen Feier- und Vereinsbetrieb festigen.[15] Nebenbei verpflichtet eine solche Immobilie nachkommende Generationen, den Verein am Leben zu halten. Die Feste der Vereine zielen weiterhin auf die lokale Öffentlichkeit. Man hält an Fahnenappell und Umzügen fest und schafft sich mancherorts mit Statuen, Gedenksteinen, »Schützenbäumen« und Ähnlichem bleibende Symbole an möglichst zentralen Plätzen. An Häusern im Kern kleinerer Gemeinden sieht man mitunter Halterungen für Fahnen, die anlässlich der wichtigsten Vereinsfeste ausgehängt werden. Für den anhaltenden Ortsbezug des Vereinswesens in Klein- und Mittelstädten spricht schließlich der Befund, dass die Wohnortdauer nach wie vor eine der wirkmächtigsten Determinanten für die Teilnahme am Vereinsleben darstellt.[16]

Die anhaltende Bedeutung des Lokalbezugs überrascht angesichts der Tatsache, dass Freizeitgestaltung faktisch längst nicht mehr an den Wohnort gebunden ist. Zum einen führten immer mehr Wege heraus aus der Gemeinde. Ausbildung und Arbeit eröffneten auswärtige Sozialkontakte; Wohlstand und Automobilisierung ermöglichten es, zwischen vielen Freizeitangeboten im größeren Umkreis zu wählen.[17] Zum anderen hielt die massenmedial vermittelte Populärkultur Einzug in das Lokale, und diese Kultur ist, wie noch genauer gezeigt wird, von der überkommenen Vereinskultur völlig entkoppelt.

Der örtlich verwurzelte Traditionsverein verdankt seinen Fortbestand also kaum einem Freizeit- oder Geselligkeitsbedürfnis. Das vermögen Vereine, bei denen ein Hobby im Zentrum steht, weitaus besser zu befriedigen. Plausibel scheint vielmehr, dass es weiterhin Bedarf gibt an einem Instrument, mit dem sich das Lokale gegen den sozialen Wandel erhalten lässt. Möglich ist, dass sich Kleinstädter mit dem Lokalverein gegen die neuerliche Bevölkerungsbewegung wappneten, für welche die seit Mitte der 1950er Jahre andauernde Suburbanisierung sorgt. Vielleicht schotteten sich die Bewohner kleiner Städte mit Traditionsvereinen gegen eine vermeintliche »Überfremdung« durch sogenannte Gastarbeiter ab. Wahrscheinlich dienten und dienen Lokalvereine auch dazu, wechselseitige Verpflichtungen zu stärken, auf welche die lokale Wirtschaft und die Kommunalpolitik umso mehr angewiesen sind, je mehr sie dro-

14 *Jütting u.a.*, S. 146.

15 Die Suche im bundesweiten Online-Telefonbuch der Deutschen Telekom unter dem Stichwort »Schützenhalle« erzielte Anfang 2007 212 Treffer (www.dastelefonbuch.de).

16 So *Friedrichs u.a.*, S. 101, für das gut 50000 Einwohner zählende niederrheinische Euskirchen.

17 Da die Lebensweise der Kleinstädter nach 1945 noch kaum erforscht ist, liegen zu ihrer Beschreibung lediglich Skizzen vor. Siehe *Weeber.*

hen, von außen, d.h. durch Konsumangebote in den Zentren bzw. die massenmediale Dominanz der überregionalen Politik, aufgezehrt zu werden. Solche Zusammenhänge sind jedoch nicht einmal in Ansätzen erforscht. Daher muss dieser Abschnitt die Frage nach den Gründen für die anhaltende Bedeutung des Lokalvereins in Deutschland offen lassen.[18]

In Großbritannien waren Vereine in der Zeit seit dem Zweiten Weltkrieg auf andere Weise mit ihrem lokalen Umfeld verbunden. Einerseits gab es dem deutschen Lokalverein ähnliche Assoziationen kaum. Zwar fühlten sich auch im Vereinigten Königreich Altansässige vom sozialen Wandel bedroht, und auch dort verstärkten die »locals« politische und wirtschaftliche Beziehungen durch gemeinsame Mitgliedschaft in geselligen Vereinigungen. Bei diesen handelte es sich jedoch selten um Assoziationen, die beanspruchten, die gesamte Gemeindebevölkerung zu vereinen. Politische und wirtschaftliche Netzwerke entstanden vielmehr im abgeschirmten Raum exklusiver Geselligkeit, für die Freimaurerlogen und Ehemaligenvereine, Tennisklubs und Jagdgesellschaften, Kulturvereine oder Rotarierklubs sorgten. Öffentliches Wirken dieser Vereinigungen manifestierte sich wenn überhaupt in demonstrativer Wohltätigkeit, nicht in einer gemeindeübergreifenden Festkultur. In Großbritannien fehlten historische Vorläufer für das in Deutschland stark verbreitete Assoziationsmuster des Lokalvereins. Stattdessen trat die schichtenspezifische Spaltung des Vereinigungswesens auf immer neue Weise hervor. Sie überlagerte die Trennlinie zwischen Einheimischen und Zuwanderern, zwischen Tradition und Wandel.[19]

Andererseits hatte für britische Freizeitvereine der Ortsbezug durchaus eine wichtige Bedeutung. Da, wie zu zeigen sein wird, der britische Staat diese Art der Assoziation in deutlich geringerem Umfang unterstützte als der bundesdeutsche, waren besonders die Anhänger kostenträchtiger Aktivitäten wie Amateurtheater, Sportklubs oder »brass bands« auf Förderer angewiesen, die sie im lokalen Umfeld fanden. Aber auch in diesem Fall unterschied sich das Verhältnis der Klubs zu ihrem Ort von dem deutscher Lokalvereine. Der Ortsbezug fand Ausdruck in Fundraisingveranstaltungen vom Grillfest bis zur Tombola sowie in Auftritten, Spielen oder Ausstellungen, zu deren Besuch man in der Nachbarschaft einlud. Er diente vor allem der Ressourcenbeschaffung. Die Rekrutierung von Mitgliedern blieb davon meist unberührt. Sie erfolgte weitgehend nach Maßgabe übereinstimmender Interessen, nicht nach räumlicher Nachbarschaft. Die Freizeitklubs vereinten keine »local communities«, sondern »communities of enthusiasts«, in denen der Wohnort der Mitglieder letztlich keine besondere Rolle spielte.[20]

18 Zum Stand der Suburbanisierungsforschung in Deutschland siehe *Woyke*.

19 *Stacey*, S. 171.

20 Ausführlich *Finnegan*, S. 300f.; *Bishop* u. *Hoggett*, S. 74.

2. Deutsch-britische Unterschiede in der staatlichen Freizeitpolitik

2.1. Wiederaufnahme und Ausweitung staatlicher Vereinsförderung in der Bundesrepublik

Bei aller Bedeutung für das öffentliche Leben in Klein- und Mittelstädten bildet der Lokalverein nur den kleineren Teil des Vereinswesens nach 1945. Bei der Mehrheit der Vereine handelt es sich um Zusammenschlüsse, in denen Tradition und Ortsbezug gegenüber dem gemeinsamen Hobby allenfalls nachgeordnete Bedeutung haben. Zu diesen Vereinen zählen unter anderem als zahlenmäßig stärkste Gruppe die Sportvereine sowie Musik-, Kultur-, Tierzucht- und Gärtnervereine. Die Organisation dieses Freizeitvereinswesens unterlag im hohen Maße dem Einfluss staatlicher Vereinsförderung. Mit ihr knüpfte die Bundesrepublik an den Korporatismus der Weimarer Republik an, nachdem der Staat unter nationalsozialistischer Herrschaft Förderung in Richtung staatlicher Kontrolle gleichsam »überdreht« hatte.

Der Sport war dabei wie schon zu Beginn des 20. Jahrhunderts das Feld, auf dem Staat und Verbände zuerst und zugleich die am weitesten reichende Zusammenarbeit eingingen. Bereits die westlichen Besatzungsmächte sorgten für die organisatorischen Grundlagen, indem sie nach der Auflösung der bestehenden Sportorganisationen auf allen Verwaltungsebenen sogenannte Sportreferenten einsetzten. Diese vermittelten zwischen der Militärregierung und den wieder zugelassenen Vereinen und Verbänden und definierten eine Funktion, die noch vor Gründung der Bundesrepublik die Landessportbünde übernahmen. Mit den Landessportbünden und ab 1950 mit dem Deutschen Sportbund entstand neben den Fachverbänden, die in erster Linie die Wettkämpfe in den einzelnen Sportarten organisierten, eine für den deutschen Sport typische sportartenübergreifende zweite Verbandsstruktur. Da die Organisationsebenen der Landessportbünde denjenigen der politischen Verwaltung entsprachen, avancierten sie zum wichtigsten Ansprechpartner für Bund, Länder und Gemeinden.[21]

Gestärkt wurden sie durch direkte und indirekte finanzielle Förderung des Staates. Die Verteilung von Überschüssen aus dem zunächst 1947 in Bayern eingeführten, ab 1949 flächendeckend im Rahmen des staatlichen Glücksspielmonopols veranstalteten Fußball-Toto eröffnete ihnen eine wichtige Einnahmequelle. In den 1970er Jahren sicherte die »Glücksspirale«, zunächst zur Fi-

21 *Hartmann-Tews*, S. 124–126.

nanzierung der Olympischen Spiele 1972 und der Fußball-Weltmeisterschaft 1974 eingerichtet, später auf Drängen des Deutschen Sportbundes weitergeführt, den Verbänden Einkünfte aus der staatlichen Lotterie. Hinzu kam, dass die Bundesregierung mit den neu erlassenen Gemeinnützigkeitsverordnungen von 1953 den Deutschen Sportbund und die ihm angeschlossenen Vereine als förderungswürdig anerkannte. Der Status der »Gemeinnützigkeit« brachte den Sportorganisationen steuerliche Vergünstigungen, die in späteren Änderungen der Steuergesetze nach und nach ausgeweitet wurden bis zur Abgabenbefreiung in Fragen der Körperschafts-, Gewerbe- und Vermögenssteuer, ermäßigten Umsatzsteuertarifen und der Berechtigung zum Empfang abzugsfähiger Spenden.[22]

Neben der Beteiligung am staatlichen Glücksspiel und steuerlichen Vergünstigungen förderten Bund, Länder und Gemeinden den organisierten Sport durch Zuschüsse an Verbände sowie durch den Sportstättenbau. Vor allem im Rahmen des vom Sportbund und der Deutschen Olympischen Gesellschaft gemeinsam erarbeiteten, 1960 der Bundesregierung vorgelegten Goldenen Plans für Gesundheit, Spiel und Erholung investierte der Staat in die sportliche Infrastruktur und schuf binnen 15 Jahren 11 300 Sportplätze, 11 000 Sporthallen und 2800 Hallen- und Freibäder.[23] Wie hoch die Subventionen einzuschätzen sind, zeigt der Vergleich mit der staatlichen Sportförderung in Großbritannien. Die 150 Mio. DM, welche die Bundesrepublik im ersten Jahr des »Goldenen Plans« bewilligte, betrugen mehr als das Zwanzigfache dessen, was die britische Regierung nach den Empfehlungen des ebenfalls 1960 publizierten Sportberichts der Wolfenden-Kommission bereitstellte. Eine spätere, vom »Sports Council of Great Britain« veröffentlichte Erhebung ergab, dass die Bundesrepublik 1968 pro Kopf mit umgerechnet £ 1,27 pro Einwohner fast drei Mal so viel für die Sportförderung bereitstellte wie die britische Regierung mit 47 Pence.[24] Zudem lag der staatliche Anteil an der Bezuschussung der Sportverbände in Deutschland erheblich über dem britischen Niveau. Während die deutschen Fachverbände sowie Landessportbünde 1979/80 zumeist zu deutlich über 50% aus öffentlichen Mitteln finanziert wurden, lag die Quote bei 242 »governing bodies« des britischen Sports im selben Zeitraum bei etwa 20%.[25]

Die deutschen Sportverbände, allen voran der Deutsche Sportbund, legitimierten die staatliche Unterstützung, indem sie Politik und Öffentlichkeit auf die vielfältigen gemeinwohlförderlichen Effekte des Sports im Allgemeinen und des Vereinssports im Besonderen hinwiesen. Schon bald beanspruchten die Verbände gesellschaftspolitische Funktionen, die über die schon früher wahr-

22 *Ebd.*, S. 160–163 u. 132.

23 *Ebd.*, S. 159.

24 *Collins, L.*, S. 105 u. 110.

25 *Winkler* u. *Karhusen*, S. 50, Tab. 5.1.; *Gratton* u. *Taylor*, S. 67, Tab. 8.6.

genommenen Aufgaben der Gesundheits- und Jugendpflege hinausgingen. In den 1950er Jahren etwa leistete der Sportverein nach Ansicht der Funktionäre einen Beitrag zu der in der neuen Republik notwendigen staatsbürgerlichen Erziehung; der Sport avancierte zur »Propädeutik der Demokratie«.[26] Seit den Sechzigern reklamierten die Sportverbände vor dem Hintergrund rückläufiger Arbeitszeit und wachsender kommerzieller Unterhaltungsangebote verstärkt für sich, Möglichkeiten zur »sinnvollen« Freizeitgestaltung zu eröffnen. Etwa zur selben Zeit begannen die Verbandsoberen, den Beitrag des Sports zur Stärkung des gesellschaftlichen Zusammenhalts und zur Integration sozialer Randgruppen wie Behinderter und Ausländer hervorzuheben. Seit den Achtzigern bekennen sich die Sportverbände zum Umweltschutz, indem sie ihren Vereinen Leitsätze zum umweltverträglichen Verhalten an die Hand geben und Bereitschaft zur Kooperation mit Umweltschutzverbänden signalisieren.[27] In jüngerer Zeit trägt der Deutsche Sportbund dem Staat seine »Partnerschaft« bei der Entwicklung einer »aktiven Bürgergesellschaft« an. Paradoxerweise verlangt er dabei die weitergehende materielle Förderung für ehrenamtliches Engagement, das einen finanzpolitisch für notwendig erachteten Rückzug des Staates kompensieren soll.[28]

Besonders im Kontext der sozialintegrativen und bildenden Funktionen des Sports kam der Organisationsform »Verein« zentrale Bedeutung zu. Zwar schuf der Sportbund etwa mit dem 1954 wieder eingeführten »Sportabzeichen« auch Angebote für Menschen, die keinem Turn- oder Sportverein angehörten. Gemeint war jedoch mit »gemeinnützigem« Sport in erster Linie der Vereinssport. Die Verbände argumentierten, dass erst im Verein dauerhafte soziale Beziehungen geknüpft und ehrenamtliche Arbeit geleistet würde. Deren Umfang rechnete der Verband dem Gesetzgeber und der Öffentlichkeit genau auf. Der Verein avancierte, so die Sportwissenschaftlerin Ilse Hartmann-Tews, geradezu zur unabdingbaren Voraussetzung für die Entfaltung der wünschenswerten Effekte des Sports.[29]

Die von den Sportverbänden verfolgte Strategie, sich die Behandlung gesellschaftspolitischer Probleme aufzugeben und dazu öffentliche Unterstützung einzufordern, wandten nach dem Zweiten Weltkrieg auch Spitzenorganisationen in anderen Freizeitsparten an. Im Bereich »Kultur«, auf den nach dem Sport die meisten Mitgliedschaften entfielen, demonstrierte beispielsweise der Deutsche Sängerbund, der zu Beginn der 1950er Jahre gut eine dreiviertel

26 So Carl Diem, als Sportfunktionär der frühen Stunde im Umgang mit vier politischen Systemen vertraut, in seiner Ansprache auf dem Bundestag des Deutschen Sportbundes von 1954. Zitiert nach *Hartmann-Tews*, S. 143.

27 Zum behaupteten Gesundheits-, Bildungs-, Sozial- und Freizeitwert des Sports siehe *ebd.*, S. 140–145; zur Besetzung des Themas »Umwelt« siehe *Pieper*.

28 *Friedrich-Ebert-Stiftung*.

29 *Hartmann-Tews*, S. 146.

Million Mitglieder repräsentierte, gegenüber Staat und Öffentlichkeit die gesellschaftspolitische Bedeutsamkeit des Chorgesangs. Dazu publizierte er Kulturprogramme, ein Manifest sowie präsidiale Stellungnahmen, die Politik und Öffentlichkeit die weitreichenden Bundesziele vor Augen führen sollten. Der Verband verschrieb sich sowohl einer möglichst breiten musischen Erziehung als auch der Förderung künstlerisch anspruchsvoller Chorarbeit. Neben dieser pädagogischen Funktion beanspruchte er für das Chorsingen einen besonderen Freizeitwert, indem er es zur »Waffe gegen die durch die Technik drohende Gefahr eines ausschließlich passiven Musikhörens« umfunktionierte. Überdies wirkte nach Ansicht der Funktionäre das Chorsingen gemeinschaftsstiftend und völkerverbindend, weil es unabhängig von politischer Haltung, konfessioneller Bindung und sozialer Stellung über Ländergrenzen hinweg für Austausch sorge. Der gesellschaftspolitischen Relevanz der Chormusik entsprechend sah der Bund seine Chöre als »Kulturträger in Stadt und Land [...] verpflichtet [...] zu verantwortungsvoller Teilnahme am musikalischen Geschehen in der Öffentlichkeit«.[30]

Im Kleingartenwesen legitimierte der Verband deutscher Kleingärtner, im August 1949 unter Berufung auf den RVKD gegründet, im Namen von etwa einer Million Mitglieder seinen Anspruch auf »Gemeinnützigkeit« mit dem Verweis darauf, dass die Gartenarbeit an der frischen Luft gesundheitsfördernde Wirkung habe. In der Tradition Schrebers nahm der Verband in den 1950ern die Jugendarbeit wieder auf und macht es sich zur Aufgabe, Kindern Naturkunde zu vermitteln. Zu den weiteren gesellschaftspolitischen Leistungen der Kleingärtnerei zählte der Verbandsvorsitzende Paul Brando auf dem Kleingärtnertag 1957 »die Funktion der Familienbindung« sowie die »Pflege der nachbarlichen Gemeinschaft«. Die 1973 geänderte Satzung nennt die »Gestaltung von Freizeit und Erholung durch gärtnerische Betätigung sowie eine umweltfreundliche Gestaltung von Wohngebieten« als erste Verbandszwecke. Mitte der achtziger Jahre unternahm der Bundesvorstand unter der Leitung von Hans Büchler, einem Mitglied des Deutschen Bundestages, den Versuch, den Verband zur Umweltbewegung hin zu öffnen und in eine große Grünorganisation umzuwandeln. Dieser Vorschlag scheiterte allerdings am Widerstand der Landesverbände, die befürchteten, dass in einem Naturschützerverband die Interessen der Kleingärtner untergehen würden.[31]

In den meisten Fällen honorierte der Staat solche Bekenntnisse zum Gemeinwohl mit direkten und indirekten Subventionen, wobei die Vergünstigungen allerdings geringer ausfielen als beim Sport. Zu den erfolgreicheren

30 Zitiert aus dem DSB-Kulturprogramm von 1952 und dem Manifest von 1957 nach *Eckhardt*, S. 30, 32 u. 35.

31 *Katsch* u. *Walz*, Das Kleingartenwesen in den westlichen Besatzungszonen, S. 12f. u. 26; siehe auch *Brando*.

Dachorganisationen zählte der Kleingärtnerverband, dem das Bundesministerium für Jugend, Familie und Gesundheit »erhebliche« Zuschüsse zusicherte und der beachtlichen gesetzlichen Schutz für Kleingärten gegen gewerbliche Landnutzung erreichte.[32] So blieb in Deutschland nach einem nachkriegsbedingten Niedergang die Zahl der Kleingärten zwischen 1950 und 1970 relativ konstant und stieg danach wieder an, während in England und Wales die Kleingartenfläche stetig abnahm und sich zwischen 1950 und 1978 bei gleichzeitig stark steigendem Bedarf mehr als halbierte.[33]

Auch für den Deutschen Sängerbund zahlte sich das Bekenntnis zu Bildung, aktiver Freizeit und sozialer Integration aus. Mit Wirkung vom 1. Januar 1959 bekam der zu diesem Zeitpunkt 1,3 Mio. Mitglieder zählende Verband von der Bundesregierung den Status der »Großen Gemeinnützigkeit« zuerkannt, die ihn zum Empfang steuerlich abzugsfähiger Spenden berechtigte. Zuwendungen, die einem bestimmten Verein zugedacht waren, liefen fortan durch die Bundeskasse: Der DSB leitete den Betrag gegen die formale Versicherung, dass das Geld ausschließlich zur Förderung der Kunst verwandt werde, an den Begünstigten weiter und stellte dem Geber eine Spendenquittung aus.[34] Die Berechtigung, ihren angeschlossenen Vereinen solche sogenannte Durchlaufspenden zu vermitteln, hatten bis 1975 im Bereich der Freizeitverbände neben dem Sängerbund und dem Deutschen Sportbund der Deutsche Alpenverein, der Deutsche Aero-Club, der Verband deutscher Gebirgs- und Wandervereine, der Deutsche Allgemeine Sängerbund und der Touristenverein »Die Naturfreunde« erhalten. In den 1980er Jahren kam noch die Bundesvereinigung Deutscher Blas- und Volksmusikerverbände dazu.[35]

Demonstrative Gemeinwohlorientierung führte aber nicht in jedem Fall zum gewünschten Erfolg. Das verdeutlicht das Beispiel der Verbände im Bereich des Amateurtheaters, die zwar ebenfalls mit der gesellschaftspolitischen Funktion ihrer Arbeit staatliche Unterstützung einforderten, sich jedoch mit anerkennenden Worten aus der Politik begnügen mussten. So blieb das Bemühen des zentralen Verbandes, des Bundes Deutscher Amateurtheater, um die Anerkennung seiner »Gemeinnützigkeit« ergebnislos. Der wichtigste Grund für diese Erfolglosigkeit lag wohl in der fehlenden politischen Schlagkraft des Verbandes. Der Bund, der sich erst spät gegen konkurrierende Organisationen durchsetzen und als legitimer Spitzenverband etablieren konnte, zählte Ende der 1980er Jahre nur gut 850 Bühnen, was bei einer ermittelten durchschnitt-

32 *Katsch* u. *Walz*, Das Kleingartenwesen in den westlichen Besatzungszonen, S. 21f.

33 *Jansen*, S. 12; Zahlen für England bei *Crouch* u. *Ward*, S. 77. Die Wartelisten für ein »allotment« verzeichneten 1977 über 120000 Interessenten.

34 Große Gemeinnützigkeit des DSB, in: Jahrbuch des DSB 21 (1965), S. 43.

35 *Bundesministerium der Finanzen*, Einkommenssteuergesetz 1975, S. 178f.; *Dass.*, Einkommenssteuergesetz 1981, S. 195f.; *Dass.*, Gutachten der Unabhängigen Sachverständigenkommission, S. 68f.

lichen Mitgliederzahl von 46 Personen nicht einmal 40000 Bundesangehörige ergibt.[36]

Zeitlich verzögert sorgte die Bundesrepublik neben der Förderung über die Verbände für Vergünstigungen, von denen Vereine unmittelbar profitierten. Schrittweise erkannte der Staat mehr und mehr Freizeitzwecke als »gemeinnützig« an, was Vereine von Abgaben entlastete und zum Empfang steuerlich abzugsfähiger Spenden berechtigte. Als erste Freizeitaktivität fand der Sport Aufnahme in den Katalog »gemeinnütziger« Zwecke, und zwar nicht mehr wie noch in der Weimarer Republik und im »Dritten Reich« wegen seines Beitrags zu Volksgesundheit und Wehrertüchtigung, sondern als Wert an sich. Dies ebnete unter anderem dem Motorsport (1977) und dem Schachspiel (1980) den Weg zu steuerlicher Begünstigung.[37]

Spätestens Ende der 1970er Jahre konnten auch die Gesangvereine, auf die sich die »Große Gemeinnützigkeit« des Deutschen Sängerbundes nicht erstreckte, mit einer Abgabenbefreiung rechnen. Das geht aus einer vom nordrhein-westfälischen Finanzminister 1979 veröffentlichten Mustersatzung hervor, welche die »Pflege des Liedgutes und des Chorgesanges« als potentiell steuerbegünstigten Satzungszweck aufführte. In der Broschüre heißt es überdies, dass sich bereits Karnevals-, Brauchtums- und Skatvereine, Meditationsgesellschaften sowie Vereine zur Freikörperkultur um den Status der »Gemeinnützigkeit« bemüht hatten.[38] Die Gesetzgebung weckte offenbar bei den unterschiedlichsten Vereinen die Erwartung, dass auch ihr Zweck steuerlich zu begünstigen sei. Tatsächlich erzielten einzelne Vereinsgruppen punktuelle Erfolge. So entschied das Finanzgericht München 1968 positiv über die Frage der »Gemeinnützigkeit« von Kleingärtnervereinen.[39]

In der Vereinsbesteuerung überlagerte die Organisationsform des Vereins allmählich die abstrakte Definition von »Gemeinnützigkeit« als Kriterium für die Abgabenbefreiung. Der Gesetzgeber ging nach und nach dazu über, vereinsmäßig organisierte Freizeitzwecke zu fördern, die er für »sinnvoll« hielt, wobei die Frage in den Hintergrund geriet, inwieweit die Verfolgung privater Freizeitinteressen nicht nur unschädlich, sondern tatsächlich gemeinwohlförderlich sei.

Einen großen Schritt in diese Richtung bedeutete das am 18. Dezember 1989 beschlossene »Gesetz zur Verbesserung und Vereinfachung der Vereinsbesteuerung«. Das »Vereinsförderungsgesetz«, wie sein Kurztitel lautet, sollte Klarheit bringen in die Gemeinnützigkeitsbestimmungen, die infolge zusätzli-

36 Zur Entwicklung des Verbandswesens im Bereich des Amateurtheaters siehe *Nagel*; Mitgliederzahlen nach *ebd.*, S. 205 u. 215.

37 *Gmach*, S. 308.

38 *Finanzminister des Landes NRW*, S. 9f.

39 Anfrage des Abgeordneten Folger zur Gemeinnützigkeit von Kleingärtnervereinen, BT-Drucksache V/4694, S. 42.

cher Vergünstigungen für einzelne Vereinsgruppen unübersichtlich geworden waren. Zur Vorbereitung beauftragte die Regierung eine Sachverständigenkommission, die in ihrem Gutachten empfahl, Freizeitvereinen das Privileg, abzugsberechtigte Spenden zu empfangen, zu entziehen. Der Kreis der »gemeinnützigen« Körperschaften sei nach Ansicht der Experten auf die Vereinigungen zu begrenzen, die nachweislich das Gemeinwohl förderten und nicht in erster Linie privaten Freizeitzwecken dienten.

Die Regierung indes entschied genau im entgegengesetzten Sinne. Sie weitete die Zahl der zu begünstigenden Zwecke aus und schrieb sie in einem erweiterbaren Katalog fest. Zwar bestimmte nach wie vor der unveränderte Absatz 1 des Paragraphen 51 der Abgabenordnung, dass ein »gemeinnütziger« Verein »in Satzung wie tatsächlicher Geschäftsführung selbstlos, ausschließlich und unmittelbar die Allgemeinheit auf materiellem, geistlichem oder sittlichem Gebiet« zu fördern habe. In der Praxis jedoch richteten sich die Finanzbehörden nach den im darauffolgenden Absatz 2 aufgezählten Vereinszwecken. Zu denen gehörten neben dem Sport nun auch explizit die Tier- und Pflanzenzucht, die Kleingärtnerei, die Pflege des traditionellen Brauchtums einschließlich des Karnevals, der Fastnacht und des Faschings, die Soldaten- und Reservistenbetreuung, das Amateurfunken, der Modellflug und der Hundesport. Die Begründung nannte ferner dem Sport nahestehende Tätigkeiten wie Tischfußball, Skat, Bridge, Go und andere Spiele als förderungswürdig. Explizit ausgeschlossen blieben allein »[r]eine Geselligkeitsvereine oder Fanclubs«.[40]

Der Rechtswissenschaftler Josef Isensee, Mitglied der erwähnten Kommission und einer der zahlreichen Kritiker des Gesetzes, befand knapp: »Gemeinnützigkeit wird Grundlage steuerlicher Freizeitfinanzierung.« In der Tat befreite das Gesetz den weitaus größten Teil des deutschen Vereinswesens – Isensee schätzte die Zahl der nunmehr »gemeinnützigen« Vereine auf 200000 – von direkten Steuern.[41] Die Möglichkeit, als »gemeinnützige« Körperschaft steuerlich absetzbare Zuwendungen entgegenzunehmen, machte sie darüber hinaus für Spender attraktiv. Auf diese Weise ließ sich sogar das ehrenamtliche Engagement »versilbern«. Dazu musste lediglich dem Inhaber eines Vereinsamtes eine Aufwandsentschädigung bewilligt werden, die dieser im Tausch gegen eine auf die Einkommenssteuer anrechenbare Spendenquittung, seine eigentliche Entlohnung, wieder an den Verein zurückspendete.[42]

Nach Ansicht des Steuerrechtlers Klaus Tipke, eines weiteren Mitglieds der Expertenkommission, erklärt sich die überaus vereinsfreundliche Haltung

40 Entwurf eines Gesetzes zur Verbesserung und Vereinfachung der Vereinsbesteuerung (Vereinsförderungsgesetz), BT-Drucksache 11/4176, S. 9f.

41 Die Bundesregierung ging bei der Erarbeitung des Vereinsförderungsgesetzes von 250000 Vereinen insgesamt aus. Siehe *Agricola* u. *Wehr*, S. 11f.

42 *Isensee*, S. 37f.

der Bundesregierung aus zwei Gründen. Zum einen habe die Regierung dem Lobbying mitgliederstarker Verbände, allen voran des Deutschen Sportbundes, nachgegeben. Zum anderen äußere sich in dem Gesetz der Wille, Anreize zu »sinnvollen Freizeitbetätigungen« schaffen zu wollen, wie es in der Begründung hieß. Das Argument, Sport, Chorgesang und andere Freizeitaktivitäten erfüllten gesellschaftspolitische Funktionen, vor allem aber der Einfluss starker Verbände trugen dazu bei, dass die Regierung »sinnvolle« mit »vereinsmäßig organisierter« Freizeit gleichsetzte.[43]

2.2. Das Desinteresse des britischen Staates an vereinsmäßig organisierter Freizeit

Die Aktivierung des Bürgers zur »sinnvollen« Freizeitgestaltung, die als grundlegendes Motiv hinter der steuerlichen Begünstigung des deutschen Freizeitvereins stand, prägte auch in Großbritannien die Einstellung der gesellschaftlichen Eliten gegenüber dem Phänomen »Freizeit«. In Großbritannien hatte, wie gezeigt, die Idee der »rational recreations« ohnehin eine längere Vorgeschichte, und obwohl ihre Umsetzung wiederholt gescheitert war, überlebte sie als Wertvorstellung den Zweiten Weltkrieg. Nicht zuletzt die weitere Verbreitung kommerzieller Unterhaltungsangebote provozierte immer wieder Kritiker der Massenkultur, die auf das integrative und erzieherische Potential aktiver und »sinnvoller« Freizeit verwiesen.

Aus solchen Vorstellungen entwickelte sich in Großbritannien eine Freizeitpolitik, welche die Teilhabe an Sport und Kultur als soziales Staatsbürgerrecht erachtete und für alle Bevölkerungsgruppen zu gewährleisten versuchte. Ihren Höhepunkt erreichte diese Politik in den 1970er Jahren, in denen der britische Staat nicht mehr nur auf die Freizeitwünsche seiner Bürger reagierte, sondern von sich aus Freizeitbedürfnisse ermittelte und mit Angeboten sozialpolitische Ziele verfolgte.

Während aber Freizeitpolitik in Deutschland praktisch Vereinsförderung bedeutete, agierte in Großbritannien der Staat, wenn er denn aktiv wurde, weitgehend an Verbänden und Vereinen vorbei. Im Sport beispielsweise zog er die Fachverbände fast nur zur Förderung des Spitzensports heran, was durchaus deren Interesse entsprach. Die Unterstützung des Breitensports dagegen, die der 1965 gegründete »Sports Council« Mitte der Siebziger gezielt betrieb, geschah weitgehend ohne Beteiligung der Sportorganisationen. Anstatt wie in Deutschland Verbände und Vereine mit Anreizen dazu zu bewegen, sich für bislang außenstehende Bevölkerungsgruppen zu öffnen, investierte der Staat in individuell nutzbare kommunale Freizeiteinrichtungen. Die Zahl der »leisure

43 *Tipke*, S. 167.

centres« erhöhte sich zwischen 1972 und 1981 von 27 auf 770, die der Hallenschwimmbäder von unter 500 im Jahr 1972 auf über 850 sechs Jahre später.[44]

Staatliches Engagement in anderen Freizeitsparten zeigte ein ähnliches Bild. Der 1946 gegründete »Arts Council of Great Britain«, dem die Subventionierung von Kunst und Kultur oblag, konzentrierte sich noch weitaus stärker als der »Sports Council« auf die Eliteförderung. Verglichen mit der Politik seiner Vorgängerorganisation, des 1940 gegründeten »Council for Encouragement of Music and the Arts«, das sich auch die Ermutigung selbstorganisierten Theaterspiels und Musikschaffens zur Aufgabe gestellt hatte, bedeutete die Prioritätensetzung des »Arts Council« für Amateurkünstler einen Rückschritt. Wenn der nationale »Arts Council« bzw. die später entstandenen »Regional Arts Associations« (etwa »East Midlands Arts«) überhaupt den Amateurbereich unterstützten, dann bezuschussten sie professionelle Künstler, die als Solisten, Dirigenten oder Komponisten das künstlerische Niveau der Laien heben sollten.[45] Anders als in Deutschland, wo der Gesetzgeber Vereinsförderung an »Gemeinnützigkeit« und damit zugleich an Profitvermeidung band, begünstigte der britische Staat im Zweifel »professionals«. So erließ er beispielsweise 1946 kommerziellen Opernunternehmen die Vergnügungssteuer, während »amateur operatic societies« diese weiter zu entrichten hatten. Von dem Argument, dass die Opernvereine einen Großteil ihrer Überschüsse wohltätigen Zwecken stifteten, ließen sich die Behörden kaum beeindrucken.[46]

Künstlerische Qualität als Subventionskriterium gab der »Arts Council« auch dann nicht auf, als sich in den 1970er Jahren die Auffassung etablierte, man könne soziale Missstände mildern, indem man das allgemeine Interesse an Kunst und Kultur befördere. Das Schlagwort von der »Demokratisierung der Kultur« verstand der »Arts Council« in dem Sinne, dass man mehr Menschen den Genuss von Hochkultur ermöglichen müsse und nicht, dass man möglichst viele an der Produktion von Kunst zu beteiligen habe.[47] Den letzteren Ansatz verfolgten die »community arts«. Dabei handelt es sich um öffentlich geförderte Kunstprojekte, die bevorzugt in sozialen Brennpunkten stattfanden, von bezahlten Fachkräften geleitet wurden und auf sozialpolitische Ziele ausgerichtet waren. Diese Form der »Breitenförderung« wies eher den Charakter von Sozialarbeit auf. Sie zielte dadurch an den allermeisten selbstorganisierten Gruppen vorbei, wenngleich es vereinzelt Überschneidungen zwischen behördlich induzierten »community arts« und selbstmotivierter Amateurkunst gab.[48]

44 *Eisenberg* u. *Mason*, S. 397 (»leisure centres«); *Henry*, S. 23 (Schwimmbäder).

45 *Hutchison* u. *Feist*, S. 81. – Die Autoren betonen, dass die für Schottland, Wales und Nordirland zuständigen »Arts Councils« die »amateur arts« stärker fördern als das »Arts Council of Great Britain«.

46 *Lowerson*, Amateur Operatics, S. 167.

47 *Coalter u.a.*, S. 99.

48 *Hutchison* u. *Feist*, S. 14f.

Neben zentralstaatlichen Subventionen von Sport und Kultur kommt in Großbritannien als mögliche Form staatlicher Vereinsförderung noch die steuerliche Begünstigung in Frage, die, wie gezeigt, im deutschen Fall eine zentrale Bedeutung hatte. Die Möglichkeit, dass Vereinigungen, in denen Freizeitaktivitäten betrieben werden, von Abgaben befreit werden und abzugsfähige Zuwendungen empfangen dürfen, war und ist auch in Großbritannien grundsätzlich gegeben. Jedoch unterscheidet sich der Prozess der Anerkennung von »Gemeinnützigkeit« in beiden Ländern stark voneinander.

Während in Deutschland Bundesregierung und Landesbehörden zunächst den Sport, dann schrittweise weitere Freizeitzwecke pauschal als förderungswürdig einstuften, befindet in England[49] die »Charity Commission« in jedem Einzelfall darüber, ob die antragstellende Einrichtung ausschließlich und selbstlos der Bekämpfung der Armut oder der Förderung von Religion, Erziehung oder – und dies ist für Freizeitvereinigungen relevant – der Allgemeinheit dient. Die Kommission setzt sich aus Personen zusammen, die auf eine Karriere in Politik, vor allem aber der Justiz sowie der Wirtschaft, Wissenschaft und dem Dritten Sektor, d.h. dem Bereich der Stiftungen und Verbände, zurückblicken. Weil die Kommission das allgemeine Vertrauen in den privilegierten »charitable status« sichern soll, handelt es sich bei der Anerkennung nicht bloß um eine reine Formsache. Die Kommission prüft und überwacht im Fall der Anerkennung die weitere Tätigkeit einer »charity«, indem sie jährliche Finanzberichte einfordert oder in Verdachtsfällen selbständig Untersuchungen einleitet. Sie kann Registrierungen löschen, falls sie Verstöße gegen die Gemeinnützigkeitsbestimmungen feststellt.[50]

Im Vereinigten Königreich befinden unabhängige Einrichtungen fallweise über »Gemeinnützigkeit« und orientieren sich dabei an dem zu erreichenden Zweck, der Hebung des Gemeinwohls. In Deutschland definiert die Politik pauschal, welche Freizeitaktivitäten zu begünstigen sind. Dabei hat sie in der Vergangenheit nach und nach das Mittel der Gemeinwohlförderung, den Verein, zum »gemeinnützigen« Zweck erhoben.

Aus dieser systematischen Differenz folgt, dass sich der Kreis der steuerlich Begünstigten im Vereinigten Königreich von dem in Deutschland unterscheidet. Da mit Blick auf den »gemeinnützigen« Zweck entschieden wird, beschränkt er sich einerseits nicht nur auf Körperschaften, sondern umfasst auch Stiftungsvermögen oder infrastrukturelle Einrichtungen. Unter den »Recreational Charities Act« von 1958 etwa fielen auch Stadthallen, »community centres« und Sportplätze. Andererseits gelangten wegen der höheren Anforderungen an »Gemeinnützigkeit« weitaus weniger Freizeitvereinigun-

49 In Schottland obliegt die Aufsicht über »charities« mehreren Institutionen. Es gilt allerdings dieselbe gesamtbritische steuerrechtliche Definition von Stiftungen. Siehe dazu *Selbig*, S. 340.

50 *Mock*, S. 17 u. 124.

gen in den Genuss steuerlicher Privilegien. Sportklubs sind im Allgemeinen keine »charities«,[51] und eine stichprobenartige Überprüfung des »Registers of Charities« ergab, dass zwischen 1966 und 2005 in England und Wales weniger als 200 Organisationen als »gemeinnützig« anerkannt waren, welche die Förderung der »Brass«-Musik zu ihren Aufgaben zählten.[52] Größer ist der Anteil der »charities« im Bereich der Hochkultur. Allerdings gab die »National Federation of Music Societies« 1990 an, dass von den ihr angeschlossenen Organisationen, die sich meist der Pflege anerkannter Kunstmusik widmeten und daher eher als förderungswürdig galten, nur zwei Drittel den »charitable status« innehatten.[53]

Von Seiten der nationalen Regierung erfuhren britische Freizeitvereinigungen keine besondere Förderung. Wenn überhaupt erhielten sie Hilfestellung durch die Kommunen, die Klubs eine preisreduzierte oder kostenfreie Nutzung von Räumen und Sportplätzen ermöglichten oder Veranstaltungen unterstützten.[54] Eine gesetzliche Verpflichtung, die Freizeit ihrer Bürger finanziell zu fördern, bestand jedoch für die britischen Kommunen ebenso wenig wie für die deutschen. Etwaige Unterstützung hing von lokalen Bedingungen wie der Finanzkraft der Gemeinde und der freizeitpolitischen Einstellung der Verwaltung ab. Eine pauschale Aussage über deutsch-britische Unterschiede im Umfang der lokalen Vereinsförderung ist schon deshalb kaum zu treffen, weil sich einzelne Kommunen in sehr verschiedener Weise freizeitpolitisch engagierten.[55]

Es gibt allerdings Anzeichen dafür, dass freiwilligen Vereinigungen in der britischen kommunalen Freizeitpolitik ein geringerer Stellenwert zukam als in der deutschen. So gab es auf Seiten derer, die in britischen Magistratsverwaltungen über die Verteilung von öffentlichen Mitteln an Freizeitanbieter entschieden, keine »popular ideology of leisure provision«, wie sie sich in Deutschland seit dem 19. Jahrhundert um das Vereinswesen rankte. Freiwillige Vereinigungen spielten für die kommunale Freizeitpolitik in Großbritannien insofern eine Rolle, als sie Einsparmöglichkeiten versprachen und meist die einzige Möglichkeit boten, den Bedarf auf Seiten der Bevölkerung zumindest näherungsweise zu ermitteln.[56] Daraus folgte jedoch nicht unbedingt, dass

51 *Selbig*, S. 266–268. – Die Autorin weist in diesem Zusammenhang aber auch auf Veränderungen seit Beginn des neuen Jahrtausends hin, durch die sich die Behandlung von Freizeitzwecken im britischen »charity law« tendenziell dem deutschen Recht angleicht.

52 Das »Register of Charities« kann unter *www.charity-commission.gov.uk/registeredcharities* anhand von Stichworten durchsucht werden. (Datum des Zugriffs: 8.6.2007).

53 *Hutchison* u. *Feist*, S. 243.

54 Am Beispiel der Musikszene in Milton Keynes *Finnegan*, S. 283.

55 Vergleichszahlen für Unterschiede innerhalb des Vereinigten Königreichs bieten *Hutchison* u. *Feist*, S. 95, Tab. 10.1.

56 *Coalter u.a.*, S. 148.

die Magistrate freiwillige Vereinigungen privilegierten. So zogen laut einer Untersuchung aus den frühen 1980er Jahren die Verwaltungen in Leicester und Bristol formale Gruppen bei der Belegung ihrer Freizeiteinrichtungen durchaus nicht gegenüber unorganisierten Nutzern vor, obwohl dies eine regelmäßige Belegung bei reduzierter Aufsicht bedeutet hätte.[57]

57 *Bishop* u. *Hoggett*, S. 84.

3. Vergesellschaftungsbilanz: Organisierte Geselligkeit zwischen staatlicher Förderung und kommerzieller Kultur

3.1. Organisatorische Stärke und kulturelle Randständigkeit: Vereinsgeselligkeit in Deutschland

Die staatliche Subventionierung »gemeinnütziger« Freizeitzwecke führte in Deutschland dazu, dass Freizeitverbände ihr Handeln auf gesellschaftspolitische Aufgaben ausrichteten. Dass diese Strategie zu Erfolgen führte und Vergünstigungen zunächst an die Zugehörigkeit zu einer Dachorganisation gekoppelt war, stellte wiederum für die Vereine einen starken Anreiz dar, sich den Verbänden anzuschließen. In der Folge stiegen die Mitgliederzahlen der Spitzenorganisationen sowie der Verbandlichungsgrad, wie Lokalstudien belegen.

Der Volkskundler Heinz Schmitt etwa stellte bereits Anfang der 1960er Jahre in seiner Untersuchung über Weinheim fest, dass die große Mehrheit der dort ansässigen Vereine einem überlokalen Zusammenschluss angehörte. Neben den Ortsgruppen größerer Organisationen wie der Naturfreunde, dem Alpenverein oder den Landsmannschaften zählten auch die Sport-, Gesang-, Musik-, Karnevals- und Trachtenvereine fast ausnahmslos zu einem Dachverband. Ohne eine solche Bindung blieben im Wesentlichen exklusivere Vereinigungen wie die Casinogesellschaft sowie eine jüngere Kulturvereinigung, die unter anderem Jazzkonzerte für ihre Mitglieder veranstaltete.[58]

An dieser Situation hat sich dreißig Jahre später kaum etwas geändert. Dies zeigen die vom Kreisausschuss Bergstraße herausgegebenen Förderrichtlinien, die einen Überblick über das verbandlich organisierte wie das unabhängige Vereinswesen enthalten. Demnach standen Anfang der neunziger Jahre 118 in Sängerkreisen zusammengeschlossenen Chorvereinen lediglich acht verbandsferne Vereine gegenüber. Lokales Brauchtum pflegten die Ortsgruppen des Odenwaldklubs; Landsmannschaften wurden als Ortsgruppen des Bundes der Heimatvertriebenen gezählt; musisch-kulturelle Jugendgruppen sowie Heimatvereine bildeten auf Kreisebene Arbeitsgemeinschaften. Von insgesamt 27 Obst- und Gartenbauvereinen gehörten 17 dem Kreisverband der Obst- und Gartenbauvereine an, und im Bereich Sport fanden verbandsferne Vereine gar keine Erwähnung.[59]

58 *Schmitt*, S. 91.

59 *Kreisausschuß Bergstraße*, S. 32–42.

Die Ausrichtung auf »Gemeinnützigkeit« verschaffte den Verbänden aber nicht nur Mittel und Mitglieder. Sie bedeutete zugleich, dass der Staat die Verbände zur Verwirklichung »gemeinnütziger« Ziele in die Pflicht nehmen konnte. Das war in der Weimarer Republik geschehen, als der Staat die Anerkennung der Förderungswürdigkeit mit hohen Ansprüchen verknüpft hatte. Die nationalen Organisationen hatten daraufhin den Anforderungsdruck an ihre Basis weitergegeben, was wiederum, wie in den Abschnitten unter IV.1 geschildert, zu erheblichen Spannungen zwischen Verbänden und Vereinen geführt hatte.

In den 1950ern schien es zunächst so, als sollte sich diese Entwicklung wiederholen. Der Deutsche Sängerbund beispielsweise legte mit der Deutschen Sängerbundeswoche und dem Deutschen Liedertag Veranstaltungen wieder auf, die bereits in den 1920er Jahren bei den Vereinen nur auf mäßiges Interesse gestoßen waren. In seinem »Kulturprogramm« von 1952 sprach er sich wie eh und je deutlich gegen »wertlose« Kompositionen sowie die an der Basis beliebten musikalischen Wettstreite aus. Die Vereine hätten ihren geselligen Betrieb zu beschränken, da sie »notwendiges Mittel für die musikalischen und volkskulturellen Ziele« des Bundes, kein »Selbstzweck« seien. Damit sich jeder Sänger dieser Grundsätze stets bewusst war, gab der DSB sie als Plakat heraus und empfahl den Vereinen, es in der Übungsstätte aufzuhängen. Zudem ließ der Verband Handreichungen drucken, welche Chorleitern und Vereinsvorständen die Erläuterung der Bundesziele vor Öffentlichkeit und singenden Mitgliedern erleichtern sollten.[60]

Anders als in den 1920er und frühen dreißiger Jahren jedoch schraubten die Verbände ihre Erwartungen nach und nach zurück, so dass sich das Verhältnis zwischen Vereinen und Dachorganisationen entspannte. Die Anforderungen an die Basis wurden reduziert; Empfehlungen für die Gestaltung des Vereinslebens gemildert. Die veränderte Haltung kommt beispielhaft in der Neufassung des DSB-Kulturprogramms von 1977 zum Ausdruck. Im Unterschied zur Fassung von 1952 enthielt es sich jeglicher Wertung der Chorliteratur. Die Bezeichnung des Vereins als »Ort menschlicher Begegnung« bedeutete ein Zugeständnis an Bedürfnisse jenseits gesellschaftspolitischer Bedeutsamkeit. Auch in der Wettstreitfrage gab sich der Verband konziliant. Hatte er 1952 noch kategorisch geurteilt, »[d]er Wettstreit widerspricht dem Wesen der Musik«, räumte er 1977 ein: »Wettkämpfe im musischen Bereich haben sich bewährt.«[61] Als Kehrtwende ist diese grundsätzliche Anerkennung allerdings nicht zu verstehen, denn der Sängerbund versagte den Wettstreiten weiterhin aktive Unterstützung.

60 Kulturprogramm des DSB, in: Jahrbuch des DSB 12 (1953), S. 49–51; Kulturprogramm des DSB, in: Jahrbuch des DSB 13 (1954), S. 47–49.

61 Gerhard Pauly, Kulturprogramm des Deutschen Sängerbundes (Fassung 1977), in: Lied und Chor 69 (1977), S. 174–176, hier S. 175.

Die Verbände reduzierten ihre Ansprüche an die Vereine, weil auch der Anforderungsdruck des Staates nachließ. Denn im Vergleich zur Weimarer Zeit verschob sich in der Bundesrepublik das Machtgefüge zwischen Vereinen, Verbänden und Staat zugunsten der Vereine und der Dachorganisationen. Zuerst traten die Verbände dem Staat nicht mehr als »Bittsteller« gegenüber, sondern erhoben Ansprüche, die sie mit Verweis auf das Subsidiaritätsprinzip legitimierten. Nach dieser Auffassung sollte der Staat schon im eigenen Interesse »gemeinnützige« Zwecke materiell fördern, den Verbänden bei der Verwirklichung dieser Zwecke aber freie Hand lassen, da diese als gesellschaftliche Akteure genauer um die Bedürfnisse der Bevölkerung wüssten als die staatliche Verwaltung. Die politischen Parteien übernahmen diese Sichtweise und befürworteten die staatliche Vereinsförderung nicht zuletzt auch deshalb, weil die Verbände eine beachtliche Zahl potentieller Wähler repräsentierten. Dadurch, dass die öffentliche Hand mehr und mehr Vergünstigungen, insbesondere die Steuerbefreiungen bei »Gemeinnützigkeit«, direkt an die Vereine richtete, lockerte sich die Abhängigkeitsbeziehung zwischen Verbänden und Vereinen. Zwar blieben Vereine wie Verbände dem Staat grundsätzlich verpflichtet. Faktisch jedoch kann angesichts der Freigiebigkeit der öffentlichen Hand von einer Steuerung des Vereinswesens kaum die Rede sein, wenngleich nicht ausgeschlossen ist, dass der Gesetzgeber die Zügel auch wieder anzieht.

Da öffentliche Förderung in abnehmendem Maße an Verbandszugehörigkeit gekoppelt war, verursachte das staatsorientierte Verbandshandeln in der Bundesrepublik anders als in der Weimarer Republik zumindest in organisatorischer Hinsicht keinen Schaden für die Vereine. Im Gegenteil stärkte die gesellschaftspolitische Ausrichtung der Verbände die Organisationsform »Verein«. Denn sie verschaffte den Vereinen Mittel, welche ihre Haushalte deutlich entlasteten. So lag der Anteil steuerbegünstigter Spenden, direkter Zuwendungen und besonders der Sachsubventionen wie der überaus kostengünstigen Bereitstellung von Sportstätten nach neueren Erhebungen bei etwa einem Viertel der Einkünfte.[62]

Vereine avancierten so zu einem erschwinglichen und gewissermaßen naheliegenden Mittel der Freizeitgestaltung. Das schlug sich in stetig steigenden Vereins- und Mitgliederzahlen nieder. Die staatlicherseits besonders umfänglich geförderten Sportvereine profitierten von dieser Ausdehnung am stärksten. Hatte der Deutsche Sportbund bei seiner Gründung im Jahr 1950 noch

62 Anhand von Stichproben *Horch*, Geld, Macht und Engagement, S. 142, 146 u. 154, sowie Anheier, K. u. E. Priller, Der Nonprofit-Sektor in Deutschland: Eine sozial-ökonomische Strukturbeschreibung, Berlin 1995, unveröffentlichtes Manuskript, zitiert bei *Zimmer*, Basiselement, S. 114. *Heinemann*, Staatliche Sportpolitik, S. 187, kommt in einer gesamtwirtschaftlichen Berechnung für Sportvereine zu dem Ergebnis, dass allein die Kommunen bereits 27% der Kosten trugen. Steuervergünstigungen und abgabenbefreite Spenden müssten dazu noch hinzugerechnet werden.

3,2 Mio. Mitglieder gezählt, gehörten Ende der 1980er Jahre mit über 18 Mio. Mitgliedern etwa 30% der gesamten Bevölkerung bzw. die Hälfte der überhaupt sportlich Aktiven einem Sportverein an. Im Zuge dieser Ausweitung stieg der Anteil von Frauen und Mädchen zwischen 1950 und 1989 von gut 10% auf 36,5%.[63]

Staatliche Förderung stellt auch einen wichtigen Grund für den Vereinsboom in den ostdeutschen Ländern nach dem Zusammenbruch des DDR-Systems dar. So entstanden zahlreiche eingetragene Vereine nicht zuletzt deshalb, weil Organisationen in der neuen Rechtsform als Träger von Arbeitsbeschaffungsmaßnahmen (ABM) öffentliche Förderung beantragen konnten. Nach Erhebungen im Rahmen eines internationalen Forschungsprojektes der Johns Hopkins Universität zum Dritten Sektor verfügte in Ostdeutschland Anfang der 1990er Jahre jede zweite Non-Profit-Organisation über eine ABM-Kraft.[64]

Der Aufschwung der Organisationsform »Assoziation« belegt allerdings keineswegs ein hohes vergesellschaftendes Potential von Vereinen. Schon die Zahlen selbst relativieren bei genauerem Hinsehen die soziale Bedeutung, welche die Mitgliederzuwächse nahelegen. So weist das deutsche Vereinswesen durchweg einen hohen Anteil »passiver« Mitglieder auf, die nur ihre Beiträge zahlen, aber am Vereinsleben gar nicht teilnehmen. Im Sport lag dieser Anteil nach einer repräsentativen Erhebung aus den frühen 1990er Jahren bei etwa 50%;[65] im Deutschen Sängerbund lag er Ende der 1950er Jahre bei annähernd 60%.[66] Eine kurz vor der Jahrtausendwende unternommene Untersuchung in den westfälischen Mittelstädten Gronau und Borken kam zu dem Ergebnis, dass bei 188 bzw. 154 Vereinigungen lediglich 40% bzw. 46% der Mitglieder regelmäßig an Veranstaltungen teilnahmen. Da es sich bei diesen Vereinen bereits um diejenigen handelt, welche die Frage nach der Mitgliederaktivität überhaupt beantworteten, und weil Vereinsvertreter an einer positiven Außendarstellung interessiert sind, dürfte der tatsächliche Durchschnittswert eher noch darunter liegen.[67]

Wichtiger noch als reine Mitgliedschaft sind für die vergesellschaftende Wirkung des Vereins mit Aktivitäten, Selbstbild und Fremdwahrnehmung Aspekte, die man unter dem Begriff »Vereinskultur« fassen kann. Deren Strahlkraft nahm ganz im Gegensatz zur expandierenden Organisation stark ab, so dass man für die Bundesrepublik von einer kulturellen Randständigkeit des Vereins sprechen muss. Deutlichstes Anzeichen dafür ist die Missachtung, ja

63 *Hartmann-Tews*, S. 103–106, nach Statistiken des Deutschen Sportbundes. Die Gesamtmitgliederzahl basiert auf Umfrageergebnissen und korrigiert die Verbandsangaben nach unten.

64 *Zimmer*, Basiselement, S. 105.

65 *Heinemann*, Staatliche Sportpolitik, S. 189, Fn. 12.

66 Mitgliederbestand des Deutschen Sängerbundes, in: Jahrbuch des DSB 16 (1959/60), S. 98.

67 *Jütting u.a.*, S. 67.

Geringschätzung, die das Vereinswesen und dessen Treiben in den Massenmedien häufig erfuhr und erfährt. Sofern es nicht um die Vermeldung von Mitgliederzahlen ging, übersahen überregionale Presse und Rundfunk das Vereinstreiben oder präsentierten es gar in Klischees von bornierter »Vereinsmeierei«. Kleingärtner galten und gelten geradezu als »Personifikation kleinbürgerlichen Denkens und kleinbürgerlicher Wertorientierung schlechthin«; Blasmusiker zeigte das Fernsehen nicht mit dem Instrument, sondern mit der Bierflasche an den Lippen; das Männerchorwesen wurde in der Presse unter der Überschrift »Deutscher Sang und kühles Bier« abgehandelt.[68]

Die Verbände kamen dabei nicht besser weg. Die Medien assoziierten auch sie mit Rückständigkeit und Spießertum. Die Ansprache des Sängerbundespräsidenten auf dem Bundesfest im Jahr 1962 unterlegte ein ARD-Fernsehbeitrag nicht etwa mit Bildern von der großen Menge versammelter Sängerinnen und Sänger, sondern kontrastierte sie mit einer Szene, in der ein Mann seine Vereinsfahne einrollt und den Festplatz verlässt. Fahnen waren zuvor in dem Beitrag als »Traditionsmüll« bezeichnet worden. Das Musikfest des Bundes Deutscher Blasmusikverbände 1961 illustrierten die Programmmacher gar mit der Aufnahme eines am Boden liegenden, in die Kamera lallenden Musikers.[69]

Solchen Darstellungen standen die Verbände hilflos gegenüber. Gegen die Klischees halfen weder Ausweichmanöver, wie es der Kleingärtnerverband mit seiner Umbenennung in »Bund der Gartenfreunde« unternahm, noch Konfrontation, wie sie der Sängerbund mit seinen empörten Richtigstellungen einging. Letztere verstärkten eher noch den Effekt der Lächerlichkeit, weil sie Kritikern weitere Belege für die Steifheit der Freizeitorganisationen lieferten. Schließlich nützte es auch nichts, wenn der Sängerbund seine Mitgliedsvereine ermahnte, die »Würde« zu wahren, denn darin lag nicht der entscheidende Grund für die negative Berichterstattung. Zwar gab es unter den Vereinen auch jene, für die das Vereinsleben tatsächlich in erster Linie aus Alkoholkonsum und weltabgewandtem Traditionalismus bestand. Ihre Existenz erklärt jedoch nicht, warum Presse und Rundfunk gerade sie so beharrlich verallgemeinerten und den gesamten Vereinsbetrieb bewusst als »Vereinsmeierei« überzeichneten.

Die primäre Ursache für die massenmediale Persiflierung der Vereine ist eher bei den Verbänden zu suchen. Zunächst einmal war deren Rede von »gemeinnützigen« Freizeitzwecken, von den künstlerischen Zielen des Chorgesangs oder vom Beitrag der Kleingartenvereine zum Umweltschutz voll und ganz auf den politischen Diskurs zugeschnitten und entzog sich daher der für »bunte« Themen geltenden massenmedialen Verwertungslogik. Der Zusammenprall von hoher Verbandsrhetorik und prosaischer Vereinswirklichkeit indes barg ein

68 *Verk*, S. 1; *Suppan*, S. 179; *Eckhardt*, S. 56.
69 *Eckhardt*, S. 60; *Suppan*, S. 179.

komisches Potential, das wiederum das Interesse von Redakteuren finden konnte. So erwies sich die ausschließlich gesellschaftspolitische Ausrichtung der Verbände in der medialen Öffentlichkeit als Bumerang für das Vereinswesen.

Das eigentliche Problem für die Vereine reichte jedoch tiefer als die negative Berichterstattung. Die hätten die Vereine wohl verschmerzt, wenn die Verbände ihnen mehr geboten hätten als Aufrufe zur »Gemeinnützigkeit«. Doch die organisatorische Unterstützung des reinen Freizeitbetriebs blieben die Verbände den Vereinen weitgehend schuldig. Wo die Vernetzung von Enthusiasten gefragt war, wo kreative Impulse der Basis aufgenommen und Begeisterung verstärkt werden sollten, fielen die staatsorientierten Verbände aus. Weder mit ihrer Publizistik noch mit ihren Veranstaltungen trugen sie dazu bei, dass auf der Grundlage der Vereine Subkulturen etwa des Chorsingens oder des Gärtnerns erwuchsen. Eher noch dämpften sie den Enthusiasmus der Basis. Denn dadurch, dass sie Freizeitzwecken gesellschaftspolitische Relevanz aufluden und entsprechende Maßstäbe anlegten, sprachen sie dem »bloßen« Hobbybetrieb seinen Eigenwert ab.

So entkoppelten sich die staatsorientierten Verbände zum einen von der allgemeinen populärkulturellen Entwicklung, die in den Massenmedien ihren Platz hatte. Zum anderen ließen sie dort, wo Subkulturen Organisation benötigten, eine Leerstelle. Im Falle des zahlenmäßig starken Männerchorwesens veranschaulicht ein Blick auf den Tonträgermarkt die doppelte kulturelle Randständigkeit der Verbände. Dort dominierte in der Sparte »Männerchöre« mit Donkosaken-Folklore eine Musikrichtung, die mit dem vom Sängerbund bevorzugten Repertoire keine Verbindungen aufwies. Aufnahmen von Liedern aus der »klassischen« Männerchorliteratur des 19. Jahrhunderts und deren Fortentwicklungen gab es lediglich in Form von Schallplattenreihen, die der DSB in den 1960er Jahren in Kooperation mit kommerziellen Firmen produzierte. Der Verkauf dieser Werke ließ jedoch sehr zu wünschen übrig. Von den 22 Platten der ersten Reihe, die bis 1963 in Zusammenarbeit mit der Firma Ariola-Bertelsmann entstanden, setzte man im Schnitt nur 4500 Exemplare ab. Das vom DSB gepflegte Volkslied fand also nicht nur keinen Anklang bei der allgemeinen Musikkäuferschaft. Es stieß auch bei den annähernd 1,5 Mio. Verbandsmitgliedern auf taube Ohren. Statt die Schallplatten des DSB zu erwerben, nahmen zahlreiche Männerchöre eigene Platten auf. Solche Aufnahmen zirkulierten lediglich unter Vereinsmitgliedern, Freunden und Verwandten und entfalteten somit keine breite und nachhaltige Wirkung. Ihre Herstellung belegt aber, dass es entgegen dem »Vereinsmeier«-Klischee bei einer nennenswerten Zahl von Chören musikalischen Enthusiasmus gab. Orientiert an politischen Zielen, versäumte der Sängerbund, diesen Enthusiasmus in einer Subkultur zu bündeln und zu verstärken.[70]

70 *Eckhardt*, S. 40 u. 61f.

Ähnlich lag der Fall im Kleingartenwesen, wo der zentrale Verband das gesellige Potential des Gärtnerns ungenutzt ließ. Der vom Bund der Gartenfreunde 1951 erstmals ausgerichtete und seither im zwei- bis dreijährigen Turnus veranstaltete Wettbewerb Gärten im Städtebau stand unter staatlicher Schirmherrschaft und richtete sich an Städte und Gemeinden, die zur Teilnahme »ihre« Kleingärtnerorganisationen heranzogen. Prämiert wurden dabei nicht nur hortikulturelle Leistungen, sondern auch gartenfremdes Engagement, etwa Bemühungen um die Integration sozialer Minderheiten. Zudem instrumentalisierte der Verband die offiziöse Veranstaltung zu dem Zweck, publikumswirksam auf den Unterstützungsbedarf der Kleingärtnerei hinzuweisen. Die Unterhaltung seiner Mitglieder war allenfalls zweitrangig. Folgerichtig beschränkte sich die Zahl der teilnehmenden Vereine auf einige Dutzend.[71] Dass der Verband in Jugendarbeit, Nachbarschaftspflege und Umweltschutz seine Zwecke und im Gärtnern bloß ein Mittel sah, prägte wiederum das Treiben in den Kolonien. Dort spielte, wie zwei ethnographische Lokalstudien herausfanden, das Gärtnern für die Vereinsgeselligkeit eine minimale Rolle. Gemeinsame Aktivitäten wie jahreszeitliche Feste rankten sich um die Organisation des Vereins. Gartenfragen dagegen boten bestenfalls Stoff für »smalltalk«; schlimmstenfalls gaben unterschiedliche Ansichten zur Gartengestaltung Anlass zum Streit zwischen Vereinsmitgliedern.[72]

Auf die Sportvereine scheint die Diagnose kultureller Randständigkeit zunächst nicht zuzutreffen. Zwar warnen einige Sportsoziologen durchaus vor einer Überlastung der Vereine mit »gemeinnützigen« Zielvorgaben, unter denen der in körperlicher Leistung und Wettkampf wurzelnde Eigensinn des Sports begraben werden könne.[73] Faktisch jedoch nahm und nimmt der Sport einen zentralen Platz in der Populärkultur ein, und Sportvereine bilden nach wie vor die mitgliederstärkste Vereinssparte. Sportbegeisterung und die positive Akzeptanz in den Massenmedien verdankten sich jedoch vor allem den Motivationskräften eines populären Körperideals sowie des kommerzialisierten Wettkampfsports, weniger der politisch orientierten Arbeit der Sportbünde. Dass die Sportorganisationen vom medial vermittelten Sportboom profitierten und nicht umgekehrt, dafür spricht zum einen das Abrutschen traditioneller Verbandsveranstaltungen wie des Deutschen Turnfestes in die massenmediale Bedeutungslosigkeit. Zum anderen beobachtet die Sportsoziologie seit einigen Jahren den Trend, dass immer weniger Aktive ihren Sport im Verein betreiben. Mitte der 1990er Jahre verteilten sich bereits zwei Drittel der Sportaktiven auf kommerzielle Anbieter wie Fitnessstudios und Veranstalter von Sportkursen sowie auf den informellen Sektor. Dass sich diese Abwanderung noch nicht

71 *Katsch* u. *Walz*, Das Kleingartenwesen in den westlichen Besatzungszonen, S. 27.

72 *Verk*, S. 173; *Matthäi*, S. 374f.

73 Siehe etwa *Schimank*, S. 13.

auf die weiterhin hohen Mitgliederzahlen der Sportorganisationen niedergeschlagen hat, liegt unter anderem daran, dass die Förderer etwa die Hälfte der Mitglieder ausmachten.[74] Des weiteren trägt der kontinuierliche Anstieg des Frauenanteils dazu bei, die Abwanderung vieler Sportbegeisterter zu kompensieren. Nicht zuletzt ist der subventionierte Sportverein besonders preisgünstig und weithin etabliert, so dass er sich als Organisationsform anbietet.

Die Gefahr, wegen der gesellschaftspolitischen Orientierung der Verbände an den populärkulturellen Rand zu geraten und subkulturell zu veröden, dürfte in ähnlicher Ausprägung auch in anderen Vereinssparten bestehen, weil die Ausrichtung des Verbandshandelns auf politische Erfordernisse die Regel darstellt. Ein Indiz für die Verbreitung dieses Orientierungsmusters bietet die seit 1973 geführte sogenannte Lobbyliste der beim Bundestag registrierten Verbände. In ihrer Ausgabe von 2006 führt sie unter insgesamt knapp 2000 Interessenvertretungen etwa achtzig Freizeitverbände auf. Dazu gehören neben mitgliederstarken Organisationen der Sportler, Sänger und Gartenfreunde Zusammenschlüsse wie der Verband Deutscher Vereine für Aquarien- und Terrarienkunde, der Runde Tisch Amateurfunk und die Internationalen Drehorgelfreunde Berlins.[75] Der Befund kultureller Randständigkeit gilt im Übrigen neben den verbandlich organisierten Freizeitvereinen auch für die weiter oben beschriebenen Lokalvereine, die sich von der massenmedial vermittelten Populärkultur entkoppelt haben und keine Subkulturen von Enthusiasten bilden.

Die kulturellen Schwächen des Vereinswesens werden in der Forschung vernachlässigt.[76] Bei der Beantwortung der Frage nach dem sozialintegrativen Potential von Freizeitvereinen sind sie jedoch zu berücksichtigen. Denn Geselligkeit resultiert nicht aus der Organisationsform »Verein« an sich, weshalb hohe Mitgliederzahlen und eine breite Mitgliederstruktur auch nicht *per se* einen hohen Integrationsgrad belegen. Geselligkeit entfaltet sich vielmehr dort, wo ein »unernster« Gegenstand zur intensiven Auseinandersetzung mit ihm motiviert, so dass sozio-ökonomisch bedingte Statusunterschiede und politische Überzeugungen in den Hintergrund treten.

Die Freizeitvereine in der Bundesrepublik leisteten dies bislang im eingeschränkten Maße. Zum einen fielen die vereinsmäßig organisierten Freizeitwecke als Themen der Konversation außerhalb des Mitgliederkreises aus, weil

74 *Heinemann* u. *Schubert*, S. 145.

75 Bekanntmachung der öffentlichen Liste über die Registrierung von Verbänden und deren Vertretern v. 2.5.2006, in: Bundesanzeiger v. 20.7.2006.

76 Vgl. den jüngsten Überblick bei *Zimmer*, Zivilgesellschaft. Auch in der volkskundlichen Vereinsforschung kommt dieser Aspekt nicht zur Sprache. Vgl. *Schmitt* sowie *Freudenthal*. Dass dem Zusammenhang zwischen Populärkultur und Vereinswesen nicht nachgegangen wird, erklärt sich zum einen durch das einseitig auf politische Sozialisation gerichtete Forschungsinteresse; zum anderen resultiert es aus der realen Abschließung des Vereinswesens gegen den »Kommerz«.

sie in der Öffentlichkeit mit »Vereinsmeierei« assoziiert wurden. Für Geselligkeit fördernde Gespräche mit Nicht-Eingeweihten über den Kleingarten, das Chorsingen oder die Blasmusik fehlten positive, allgemein bekannte Anknüpfungspunkte, etwa von den Massenmedien beachtete und attraktiv dargestellte Gartenausstellungen oder Blasmusikwettbewerbe, für die es, wie im nächsten Abschnitt gezeigt werden wird, im britischen Fall Beispiele gibt. In Deutschland konnte man allein das Klischee der »Vereinsmeierei« voraussetzen, was Enthusiasten davon abgehalten haben dürfte, sich vor Fremden zur Kleingärtnerei oder zum Männergesang zu »bekennen«.

Zum anderen blieb auch in den Vereinen selbst das gesellige Potential der Zwecke beschränkt, fehlte es doch an subkultureller Vernetzung, die einzelne Vereine miteinander in Kontakt gebracht und Begeisterung verstärkt hätte. Den Enthusiasmus der Aktiven nährten jedoch weder die an der gesellschaftspolitischen Agenda orientierten Verbände noch Marktakteure in besonderem Maße. Freizeit-Subkulturen mussten sich daher abseits des verbandlich organisierten Vereinswesens formieren. Inwieweit dies bereits geschehen ist, lässt sich auf der Grundlage der auf die Organisationsform »Verein« fokussierten Forschungsliteratur nicht sagen. In jedem Fall aber wird der am Assoziationswesen vorbeiführende Entwicklungspfad bereits dadurch verengt, dass Recht, Subventionen, Infrastruktur und öffentliche Erwartung auf den etablierten Verein zugeschnitten sind. Wie stark dieses Arrangement ist, zeigt unter anderem das Beispiel des vordergründig wenig vereinsaffinen »Skateboardings«, das hierzulande in die gut ausgebauten Strukturen formaler Vereinsorganisation und öffentlicher Förderung geriet.[77]

3.2. Zwischen Enthusiasmus und Exklusivität: Vereinsgeselligkeit in Großbritannien

Der britische Gesetzgeber bot anders als der bundesdeutsche kaum Anreize dafür, dass Freizeitverbände ihre »policy« auf gesellschaftspolitische Zwecke ausrichteten. In der Folge blieben Verbände, sofern sie sich überhaupt für staatliche Vergünstigungen einsetzten, mitglieder- und finanzschwach bis zur Handlungsunfähigkeit, zumal auch potentielle Mitglieder kaum einen Sinn darin sahen, ohne Aussicht auf Gegenleistung Gemeinwohlorientierung zu demonstrieren.

Wie das Desinteresse sowohl des Staates als auch der Vereinsbasis die nationale Organisierung erschwerten, veranschaulicht beispielhaft der Verband der britischen Kleingärtner, die »National Society of Allotment and Leisure Gardeners« (NSALG), vormals »National Allotments Society«. Obwohl Kleingartenanlagen stets im hohen Maße von gesetzlichem Schutz abhingen, vermoch-

77 *Janssen.*

te es die NSALG zu keiner Zeit, mehr als eine Minderheit der Parzellengärtner von der Notwendigkeit einer nationalen Vereinigung zu überzeugen. Da der Verband als Lobby weitgehend ausfiel und sich Widerstand gegen die Umwidmung von Gartenland allenfalls punktuell auf lokaler Ebene formierte, überging der Gesetzgeber die Kleingärtner, obwohl diese mit einer halben Million Menschen potentiell eine gewichtige Interessengruppe darstellten. Angesichts fehlender Lobbyerfolge ging die Mitgliederzahl des Verbandes zwischen 1949 und 1969 von über 295 000 auf etwa 170 000 zurück. Die NSALG sah sich daher gezwungen, ihre Beiträge extrem niedrig zu halten, um nicht noch weitere Mitglieder zu verlieren. Knappe Mittel wiederum schränkten die Leistungsfähigkeit des Verbandes so weit ein, dass sich die Mitglieder fragten, welche Vorteile ihnen die nationale Organisation brachte – sofern sie sich überhaupt bewusst waren, dass sie über ihre lokale Vereinigung dem Dachverband angehörten, was bei knapp einem Drittel der Mitglieder nicht der Fall war.[78]

Ähnlich erfolglos blieben Verbände in anderen Freizeitsparten, sofern sie überhaupt versuchten, staatliche Vergünstigungen zu erwirken. Im Sport etwa fiel dem 1935 gegründeten »Central Council of Physical Recreation« die Rolle zu, die in Deutschland der Deutsche Sportbund einnahm. Trotz ähnlicher Argumentationsweise blieben dem »Council« finanzpolitische Zugeständnisse versagt, nicht zuletzt, weil er mit seiner heterogenen Mitgliederschaft aus Sport-Fachverbänden, Jugendorganisationen und Vertretern des Erziehungs- und des Gesundheitssystems nur ein Diskussionsforum bildete und kein Mitgliederverband war.[79] Im Bereich des Amateurtheaters erwies sich die »National Operatic and Dramatic Association« (NODA), die stets nur eine Minderheit der existierenden Theatervereinigungen vertrat, im Kampf gegen die Vergnügungssteuer und beim Einsatz für öffentliche Förderung als »low pressure group«.[80] Mit der 1919 gegründeten »British Drama League« ging der zweite größere Bühnenverband bald nach seiner 1972 erfolgten Umbenennung in »British Theatre Association« ein, weil er mit seiner kulturpolitischen Arbeit und pädagogischen Zielorientierung das Interesse der Theatergruppen verfehlte.[81]

Da weder der Staat noch die Klientel der Verbände, die einzelnen Freizeitvereine, eine gesellschaftspolitische Ausrichtung honorierten, wiesen viele Dachorganisationen statt einer Staatsorientierung ein eher kommerzielles Profil auf. Anstatt als politische Lobby zu agieren, konzentrierten sich überlokale »associations« oder »federations« auf die Rolle als Dienstleister. Sie boten ihren Mitgliedsvereinen Güter und Leistungen, die Marktunternehmen den Klubs nicht oder nur zu unerschwinglichen Preisen bereitstellten. Sie offerierten Fach- und

78 *Crouch* u. *Ward*, S. 117–122.

79 *Hartmann-Tews*, S. 250.

80 *Lowerson*, Amateur Operatics, S. 165.

81 *Taylor, G.*, S. 79–82.

Rechtsberatung, leisteten die Kommunikation zwischen den Vereinen, organisierten Veranstaltungen und überwachten Wettkämpfe, bildeten Schiedsrichter aus und Amateure weiter. Die »Royal Horticultural Society« (RHS) beispielsweise definierte Regeln für die Bewertung bei Gartenschauen, stellte Juroren, beriet Vereine in organisatorischen Fragen und veranstaltete unter anderem die »Chelsea Flower Show«, die bekannteste Gartenschau des Landes. Die NODA hielt Kurse zur Bühnentechnik ab; Sportverbände auf lokaler wie nationaler Ebene beschränkten sich weitgehend auf die Kontrolle des Wettkampfbetriebs, der auf der untersten Ebene von Vereinsvertretern in Ligen koordiniert wurde. Darüber hinaus offerierten viele Verbände genossenschaftliche Vergünstigungen wie Versicherungen oder den preisreduzierten Bezug von Freizeitbedarf.[82]

In der Serviceorientierung lag ein größeres Erfolgspotential für die Verbände als in einer gesellschaftspolitischen Ausrichtung. Doch auch als Freizeitdienstleister und Quasi-Marktakteure blieben Dachorganisationen im Vergleich zu deutschen Verbänden schwach. Da Vereine sich ihnen nur anschlossen, wenn dies zählbare Vorteile versprach, verfügten die Verbände selten über eine breite und stabile Mitgliederbasis. Dachorganisationen repräsentierten zumeist nur Minderheiten der Klubs ihrer Freizeitsparten, und die Fluktuation war hoch. Hinzu kam, dass Marktakteure ihrerseits auf den Bereich selbstorganisierter Freizeit ausgriffen und teilweise sogar Verbänden den Rang abliefen. Den größten Chorwettbewerb in England veranstaltete nicht etwa die »National Association of Choirs«, sondern die Supermarktkette Sainsbury's, die 1984 erstmals den »Choir of the Year« ermittelte und mit der Durchführung der Veranstaltung eine Werbeagentur beauftragte. Das Finale der britischen »Brass Band«-Meisterschaft, seit jeher stark von kommerziellen Sponsoren abhängig, organisierte bis vor kurzem der Musikverlag Boosey & Hawkes. Die Firma hatte auch das »British Brass Band Registry« übernommen, in das die am Wettkampf beteiligten Orchester ihre Mitglieder eintrugen, um den Einsatz »gekaufter« Bläser zu verhindern.[83]

Wie aber wirkten sich das Desinteresse des Staates, die organisatorische Schwäche der Verbände und ihre Marktnähe auf lokales Vereinswesen und Geselligkeit aus? Die Vermutung liegt nahe, dass einzelne Freizeitvereine ebenso wie die überregionalen »associations« nur schwach organisiert waren und sich der übermächtigen Konkurrenz der Kulturindustrie erwehren mussten. Dass öffentliche Förderung nur einen vergleichsweise geringen Umfang erreichte, erforderte größeren Einsatz der Mitglieder, welche die Ressourcen für ihren Ver-

82 Zur RHS siehe *www.rhs.org.uk* (Zeitpunkt der Einsichtnahme: 7.3.2007); zum Dienstleistungsangebot der NODA und anderer Kulturverbände siehe *Hutchison* u. *Feist*, S. 46–48; grundsätzlich und mit weiteren Beispielen vom »National Morris Ring« (einem Volkstanzverband) bis zum Zusammenschluss von Modelleisenbahnbauern *Bishop* u. *Hoggett*, S. 76–79.

83 *Hutchison* u. *Feist*, S. 48f.

einsbetrieb selbst aufzubringen hatten. Der notwendige Einsatz schien umso schwerer zu mobilisieren, je mehr individuell konsumierbare Vergnügungen verfügbar wurden. Insbesondere das Fernsehen sorgte und sorgt täglich auf Knopfdruck für Unterhaltung. Angesichts dieser vermeintlich unvermeidbaren Konkurrenz zwischen Vereinsgeselligkeit und kommerziellen Vergnügungsangeboten findet man in der Forschungsliteratur die Position, dass selbstorganisierte Freizeit der Vergangenheit angehöre, weil eine zunehmende Kommodifizierung und Privatisierung von »leisure« die Grundlage für kollektive Aktivitäten aufgezehrt habe.[84]

Gegen eine derartige Krise des Vereinswesens im Allgemeinen und der Freizeitklubs im Besonderen sprechen zunächst einmal Daten aus Bevölkerungsumfragen und Verbandsveröffentlichungen, die seit etwa dreißig Jahren zusammengetragen werden und zuletzt in der international geführten Debatte um Sozialkapital und Zivilgesellschaft herangezogen wurden. Nach diesen Zahlen kann von einem Rückgang des Vereinswesens keine Rede sein.[85] Reine Mitgliederzahlen jedoch geben – wie der deutsche Vergleichsfall zeigte – noch keinen Aufschluss über die sozialen Beziehungen in und um das Vereinswesen. Für die Frage nach dem Vergesellschaftungspotential selbstorganisierter Freizeitgruppen haben daher die rar gesäten Lokalstudien wie die der Anthropologin Ruth Finnegan und der Sozialwissenschaftler Jeff Bishop und Paul Hoggett größere Aussagekraft.

Auch diese Untersuchungen widersprechen der These vom Niedergang des Freizeitvereins. Für sie selbst überraschend fanden die Autoren und die Autorin in den frühen 1980er Jahren ein lebendiges, quantitativ bedeutsames und vielfältiges Freizeitvereinswesen vor. Finnegan stieß in ihrer Untersuchung zum lokalen Musikleben in Milton Keynes, einer nach dem Krieg erbauten »New Town« mit gut 100000 Einwohnern, auf eine Vielzahl von Orchestern und Chören, »amateur operatic societies«, »folk« und »country and western clubs«, »brass«, Jazz-, Pop- und Rockbands. Die Zahl der Musizierenden schätzt sie auf 6000 bis 7000; hinzuzurechnen seien tausende Unterstützer, die nicht nur als Beitragszahler, sondern auch als Bühnenbauer, Fundraiser, Fahrer oder Fans aktiv an der lokalen Musikszene teilnahmen.[86]

Bishop und Hoggett suchten allgemeiner nach Freizeitvereinigungen. In einem innerstädtischen Bezirk der Stadt Leicester entdeckten sie 228 solcher Gruppen; in einem Vorort von Bristol brachen sie bei 315 Vereinigungen die Erhebung ab. Hochgerechnet mit einer durchschnittlichen Mitgliederzahl von 90 ergab dies in Bristol 28500 Mitgliedschaften bei einer Gesamtbevölkerung von etwa 85000 Personen. Im nordöstlichen Stadtteil Leicesters, der einen

84 Siehe etwa *Tomlinson*, S. 7.

85 *Roberts, K.*, S. 31–34; *Hall, P.*, S. 48–53; *Gratton* u. *Taylor*, S. 62.

86 *Finnegan*, S. 298.

hohen Migrantenanteil aufwies sowie u.a. eine Sozialbausiedlung und ein heruntergekommenes Arbeiterviertel umfasste, betrug die Zahl der Mitgliedschaften insgesamt 12450 bei einer Einwohnerzahl von 68000.[87]

Bei näherem Hinsehen liegen diese Zahlen trotz deutlich geringerer öffentlicher Förderung nicht nennenswert unter entsprechenden Werten aus Deutschland. Mangels vergleichbarer Erhebungen aus dem selben Zeitraum sollen Bishops und Hoggetts Befunde hier Ergebnissen einer Lokalstudie gegenübergestellt werden, die Ende der 1990er Jahre in den westfälischen Mittelstädten Gronau und Borken entstand. Wegen der zeitlichen Differenz und der geringeren Bevölkerungszahl der Untersuchungsorte – 40000 bzw. 45000 Einwohner – sind die deutschen Zahlen dabei nach unten zu korrigieren, da die Forschung für Deutschland allgemein von einer kontinuierlichen Zunahme insbesondere der Freizeitvereine ausgeht und der Organisationsgrad in kleineren Städten und Gemeinden höher liegt als in größeren Städten, zu denen Bristol und Leicester zu zählen sind.[88]

In Gronau und Borken betrug das Verhältnis zwischen Vereinsmitgliedschaften und Bevölkerungszahl etwa 3:4, wobei 60% der Mitgliedschaften auf die Bereiche »Sport«, »Kultur« und »Freizeit« entfielen. Gemessen an der Einwohnerzahl lag demnach die Quote der Mitgliedschaften in einem Freizeitverein in Gronau und Borken bei 0,45, in Bristol bei 0,34, in Leicester bei 0,18. Zu berücksichtigen ist neben den erwähnten Unterschieden in Zeitraum und Gemeindegröße aber erstens, dass es sich bei mehr als der Hälfte der Mitgliedschaften für Gronau und Borken um »passive« handelte. Bei den sehr viel kleineren britischen Vereinen – durchschnittlich 90 bzw. 55 Angehörige stehen 165 bzw. 186 Mitgliedern im deutschen Fall gegenüber – ist der Anteil bloßer Beitragszahler deutlich geringer anzusetzen. Zweitens haben Bishop und Hoggett lediglich die aktiven Hobbyvereine gezählt. »Social clubs« ohne spezifische Freizeitaktivitäten, die sich in der deutschen Lokalstudie wahrscheinlich in die Rubrik »Kultur« einordneten, müssten zum Vergleich wieder herausgerechnet werden. Unter dem Strich dürfte daher zumindest in Bristol, das die Autoren als repräsentativ für »middle England« einschätzen, vereinsmäßig organisierte Freizeit quantitativ einen ähnlichen Stellenwert eingenommen haben wie in den westfälischen Vergleichsorten.[89]

Unter dem Gesichtspunkt der Vielfalt ist es gut möglich, dass das britische Vereinswesen das deutsche übertraf. Darauf deutet die Tatsache, dass in den beiden englischen Städten ein deutlich geringerer Anteil der Mitgliedschaften auf den Sport entfiel als in den deutschen Vergleichsfällen. Vereinten Sportklubs in Bristol 37% der Mitglieder auf sich, zählte in Gronau und Borken der

87 *Bishop* u. *Hoggett*, S. 33f.

88 *Zimmer*, Basiselement, S. 95 u. 97.

89 *Jütting u.a.*, S. 58f., Berechnungen auf der Grundlage von *ebd.*, S. 61, Abb.III-5.

Sport mehr als 60% der Mitgliedschaften im Freizeitbereich.[90] Ingesamt stießen Bishop und Hoggett auf 112 Vereinigungszwecke, darunter Sport und »klassische« Hobbys wie Gärtnern, Modellbau, Vogelkunde oder Briefmarkensammeln, aber auch neuere Aktivitäten wie die Beschäftigung mit Metalldetektoren, Computerspielen oder Videofilmen. Nach Ansicht der Autoren gaben mit Ausnahme des Kochens und des Heimwerkens alle erdenklichen Aktivitäten Anlass zur Assoziationsbildung.[91]

Die vergleichsweise geringe staatliche Förderung bedeutete also weder, dass selbstorganisierte Freizeit verschwand, noch dass sie ihre Diversität einbüßte. Freizeitvereine erscheinen nicht einmal als besonders instabil. So existierten in Bristol über die Hälfte der Vereinigungen seit mindestens 15 Jahren.[92] Vereine, die ihre Gründung vor dem Ersten Weltkrieg datieren, dürften allerdings seltener gewesen sein als in Deutschland.[93]

Die Mitglieder zeigten offenbar große Bereitschaft, sich trotz geringer staatlicher Unterstützung in freiwilligen Vereinigungen zusammenzuschließen. Ein entscheidender Grund dafür liegt in der Motivationskraft von Subkulturen, auf die sowohl Finnegan als auch Bishop und Hoggett – im Unterschied zu deutschen Vereinsstudien – ausführlich eingehen. Bei diesen Subkulturen handelt es sich um kulturelle Muster, die auf der lokalen Ebene der fortgesetzten praktischen Verwirklichung bedürfen. Musiker müssen musizieren und Modelleisenbahner an ihren Modellen basteln, da nach Finnegan ein kultureller »pathway« (Pfad) sonst überwuchert. Allerdings bildeten die Handlungen vereinzelter Enthusiasten nur eine Seite einer Subkultur. Für eine gewisse Kontinuität jenseits der Praxis einzelner Klubs sorgten überlokale Aktivitäten und deren mediale Repräsentationen. »Brass band« und Chor-Festivals, Sportwettkämpfe, Gartenausstellungen wie die »Chelsea Flower Show« sowie Auftritte anerkannter Vorbilder, der Basis ansprechend vermittelt, motivierten zur Teilnahme, böten eine Orientierung und vermittelten den Aktiven das Bewusstsein, Teil einer »leisure subculture« zu sein. Zwischen lokaler Praxis und überlokalen Leitbildern finden laut Finnegan idealtypisch offene Aushandlungsprozesse statt. Klubs variierten die gebotenen Muster und schlügen neue Pfade ein; umgekehrt reagiere die Subkultur, indem sie Leitvorstellungen lokalen Bedürfnissen anpasse. Bishop und Hoggett veranschaulichen dies am Beispiel von Gartenschauen, bei denen Juroren zwar im Großen und Ganzen dem Regelkatalog der »Royal Horticultural Society« folgten, im Einzelfall jedoch abwichen und sich nach den lokalen Bewertungsmaßstäben richteten,

90 *Bishop* u. *Hoggett*, S. 33; Berechnungen für Gronau und Borken nach *Jütting u.a.*, S. 61, Abb. III-5.

91 *Bishop* u. *Hoggett*, S. 29.

92 *Ebd.*, S. 33.

93 Zum Vergleich siehe die Erhebung von *Zimmer*, Basiselement, S. 96, Abb. 10, nach der gut 16% der Vereine in der Stadt Kassel vor 1916 entstanden waren.

etwa indem sie die Größe einer Zwiebel höher veranschlagten als die Beschaffenheit ihrer Außenhaut.[94]

In Deutschland war zu beobachten, dass die lokale Vereinspraxis einerseits, die Populärkultur und das Verbandshandeln andererseits auseinander klafften. Infolge der Staatsorientierung der Verbände und des Desinteresses der Massenmedien fehlte es an Organisatoren, Kommunikationsmitteln und Veranstaltungen für die Schaffung von Subkulturen. In Großbritannien entstand diese Lücke nicht, da mit Verbänden und kommerziellen Unternehmen gleich zwei Akteursgruppen die überlokale Organisation von Freizeitkulturen übernahmen. Zum einen richteten die von Mitgliedern abhängigen Verbände ihr Angebot ganz an den Bedürfnissen der Vereine aus und konzentrierten sich darauf, dem Enthusiasmus ihrer Mitglieder Räume zu eröffnen. Zum anderen versorgten Marktunternehmen – insbesondere die Massenmedien – Anhänger zumindest der populäreren Hobbys mit Leitbildern. Während in Deutschland das Zerrbild der »Vereinsmeierei« die öffentliche Wahrnehmung der Freizeitvereine bestimmte, lassen sich im britischen Fall Anzeichen für ein Überlappen von selbstorganisierten Subkulturen und kommerzieller Populärkultur feststellen. In allen näher betrachteten Freizeitsparten fanden sich Fälle, in denen die Massenmedien Subkulturen adaptierten. Dem Gärtnern widmeten sich bereits seit dem späten 19. Jahrhundert Fachzeitschriften und die Tagespresse. Seit den 1920ern strahlte das Radio, später das Fernsehen regelmäßig erfolgreiche Sendungen zum Thema aus. Der »Gardening Club« des BBC-Fernsehens etwa lief über Jahre und erreichte 1963 3,5 Mio. Zuschauer.[95] Beispiele für das Amateurtheater sind Produktionen wie der »Theatre Club«, »In Rehearsal« und »Making a Play«, welche die BBC in den 1960ern ausstrahlte und die sich direkt mit Belangen von Laienspielgruppen beschäftigten. Die BBC, als öffentliche Rundfunkanstalt nicht direkt dem kommerziellen Sektor zuzurechnen, aber als Anbieter kommodifizierter Unterhaltung zu charakterisieren, übertrug zudem Höhepunkte von Festivals der »British Drama League«.[96] Im Bereich der »amateur operatics« zeigte »Channel 4« im Jahr 2003 die Sendung »Operatunity«, in der Amateure Opernwerke sangen.[97] Das Angeln fand Mitte der 1980er Jahre in einer Fernsehserie massenmediale Adaption.[98] Stichproben in den Programmzeitschriften »TV«- und »Radio Times« für die Jahre 1955, 1965 und 1980 förderten darüber hinaus Sendungen über Hundeschauen, Antiquitätensammeln, Nähen, Singen und »flower arranging« zutage.[99]

94 *Bishop* u. *Hoggett*, S. 56.
95 *Constantine*, S. 387 u. 399.
96 *Taylor, G.*, S. 86f.
97 *Lowerson*, Amateur Operatics, S. 184.
98 *Ders.*, Brothers of the Angle, S. 124.
99 Radio Times v. 28.1.1955 u. 4.2.1955; TV Times v. 27.5.1965 u. 24.6.1965; TV Times v. 5.1.1980.

Zwar gab es immer auch Fälle, in denen Anhänger von Subkulturen guten Grund hatten, sich von den Massenmedien nicht ernst genommen zu fühlen. »Brass bands« beispielsweise dienten häufig als »convenient symbol for a rather comic-book northernness«, als Illustration einer überholten, irgendwie drolligen Arbeiterkultur.[100] Jedoch stehen dem an positiven Darstellungen gegenüber die Radio- und Fernsehübertragungen vom Finale der nationalen Meisterschaft, Dokumentationen und Spielfilme wie »Brassed Off!« (1996) sowie die Ausschreibung eines Band-Wettbewerbs durch die BBC.[101] Solche mediale Behandlung scheint die Klischeebilder aufgewogen und der Blasmusik neue Anhänger zugeführt zu haben. So erklärt sich, dass Finnegan in Milton Keynes, einer Stadt ohne entsprechende Tradition, eine lebendige »Brass«-Szene vorfand, der in Abweichung von den Vorläufern eine Vielzahl weiblicher Instrumentalisten angehörte.

Genauere Einsichten in die Beziehung von selbstorganisierter Sub- und kommerzieller Populärkultur wären wünschenswert. Entsprechende Untersuchungen zu den kulturellen »Rohstoffen« der »cultural industries« fehlen jedoch, und sie können in einer Studie zum Assoziationswesen auch nicht unternommen werden. Der kursorische Überblick und der vergleichende Blick auf die anders gearteten Verhältnisse in Deutschland stützen jedoch die These, dass die Kommerzialisierung von Freizeitkulturen nicht etwa die Bereitschaft lähmte, sie aktiv zu betreiben, sondern im Gegenteil zu selbstorganisierten, kollektiven Aktivitäten motivierte.

Dass Freizeitvereine fest in kommerziell stimulierten Hobbykulturen wurzelten und die Organisation dem Zweck der Freizeitaktivitäten diente, wirkte sich schließlich positiv auf die Vereinsgeselligkeit aus. Die Konzentration auf einen »bloßen« Freizeitzweck gewährleistete den Eigenweltcharakter, der die Entfaltung von Geselligkeit ermöglicht. Sowohl Finnegan als auch Bishop und Hoggett betonen die hohe Integrationskraft der Hobbywelten. Sie bezeichen diese als »musical worlds« bzw. vergleichen sie mit fremden Stammeskulturen, die ihre eigenen Sprachen, Konventionen und Werte besitzen. Ihre Darstellungen veranschaulichen, mit welcher Ernsthaftigkeit die Enthusiasten ihren »nebensächlichen« Interessen nachgingen, wie viel Zeit und Mühe sie in ihr Hobby investierten und welchen hohen Stellenwert sie ihm beimaßen.[102]

Die Fokussierung auf den jeweiligen Freizeitinhalt führte jedoch nicht dazu, dass sich der Kreis der Enthusiasten nach außen abschloss. Vielmehr zeigten die Vereine eine bemerkenswerte Offenheit. Bishop und Hoggett bemerken, dass

100 *Russell*, ›What's Wrong with Brass Bands?‹, S. 91.

101 Radio Times v. 26.1.1955, S. 4 (»BBC Brass Band Competition«); TV Times vom 5.1.1980, S. 58 (Spielfilm »Shillingbury Blowers«); *Ebd.*, S. 61 (»Arriverderci Grimethorpe«, Dokumentation über die Italientournee der berühmten gleichnamigen »brass band«).

102 *Bishop* u. *Hoggett*, S. 43.

die Enthusiasten große Bereitschaft zeigten, den szenefremden Beobachtern Einblicke in ihr Treiben zu gewähren. Finnegan, die explizit nach der sozialen Zusammensetzung der Musikszene in Milton Keynes fragte, stellt nicht nur fest, dass mit Wissenschaftlern, Beamten, Freiberuflern, Angestellten im mittleren Management, Verkäufern, Hausfrauen, Schulkindern und Pensionären, Handwerkern, Arbeitern und Arbeitslosen Menschen aus allen Bevölkerungskreisen musizierten. Sie fand auch, dass die Grenzen zwischen den jeweiligen Musikszenen von der Klassik über »operatic societies«, »brass bands«, »folk«, »country and western«, Rock und Pop selten entlang sozialer Schichten verliefen. Die Mitglieder von Chören und Operngruppen entstammten unterschiedlichen sozio-ökonomischen Gruppen; auch Rock- und »brass bands« setzten sich entgegen üblichen Erwartungen nicht vorwiegend aus Angehörigen der »working class« zusammen. Mitunter verteilten sich Mitglieder einer Familie auf die verschiedenen »musical worlds«. Eine gewisse Ausnahme bildete allein die Country-Szene, die in erster Linie Arbeiter mit Berufsausbildung ansprach. Viel stärker als Einkommen, Beruf und Bildung wirkten sich zuerst das Geschlecht und dann das Alter auf die Zugehörigkeit zu einer Musikgruppe aus.[103]

Auf das gesamte gesellige Assoziationswesen lassen sich Finnegans Befunde zur sozialen Struktur jedoch sicher nicht anwenden. Dem stehen zahlreiche »community studies« und Untersuchungen zum Freizeitverhalten der Arbeiterschicht gegenüber, die Angehörigen der »working« und der »middle class« unterschiedliche Freizeitstile bescheinigen, Arbeitern eine geringere Neigung zu formaler Mitgliedschaft attestieren und eine schichtenspezifische Trennung von Assoziationen beschreiben.[104]

Die Diskrepanz der Befunde lässt sich dadurch erklären, dass die von Finnegan sowie von Bishop und Hoggett untersuchten Hobbyvereine nur einen der beiden Pole bildeten, zwischen denen sich das gesamte Spektrum britischer Vereine bewegte. Zum anderen Pol tendierten Assoziationen wie die »gentlemen's clubs«, die statt der Teilhabe an einem bestimmten Freizeitzweck dazu dienten, den Kreis der Mitglieder effektiv und flexibel zu begrenzen. Dem »leisure club«, der Organisationsform der Enthusiasten, stand und steht der »private club« als Instrument der sozialen Exklusion gegenüber. Dieses Assoziationsmuster bildete, wie gezeigt, den Ausgangspunkt der britischen Vereinsentwicklung und kennzeichnete fortan das Assoziationswesen der Mittelschicht. Es bildete auch nach dem Zweiten Weltkrieg einen gewichtigen Teil des britischen Vereinswesens – im Unterschied zu Deutschland, wo derartige Klubs eine viel geringere Rolle spielten. Das Segment der Privatklubs nahm

103 *Finnegan*, S. 312–316. – *Bishop* u. *Hoggett*, S. 37, streifen den Aspekt der sozialen Zusammensetzung ihrer Hobbyklubs nur.

104 *Tomlinson*, S. 10, unter Verweis auf weitere Studien; mit Fokus auf Industriearbeiter *Goldthorpe u.a.*, S. 100.

in jüngerer Zeit sogar stark zu, unter anderem deshalb, weil Klubgeselligkeit den durch Heimarbeit und E-Mail-Kommunikation bedingten Niedergang der Bürokultur kompensiert. Für die frühen 1990er Jahre geht man von einem Wachstum von jährlich 14% aus.[105] Nach Angabe des »Departments for Culture, Media and Sport« von Januar 2005 gab es im Vereinigten Königreich etwa 23 500 Klubs mit Schanklizenz und damit 500 mehr als im Jahr zuvor.[106]

Wie die Ausbreitung der Enthusiastenvereine lässt sich auch die Existenz der sozial geschlossenen Klubs mit dem Desinteresse des Staates und der Serviceorientierung von Dachverbänden erklären. Sie beschränkt sich auch nicht mehr auf die »middle class«. Das verdeutlicht der Fall der »working men's clubs«, die bis in die Zwischenkriegszeit Arbeitern mit begrenzter individueller Kaufkraft die Teilhabe an kommerziellen Unterhaltungsangeboten ermöglicht hatten. Mit zunehmendem Wohlstand ihrer Mitglieder aber durchliefen die Klubs einen Funktionswandel. Während die genossenschaftliche Komponente an Bedeutung verlor, trat das Bedürfnis der »clubmen« nach Stärkung ihrer kollektiven Identität in den Vordergrund. So scheiterten zaghafte Versuche des Dachverbandes, der »Working Men's Club and Institute Union«, das »Working Men's« aus ihrem Namen zu entfernen und die Klubbewegung dem veränderten »Zeitgeist« anzupassen. Delegierte der angeschlossenen Klubs widersetzten sich zudem Vorstößen, Frauen das Recht auf Vollmitgliedschaft zu gewähren. Wie sehr offener Ausschluss auf Autonomie und Mitgliedermacht basierten, verdeutlicht schließlich eine Episode aus den späten 1970er Jahren, als die CIU, ganz ihren Mitgliedern verpflichtet, die juristische Vertretung zweier ihr angeschlossener Klubs übernahm. Diese wurden des Verstoßes gegen den »Race Relations Act« angeklagt, weil sie farbigen Personen per Satzung die Mitgliedschaft verwehrten. Die Gerichte entschieden zugunsten der Klubs, weil sie deren Regeln als Privatangelegenheit betrachteten. Erst das Drängen des Innenministers bewog die CIU schließlich doch noch zu einer offenen Stellungnahme gegen Rassismus.[107]

Die Vergesellschaftungsbilanz des britischen Vereinswesens nach 1945 fällt mithin zweigeteilt aus: Die »leisure clubs«, die dazu dienten, ihren Mitgliedern die intensive Teilhabe an bestimmten Freizeitaktivitäten zu ermöglichen, kamen dem Ideal der sozial offenen Geselligkeit nahe. Die Organisationsform trat also hinter den Vereinszweck zurück. Das Desinteresse des Staates und die daraus folgende Mitgliederorientierung der Verbände boten beste Voraussetzungen dafür, dass diese Zwecke ihre hohe Integrationskraft entfalteten. Zudem scheinen die Massenmedien dazu beigetragen zu haben, den Enthusiasmus für Außenstehende anschlussfähig zu machen, d.h. die Subkulturen der Allge-

105 *Peacock*.

106 *Ashton* u. *Reid*, S. 5, Fn. 10.

107 *Tremlett*, S. 241–247.

meinheit näher zu bringen und ihnen neue Anhänger zuzuführen. Die »private clubs« dagegen nutzten ihre Unabhängigkeit und ihre demokratische Binnenstruktur dazu, den Kreis ihrer Mitglieder nach außen abzuschließen. In diesen Fällen bildete die Zugehörigkeit zur Organisation den eigentlichen Zweck. Der Umwelt zeigte sie sozialen Status an, und innerhalb des Klubs sorgte sie dafür, dass die »peers« unter sich blieben.

VII. Ergebnisse und Perspektiven

Die vorliegende Arbeit hat mit einem organisationssoziologischen Ansatz, der Ressourcenabhängigkeit und -mobilisierung als zentral für das Verständnis von Assoziationen erachtet, die Entwicklung der Organisationsform »Verein« in Deutschland und Großbritannien über knapp zwei Jahrhunderte hinweg verfolgt. Daneben hat sie das Vereinsleben mit dem Fokus auf den Unterhaltungsaspekt analysiert. Unter Berücksichtigung von Organisationsstruktur und Vereinskultur hat sie für die einzelnen Zeitabschnitte ausgelotet, inwieweit deutsche und britische Vereine Geselligkeit, d.h. den sozialen Austausch zwischen zeitweilig Gleichgestellten förderten. Dies geschah am Beispiel von Sport-, Musik-, Theater-, Kleingärtner-, Hobby-, Traditions-, Geselligkeits- und Kameradschaftsvereinen unter der Frage, ob der Verein die in seiner gesellschaftlichen Umwelt bestehenden sozialen Beziehungen festigte oder auf ihre Veränderung hinwirkte. Im Folgenden werden die zentralen Ergebnisse mit Blick auf historische und sozialwissenschaftliche Diskussionen sowie offene Forschungsfragen zusammengefasst.

Freizeitvereine, Verbände und sozialmoralische Milieus. Was die Organisationsentwicklung betrifft, so führte der Ansatz, Vereine in ihrer Abhängigkeit von den angrenzenden sozialen Teilsystemen Staat und Markt zu untersuchen, für den deutschen Fall zu neuen Erkenntnissen. Es wurde deutlich, dass der Staat das Assoziationswesen nicht nur durch Vereinspolizei und restriktive Gesetzgebung, sondern auch und – über die Zeit gesehen – in zunehmendem Maße durch systematische Vereinsförderung beeinflusste. Ihren Durchbruch erreichte diese Politik in der Weimarer Republik, als der Staat Anreize schuf für Vereine, um sie zur Verwirklichung kultur- und sozialpolitischer Ziele zu bewegen. Förderlich wirkten Maßnahmen wie der Bau und die Bereitstellung von Sportplätzen oder die steuerliche Begünstigung »gemeinnütziger« Vereinszwecke jedoch vor allem auf Verbände, die der Staat als intermediäre Instanzen zu gewinnen versuchte und die ihrerseits bereitwillig kooperierten, versprach die Vermittlung von Subventionen ihnen doch wachsende Mitgliederzahlen, steigende Einkünfte und politischen Einfluss. Tatsächlich durchliefen mit Ausnahme der Laienspielverbände alle hier untersuchten Dachorganisationen von Freizeitvereinen eine – gemessen am Vorkriegsstand – deutliche Aufwärtsentwicklung.

In der Forschung ist dieser Aufschwung von Verbänden, deren Wurzeln meist in politische Bewegungen des 19. Jahrhunderts zurückreichten und die in Weimar ein entsprechendes Profil aufwiesen, mitunter als Beleg für eine zunehmende Politisierung bzw. Verdichtung weltanschaulicher Milieus gewertet worden.[1] Die Befunde der vorliegenden Arbeit sprechen in zweifacher Hinsicht gegen diese Interpretation. Zum einen wurde nachgewiesen, dass Organisationsentwicklung und Handeln der Verbände in den hier untersuchten Bereichen Turnen, Sport, Chorgesang, Laienspiel und Kleingartenwesen vor allem auf staatliche Vereinspolitik zurückzuführen sind. Zum anderen wurde argumentiert, dass sich die Vereine den Verbänden nicht anschlossen, um die politisch-weltanschauliche Gesinnung ihrer Mitglieder zum Ausdruck zu bringen, sondern dass sie dabei einem materiellen Nutzenkalkül folgten. Darauf deutet zunächst einmal der zeitliche Verlauf der Beitrittsbewegung hin. Diese entfaltete in der ersten Hälfte der 1920er Jahre, der Phase staatlicher Förderversprechen, ihre größte Dynamik und stagnierte gegen Ende des Jahrzehnts, als sich abzeichnete, dass die weitreichenden Hoffnungen auf öffentliche Subventionierung sich nicht erfüllen würden. Für ein vorrangiges Nutzenkalkül der Vereine sprechen zudem spartenspezifische Unterschiede im Verbandlichungsgrad, der bei den besonders ressourcenbedürftigen und vergleichsweise stark geförderten Turn- und Sportvereinen sehr viel höher lag als etwa bei den Theatervereinen, die von einem Anschluss an einen der Dachverbände wenig materielle Vorteile erwarten konnten. Ein weiteres Indiz für eine pragmatische Haltung der Freizeitvereine gegenüber den Verbänden ist die Alters- und Geschlechtsstruktur der Mitgliederschaft. Bei Frauen, Jugendlichen und Kindern, die bei der Freizeitgestaltung in sehr viel höherem Maße als Männer auf staatliche Zuwendungen angewiesen waren, verzeichneten die Verbände ihre größten Zuwächse. Demgegenüber ging der Anteil, mitunter auch die absolute Zahl an männlichen Verbandsmitgliedern zurück, die eher die Möglichkeit hatten, sich abseits der Verbände zu organisieren.

Das deutlichste Anzeichen für eine nutzenorientierte Haltung der Vereine ist schließlich deren Unlust, sich nach verbandlichen Vorgaben zu richten. Die Arbeit hat – detailliert an der Auseinandersetzung um den Gesangwettstreit sowie mit Bezug auf Beispiele aus anderen Vereinssparten – eine grundsätzliche Spannung zwischen den organisationspolitischen Verbandszielen und den auf gesellige Unterhaltung fokussierten Vereinsinteressen herausgearbeitet, welche die Verbände durch ihre politischen Mobilisierungsversuche eher intensivierten als abbauten. Angesichts dieses Befundes verliert die Schlussfolgerung von Mitgliederzahlen und Funktionärsäußerungen auf politische Einstellungen der Basis an Plausibilität.

1 Für sozialistisches, katholisches und konservatives Milieu gleichermaßen *Walter* u. *Matthiesen*, S. 49–59.

Der Einfluss des Marktes auf die Assoziationsentwicklung. Wie stark die öffentliche Förderung die deutsche Vereinsentwicklung beeinflusste, zeigt der Vergleich mit Großbritannien, wo die für die Zwischenkriegszeit zu verzeichnende Ausweitung staatlicher Initiativen anders als in Deutschland folgenlos blieb. Als wichtigster Grund für diesen Unterschied wurde das Fehlen von Dachorganisationen ausgemacht, die bereit und fähig gewesen wären, die Rolle der intermediären Instanz einzunehmen und auf das Verhalten der Vereinsbasis einzuwirken.

Das britische Vereinigungswesen war nicht durch den Staat geprägt worden, sondern durch den Markt. So sorgten zunächst einmal ökonomische Veränderungen seit dem 16. und 17. Jahrhundert für die Herausbildung exklusiver »social clubs« und die Gründung von Selbsthilfevereinigungen der entstehenden Arbeiterschicht. Des weiteren unterhielten Marktakteure wie die Wirte, seit dem späten 19. Jahrhundert auch größere Unternehmen mit »clubs« und »associations« vielfältige Beziehungen. Die verbreitete Vorstellung, dass der Markt mit kommerziellen und kommodifizierten Unterhaltungsangeboten Vereinsaktivitäten verdrängt und die Bereitschaft zur Selbstorganisation gelähmt hätte, greift daher im britischen Fall zu kurz. Denn dort waren Assoziationsprinzip und Kommerz miteinander verwoben. Das zeigte sich insbesondere bei den im letzten Drittel des 19. Jahrhunderts von Arbeitern getragenen Vereinigungen wie »anglers' associations«, »working men's clubs« und Sportligen, für die in Deutschland Entsprechungen fehlen. Diese Assoziationen verdankten ihren Aufschwung im hohen Maße den Investitionen, zum Teil sogar der Stimulation durch Marktakteure wie Eisenbahngesellschaften, Brauereien und Presseverlage. Diese Unternehmen unterstützten die Selbstorganisation, weil sie sich dadurch einen leichteren Zugang zu einer großen, zuverlässigen Abnehmerschaft versprachen.

In Deutschland dürften auf Unternehmensseite ähnliche Interessen bestanden haben. Allerdings existierten dort im Vereinswesen mit den politisch ausgerichteten Dachverbänden von der Deutschen Turnerschaft bis zum Arbeiter-Sängerbund bereits potentielle Kooperationspartner mit beachtlicher Gefolgschaft. Folglich zogen diese Dachverbände die Investitionen von Marktseite an. In einigen Fällen wurden sie auch selbst unternehmerisch aktiv, indem sie beispielsweise Gesangbücher oder Turnerbedarf vertrieben. Die Dachverbände absorbierten marktwirtschaftliche Ressourcen, was wiederum die Entstehung einer neutralen, dem reinen Unterhaltungsinteresse der Vereinsbasis dienenden Verbandspolitik erheblich erschwerte. In der Weimarer Republik, als die Verbände sich zum Zwecke der Förderung ihrer »Gemeinnützigkeit« gegen »Geschäftemacherei« abgrenzten, hemmten sie dann die offene Kommerzialisierung von Vereinsaktivitäten, während sie selbst weiterhin an ihrer wachsenden Mitgliederschaft zu verdienen suchten.

Die vorliegende Arbeit hat diesen Zusammenhang zwischen Marktinteressen, Verbänden und Vereinen aus der Perspektive der Assoziationen betrachtet und daher die ökonomischen Aspekte nicht vertiefend behandeln können. Untersuchungen, die sich von der Unternehmensseite her mit dem Verhältnis zwischen Markt und Vereinswesen befassen, liegen kaum vor. Möglicherweise eröffnet sich der Wirtschaftsgeschichte dort ein Feld, auf dem sich die für beide Vergleichsländer noch weitgehend ungeschriebene Frühgeschichte der Kulturindustrie rekonstruieren ließe. Da diese nicht erst mit den elektronischen Massenmedien begann und sich nicht auf den Individualkonsum beschränkte, erscheint eine Analyse unternehmerischen Engagements im Bereich vereinsorganisierter Populärkultur vielversprechend. Sie könnte Aufschluss geben über den Übergang von der Selbstgestaltung zur Kommodifizierung von Kultur sowie über den Aufstieg industrieller Kulturgüterproduktion im Bereich der Musikinstrumente und Sportartikel, des Vereinsbedarfs oder der Theater- und Musikliteratur.

Vereine und das Verhältnis zwischen Arbeiterschaft und Mittelschicht. Der deutsch-britische Vergleich legte zwei sehr unterschiedliche Assoziationsentwicklungen frei. Das deutsche Vereinswesen wurde bereits in seiner Entstehungsphase durch staatliche Rahmenbedingungen sowie eine deutliche Abgrenzung gegen den Markt geformt. Das britische Assoziationswesen wurde im gesamten Untersuchungszeitraum stark durch den Markt geprägt und vom Staat kaum beeinflusst. In diesen Kontextbedingungen lagen die wichtigsten Unterschiede zwischen deutschen und britischen Vereinen begründet.

Die systemische Differenz führte dazu, dass in den beiden Vergleichsländern bis in das 20. Jahrhundert hinein unterschiedliche Assoziationsstrukturen vorherrschten. Dazu gehört die differente sozialstrukturelle Ausrichtung beider Vereinswesen. In Großbritannien verlief die von ökonomischen Veränderungen angeregte und beeinflusste Assoziationsentwicklung von Beginn an zweigeteilt: Vereinigungen wurden früh von jeweils der Mittel- oder der Arbeiterschicht getragen und waren entsprechend funktional ausdifferenziert. Sozial exklusive Klubs einer breiten Mittelschicht, etwa die »gentlemen's clubs« oder die »literary and philosophical societies«, standen den »friendly societies«, den nachbarschaftlichen Selbsthilfevereinigungen der sich formierenden Arbeiterschaft gegenüber.

In Deutschland motivierte seit der Wende vom 18. zum 19. Jahrhundert nicht der wirtschaftliche Wandel, sondern die Aufklärung die frühe Assoziationsbildung. Diese fand unter den Beschränkungen des Staates, der die politische Betätigung seiner Untertanen verhindern wollte, zunächst die Form des funktional unspezifischen, allgemeinen Vereins, der das Muster bildete für Lesegesellschaften, Freimaurerlogen und »patriotische Gesellschaften«. Stärker als in Großbritannien, wo die Aufklärung sich nicht so sehr gegen staatliche Bevormundung profilierte, dass sie die sozialen und politischen Differenzen einer heterogenen Mittelschicht aufgehoben hätte, formierten sich in Deutschland die Träger der Assoziationsbewegung im Verein zu einer vergleichsweise homogenen Gruppe, dem Bürgertum. In Deutschland öffnete sich in der zweiten Hälfte des 19. Jahrhunderts der allgemeine zum schichtenübergreifenden Verein. Konkrete Ausformungen waren die Zusammenschlüsse von Schützen, Kriegern, Turnern und Sängern. Arbeiter traten diesen bürgerlich geführten Vereinen bei, um überhaupt in den Genuss der mit Assoziierung verbundenen Vorteile zu gelangen. Denn zum einen blieb ihnen die Bildung unabhängiger, funktional spezifischer Vereinigungen wie Parteien, Gewerkschaften und Konsumvereinen noch einige Zeit verwehrt. Zum anderen mangelte es an Alternativen zum Verein unter bürgerlicher Patronage, unter anderem weil, wie der vergleichende Blick auf den britischen Fall erweist, die Konsumgesellschaft in Deutschland in der zweiten Hälfte des 19. Jahrhunderts noch deutliche Rückständigkeit aufwies. Bürger unterstützten ihrerseits die allgemeinen Vereine, weil diese das längerfristig nicht zu unterdrückende Organisationsbedürfnis der Arbeiterschicht kanalisierten und ihresgleichen die Kontrolle über diesen Vergesellschaftungsprozess sicherte.

Auch in Großbritannien unternahmen Angehörige der Mittelschicht im 19. Jahrhundert Versuche, Arbeiter in schichtenübergreifende Vereinigungen wie »mechanics' institutes«, »working men's clubs« oder die militärischen Einheiten der »Volunteer Force« einzubinden. Doch entweder blieb die »working class« diesen fern, weil sie im Vergleich zur deutschen Arbeiterschaft über deutlich mehr Wahlmöglichkeiten der ökonomischen Selbsthilfe wie der Unterhaltung verfügte. Oder die Förderer schichtenübergreifender Assoziationen sahen sich gezwungen, ihr Angebot so weit den Ansprüchen einer stets abwanderungsbereiten Klientel anzupassen, dass der beabsichtigte Zweck sozialer Beeinflussung schließlich verloren ging. Ein Beispiel sind die kirchengemeindlichen Sportklubs, die sich kaum von nicht-konfessionellen Vereinen unterschieden. Statt dass sich schichtenübergreifende Vereine etablierten, vertieften sich ab dem letzten Drittel des 19. Jahrhunderts die Unterschiede zwischen den schichtenspezifischen Vereinswesen. Diese verdichteten sich zu weitgehend abgeschlossenen Assoziationswelten mit jeweils eigenen Organisationsstrukturen und Geselligkeitsformen. Dies veranschaulicht ein Blick auf den Sport, wo Mittel- und Arbeiterschicht jeweils unterschiedliche Sportarten in unterschiedlicher Weise und in unterschiedlichen Organisationsformen betrieben.

In Deutschland setzte die Arbeiterschaft gegen Ende des 19. Jahrhunderts mit Partei, Gewerkschaften und Konsumvereinen ein ihren politischen und wirtschaftlichen Interessen angemessenes, unabhängiges Assoziationswesen gegen zähe Widerstände durch. Im Zuge dessen entstanden auch Arbeiterkulturvereine. Diese konnten zwar im internationalen Vergleich mit hohen Mitgliederzahlen aufwarten. Gemessen an der Größe von Partei und Selbsthilfevereinigungen indes war der Zulauf zu den Sport- und Kulturvereinen der Arbeiterbewegung gering. Gesellige Unterhaltung suchten die meisten Arbeiter nicht primär in sozialistischen Freizeitorganisationen, sondern – von der historischen Forschung wohl bemerkt, aber bislang nicht systematisch untersucht – weiterhin in den von Bürgern organisierten Turn-, Sport-, Gesang- oder Schützenvereinen. Das hatte mehrere Gründe. Erstens waren die stark politisierten Arbeiterkulturvereine wenig attraktiv für eine Klientel, die ernsthaft an »unernsten« Vergnügungen interessiert war. Zweitens bremste der Staat die Ausbreitung kommerzieller Vergnügungen wie Kirmes, Kneipe und Kino und begünstigte teilweise direkt den schichtenübergreifenden Verein. Drittens gaben die von Honoratioren kontrollierten Vereine dem Unterhaltungsbedürfnis der einfachen Mitglieder im späten 19. Jahrhundert ein Stück weit nach. So nahm das Spektrum der in Vereinen organisierten Freizeitaktivitäten zu, und populärkulturelle Veranstaltungen wie Gesangwettstreite und Turnwettkämpfe gewannen an Häufigkeit und Sichtbarkeit.

Die skizzierten Differenzen in der Assoziationsentwicklung lassen die sozialen Beziehungen zwischen Arbeitern und Mittelschichten beider Länder teilweise in neuem Licht erscheinen. Sie geben Anlass, die in der vergleichenden Bürgertumsforschung vertretene These noch einmal zu überdenken, nach der das deutsche Bürgertum deutlicher abgegrenzt gewesen sei und in geringerem Maße auf die Arbeiterschaft ausgestrahlt habe als westeuropäische Mittelschichten. Begründet wird dieses Urteil mit dem Verweis auf die »beeindruckende Massivität« der deutschen Arbeiterbewegung, die als Ausdruck einer im Wilhelminischen Deutschland besonders scharf gezogenen »Klassenlinie« gewertet wird.[2]

Nach den Befunden der vorliegenden Studie tritt diese Klassenlinie im britischen Fall im Bereich der Vereine sehr viel deutlicher zutage. Die »middle class« grenzte sich vollständig gegen die »working class« ab, und umgekehrt zeigten Arbeiter wenig Neigung zur Verbürgerlichung. In den beiden Assoziationswelten pflegte man gänzlich unterschiedliche Geselligkeitsstile und kulturelle Vorlieben. Die Vereinigungen von Mittelschicht und Arbeiterschaft wiesen darüber hinaus unterschiedliche Organisationsstrukturen auf. Demgegenüber dominierte in Deutschland im sozialintegrativen Segment des Assoziationswesens nicht der Arbeiterkulturverein, sondern der schichtenübergreifende Lokalverein. Krieger-, Turn- und Gesangvereine sorgten für Kontakte zwischen Arbeitern und Bürgern, und tatsächlich passten sich die dort organisierten Arbeiter bürgerlichen Gepflogenheiten an. Sie beteiligten sich an Festzügen und anderen Repräsentationsakten, welche die Verbundenheit der Ortsbewohner als »Bürgerschaft« demonstrieren sollten. Im britischen Vergleichsfall war dieser Aspekt, dem in Deutschland zumindest in kleineren Städten noch

2 *Kocka*, Bürgertum und Sonderweg, S. 108; in gleicher Formulierung *Ders.*, Das europäische Muster und der deutsche Fall, S. 50.

im späten 20. Jahrhundert eine wichtige Bedeutung zukam, so schwach ausgeprägt, dass er in dieser Studie vernachlässigt werden konnte.

Blickt man über die Vereinsebene hinaus und fragt nach den sozialen Beziehungen zwischen Arbeitern und Bürgern in der Gesamtgesellschaft, dann wird allerdings erkennbar, dass Kontaktmöglichkeiten und Angliederung an das Bürgertum durchaus nicht die soziale Stellung des deutschen Arbeiters hoben. Im gemeinsamen Verein fand zumeist kein gleichgestellter Austausch zwischen Arbeitern und Bürgern statt, weil letztere sorgsam auf die Wahrung von Standesunterschieden achteten. Selbstbestimmtes Vereinsleben blieb Arbeitern ebenfalls verwehrt, da sie von den Mitteln ihrer bürgerlichen Unterstützer abhängig waren. So erwies sich der schichtenübergreifende Verein entgegen der bürgerlichen Vereinsideologie nicht als sozial offener Ort des machtfreien Umgangs zwischen Gleichberechtigten, sondern als Herrschaftsinstrument.

Dass die Klassenlinie in gemeinsamen Vereinen nicht verwischt, sondern nur noch deutlicher markiert wurde, steht im Widerspruch zur gewohnten Sicht auf die freiwillige Assoziation als moderne, antiständische Organisationsform. Diese in der deutschen Geschichtswissenschaft dominierende Wahrnehmung resultiert daraus, dass die historische Vereinsforschung im Anschluss an Thomas Nipperdey ihren Schwerpunkt auf die Entstehungszeit des Assoziationswesens im ausgehenden 18. und frühen 19. Jahrhundert gelegt und den Unterschied zwischen dem Verein und der älteren Organisationsform der Korporation betont hat. Die vorliegende Studie hat dagegen unter Einbeziehung späterer Zeiträume sowie des britischen Vergleichsfalls die sozial konservative Seite des Vereins herausgearbeitet. Gezeigt wurde, dass der Verein kein *per se* antiständisches Organisationsprinzip darstellt, sondern häufig als Instrument zum Erhalt einer quasi-ständischen Gesellschaftsorganisation diente.

Im Vergleich zu der in schichtenübergreifende Vereine eingebundenen deutschen Arbeiterschaft erreichte die britische »working class« eine stärkere Stellung in der Gesamtgesellschaft. Der Weg dahin führte nicht über den direkten Kontakt mit der »middle class« oder über »Verbürgerlichung«. Vielmehr gewann die Arbeiterschicht mit ihren unabhängigen, ökonomisch ausgerichteten Assoziationen von den Gewerkschaften über »friendly societies« bis hin zu »working men's clubs« und »anglers' associations« Marktmacht. Unter anderem übten Arbeiter als kollektive Nachfrager beträchtlichen Einfluss auf dem Kulturgütermarkt aus und konnten dadurch, wie die Entwicklung des Sportverständnisses zeigte, auf Augenhöhe mit der Mittelschicht um kulturelle Hegemonie konkurrieren.

Für die sozialgeschichtliche Erforschung des Verhältnisses zwischen Arbeitern und Bürgern, aber auch der Verhältnisse zwischen Männern und Frauen sowie zwischen ethnischen Minderheiten und Mehrheitsgesellschaft, die in dieser Studie nur sehr am Rande Betrachtung erfahren haben, ergibt sich aus diesem Befund, dass das Austarieren sozialer Beziehungen nicht nur als politischer Aushandlungsprozess, als Diskussion, Annahme und Zurückweisung von Werten interpretiert werden sollte. Gleichermaßen zu berücksichtigen wäre, dass soziale Integration und Kämpfe um gesellschaftlichen Status auch über Kaufakte in der Sphäre des Konsums stattfanden. Bislang ist dies vor allem für den deutschen Fall noch selten in Betracht gezogen und kaum erforscht worden.[3] Möglicherweise eröffnet diese Frage nach Integrationsprozessen der seit einigen Jahren verstärkt betriebenen Konsumgeschichte eine ergiebige, weil mit der allgemeinen Gesellschaftsgeschichte vermittelbare Perspektive.[4]

Vereine und soziale Inklusion. Die Feststellung, dass der sozial offene Verein in Deutschland im 19. Jahrhundert soziale Ungleichheitsverhältnisse nicht aufhob, sondern vielmehr festigte, wirft die allgemeine Frage nach dem Integrationspotential von Vereinen auf. Generell bescheinigt die sozialwissenschaftliche Forschung dem Verein ein hohes Vermögen, Menschen unabhängig von ihrem sozialen Status zusammenzuführen. Sie untermauert damit den Selbstanspruch von Verbänden und Vereinen, die ihrerseits, wie gezeigt, ihre soziale Integrationsleistung zur Legitimation öffentlicher Förderungswürdigkeit anführen.

Die Befunde der vorliegenden Arbeit widersprechen diesem Integrationstheorem. Zwar hatte sich in Deutschland seit dem 19. Jahrhundert der Lokalverein gegenüber Arbeitern und Fremden geöffnet. Jedoch verlangte er zugleich deren Anpassung an die örtlichen Gepflogenheiten und Eingliederung in die herrschende Ordnung, die der Verein repräsentierte. Wenn man unter Integration nicht nur die gemeinsame Mitgliedschaft, sondern einen Austausch auf Augenhöhe versteht, dann erweist sich der Lokalverein eher als Bremse denn als Motor sozialer Inklusionsprozesse.

In Großbritannien erfüllten Vereine von Beginn der Assoziationsentwicklung an im Wesentlichen eine Exklusionsfunktion. Die Organisationsform diente vor allem dazu, den Zugang zum Mitgliederkreis wirkungsvoll zu regulieren, und das hieß, ihn für unerwünschte Personen zu schließen. Dies galt zunächst für die Assoziationen der »middle class« wie beispielsweise »gentlemen's clubs«, kennzeichnet spätestens im 20. Jahrhundert aber auch Arbeitervereinigungen wie die »working men's clubs«, die Frauen und Fremden oft den Beitritt kategorisch verweigerten. In der Zwischenkriegszeit wurde erkennbar, dass die Integrationsleistung des Assoziationswesens hinter der des Marktes und des politischen Systems zurückblieb. Denn während die politischen Partizipationsrechte ausgeweitet wurden und der Markt immer mehr Menschen unabhängig von Alter, Geschlecht oder Status bediente, konservierte das Klubwesen auf allen Ebenen der Sozialstruktur überkommene Unterschiede.

3 Vgl. etwa *Tenfelde*, Klassenspezifische Konsummuster.

4 Vgl. den Überblick von *Trentmann*.

Festzuhalten ist, dass sich die Organisationsform »Verein« nicht als besonders inklusiv erwies, und zwar weder in Großbritannien noch in Deutschland. Der Befund der vorliegenden Arbeit spricht im Gegenteil dafür, dass Vereine als solche einen Exklusionsmechanismus darstellen. Integrationseffekte ergeben sich dann, wenn die Organisationsform hinter geselligkeitsfördernde Zwecke zurücktritt und populärkulturelle Aktivitäten an Eigengewicht gewinnen. Im deutschen Fall wurde dies deutlich an der Entwicklung im späten 19. Jahrhundert. Dort entfalteten einerseits Wettturnen, Wettsingen, Taubenzüchten oder die englischen Sportarten durchaus nivellierende und vergemeinschaftende Wirkung; sie führten Menschen aus konfessionellen Vereinen heraus, hielten Arbeiter davon ab, sich den politisierten Arbeiterkulturvereinen anzuschließen, und motivierten zur Gruppenbildung außerhalb der Milieus. Andererseits jedoch blieb diese Populärkultur an die Struktur des Lokalvereins gebunden, so dass die damit einhergehenden Abhängigkeitsverhältnisse und das formalisierte Vereinsleben die Entfaltung von Geselligkeit wieder begrenzten.

Im 20. Jahrhundert stärkte die in Weimar begonnene und in der Bundesrepublik fortgeführte Vereinsförderung ebenfalls die Organisation zu Lasten der geselligkeitsfördernden Kultur. Der Staat erkor Vereine und Verbände zu Adressaten für gesellschaftspolitische Maßnahmen und trieb so die Zentralisierung, Erfassung und Selbstbeobachtung des Assoziationswesens voran. Zugleich relativierte die Vereinsförderung den Eigenwert der Zwecke, indem sie dem Vereinstreiben »gemeinnützigen« Mehrwert abverlangte und triviale Aktivitäten vom Chorgesang über die Kleingärtnerei bis zum Sport für gesellschaftspolitische Ziele wie der sozialen Integration, der Gesundheitspflege oder dem Umweltschutz instrumentalisierte. Erkennbar wurde ein partieller Niedergang der geselligkeitsfördernden Vereinskultur. Abzuwarten bleibt, wie sich dieser langfristig auf die Bindekräfte der Vereine auswirkt.

Auch das britische Beispiel unterstützt die These, dass soziale Inklusion eine Frage des Zwecks, nicht der Organisation ist. Tradition und repräsentative Außendarstellung kennzeichneten dort diejenigen Klubs, die der Festigung sozialer Statusunterschiede und der Sicherung von Exklusivität dienten. Bei den im hohen Maße integrativen »leisure clubs« der jüngeren Vergangenheit hingegen trat die Organisation als Infrastruktur hinter den gemeinsamen Zeitvertreib zurück mit dem Ergebnis, dass soziale Rangunterschiede für die Mitgliedschaft in diesen Vereinigungen eine nachgeordnete Rolle spielen.

Vereine und Zivilgesellschaft. Im Zusammenhang mit der Integrationsfunktion freiwilliger Vereinigungen sind einige Bemerkungen zum Verhältnis zwischen Vereinswesen und Zivilgesellschaft angebracht, zu dem die Befunde der vorliegenden Arbeit eine neue Erkenntnis beitragen können. Hier wurde der Begriff »Zivilgesellschaft« nicht verwendet, und zwar nicht nur, weil er wegen seines normativen Gehalts analytische Probleme aufwirft, sondern vor allem deshalb, weil er auf den Aspekt der politischen Sozialisation fokussiert, d.h. die Frage verfolgt, inwieweit die Mitglieder von Vereinen Werte, Kompetenzen und Handlungsweisen einüben, die sie für bestimmtes politisches Handeln außerhalb der Assoziation disponieren. Damit verbleibt eine vom Begriff »Zivilgesellschaft« angeleitete Beschäftigung mit Vereinen in den Bahnen der älteren Vereinsforschung und bekommt weder die organisationsstrukturelle Dimension noch den Aspekt »trivialer« Geselligkeit, der in den meisten hier behandelten Vereinen die zentrale Rolle spielt, angemessen in den Griff.

Doch die Stärke des Konzepts »Zivilgesellschaft« liegt ohnehin nicht so sehr in seiner analytischen Schärfe als vielmehr darin, dass es mit neuer Dringlichkeit und großer Anziehungskraft dazu auffordert, über den Zusammenhang zwischen gesellschaftlicher Selbstorganisation und demokratischem Regieren nachzudenken.[5] Unter diesem Aspekt stützt die vorliegende Untersuchung durchaus den unterstellten Wirkungszusammenhang zwischen Assoziationswesen und politischer Systementwicklung, allerdings in anderer Weise als üblicherweise angenommen. Ein Effekt von Vereinssozialisation auf Politik wurde nämlich nicht auf der Ebene der politischen Kultur ausgemacht. So wurden keine signifikant unterschiedlichen Werte oder Handlungsformen in britischen und deutschen Assoziationen erkennbar, welche die unterschiedliche politische Entwicklung beider Länder, insbesondere in der für Deutschland und Großbritannien ähnlich krisenhaften Zwischenkriegszeit, erklären. Vorherrschend war unter den einfachen Mitgliedern deutscher wie britischer Vereinigungen das Interesse an unterhaltsamer Geselligkeit.

Eine deutliche Differenz in der Vereinssozialisation, die auch für die unterschiedliche politische Entwicklung folgenreich war, wurde vielmehr darin ausgemacht, dass britische Vereine einen Freiraum für politikferne Geselligkeit gegen politische Einflüsse abzuschirmen vermochten, während deutsche Vereine zunächst als Herrschaftsmittel der lokalen Eliten dienten und dann in zunehmendem Maße den Zumutungen von Staat und Verbänden ausgesetzt waren, die sie zu »Gemeinnützigkeit« anzuleiten versuchten. Britische Vereine trugen dadurch zwar nicht dazu bei, Klassengrenzen aufzuweichen. Wie gesehen, verschärften sich in der Zwischenkriegszeit die Trennlinien zwischen den Schichten. Die Politikferne der britischen Vereine wirkte sich dennoch günstig auf den Bestand des parlamentarischen Systems aus, weil sie einer durchgreifenden Politisierung aller sozialer Beziehungen und Bereiche entgegenstand und so die mit dem deutschen Fall durchaus vergleichbaren politischen und wirtschaftlichen Spannungen abmilderte. Der Generalstreik von 1926 etwa, der alle Voraussetzungen für einen handfesten »Klassenkampf« erfüllte, blieb im Wesentlichen eine Auseinandersetzung um Einkommensfragen und eskalierte nicht in einen die politische Grundordnung in Frage stellenden Konflikt. In der Weimarer Re-

5 *Zimmer*, Zivilgesellschaft, S. 215.

publik dagegen verengte sich aus den bereits erläuterten organisationsstrukturellen Gründen der Freiraum für politikferne Vereinsgeselligkeit. Freizeitvereine vermochten somit nicht mehr Menschen aus unterschiedlichen Milieus und Schichten zusammenzuführen, wie sie es um 1900 zumindest ansatzweise getan hatten, und boten keine Entlastung von einer ausgreifenden Politisierung.

Für das Verhältnis zwischen Vereinen und Zivilgesellschaft bedeutet dies einerseits, dass es fragwürdig wäre, gesellige Assoziationen aufgrund einer vermeintlichen Gemeinwohlorientierung, sozialen Offenheit oder des rational-diskursiven Umgangs ihrer Mitglieder auf eine Stufe mit Bürgerinitiativen oder NGOs zu stellen und sie der Zivilgesellschaft zuzurechnen. Die vorliegende Studie liefert keine Argumente dafür, vereinsmäßig organisierte Sportler, Sänger oder Taubenzüchter als Akteure der Zivilgesellschaft zu betrachten, die sich bewusst gestaltend mit den »allgemeinen Dingen« befassen. Andererseits wurde erkennbar, dass Vereine, sofern sie der Entfaltung von Geselligkeit Raum boten, wünschenswerte soziale und politische Effekte zeitigten. Sie lassen sich daher durchaus unter der Frage nach demokratischer Stabilität betrachten, die den Kern der Debatte um Zivilgesellschaft bildet. Die »Zivilität« der Freizeitvereine, die in Großbritannien während der Zwischenkriegszeit zur Stabilisierung demokratischer Herrschaft beitrugen, lag allerdings nicht in explizit politischer Wertorientierung, sondern im Gegenteil in ihrem Vermögen, von den »ernsten Dingen« wie Politik und Ökonomie abzusehen und dadurch eine Entlastungsfunktion zu erfüllen. Wollte man diesen Zusammenhang unter dem Begriff »Zivilgesellschaft« diskutieren, wäre die Debatte um ein Paradox bereichert. Dieses liegt darin, dass Freizeit- und gesellige Vereine in bestehenden Demokratien dann politisch wünschenswerte Wirkungen hervorbringen, wenn sie Politik – als Thema ebenso wie in Form staatlicher Intervention – auszuklammern vermögen.

Die Organisation von Geselligkeit. Durch die vorliegende Arbeit zog sich die Spannung zwischen Organisation und Geselligkeit. Für die historische und sozialwissenschaftliche Vereinsforschung ließe sich daraus zunächst einmal der Schluss ziehen, den Verein im Hinblick auf seine sozialintegrative Funktion als eine Organisationsform unter anderen zu behandeln, ihm nicht im Voraus ein besonderes Integrationsvermögen zu unterstellen und stattdessen seine Leistungsfähigkeit im jeweiligen Kontext zu bestimmen. Dabei müsste die Vereinskultur stärkere Beachtung erfahren, da Vergesellschaftungseffekte sich vor allem den Zwecken, weniger den Struktureigenschaften der Organisation verdanken.

Schließlich besteht kein Anlass, sich bei der Frage nach Geselligkeit auf Vereine zu beschränken, denn der soziale Austausch unter temporär Gleichgestellten ist offensichtlich nicht an eine Satzung oder formale Mitgliedschaft gebunden. Zu erforschen wäre für die Zeit seit der zweiten Hälfte des 19. Jahrhunderts in erster Linie, welche Vergesellschaftungsprozesse sich in der Beschäftigung mit massenmedial vermittelter Populärkultur vollzogen. In dieser Arbeit ist angedeutet worden, dass kommerzielle Massenkultur eben nicht bloß überkommene soziale Bindungen zerschneidet, sondern zugleich zu neuer Gruppenbildung anregt. Dies ist in den Gesichtskreis der vorliegenden Untersuchung geraten, wenn sich bei der Beschäftigung mit kommerzieller Massenkultur Assoziationsstrukturen ausbildeten; man denke an die in Abschnitt V.3 erwähnten »rhythm clubs« oder die von Jeff Bishop und Paul Hoggett beschriebenen Hobbyszenen, die Impulse von Seiten der kommerziellen Populärkultur erhielten. Eine Herausforderung für Sozial- und Geschichtswissenschaften läge darin, die weitaus schwieriger nachzuvollziehenden Vergesellschaftungsprozesse zu erforschen, die unterhalb der Schwelle formaler Selbstorganisation verblieben, und so zu einer »Gesellschaftsgeschichte der Massenkultur« beizutragen, deren Fehlen mittlerweile beklagt wird.[6] Die vorliegende Studie könnte dazu insofern methodische Anknüpfungspunkte bieten, als sie zeigt, wie sich Opportunitätsstrukturen zwischen Markt und Staat auf die soziale Praxis und die gesellschaftlichen Beziehungen »im Kleinen« auswirken.

6 *Führer* u. *Ross*.

Tabellenverzeichnis

Abkürzungsverzeichnis

ASZ	Allgemeine Sänger-Zeitung
ATSB	Arbeiter-Turn- und -Sportbund
BWSF	British Workers' Sports Federation
CIU	Working Men's Club and Institute Union
CTC	Cyclists' Touring Club
DAF	Deutsche Arbeitsfront
DAS	Deutscher Arbeiter-Sängerbund
DASZ	Deutsche Arbeiter-Sänger-Zeitung
DATB	Deutscher Arbeiter-Theaterbund
DFB	Deutscher Fußball-Bund
DJK	Deutsche Jugendkraft
DRA	Deutscher Reichsausschuss für Leibesübungen
DRAfOS	Deutscher Reichsausschuss für die Olympischen Spiele
DRL	Deutscher Reichsbund für Leibesübungen
DSB	Deutscher Sängerbund
DSBZ	Deutsche Sängerbundeszeitung
DSV	Deutscher Schützenverband
DT	Deutsche Turnerschaft
FDT	Freie Deutsche Turnerschaft
Gestapo	Geheime Staatspolizei
GFS	Girls' Friendly Society
KdF	NS-Gemeinschaft ‚Kraft durch Freude'
LTA	Lawn Tennis Association
MCC	Marylebone Cricket Club
MGV	Männergesangverein
NODA	National Operatic and Dramatic Association
NSALG	National Society of Allotment and Leisure Gardeners
NSDAP	Nationalsozialistische Deutsche Arbeiterpartei
RMK	Reichsmusikkammer
RVKD	Reichsverband der Kleingärtner Deutschlands
SA	Sturm-Abteilung der NSDAP
SS	Schutz-Staffel der NSDAP
SWSA	Sheffield Works' Sports Association
WMZ	Westdeutsche Musikzeitung
ZdASG	Vereinigung des Zentralverbandes deutscher Arbeiter- und Schrebergärten

Quellen- und Literaturverzeichnis

1. Archivalien

Stadtarchiv Essen
Vereinsnachlässe, Akten der Kommunalverwaltung, Chroniken der Stadt Essen.

Amtsgericht Essen
Vereinsregister.

Sheffield Archives
Vereinsnachlässe, Unterlagen des »Sheffield Social Survey Committee«.

Firth Park Working Men's Club, Sheffield
Protokollbücher, Korrespondenz.

2. Sammlungen

Stadtbibliothek Essen, Heimatkundliche Abteilung
Vereinsfestschriften, Einwohnerbücher, Ortsgeschichtliche Darstellungen, Zeitungsausschnittsammlung.

Sheffield Local Studies Library
Vereinsfestschriften u. -programme, Adressbücher, Ortsgeschichtliche Darstellungen, Jahresberichte, Zeitungsausschnittsammlung.

3. Periodika

Essener Lokalzeitungen
Allgemeiner Beobachter, Essen, Jg. 1905 u. 1913.
Essener Allgemeine Zeitung, Essen, Jg. 1924, 1927f., 1932f., 1935 u. 1938.
Essener General-Anzeiger, Essen, Jg. 1913.
Essener Volkszeitung, Essen, Jg. 1870, 1876, 1882, 1910–1913, 1924 u. 1931f.
Essener Zeitung, Essen, Jg. 1860 u. 1865.
National-Zeitung, Essen, Jg. 1935.
Rheinisch-Westfälische Zeitung, Essen, Jg. 1929.
Rheinisch-Westfälischer Anzeiger, Essen, Jg. 1905.

Ruhrecho. Organ der KPD Ruhrgebiet, Dortmund, Jg. 1929.
Volkswacht. Essener Arbeiter-Zeitung, Essen, Jg. 1926f. u. 1930.

Sheffielder Lokalzeitungen

Sheffield Independent, Sheffield, Jg. 1896, 1907, 1920, 1928–1930, 1932 u. 1937f.
Sheffield Star, Sheffield, Jg. 1930 u. 1939.
Sheffield Telegraph, Sheffield, Jg. 1907f., 1920–1923, 1925, 1930 u. 1938.

Fach- und Verbandsperiodika

Allgemeine deutsche Turn-Zeitung. Organ des Allgemeinen Deutschen Turnerbundes, Bochum, Jg. 1922 u. 1924–1931.
Allgemeine Sänger-Zeitung. Fachblatt für das gesamte Männerchorwesen, Iserlohn, Jg. 1924–1933.
Deutsche Anglerzeitung. Amtliches Organ des Deutschen Anglerbundes, Mannheim, Jg. 1926.
Deutsche Arbeiter-Sänger-Zeitung. Organ des deutschen Arbeiter-Sänger-Bundes, Berlin, Jg. 1926f.
Deutsche Sängerbundeszeitung. Zeitschrift für das gesamte Chorwesen, amtliches Organ des Deutschen Sängerbundes, Leipzig, Jg. 1921–1936.
Deutsche Sportartikel-Zeitung. Fachblatt für die gesamte Sportartikel- und Turngeräte-Branche, hg. v. Reichsverband der Deutschen Sportartikel- und Turngeräte-Industrie, Berlin, Jg. 1932f.
Deutsche Turnzeitung. Blatt der deutschen Turnerschaft, Leipzig, Jg. 1913, 1921 u. 1928.
Der freie deutsche Turner. Organ der Freien Deutschen Turnerschaft, Bochum, Jg. 1921.
Jahrbuch der deutschen Musikorganisation, hg. mit Unterstützung des Reichsministeriums des Innern und des Preußischen Ministeriums für Wissenschaft, Kunst und Volksbildung, Berlin, Jg. 1931.
Jahrbuch der Leibesübungen. Jahrbuch für Volks- und Jugendspiele, hg. im Auftrag des Deutschen Reichsausschusses für Leibesübungen, Berlin, Jg. 1924 u. 1932.
Jahrbuch der Turnkunst. Amtliches Jahrbuch der Deutschen Turnerschaft, Leipzig, Jg. 1908.
Jahrbuch der Volksmusik, hg. im Auftrag des Reichsverbandes für Volksmusik in der Reichsmusikkammer, Wolfenbüttel, Jg. 1938/39.
Jahrbuch des Deutschen Sängerbundes, hg. v. Deutschen Sängerbund, Dresden/Köln, Jg. 1926–1935/36, 1953f., 1959/60 u. 1965.
Kleingartenwacht. Zeitschrift für das gesamte Kleingartenwesen, Mitteilungsblatt des Reichsverbands der Kleingartenvereine Deutschlands, Erfurt, Jg. 1926f. u. 1931f.
Lied und Chor. Zeitschrift für das Chorwesen, hg. v. Deutschen Sängerbund, Köln, Jg. 1977.
Rhein- und Ruhr-Sängerzeitung. Fachblatt für Sänger, Chorleiter und Komponisten, Mülheim/Ruhr, Jg. 1927–1929.
Volksbühnenwarte. Bundesnachrichten des Reichsbundes für Volksbühnenspiele, Berlin, Jg. 1922–1937.
Volksspielkunst. Fachschrift für dramatische Dilettanten und Freunde des Volkstheaters, hg. v. Landesverband der dramatischen und theaterspielenden Vereine im Königreich Sachsen e.V., Verband der Privat-Theatervereine Deutschlands, Dresden, Jg. 1919.

Westdeutsche Brieftauben-Zeitung. Freies Organ der deutschen Brieftaubenzüchter, Mülheim/Ruhr, Jg. 1927 u. 1930.
Westdeutsche Musikzeitung für Sänger und Chorleiter, Dortmund, Jg. 1921–1932.

The Model Aeroplane Constructor, London, Jg. 1937.
Our Clubs. The Sheffield and District Club Life Journal, Jg. 1932.
Radio Times. Journal of the British Broadcasting Corporation, London, Jg. 1955.
Sheffield and District Works' Sports Association, Annual Reports, Jg. 1940.
Sheffield and Hallamshire Football Association, Annual Reports, Jg. 1938.
Sheffield Congregational Church, Year Books, Jg. 1907 u. 1929–1931.
Sheffield Wesleyan Mission, Annual Reports, Jg. 1921f.
Swing Music. A Monthly Magazine for Rhythm Clubs, London, Jg. 1935.
TV Times, London, Jg. 1965 u. 1980.

Sonstiges

Deutsches Biographisches Archiv, Neue Folge bis zur Mitte des 20. Jahrhunderts, München 1993.
Sperlings Zeitschriften- und Zeitungs-Adreßbuch. Handbuch der deutschen Presse, Leipzig, Jg. 1912 u. 1929.
Verhandlungen des Deutschen Bundestages. Drucksachen, Jg. 1950–1989.

4. Gedruckte Quellen und Literatur

50 Jahre Männer-Gesang-Verein ›Freundschaftsbund‹ Essen-Rellinghausen 1881–1931, Essen 1931.
60 Jahre MGV ›Einigkeit‹ Essen-Werden, Essen-Werden 1935.
Abrams, L., Freizeit, Konsum und Identität deutscher und britischer Arbeiter vor dem Ersten Weltkrieg, in: Siegrist, H. (Hg.), Europäische Konsumgeschichte. Zur Gesellschafts- und Kulturgeschichte des Konsums (18. bis 20. Jahrhundert), Frankfurt/ Main 1997, S. 267–281.
–, Workers' Culture in Imperial Germany. Leisure and Recreation in the Rhineland and Westphalia, London 1992.
–, Zur Entwicklung einer kommerziellen Arbeiterkultur im Ruhrgebiet (1850–1914), in: Kift, D. (Hg.), Kirmes – Kneipe – Kino. Arbeiterkultur im Ruhrgebiet zwischen Kommerz und Kontrolle (1850–1914), Paderborn 1992, S. 33–59.
Agricola, S. u. P. Wehr, Vereinswesen in Deutschland. Eine Expertise im Auftrag des Bundesministeriums für Familie und Senioren, Stuttgart 1993.
Alexander, F., Die nebenberuflichen Theatergesellschaften in Deutschland, o.O. 1913.
Anderson, G.L., Victorian Clerks and Voluntary Associations in Liverpool and Manchester, in: Northern History, Bd. 12, 1976, S. 202–219.
Andrews, M., ›For Home and Country‹. Feminism and Englishness in the Women's Institute Movement, 1930–60, in: Weight, R. u. A. Beach (Hg.), The Right to Belong. Citizenship and National Identity in Britain, 1930–1960, London 1998, S. 116–135.

Ashplant, T.G., London Working Men's Clubs, 1875–1914, in: Yeo, E. u. S. (Hg.), Popular Culture and Class Conflict 1590–1914. Explorations in the History of Labour and Leisure, Sussex 1981, S. 241–270.

Ashton, D. u. P.W. Reid, Ashton and Reid on Club Law, Bristol 2005.

August, A., The British Working Class 1832–1940, Harlow 2007.

–, A Culture of Consolation? Rethinking Politics in Working-class London, 1870–1914, in: Historical Research. Bulletin of the Institute of Historical Research, Bd. 74, 2001, S. 193–219.

Bachem-Rehm, M., Die katholischen Arbeitervereine im Ruhrgebiet 1870–1914. Katholisches Arbeitermilieu zwischen Tradition und Emanzipation, Stuttgart 2004.

–, ›... die sittliche und materielle Hebung der Arbeiter durch geeignete Mittel zu fördern‹. Katholische Arbeitervereine in Essen 1870–1914, in: Essener Beiträge, Bd. 119, 2006, S. 157–237.

Bächlin, P., Der Film als Ware, Frankfurt/Main 1975.

Bailey, P., Conspiracies of Meaning. Music-Hall and the Knowingness of Popular Culture, in: Past and Present, Nr. 144, 1994, S. 138–170.

–, Leisure and Class in Victorian England. Rational Recreation and the Contest for Control, 1830–1885, London 1978.

Baron, J., Das deutsche Vereinswesen und der Staat im 19. Jahrhundert, Göttingen 1962.

Batel, G., Musikerziehung und Musikpflege. Leo Kestenberg. Pianist – Klavierpädagoge – Kulturorganisator – Reformer des Musikerziehungswesens, Wolfenbüttel 1998.

Beaumont, C., Citizens not Feminists. The Boundary Negotiated Between Citizenship and Feminism by Mainstream Women's Organisations in England, 1928–1939, in: Women's History Review, Bd. 9, 2000, S. 411–429.

Beaven, B., Leisure, Citizenship and Working-class Men in Britain, 1850–1945, Manchester 2005.

Becker, C., Zwischen (Selbst-)Gleichschaltung, kommunaler Sportpolitik und sporttreibenden NS-Gliederungen. Die bürgerlichen Turn- und Sportvereine der Stadt Hannover in der Zeit des Nationalsozialismus, in: Sozial- und Zeitgeschichte des Sports, Jg. 9, 1995, S. 24–41.

Benson, J., The Working Class in Britain, 1850–1939, London 1989.

Berger, S., The British Labour Party and the German Social Democrats, 1900–1931, Oxford 1994.

Berghoff, H., Enticement and Deprivation. The Regulation of Consumption in Pre-War Nazi Germany, in: Daunton, M. u. M. Hilton (Hg.), The Politics of Consumption. Material Culture and Citizenship in Europe and America, Oxford 2001, S. 165–184.

Berman, S., Civil Society and the Collapse of the Weimar Republic, in: World Politics, Bd. 49, 1997, S. 401–429.

Bernett, H., ›Schulter an Schulter mit SA und Stahlhelm‹. Das politische Bündnis der Turn- und Sportbewegung mit den nationalsozialistischen Machthabern, in: Grupe, O. (Hg.), Kulturgut oder Körperkult? Sport und Sportwissenschaft im Wandel, Tübingen 1990, S. 62–84.

Bette, K.-H., Sport als Thema geselliger Konversation. Zur Choreographie mikrosozialer Situationen, in: Kleine, W. u. W. Fritsch (Hg.), Sport und Geselligkeit. Beiträge zu einer Theorie von Geselligkeit im Sport, Aachen 1990, S. 61–80.
Bevan, C., Brass Band Contests. Art or Sport?, in: Herbert, T. (Hg.), The Brass Band Movement in the 19th and 20th Century, Milton Keynes 1991, S. 102–119.
Birmingham Public Libraries Social Sciences Department u. The Workers' Educational Assocation West Midlands District, The Nine Days in Birmingham. The General Strike 4–12 May, 1926 (1976).
Bishop, J. u. P. Hoggett, Organizing around Enthusiasms. Patterns of Mutual Aid in Leisure, London 1986.
Bleek, S., Mobilität und Seßhaftigkeit in deutschen Großstädten während der Urbanisierung, in: Geschichte und Gesellschaft, Jg. 15, 1989, S. 5–33.
Bockemühl, O., 50 Jahre Kriegerverein Meisenburg 1881–1931. Bericht über 50jähriges Vereinsbestehen (1931).
Bösch, F., Das konservative Milieu. Vereinskultur und lokale Sammlungspolitik in ost- und westdeutschen Regionen (1900–1960), Göttingen 2002.
–, Militante Geselligkeit. Formierungsformen der bürgerlichen Vereinswelt zwischen Revolution und Nationalsozialismus, in: Hardtwig, W. (Hg.), Politische Kulturgeschichte der Zwischenkriegszeit 1918–1939, Göttingen 2005, S. 151–182.
Booth, C. (Hg.), Life and Labour of the People of London. Vol. 1. East, Central and South London, London 1892.
Boyes, G., The Imagined Village. Culture, Ideology and the English Folk Revival, Manchester 1993.
Brailsford, D., Bareknuckles. A Social History of Prize-Fighting, Cambridge 1988.
–, A Taste for Diversions. Sport in Georgian England, Cambridge 1999.
Brando, P., Die Funktion des Kleingartens in der Gegenwart (Auszüge) (1958), in: Katsch, G. u. J. Walz, Kleingärten und Kleingärtner im 19. und 20. Jahrhundert. Bilder und Dokumente, Leipzig 1996, S. 230f.
Brasnett, M., Voluntary Social Action. A History of the National Council of Social Service 1919–1969, London 1969.
Braun, S. u. M. Nagel, Soziales Kapital und die assoziative Lebenswelt in Deutschland. Soziale und politische Orientierungen von Mitgliedern freiwilliger Vereinigungen in vergleichender Perspektive, in: Baur, J. u. S. Braun (Hg.), Integrationsleistungen von Sportvereinen als Freiwilligenorganisationen, Aachen 2003, S. 517–546.
Breuilly, J., Liberalismus oder Sozialdemokratie? Ein Vergleich der britischen und deutschen politischen Arbeiterbewegung zwischen 1850 und 1875, in: Kocka, J. (Hg.), Europäische Arbeiterbewegungen im 19. Jahrhundert. Deutschland, Österreich, England und Frankreich im Vergleich, Göttingen 1983, S. 129–166.
Briggs, A., The Age of Improvement, 1783–1867, Harlow 2000².
Brockett, O.G. u. R.R. Findlay, Century of Innovation. A History of European and American Theatre and Drama Since 1870, Prentice-Hall 1973.
Brüggemann, T., 100 Jahre Deutscher Brieftaubenzüchter-Verband, in: Leben mit Brieftauben, hg. v. Westfälischen Museumsamt und der Volkskundlichen Kommission für Westfalen, Münster 1984, S. 73–172.
Brüggemeier, F.-J., Leben vor Ort. Ruhrbergleute und Ruhrbergbau 1889–1919, München 1983.

Bürgers, R., Die Entwicklung Rotarys in Europa, Köln 1935.
Bundesministerium der Finanzen (Hg.), Einkommenssteuergesetz 1975, Bonn o.J.
–, Einkommenssteuergesetz 1981, Bonn 1982.
–, Gutachten der Unabhängigen Sachverständigenkommission zur Prüfung des Gemeinnützigkeits- und Spendenrechts, Bonn 1988.
Burchardt, J., Reconstructing the Rural Community. Village Halls and the National Council of Social Service, 1919 to 1939, in: Rural History, Jg. 10, 1999, 193–216.
Butler, D. u. G., British Political Facts 1900–1985, Basingstoke 1986[6].
Bythell, D., Provinces versus Metropolis in the British Brass Band Movement in the Early Twentieth Century. The Case of William Rimmer and his Music, in: Popular Music, Bd. 16, Nr. 2, 1997, S. 151–163.
Cannadine, D., Gilbert and Sullivan. The Making and Un-Making of a British ›Tradition‹, in: Porter, R. (Hg.), Myths of the English, Cambridge 1992, S. 12–32.
Canterbury Cycling Club, Rules and Bye Laws, List of Officers and Members and the Annual Statement of Accounts, 1893–1894.
The Carnegie United Kingdom Trust, Nineteenth Annual Report (for the Year ending December 31st 1932).
Castle, E. u.a. (Hg.), The Coming of Leisure. The Problem in England, Edinburgh 1935.
Clark, P., British Clubs and Societies 1580–1800. The Origins of an Associational World, Oxford 2000.
–, The English Alehouse. A Social History 1200–1830, London 1983.
Coalter, F. u.a., Rationale for Public Sector Investment in Leisure, o.O. 1986.
Cohen, D., Buying and Becoming: New Work on the British Middle Classes (Review Article), in: Historical Journal, Bd. 46, 2003, S. 999–1004.
Collins, L., A Comparative Study of the Development and Structure of Sport in Great Britain and West Germany, in: Physical Education Review, Bd. 2, Nr. 2, 1979, S. 101–114.
Collins, T. u. W. Vamplew, Mud, Sweat and Beers. A Cultural History of Sport and Alcohol, Oxford 2002.
Constantine, S., Amateur Gardening and Popular Recreation in the 19th and 20th Centuries, in: Journal of Social History, Bd. 14, 1981, S. 387–406.
Cook, C. u. B. Keith, British Historical Facts 1830–1900, London 1975.
Cope, W.E. u. C.W. Cowen, Sharrow Cycling Club. Its History and Work for 21 Years, 1887–1908, o.O. 1908.
Cordery, S., British Friendly Societies, 1750–1914, Basingstoke 2003.
Cox, J., The English Churches in a Secular Society. Lambeth, 1870–1930, New York 1982.
Cragoe, M., Conservatives, ›Englishness‹ and ›Civic Nationalism‹ between the Wars, in: Tanner, D. u.a. (Hg.), Debating Nationhood and Governance in Britain, 1885–1945. Perspectives from the ›four Nations‹, Manchester 2006, S. 192–210.
Croon, H. u. K. Utermann, Zeche und Gemeinde. Untersuchungen über den Strukturwandel einer Zechengemeinde im nördlichen Ruhrgebiet, Tübingen 1958.
Crouch, D. u. C. Ward, The Allotment. Its Landscape and Culture, Nottingham 2003[4].
Crowhurst, A., The Music Hall, 1885–1922. The Emergence of a National Entertainment Industry in Britain, Cambridge 1991 (MF).

–, The ›Portly Grabbers of 75 per Cent‹. Capital Investment in the British Entertainment Industry, 1885–1914, in: Leisure Studies, Bd. 20, Nr. 2, 2001, S. 107–123.
Crump, J., Athletics, in: Mason, T. (Hg.), Sport in Britain. A Social History, Cambridge 1989, S. 44–77.
Cunningham, H., Leisure in the Industrial Revolution, c. 1780–c. 1880, London 1980.
–, The Volunteer Force. A Social and Political History 1859–1908, London 1975.
Dann, O., Vereinsbildung in Deutschland in historischer Perspektive, in: Best, H. (Hg.), Vereine in Deutschland. Vom Geheimbund zur freien gesellschaftlichen Organisation, Bonn 1993, S. 119–142.
Darwin, B., British Clubs, London 1943.
Davies, A., Leisure in the ›Classic Slum‹, 1900–1939, in: Ders. u. Fielding, S. (Hg.), Workers' Worlds. Culture and Communities in Manchester and Salford, 1880–1939, Manchester 1992, S. 102–132.
–, Other Theatres. The Development of Alternative and Experimental Theatre in Britain, Basingstoke 1987.
Department of Employment and Productivity, British Labour Statistics. Historical Abstract 1886–1968, London 1971.
Dern, E., Zur Geschichte der Arbeitsgemeinschaft der Schützenvereine Groß-Essen seit 1950, in: Festschrift zum Schützen- und Volksfest des Bürger-Schützenvereins Essen-Holsterhausen 1878 (1959), S. 27–33.
Devens, L., Statistik des Kreises Essen für die Jahre 1859–1861, Essen 1863.
Dixon, P. u.a., Shareholders and Shareholding: The Case of the Football Company in Late Victorian England, in: Business History, Bd. 46, 2004, S. 503–524.
Döring, P., ›Kriegspost‹, ›Pfeil‹ und ›Concurrenz‹. Anfänge und Entwicklung des Brieftaubensports in Dortmund, in: Framke, G. (Hg.), 8 Stunden sind kein Tag. Freizeit und Vergnügen in Dortmund 1870 bis 1939, Heidelberg 1992, S. 322–331.
Doyle, B.M., The Structure of Elite Power in the Early Twentieth-Century City. Norwich, 1900–35, in: Urban History, Bd. 24, 1997, S. 179–199.
Düding, D., Organisierter gesellschaftlicher Nationalismus in Deutschland (1808–1847). Bedeutung und Funktion der Turner- und Sängervereine für die deutsche Nationalbewegung, München 1984.
–, u.a. (Hg.), Öffentliche Festkultur. Politische Feste in Deutschland von der Aufklärung bis zum Ersten Weltkrieg, Reinbek 1988.
Dülmen, R.v., Die Gesellschaft der Aufklärer. Zur bürgerlichen Emanzipation und aufklärerischen Kultur in Deutschland, Frankfurt/Main 1996².
Dunckelmann, H., Lokale Öffentlichkeit. Eine gemeindesoziologische Untersuchung, Stuttgart 1975.
Durant, H., The Problem of Leisure, London 1938.
Dussel, K. u. M. Frese, Von traditioneller Vereinskultur zu moderner Massenkultur? Vereins- und Freizeitangebote in einer südwestdeutschen Kleinstadt 1920–1960, in: Archiv für Sozialgeschichte, Bd. 33, 1993, S. 59–105.
Eckhardt, A., Das Männerchorwesen in der Bundesrepublik Deutschland nach 1945. Die Entwicklung des Laien-Männerchorgesanges und seine Eingliederung in den Deutschen Sängerbund, Mainz 1977.

Eisenberg, C., Arbeiter, Bürger und der ›bürgerliche Verein‹ 1820–1870. Deutschland und England im Vergleich (1988), in: Kocka, J. (Hg.), Bürgertum im 19. Jahrhundert, Bd. III. Verbürgerlichung, Recht und Politik, Göttingen 1995, S. 48–80.
–, Deutsche und englische Gewerkschaften. Entstehung und Entwicklung bis 1878 im Vergleich, Göttingen 1986.
–, Deutschland, in: Dies. (Hg.), Fußball, soccer, calcio. Ein englischer Sport auf seinem Weg um die Welt, München 1997, S. 94–129.
–, ›English sports‹ und deutsche Bürger. Eine Gesellschaftsgeschichte 1800–1939, Paderborn 1999.
–, Massensport in der Weimarer Republik. Ein statistischer Überblick, in: Archiv für Sozialgeschichte, Bd. 33, 1993, S. 137–177.
–, Soziologie, Ökonomie und ›Cultural Economics‹ in der Sportgeschichte. Plädoyer für eine Neuorientierung, in: Sport und Gesellschaft, Jg. 1, Nr. 1, 2004, S. 73–83.
–, u. T. Mason, Sport und Sportpolitik, in: Kastendiek, H. u. R. Sturm (Hg.), Länderbericht Großbritannien. Geschichte, Politik, Wirtschaft, Gesellschaft, Kultur, Bonn 2006[3], S. 391–408.
Elben, O., Der volksthümliche deutsche Männergesang. Geschichte und Stellung im Leben der Nation. Der deutsche Sängerbund und seine Glieder, Tübingen 1887[2].
Ergänzung zur Statistik des Landkreises Bochum, umfassend die Jahre 1876 bis einschließlich 1880, Bochum 1881.
Erlach, E.v., Aktivierung oder Apathie? Eine empirische Analyse zu den Zusammenhängen zwischen der Mitgliedschaft in Freiwilligenorganisationen und politischem Engagement in der Schweiz, Bern 2006.
Ewens, F.J. (Hg.), Das deutsche Sängerbuch. Wesen und Wirken des Deutschen Sängerbundes in Vergangenheit und Gegenwart, Karlsruhe 1930.
Falter, J.W., Die ›Märzgefallenen‹ von 1933. Neue Forschungsergebnisse zum sozialen Wandel innerhalb der NSDAP-Mitgliedschaft während der Machtergreifungsphase, in: Geschichte und Gesellschaft, Jg. 24, 1998, S. 595–616.
Fasbender, S., Zwischen Arbeitersport und Arbeitssport. Werksport an Rhein und Ruhr 1921–1938, Göttingen 1997.
Feldens, F., Aus der Geschichte des Männer-Gesang-Vereins Essen-Huttrop 1897, in: Festschrift aus Anlaß des 50jährigen Bestehens des M.G.V. Essen-Huttrop 1897 (1948), S. 3–9.
–, Musik und Musiker in der Stadt Essen. Die Geschichte der Musik in der Stadt Essen seit ihrer Gründung im 9. Jahrhundert, Essen 1936.
Felixstowe Lawn Tennis Club, 1884–1984 (souvenir programme).
Fell, R.L., History of the Club 1881–1936, o.O.u.J.
Fest-Buch zum 50jährigen Jubelfest mit nationalem Gesangwettstreit am Samstag, den 26., Sonntag, den 27., und Montag, den 28. August 1911. Männer-Gesangverein ›Cäcilia‹, Altenessen, Essen 1911.
Festbuch zum goldenen Jubelfest des MGV ›Eintracht-Bonifacius‹ Kray, Kray 1929.
Festbuch zur 50jährigen Jubelfeier, verbunden mit einem internationalen Gesangwettstreit des MGV ›Sanssouci‹, 1910.
Festbuch zur Fahnenweihe des MGV Männerchor ›Essen 1909‹ am 24., 25. u. 26.5.1924, Essen 1924.

Festschrift aus Anlaß des 50jährigen Bestehens des M.G.V. Essen-Huttrop 1897 (1948).
Festschrift zum nationalen Gesang-Wettstreit aus Anlaß des 35jährigen Bestehen des MGV Essen-Huttrop 1897 am 22.10.1933, Essen 1933.
Finanzminister des Landes NRW (Hg.), Vereine und Steuern. Neuauflage Stand März 1979.
Finnegan, R., The Hidden Musicians. Music Making in an English Town, Cambridge 1989.
Fishwick, N., English Football and Society, 1910–1950, Manchester 1989.
–, From Clegg to Clegg House. The Official Centenary History of the Sheffield and Hallamshire County Football Association 1886–1986, o.O. 1986.
Fitzgerald, R., British Labour Management and Industrial Welfare 1846–1939, London 1988.
Förster, H. u.a., Zur Geschichte des deutschen Kleingartenwesens, Frankfurt/Main 1931.
Fowler, D., The First Teenagers. The Lifestyle of Young Wage-Earners in Interwar Britain, London 1995.
Freudenthal, H., Vereine in Hamburg. Ein Beitrag zur Geschichte und Volkskunde der Geselligkeit, Hamburg 1969.
Frevert, U., Krankheit als politisches Problem 1770–1880. Soziale Unterschichten in Preußen zwischen medizinischer Polizei und staatlicher Sozialversicherung, Göttingen 1984.
Friedrich-Ebert-Stiftung, Arbeitskreis Bürgergesellschaft und Aktivierender Staat (Hg.), Sport: Schlüsselbereich bürgerschaftlichen Engagements, unter Mitarbeit von Richthofen, M.v. u.a., Bonn o.J.
Friedrichs, J. u.a., Struktur und sozialer Wandel einer Mittelstadt. Euskirchen 1952–2002, Opladen 2002.
Führer, K.C. u. C. Ross, Mass Media, Culture and Society in Twentieth-Century Germany. An Introduction, in: Dies. (Hg.), Mass Media, Culture and Society in Twentieth-Century Germany, Basingstoke 2006, S. 1–22.
Gabriel, O.W. u.a., Sozialkapital und Demokratie. Zivilgesellschaftliche Ressourcen im Vergleich, Wien 2002.
Geary, D., Arbeiterkultur in Deutschland und Großbritannien im Vergleich, in: Petzina, D. (Hg.), Fahnen, Fäuste, Körper. Symbolik und Kultur der Arbeiterbewegung, Essen 1986, S. 91–100.
Gehring, A., Die Geselligkeit. Überlegungen zu einer Kategorie der ›klassischen‹ Soziologie, in: Kölner Zeitschrift für Soziologie und Sozialpsychologie, Jg. 21, 1969, S. 241–255.
Gehrmann, S., Fußball. Vereine. Politik. Zur Sportgeschichte des Reviers 1900–1940, Essen 1988.
Glass, J.V.S. u. J. Max Patrick, The Royal Chester Rowing Club. Centenary History 1883–1938, Liverpool 1939.
Glendinning, M., Housing and Suburbanisation in the Early and Mid-20th Century, in: Edwards, B. u. P. Jenkins (Hg.), Edinburgh. The Making of a Capital City, Edinburgh 2005, S. 150–167.
Gmach, G., Freizeitaktivitäten und Gemeinnützigkeit, in: Finanz-Rundschau, Jg. 78, 1996, S. 308–313.

Göpel, R.-H., Die deutsche Sportfachpresse 1932, Würzburg 1937.
Golby, J.M., u. A.W. Purdue, The Civilisation of the Crowd. Popular Culture in England 1750–1900, London 1984.
Goldthorpe, J.H. u.a., The Affluent Worker in the Class Structure, Cambridge 1971.
Gorsky, M., The Growth and Distribution of English Friendly Societies in the Early Nineteenth Century, in: Economic History Review, Bd. 51, 1998, S. 489–511.
Gosden, P.H.J.H., The Friendly Societies in England, 1815–1875, Manchester 1961.
Gourvish, T.R. u. R.G. Wilson, The British Brewing Industry, 1830–1980, Cambridge 1994.
Gratton, C. u. P. Taylor, Leisure in Britain, Letchworth 1987.
Grimesthorpe Prize Brass Band, The Career of the Grimesthorpe Prize Brass Band, o.O. u. J. (ca. 1904).
Grover, G.F., Our Cycling Club. A wheeling Ditty, London (um 1893).
Gunn, S., The Public Culture of the Victorian Middle Class. Ritual and Authority and the English Industrial City, 1840–1914, Manchester 2000.
Gurney, P., Co-operative Culture and the Politics of Consumption in England, 1870–1930, Manchester 1996.
Habermas, J., Strukturwandel der Öffentlichkeit. Untersuchungen zu einer Kategorie der bürgerlichen Gesellschaft, Frankfurt/Main 1990 (zuerst 1962).
Hall, D., ›A Pleasant Change from Politics‹. Music and the British Labour Movement between the Wars, Cheltenham 2001.
Hall, P., Sozialkapital in Großbritannien, in: Putnam, R.D. (Hg.), Gesellschaft und Gemeinsinn. Sozialkapital im internationalen Vergleich, Gütersloh 2001, S. 45–113.
Hall, S., Notes on Deconstructing ›The Popular‹, in: Samuel, R. (Hg.), People's History and Socialist Theory, London 1981, S. 227–240.
Handbuch der Zentralkommission für Sport und Körperpflege, Berlin o.J. (1927).
Hardtwig, W., Art. ›Verein. Gesellschaft, Geheimgesellschaft, Assoziation, Genossenschaft, Gewerkschaft‹, in: Geschichtliche Grundbegriffe, Bd. 6, Stuttgart 1990, S. 789–829.
–, Strukturmerkmale und Entwicklungstendenzen des Vereinswesens in Deutschland 1789–1848, in: Dann, O. (Hg.), Vereinswesen und bürgerliche Gesellschaft in Deutschland, München 1984, S. 11–50.
Harrison, B.H., Drink and the Victorians. The Temperance Question in England, 1815–1872, Keele 1994².
–, For Church, Queen and Family. The Girls' Friendly Society 1874–1920, in: Past and Present, Nr. 61, 1973, S. 107–138.
Hartmann, W., Der historische Festzug. Seine Entstehung und Entwicklung im 19. und 20. Jahrhundert, München 1976.
Hartmann-Tews, I., Sport für Alle!?, Strukturwandel europäischer Sportsysteme im Vergleich: Bundesrepublik Deutschland, Frankreich, Großbritannien, Schorndorf 1996.
Harvey, A., The Beginnings of a Commercial Sporting Culture in Britain, 1793–1850, Aldershot 2004.
Hauck, G. u. J.-L. Malvache, Diese Sumpfblüten der Turnerei – Zum Verhältnis von Arbeitersportbewegung und wilden Vereinen im Ruhrgebiet, in: Pfister, G. (Red.), Alltags- und regionalhistorische Studien zum Turnen und Sport. Referate zur Früh-

jahrstagung der dvs-Sektion Sportgeschichte vom 22. bis 25. März 1988 in Freiburg, Clausthal-Zellerfeld 1989, S. 50–79.
Haupt, H.-G. u. J. Kocka, Historischer Vergleich: Methoden, Aufgaben, Probleme. Eine Einleitung, in: Dies. (Hg.), Geschichte und Vergleich. Ansätze und Ergebnisse international vergleichender Geschichtsschreibung, Frankfurt/Main 1996, S. 9–45.
Havemann, N., Fußball unterm Hakenkreuz. Der DFB zwischen Sport, Politik und Kommerz, Frankfurt/Main 2005.
Heemann, A., Männergesangvereine im 19. und frühen 20. Jahrhundert. Ein Beitrag zur städtischen Musikgeschichte Münsters, Frankfurt/Main 1992.
Heilbronner, O., Der verlassene Stammtisch. Vom Verfall der bürgerlichen Infrastruktur und dem Aufstieg der NSDAP am Beispiel der Region Schwarzwald, in: Geschichte und Gesellschaft, Jg. 19, 1993, S. 178–201.
Hein, D., Soziale Konstituierungsfaktoren des Bürgertums, in: Gall, L. (Hg.), Stadt und Bürgertum im Übergang von der traditionalen zur modernen Gesellschaft, München 1993, S. 151–181.
Heinemann, K., Einführung in die Soziologie des Sports, Schorndorf 2007[5].
–, Staatliche Sportpolitik und Autonomie des Sports, in: Lüschen, G. u. A. Rütten (Hg.), Sportpolitik – sozialwissenschaftliche Analysen, Stuttgart 1996, S. 177–197.
–, u. M. Schubert, Sports Clubs in Germany, in: Heinemann, K. (Hg.), Sports Clubs in Various European Countries, Schorndorf 1999, S. 143–167.
Henning, E., Sport und Gemeinnützigkeit, Stuttgart 2005.
Henry, I.P., The Politics of Leisure Policy, Basingstoke 2001[2].
Herbert, A.P., ›No Fine on Fun‹. The Comical History of the Entertainment Duty, London 1957.
Herbert, T., Nineteenth-Century Bands. The Making of a Movement, in: Ders. (Hg.), Bands. The Brass Band Movement in the 19th and 20th Centuries, Milton Keynes 1991, S. 7–56.
Hettling, M., Bürgerliche Kultur – Bürgerlichkeit als kulturelles System, in: Lundgreen, P. (Hg.), Sozial- und Kulturgeschichte des Bürgertums. Eine Bilanz des Bielefelder Sonderforschungsbereichs (1986–1997), Göttingen 2000, S. 319–339.
–, Politische Bürgerlichkeit. Der Bürger zwischen Individualität und Vergesellschaftung in Deutschland und der Schweiz von 1860 bis 1918, Göttingen 1999.
–, u. P. Nolte (Hg.), Bürgerliche Feste. Symbolische Formen politischen Handelns im 19. Jahrhundert, Göttingen 1993.
Hewitt, M., The Emergence of Stability in the Industrial City. Manchester 1832–67, Aldershot 1996.
Hill, K., Culture and Class in English Public Museums, 1850–1914, Aldershot 2005.
Höher, D., The Composition of Music Hall Audiences 1850–1900, in: Bailey, P. (Hg.), Music Hall. The Business of Pleasure, Milton Keynes 1986, S. 73–92.
Hoffmann, L. u. D. Hoffmann-Ostwald, Deutsches Arbeitertheater 1918–1933. Eine Dokumentation, (Ost-)Berlin 1961.
Hoffmann, S.-L., Geselligkeit und Demokratie. Vereine und zivile Gesellschaft im transnationalen Vergleich 1750–1914, Göttingen 2003.
Hofmann, K. M., Die Evangelische Arbeitervereinsbewegung 1882–1914, Bielefeld 1988.
Hollen Lees, L., Urban Networks, in: Daunton, M. (Hg.), The Cambridge Urban History of Britain. Bd. III, 1840–1950, Cambridge 2000, S. 59–94.

Holt, R., Sport and the British. A Modern History, Oxford 1989.
Horch, H.-D., Geld, Macht und Engagement in freiwilligen Vereinigungen. Grundlagen einer Wirtschaftssoziologie von Non-Profit-Organisationen, Berlin 1992.
–, Strukturbesonderheiten freiwilliger Vereinigungen. Analyse und Untersuchung einer alternativen Form menschlichen Zusammenarbeitens, Frankfurt/Main 1983.
–, Zur Sozioökonomie freiwilliger Vereinigungen, in: Zimmer, A. (Hg.), Vereine heute – zwischen Tradition und Innovation. Ein Beitrag zur Dritten-Sektor-Forschung, Basel 1992, S. 43–74.
Horstmann, T., ›Die Gesellschaft ist ausschließlich dem Vergnügen im engeren Kreise gewidmet‹. Zur Geschichte und Funktion bürgerlicher Geselligkeitsvereine in Dortmund, in: Framke, G. (Hg.), 8 Stunden sind kein Tag. Freizeit und Vergnügen in Dortmund, 1870 bis 1939, o.O. 1992, S. 279–291.
Howkins, A. u. J. Lowerson, Trends in Leisure, 1919–1939, o.O. 1979.
Hoxley, K. (Hg.), A Century of Cycling. Marking the 100th Anniversary of the Leicestershire and Rutland District Association of the Cyclists' Touring Club (1897–1997), Leicester 1997.
Huggins, M. u. J. Williams, Sport and the English, 1918–1939, London 2006.
Hutchison, R. u. A. Feist, Amateur Arts in the UK, London 1991.
Illig, S., Zwischen Körperertüchtigung und nationaler Bewegung. Turnvereine in Bayern 1848–1890, Köln 1998.
Isensee, J., Gemeinwohl und Bürgersinn im Steuerstaat des Grundgesetzes. Gemeinnützigkeit als Bewährungsprobe des Steuerrechts vor der Verfassung, in: Maurer, H. u.a. (Hg.), Das akzeptierte Grundgesetz, München 1990, S. 33–65.
Jansen, P.G., Kleingartenbedarf in Nordrhein-Westfalen. Grundlagen für die Erstellung von kommunalen Kleingartenbedarfsplänen in Nordrhein-Westfalen, hg. v. Institut für Landes- und Stadtentwicklungsforschung des Landes Nordrhein-Westfalen (ILS), Dortmund 1986.
Janssen, I., ›Skater sind keine Vereinsmeier‹. Im Verein und trotzdem cool … (2), in: Olympische Jugend, Jg. 44, 1999, S. 4–7.
Jeran, E., Deutsche Turnerschaft (DT). 1868–1936, in: Fricke, D. u.a. (Hg.), Lexikon zur Parteiengeschichte. Die bürgerlichen und kleinbürgerlichen Parteien und Verbände in Deutschland (1789–1945), Bd. 2, Leipzig 1984, S. 380–390.
Jerome, J.K. u.a., Humours of Cycling. Stories and Pictures, London 1905.
Johnson, P., Conspicuous Consumption and Working-class Culture in Late Victorian and Edwardian Britain, in: Transactions of the Royal Historical Society, Bd. 37, 1987, S. 27–42.
–, Saving and Spending. The Working Class Economy in Britain 1870–1939, Oxford 1985.
Jones, H., Employers' Welfare Schemes and Industrial Relations in Inter-war Britain, in: Business History, Bd. 25, 1983, S. 61–75.
Jones, Stephen G., Sport, Politics and the Working Class. Organised Labour and Sport in Inter-war Britain, Manchester 1988.
–, State Intervention in Sport and Leisure in Britain between the Wars, in: Journal of Contemporary History, Bd. 22, 1987, S. 163–182.
–, Workers at Play. A Social and Economic History of Leisure, 1918–1939, London 1986.

Jones, Steve, Cotton Employers and Industrial Welfare Between the Wars, in: Jowitt, J.A. u. A.J. McIvor (Hg.), Employers and Labour in the English Textile Industries, 1850–1939, London 1988, S. 64–83.
Joyce, P., Work, Society and Politics. The Culture of the Factory in Later Victorian England, Aldershot 1991².
Jubiläums-Schrift des Westdeutschen Spielverbandes e.V. 1899–1924, hg. im Selbstverlage des Westdeutschen Spielverbandes, Elberfeld o.J.
Jütting, D. u.a., Vereine als sozialer Reichtum. Empirische Studien zu lokalen freiwilligen Vereinigungen, Münster 2003.
Kaschuba, W., 1900: Kaiserreich, Arbeiterkultur und die Moderne, in: Kocka, J. u.a. (Hg.), Von der Arbeiterbewegung zum modernen Sozialstaat, München 1994, S. 71–92.
Katsch, G. u. J.B. Walz, Deutschlands Kleingärtner im Dritten Reich, Leipzig 2002.
–, Das Kleingartenwesen in den westlichen Besatzungszonen und in der Bundesrepublik Deutschland, Leipzig 2000.
Kaufmann, H. (Hg.), Festschrift zum 25jährigen Bestehen des Zentralverbandes deutscher Konsumvereine 1903–1928, Hamburg 1928.
Kaupert, J., Geschichte des Essener Turnvereins, 1859–1890, in: Festbuch für das 1890 in Essen stattfindende 5. Kreisturnfest des 8. deutschen Turnkreises (1890), S. 66–78.
Kift, D., Arbeiterkultur im gesellschaftlichen Konflikt. Die englische Music Hall im 19. Jahrhundert, Essen 1991.
–, Arbeiterkulturforschung und Arbeiterkultur im Ruhrgebiet, in: Dies. (Hg.), Kirmes – Kneipe – Kino. Arbeiterkultur im Ruhrgebiet zwischen Kommerz und Kontrolle (1850–1914), Paderborn 1992, S. 1–32.
–, Zwischen Werksgemeinschaften, Arbeiterkulturen und jugendlicher Autonomie, in: Westfälische Forschungen, Bd. 47, 1995, S. 239–263.
King, R., The Sociability of the Trade Guilds of Newcastle and Durham, 1660–1750. The Urban Renaissance Revisited, in: Berry, H. u. J. Gregory (Hg.), Creating and Consuming Culture in North-East England, 1660–1830, Aldershot 2004.
Kirchner, R., Fair Play. Sport, Spiel und Geist in England, Frankfurt/Main 1927.
Klenke, D., Nationale oder proletarische Solidargemeinschaft? Geschichte der deutschen Arbeitersänger, Heidelberg 1995.
–, Der singende ›deutsche Mann‹. Gesangvereine und deutsches Nationalbewußtsein von Napoleon bis Hitler, Münster 1998.
–, Zwischen nationalkriegerischem Gemeinschaftsideal und bürgerlich-ziviler Modernität. Zum Vereinsnationalismus der Sänger, Schützen und Turner im Deutschen Kaiserreich, in: Geschichte in Wissenschaft und Unterricht, Jg. 45, 1994, S. 207–223.
–, u. F. Walter, Der Deutsche Arbeiter-Sängerbund, in: Dies. u.a., Arbeitersänger und Volksbühnen in der Weimarer Republik, Bonn 1992, S. 15–248.
Kleßmann, C., Polnische Bergarbeiter im Ruhrgebiet 1870–1945. Soziale Integration und nationale Subkultur einer Minderheit in der deutschen Industriegesellschaft, Göttingen 1978.
Kocka, J., Bürgertum und Sonderweg, in: Lundgreen, P. (Hg.), Sozial- und Kulturgeschichte des Bürgertums. Eine Bilanz des Bielefelder Sonderforschungsbereichs (1986–1997), Göttingen 2000, S. 93–110.

–, Das europäische Muster und der deutsche Fall, in: Ders. (Hg.), Bürgertum im 19. Jahrhundert. Deutschland im europäischen Vergleich. Bd. 1. Einheit und Vielfalt Europas, Göttingen 1995, S. 9–75.
–, Die Trennung von bürgerlicher und proletarischer Demokratie im europäischen Vergleich. Fragestellungen und Ergebnisse, in: Ders. (Hg.), Europäische Arbeiterbewegungen im 19. Jahrhundert. Deutschland, Österreich, England und Frankreich im Vergleich, Göttingen 1983, S. 5–20.
–, Zivilgesellschaft in historischer Perspektive, in: Forschungsjournal NSB, Jg. 16, H. 2, 2003, S. 29–37.
König, W., Volkswagen, Volksempfänger, Volksgemeinschaft. ›Volksprodukte‹ im Dritten Reich. Vom Scheitern einer nationalsozialistischen Konsumgesellschaft, Paderborn 2004.
Kösters, C., Katholische Verbände und moderne Gesellschaft. Organisationsgeschichte und Vereinskultur im Bistum Münster 1918–1945, Paderborn 1996.
Kötzschke, R., Geschichte des deutschen Männergesanges, hauptsächlich des Vereinswesens, Dresden 1926.
Koshar, R., Social Life, Local Politics, and Nazism. Marburg, 1880–1935, Chapel Hill 1986.
Kosok, E., Arbeiterfreizeit und Vereinswesen, in: Zumdick, U., Hüttenarbeiter im Ruhrgebiet. Die Belegschaft der Phoenix-Hütte in Duisburg-Laar 1853–1914, Stuttgart 1990, S. 357–478.
–, Arbeiterfreizeit und Arbeiterkultur im Ruhrgebiet. Eine Untersuchung ihrer Erscheinungsformen und Wandlungsprozesse. 1850–1914, Bochum 1989 (MF).
–, Die Reglementierung des Vergnügens. Konzessionspraxis und Tanzbeschränkungen im Ruhrgebiet (1879–1914), in: Kift, D., (Hg.): Kirmes – Kneipe – Kino. Arbeiterkultur im Ruhrgebiet zwischen Kommerz und Kontrolle (1850–1914), Paderborn 1992, S. 60–82.
Kowalski Wallace, E., The Needs of Strangers. Friendly Societies and Insurance Societies in Late Eighteenth-Century England, in: Eighteenth-Century Life, Bd. 24, 2000, S. 53–72.
Kreisausschuß Bergstraße (Hg.), Vereine und Vereinsförderung im Kreis Bergstraße. Organisation, Richtlinien, Fachverbände, Vereine, o.O. 1990[3].
Kröll, F., Vereine in der Lebensweise der Arbeiterklasse. Ein Literaturbericht zur Vereinsforschung in der Bundesrepublik, in: Marxistische Studien, Jg. 3, 1980, S. 172–190.
Krüger, M., Körperkultur und Nationsbildung. Die Geschichte des Turnens in der Reichsgründungsära – eine Detailstudie über die Deutschen, Schorndorf 1996.
Langewiesche, D., Nation, Nationalismus, Nationalstaat in Deutschland und Europa, München 2000.
Langford, P., A Polite and Commercial People. England, 1727–1783, Oxford 1989.
Laufer, U., Besitz und Bildung. Bürgerliches Vereinsleben an der Wiege der Ruhrindustrie, in: Essener Beiträge, Bd. 119, 2006, S. 37–102.
Laybourn, K., The General Strike Day by Day, Stroud 1996.
Lenger, F., Zwischen Kleinbürgertum und Proletariat. Studien zur Sozialgeschichte der Düsseldorfer Handwerker, 1816–1878, Göttingen 1986.

Lenz, B., Vereint im Verein? Städtische Freizeitkultur und die Integration von polnischen und masurischen Zuwanderern im Ruhrgebiet zwischen 1900 und 1939, in: Archiv für Sozialgeschichte, Bd. 46, 2006, S. 183–203.
Lewis, B., The Middlemost and the Milltowns. Bourgeois Culture and Politics in Early Industrial England, Stanford 2001.
Lidtke, V.L., The Alternative Culture. Socialist Labor in Imperial Germany, New York 1985.
–, Burghers, Workers and Problems of Class Relationships 1870 to 1914. Germany in Comparative Perspective, in: Kocka, J. (Hg.), Arbeiter und Bürger im 19. Jahrhundert. Varianten ihres Verhältnisses im europäischen Vergleich, München 1986, S. 29–46.
Lilje, P., Der Verband der Deutschen Volksbühnenvereine, in: Klenke, D. u.a., Arbeitersänger und Volksbühnen in der Weimarer Republik, Bonn 1992, S. 249–335.
Lipp, C., Verein als politisches Handlungsmuster. Das Beispiel des württembergischen Vereinswesens von 1800 bis zur Revolution 1848–1849, in: Francois, É. (Hg.), Sociabilité et société bourgeoise en France, en Allemagne et en Suisse, 1750–1850. Geselligkeit, Vereinswesen und bürgerliche Gesellschaft in Frankreich, Deutschland und der Schweiz, 1750–1850, Paris 1986, S. 275–296.
London School of Economics and Political Science (Hg.), The New Survey of London Life and Labour, Vol. IX. Life and Leisure, London 1935.
Lowerson, J., Amateur Operatics. A Social and Cultural History, Manchester 2005.
–, Brothers of the Angle. Coarse Fishing and English Working-class Culture, 1850–1914, in: Mangan, J.A. (Hg.), Pleasure, Profit, Proselytism. British Culture and Sport at Home and Abroad, London 1988, S. 105–127.
–, Golf, in: Mason, T. (Hg.), Sport in Britain. A Social History, Cambridge 1989, S. 187–214.
–, An Outbreak of Allodoxia? Operatic Amateurs and Middle-Class Musical Taste between the Wars, in: Kidd, A. u. D. Nicholls (Hg.), Gender, Civic Culture and Consumerism. Middle-class Identity in Britain, 1800–1940, Manchester 1999, S. 198–212.
–, Sport and the English Middle Classes, 1870–1914, Manchester 1993.
Luh, A., Betriebssport zwischen Arbeitgeberinteressen und Arbeitnehmerbedürfnissen. Eine historische Analyse vom Kaiserreich bis zur Gegenwart, Aachen 1998.
Maase, K., Grenzenloses Vergnügen. Der Aufstieg der Massenkultur 1850–1970, Frankfurt/Main, 2001[3].
Mandle, W.F., W.G. Grace as a Victorian Hero, in: Historical Studies (Melbourne), Bd. 19, 1980/81, S. 353–368.
Mason, T., Association Football and English Society, 1863–1915, Brighton 1979.
–, Sport and Recreation, in: Johnson, P.A. (Hg.), Twentieth-Century Britain. Economic, Social and Cultural Change, London 1994, S. 111–126.
–, Sport in Britain, London 1988.
Mass Observation, The Pub and the People. A Worktown Study, London 1987 (zuerst 1943).
Matthäi, I., ›Grüne Inseln‹ in der Großstadt. Eine kultursoziologische Studie über das organisierte Kleingartenwesen in Westberlin, Marburg 1989.
Matthews, J.J., They Had such a Lot of Fun. The Women's League of Health and Beauty between the Wars, in: History Workshop, Nr. 30, 1990, S. 22–54.

Matthiesen, H., Greifswald in Vorpommern. Konservatives Milieu im Kaiserreich, in Demokratie und Diktatur 1900–1990, Düsseldorf 2000.
McKibbin, R., Class and Conventional Wisdom. The Conservative Party and the ›Public‹ in Inter-war Britain, in: Ders., Ideologies of Class. Social Relations in Britain 1880–1950, Oxford 1990, S. 259–294.
–, Class and Poverty in Edwardian England (1978), in: Ders., Ideologies of Class. Social Relations in Britain 1880–1950, Oxford 1990, S. 167–196.
–, Classes and Cultures. England 1918–1951, Oxford 1998.
–, Why was there no Marxism in Great Britain? (1984), in: Ders., Ideologies of Class. Social Relations in Britain 1880–1950, Oxford 1990, S. 1–41.
–, Working-class Gambling in Britain, 1880–1939 (1975), in: Ders., Ideologies of Class. Social Relations in Britain 1880–1950, Oxford 1990, S. 101–138.
McLeod, H., Religion and Society in England, 1850–1914, Basingstoke 1996.
Meller, H., Housing and Town Planning, 1900–1939, in: Wrigley, C. (Hg.), A Companion to Early Twentieth-Century Britain, Malden 2003, S. 388–404.
–, Leisure and the Changing City, London 1976.
Michaelis, H.-T., Unter schwarz-rot-goldenem Banner und dem Signum des Doppeladlers. Gescheiterte Volksbewaffnungs- und Vereinigungsbestrebungen in der deutschen Nationalbewegung und im Deutschen Schützenbund 1859–1869. Elemente einer deutschen Tragödie, Frankfurt/Main 1993.
Mock, S., Reformbedarf im Gemeinnützigkeits- und Spendenrecht vor dem Hintergrund der Besteuerung gemeinwohlorientierter Organisationen und bürgerschaftlichen Engagements in Großbritannien und Frankreich, Berlin 2005.
Morris, R.J., Cities and Civil Society, in: Fahrmeir, A. u. E. Rembold (Hg.), Representation of British Cities. The Transformation of Urban Space 1700–2000, Berlin 2003, S. 49–72.
–, Class, Sect and Party. The Making of the British Middle Class, Leeds 1820–1850, Manchester 1990.
–, Clubs, Societies and Associations, in: Thompson, F.M.L. (Hg.), The Cambridge Social History of Britain 1750–1950. Vol. 3: Social Agencies and Institutions, Cambridge 1990, S. 395–443.
–, Urban Associations in England and Scotland, 1750–1914. The Formation of the Middle Class or the Formation of a Civil Society?, in: Morton, G. u.a. (Hg.), Civil Society, Associations and Urban Places. Class, Nation and Culture in Nineteenth-Century Europe, Aldershot 2006, S. 139–157.
–, Voluntary Societies and British Urban Elites, 1780–1950: An Analysis, in: The Historical Journal, Bd. 26, 1983, S. 95–118.
Mühl, G., Das Verhältnis der Arbeiter-Sänger zum bürgerlichen Gesangvereinswesen bis 1933, in: Noltenius, R. (Hg.), Illustrierte Geschichte der Arbeiterchöre, Essen 1992, S. 65–71.
Nagel, H.-G., Die Zeittafel. Zur Geschichte des organisierten Deutschen Amateurtheaters. Nach Beständen deutscher Bibliotheken und Archive, o.O. 1998.
Nicholas, S., The Construction of a National Identity. Stanley Baldwin, ›Englishness‹ and the Mass Media in Inter-war Britain, in: Francis, M. u. I. Zweiniger-Bargielowska (Hg.), The Conservatives and British Society, 1880–1990, Cardiff 1996.

Nielsen, S., Sport und Großstadt 1870 bis 1930. Komparative Studien zur Entstehung bürgerlicher Freizeitkultur, Frankfurt/Main 2002.
Ninomiya, H., Sociability in History, in: Smelser, N. u. P. Baltes (Hg.), International Encyclopedia of the Social and Behavioral Sciences, Bd. 21, Amsterdam 2001, S. 14208–14212.
Nipperdey, T., Verein als soziale Struktur im späten 18. und frühen 19. Jahrhundert, in: Ders., Gesellschaft, Kultur, Theorie. Gesammelte Aufsätze zur neueren Geschichte, Göttingen 1976, S. 174–205.
Nott, J.J., Music for the People. Popular Music and Dance in Interwar Britain, Oxford 2002.
Offe, C. u. S. Fuchs, Schwund des Sozialkapitals? Der Fall Deutschland, in: Putnam, R.D. (Hg.), Gesellschaft und Gemeinsinn. Sozialkapital im internationalen Vergleich, Gütersloh 2001, S. 417–511.
Offermann, T., Arbeiterbewegung und liberales Bürgertum in Deutschland. 1850–1864, Bonn 1979.
Olechnowicz, A., Working-class Housing in England between the Wars. The Becontree Estate, Oxford 1997.
Organisationsfragen des Chorgesangwesens. Vorträge des 1. Kongresses für Chorgesangwesen in Essen, hg. v. d. Interessengemeinschaft für das deutsche Chorgesangwesen und vom Zentralinstitut für Erziehung und Unterricht in Berlin, Leipzig 1929.
Orwell, G., The Road to Wigan Pier (1937), London 2001.
Pätzold, K. u. P. Rüssig, Sturm-Abteilung der Nationalsozialistischen Deutschen Arbeiterpartei (SA). 1920/21–1945, in: Fricke, D. u.a. (Hg.), Lexikon zur Parteiengeschichte. Die bürgerlichen und kleinbürgerlichen Parteien und Verbände in Deutschland (1789–1945), Bd. 4, Köln 1986, S. 159–170.
Parratt, C.M., Little Means or Time: Working-class Women and Leisure in Late Victorian and Edwardian England, in: International Journal of the History of Sport, Bd. 15, Nr. 2, 1998, S. 22–53.
Peacock, M., ›Space I can call my own‹. Private Social Clubs in London, in: International Journal of Contemporary Hospitality Management, Bd. 12, Nr. 4, 2000.
Peiffer, L., ›Auf zur Gefolgschaft und zur Tat!‹. Deutsche Turnerschaft und Nationalsozialismus – zwischen Selbstgleichschaltung und Selbstbehauptung?, in: Internationale Wissenschaftliche Korrespondenz zur Geschichte der deutschen Arbeiterbewegung, Jg. 35, 1999, S. 530–548.
–, ›…unser Verein ist judenfrei‹ – Die Rolle der deutschen Turn- und Sportbewegung in dem politischen und gesellschaftlichen Wandlungsprozess nach dem 30. Januar 1933: Historical Social Research, Bd. 32, Nr. 1, 2007, S. 92–107.
Pellengahr, A. u. H. Gerndt, Vereinswesen als Integrationsfaktor. Eine Fallstudie zur Eingliederung der Vertriebenen und Flüchtlinge in Bayern nach 1945, München 2005.
Peukert, D., Die Weimarer Republik. Krisenjahre der klassischen Moderne, Frankfurt/Main 1987.
Pflaum, R., Die Vereine als Produkt und Gegengewicht sozialer Differenzierung, in: Wurzbacher, G., Das Dorf im Spannungsfeld industrieller Entwicklung. Untersuchung an den 45 Dörfern und Weilern einer westdeutschen ländlichen Gemeinde, Stuttgart 1954, S. 151–182.

Philips, D., ›Good Men to Associate and Bad Men to Conspire‹. Associations for the Prosecution of Felons in England 1770–1860, in: Hay, D. u. F. Snyder (Hg.), Policing and Prosecution in Britain 1750–1850, Oxford 1989, S. 113–170.
Pieper, H., Die Umwelt – eine Herausforderung für den Sport, in: Deutscher Sportbund (Hg.), Der Sport – ein Kulturgut unserer Zeit. 50 Jahre Deutscher Sportbund, Frankfurt/Main 2000, S. 91–94.
Pimlott, J.A.R., The Englishman's Holiday. A Social History, London 1949.
Porter, R., English Society in the Eighteenth Century, London 1982.
Price, R.N., The Working Men's Club Movement and Victorian Social Reform Ideology, in: Victorian Studies, Bd. 15, 1971/72, S. 117–147.
Prieberg, F.K., Musik im NS-Staat, Frankfurt/Main 1982.
Prinz, M., Brot und Dividende. Konsumvereine in Deutschland und England vor 1914, Göttingen 1996.
Proctor, T.M., (Uni)Forming Youth: Girl Guides and Boy Scouts in Britain, 1908–1939, in: History Workshop Journal, Nr. 45, 1998, S. 103–134.
Pugh, M., Popular Conservatism in Britain: Continuity and Change, 1880–1987, in: Journal of British Studies, Bd. 27, 1988, S. 254–282.
–, The Tories and the People, 1880–1935, Oxford 1985.
Ravetz, A., Council Housing and Culture. The History of a Social Experiment, London 2001.
Rees, G.T., The Rowing Club Directory of Great Britain. Giving Club Colours, London 1898.
Reichardt, S., Selbstorganisation und Zivilgesellschaft. Soziale Assoziationen und politische Mobilisierung in der deutschen und italienischen Zwischenkriegszeit, in: Jessen, R. u.a. (Hg.), Zivilgesellschaft als Geschichte. Studien zum 19. und 20. Jahrhundert, Wiesbaden 2004, S. 219–238.
Reid, A.J., Social Classes and Social Relations in Britain 1850–1914, Cambridge 1992.
Reif, H., Die verspätete Stadt. Industrialisierung, städtischer Raum und Politik in Oberhausen 1846–1929, Köln 1993.
Requate, J., Journalismus als Beruf. Entstehung und Entwicklung des Journalistenberufs im 19. Jahrhundert. Deutschland im internationalen Vergleich, Göttingen 1995.
Reulecke, J., ›Veredelung und Volkserholung‹ und ›edle Geselligkeit‹. Sozialreformerische Bestrebungen zur Gestaltung der arbeitsfreien Zeit im Kaiserreich, in: Hauck, G. (Hg.), Sozialgeschichte der Freizeit. Untersuchungen zum Wandel der Alltagskultur in Deutschland, Wuppertal 1980, S. 141–160.
–, Die Vereinsbewegung für das Wohl der arbeitenden Klassen, in: Dascher O. u. E. Kleinertz (Hg.), Petitionen und Barrikaden. Rheinische Revolutionen 1848/49, Münster 1998, S. 54–57.
Rink, D., Politisches Lager und ständische Vergesellschaftung. Überlegungen zum Milieukonzept von M. Rainer Lepsius und dessen Rezeption in der deutschen Geschichtsschreibung, in: Adam T. u. W. Bramke (Hg.), Milieukonzept und empirische Forschung, Leipzig 1999, S. 16–29.
Ritter, G.A. u. K. Tenfelde, Arbeiter im Deutschen Kaiserreich 1871 bis 1914, Bonn 1992.
Roberts, K., The Leisure Industries, New York 2004.

Roberts, M.J.D., Making English Morals. Voluntary Association and Moral Reform in England, 1787–1886, Cambridge 2004.
Rogers, N., The Middling Orders, in: Dickinson, H.T. (Hg.), A Companion to Eighteenth-Century Britain, Malden 2002, S. 172–182.
Rohe, K., Politische Kultur und ihre Analyse. Probleme und Perspektiven der Politischen Kulturforschung, in: Historische Zeitschrift, Bd. 250, 1990, S. 321–346.
Rohkrämer, T., Der Militarismus der ›kleinen Leute‹. Die Kriegervereine im Deutschen Kaiserreich 1871–1914, München 1990.
Ross, C., Entertainment, Technology and Tradition. The Rise of Recorded Music from the Empire to the Third Reich, in: Führer, K.C. u. C. Ross (Hg.), Mass Media, Culture and Society in Twentieth-Century Germany, Basingstoke 2006, S. 25–43.
Rotary International, Directory of Rotary Clubs in Europe, Asia Minor and North Africa, o.O. 1933.
Rüden, P.v., Sozialdemokratisches Arbeitertheater (1848–1914). Ein Beitrag zur Geschichte des politischen Theaters, Frankfurt/Main 1973.
Russell, D., Popular Music in England, 1840–1914. A Social History, Manchester 1987.
–, ›What's Wrong with Brass Bands?‹ Cultural Change and the Band Movement, 1918–c.1964, in: Herbert, T. (Hg.), Bands. The Brass Band Movement in the 19th and 20th Centuries, Milton Keynes 1991, S. 57–101.
Sander, H., Musikverlag, Musikalienhandel und Wirtschaftsbelebung, in: Kultur – Wirtschaft – Recht und die Zukunft des deutschen Musiklebens. Vorträge und Reden vor der Ersten Arbeitstagung der Reichsmusikkammer, hg. v. Presseamt der Reichsmusikkammer, Berlin 1934, S. 91–104.
Satzungen des Turn-Vereins zu Essen, gestiftet im Okt. 1859, Essen 1860.
Schäder, C., Münchner Brauindustrie 1871–1945. Die wirtschaftsgeschichtliche Entwicklung eines Industriezweiges, Marburg 1999.
Schäfer, M., Staatliches Vorgehen gegen Arbeiterbewegungen und -organisationen im westlichen Ruhrgebiet zwischen Revolution und Sozialistengesetz (1850–1878), Trier 2006.
Schambach, K., Stadtbürgertum und industrieller Umbruch. Dortmund 1780–1870, München 1996.
Schimank, U., Der Vereinssport in der Organisationsgesellschaft: organisationssoziologische Perspektiven auf ein spannungsreiches Verhältnis (Vortrag auf der Jahrestagung der Sektion Sportsoziologie der Deutschen Vereinigung für Sportwissenschaften zum Thema ›Organisationsentwicklungen und De-Institutionalisierungsprozesse im Sport‹, 27.-29.6.2002, Oldenburg), http://www.fernuni-hagen.de/SOZ/weiteres/preprints/OLDENBURG.pdf.
Schloer, Fr., Jahresbericht des Kreisvertreters für den Kreisturntag in Essen, 5. Juli 1890, in: Festbuch für das 1890 in Essen stattfindende 5. Kreisturnfest des 8. deutschen Turnkreises, Essen 1890, S. 57–63.
Schmidt, J., Begrenzte Spielräume. Eine Beziehungsgeschichte von Arbeiterschaft und Bürgertum am Beispiel Erfurts 1870 bis 1914, Göttingen 2005.
Schmitt, H., Das Vereinsleben der Stadt Weinheim an der Bergstraße. Volkskundliche Untersuchung zum kulturellen Leben einer Mittelstadt, Weinheim 1963.
Schneider, M., Kleine Geschichte der Gewerkschaften. Ihre Entwicklung in Deutschland von den Anfängen bis heute, Bonn 2000.

Schrepper, G. u. U. Wick, ›... immer wieder RWE!‹. Die Geschichte von Rot-Weiß Essen, Göttingen 2004.
Schroeder, F., Geschichte des Kreises VIIIb. Rückblick vom Jahre 1909 an, in: Festbuch für das 7. rhein. Kreisturnfest in Essen (Ruhr), 28. bis 31. Juli 1922, hg. v. Presse-Ausschuß, Essen 1922, S. 45–70.
Schulze, A., Vereine in Stadthagen 1945–1970. Sozialkultur und stadtbürgerliches Engagement, Bielefeld 2004.
Schwank, W., Die Turn- und Sportbewegung innerhalb der katholischen Kirche Deutschlands im 19. und 20. Jahrhundert unter besonderer Berücksichtigung der Gesellen- und Jugendvereine, Fribourg 1977.
Schwartz, M., Schützenvereine im ›Dritten Reich‹. Etappen der Gleichschaltung traditionaler Vereinskultur am Beispiel des ländlich-katholischen Schützenvereinswesens Westfalens 1933–1939, in: Archiv für Kulturgeschichte, Bd. 79, 1997, S. 439–484.
Seebohm Rowntree, B., Poverty. A Study of Town Life, London 1902[2].
–, Poverty and Progress. A Second Social Survey of York (1941), London 1946.
Selbig, S., Förderung und Finanzkontrolle gemeinnütziger Organisationen in Großbritannien und Deutschland. Rechtsformen, steuerliche Förderung und Finanzkontrolle, Tübingen 2006.
Sheffield and District Lawn Tennis Association, The First Hundred Years, o.O. 1989.
Sheffield Telegraph and Star, 1855–1925. A Record of Seventy Years, o.O.u.J.
Siegrist, H., Perspektiven der vergleichenden Geschichtswissenschaft. Gesellschaft, Kultur und Raum, in: Kaelble, H. u. J. Schriewer (Hg.), Vergleich und Transfer. Komparatistik in den Sozial-, Geschichts- und Kulturwissenschaften, Frankfurt/Main 2003, S. 305–339.
Simmel, G., Soziologie der Geselligkeit (1910), in: Ders., Gesamtausgabe, Bd. 12, hg. v. Rammstedt, O., Frankfurt/Main 2001, S. 177–193.
–, Soziologie der Konkurrenz (1903), in: Ders., Gesamtausgabe, Bd. 7, hg. v. Rammstedt, O., Frankfurt/Main 1995, S. 221–246.
Simmons, J., The Victorian Railway, London 1995.
Simon, T., Die Werbung der Brauereien, Nürnberg-Zirndorf 1931.
Singleton, J., Labour, the Conservatives and Nationalisation, in: Millward, R. u. J. Singleton (Hg.), The Political Economy of Nationalisation in Britain 1920–1950, Cambridge 1995, S. 13–33.
Smith, A., Cars, Cricket, and Alf Smith. The Place of Works-based Sports and Social Clubs in the Life of Mid-Twentieth-Century Coventry, in: International Journal of the History of Sport, Bd. 19/1, 2002, S. 137–150.
Sobania, M., Vereinsleben. Regeln und Formen bürgerlicher Assoziationen im 19. Jahrhundert, in: Hein, D. u. A. Schulz (Hg.), Bürgerkultur im 19. Jahrhundert. Bildung, Kunst und Lebenswelt, München 1996, S. 170–190.
Soltmann, O., Sport und Steuer. Die steuerliche Befreiung der Vereine und Organisationen auf dem Gebiete der Leibesübungen unter dem Gesichtspunkt der Gemeinnützigkeit, Rostock 1940.
Spiker, J., Film und Kapital. Der Weg der deutschen Filmwirtschaft zum nationalsozialistischen Einheitskonzern, Berlin 1975.
Stacey, M., Tradition and Change. A Study of Banbury, Oxford 1960.

Stambolis, B., Nation und Konfession im Spannungsfeld. Aspekte historischer Vereinsforschung am Beispiel des Schützenwesens, in: Historisches Jahrbuch der Görresgesellschaft, Jg. 120, 2000, S. 199–226.
Statistik des Landkreises Bochum 1865–1875, zusammengestellt im Bureau des Landrathsamtes des Landkreises Bochum, Bochum 1878.
Statistik des Landkreises Essen für die Jahre 1875–1880, nebst einigen Notizen aus den Jahren 1881–1883, zusammengestellt im Bureau des Königl. Landrahts-Amtes des Landkreises Essen, Essen 1883.
Stedman Jones, G., Working-class Culture and Working-class Politics in London, 1870–1900. Notes on the Remaking of a Working Class, in: Journal of Social History, Bd. 7, 1973/74, S. 460–508.
Stein, H., Inseln im Häusermeer. Eine Kulturgeschichte des deutschen Kleingartenwesens bis zum Ende des Zweiten Weltkriegs. Reichsweite Tendenzen und Groß-Hamburger Entwicklung, Frankfurt/Main 2000[2].
Street, R.T.C., Victorian High-Wheelers. The Early Social Life of the Bicycle where Dorset meets Hampshire, Sherborne 1979.
Stützel-Prüsener, M., Die deutschen Lesegesellschaften im Zeitalter der Aufklärung, in: Dann, O. (Hg.), Lesegesellschaften und bürgerliche Emanzipation. Ein europäischer Vergleich, München 1981, S. 71–86.
Suppan, W., Amateurmusik im Fernsehen?, in: Musik und Bildung, Jg. 7 (1975), S. 178–180.
Taylor, G., History of the Amateur Theatre, Melksham 1976.
Taylor, J., From Self-Help to Glamour. The Working Man's Club, 1860–1972, Oxford 1972.
Tenfelde, K., Die Entfaltung des Vereinswesens während der Industriellen Revolution in Deutschland (1850–1873), in: Dann, O. (Hg.), Vereinswesen und bürgerliche Gesellschaft in Deutschland, München 1984, S. 55–114.
–, Klassenspezifische Konsummuster im Deutschen Kaiserreich, in: Siegrist, H. u.a. (Hg.), Europäische Konsumgeschichte. Zur Gesellschafts- und Kulturgeschichte des Konsums (18. bis 20. Jahrhundert), Frankfurt/Main 1997, S. 245–266.
–, Sozialgeschichte der Bergarbeiterschaft an der Ruhr im 19. Jahrhundert, Bonn 1977.
–, Vereinskultur im Ruhrgebiet. Aspekte klassenspezifischer Sozialisation, in: Heid, L. u. J.H. Schoeps (Hg.), Arbeit und Alltag im Revier. Arbeiterbewegung und Arbeiterkultur im westlichen Ruhrgebiet im Kaiserreich und in der Weimarer Republik, Duisburg 1985, S. 22–33.
Tipke, K., Die deklassierte Gemeinnützigkeit. Geistig und sittlich auf den Hund gekommen, in: Steuer und Wirtschaft, Bd. 66, 1989, S. 165–169.
Tomlinson, A., Leisure and the Role of Clubs and Voluntary Groups, o.O. 1979.
Traber, H., Stimmen der Großstadt. Chöre zwischen Kunst, Geselligkeit und Politik, Berlin 2001.
Trainor, R., The Middle Class, in: Daunton, M. (Hg.), The Cambridge Urban History of Britain, Bd. III, 1840–1950, Cambridge 2000, S. 673–713.
Tranter, N., Sport, Economy, and Society in Britain, 1750–1914, Cambridge 1998.
Tremlett, G., Clubmen. History of the Working Men's Club and Institute Union, London 1987.

Trentmann, F., Consumption, in: Merriman, J. u. J. Winter (Hg.), Europe since 1914. Encyclopedia of the Age of War and Reconstruction, Bd. 2, Detroit 2006, S. 704–717.
Turnerbund Frintrop 03, 1903 bis 1963. Festschrift aus Anlaß des 60jährigen Jubiläums vom 21. bis 28. September, Essen-Altenessen 1963.
Twells, A., ›A Christian and Civilised Land‹: The British Middle Class and the Civilising Mission, 1820–42, in: Kidd, A. u. D. Nicholls (Hg.), Gender, Civic Culture and Consumerism. Middle-class Identity in Britain, 1800–1940, Manchester 1999, S. 47–64.
Ueberhorst, H., Frisch, frei, stark und treu. Die Arbeitersportbewegung in Deutschland 1893–1933, Düsseldorf 1973.
–, Wattenscheid: die Freiheit verloren?, Düsseldorf 1985.
–, u.a., Arbeitersport- und Arbeiterkulturbewegung im Ruhrgebiet, Opladen 1989.
Ullmann, H.-P., Interessenverbände in Deutschland, Frankfurt/Main 1988.
Verhandlungsniederschrift der VII. Generalversammlung des Deutschen Arbeiter-Sängerbundes am 15., 16., 17. und 18. Juni 1929 im Gewerkschaftshause zu München, Berlin 1929.
Verk, S., Laubenleben. Eine Untersuchung zum Gestaltungs-, Gemeinschafts- und Umweltverhalten von Kleingärtnern, Münster 1994.
Voß, A. u. W. Wachholz, Die unpolitischen Turner, Iserlohn 1988.
Waddington, K., Subscribing to a Democracy? Management and the Voluntary Ideology of the London Hospitals, 1850–1900, in: English Historical Review, Bd. 68, 2003, S. 357–383.
Wahrman, D., Imagining the Middle Class. The Political Representation of Class in Britain, c. 1780–1840, Cambridge 1995.
Walker, H., Lawn Tennis, in: Mason, T. (Hg.), Sport in Britain. A Social History, Cambridge 1989, S. 245–275.
Walter, F., Milieus und Parteien in der deutschen Gesellschaft. Zwischen Persistenz und Erosion, in: Geschichte in Wissenschaft und Unterricht, Jg. 46, 1995, S. 479–493.
–, u. H. Matthiesen, Milieus in der modernen deutschen Gesellschaftsgeschichte. Ergebnisse und Perspektiven der Forschung, in: Schmiechen-Ackermann, D. (Hg.), Anpassung, Verweigerung, Widerstand. Soziale Milieus, Politische Kultur und der Widerstand gegen den Nationalsozialismus in Deutschland im regionalen Vergleich, Berlin 1997, S. 46–75.
Walvin, J., Leisure and Society 1830–1950, London 1978.
Waters, C., British Socialists and the Politics of Popular Culture, 1884–1914, Manchester 1990.
Weber, M., Rede auf dem ersten Deutschen Soziologentage in Frankfurt 1910, in: Ders., Gesammelte Aufsätze zur Soziologie und Sozialpolitik, hg. v. Weber, Marianne, Tübingen 1988^2, S. 431–449.
Wedemeyer, B., Bürgerliche Turnvereine im Dritten Reich. Ein Blick von ›unten‹ anhand ausgewählter regionaler und lokaler Beispiele, in: Sportwissenschaft, Jg. 30, 2000, Nr. 2, S. 180–196.
Weeber, R., Regionalisierung – sozial, in: Akademie für Raumforschung und Landesplanung (Hg.), Die Region ist die Stadt. Forschungs- und Sitzungsberichte der gemeinsamen Jahrestagung 1998, Hannover 1999, S. 41–51.

Wehler, H.-U., Deutsche Gesellschaftsgeschichte. Dritter Band. Von der ›Deutschen Doppelrevolution‹ bis zum Beginn des Ersten Weltkrieges, 1849–1914, München 1995.
Weiß, H., Ideologie der Freizeit im Dritten Reich. Die NS-Gemeinschaft ›Kraft durch Freude‹, in: Archiv für Sozialgeschichte, Bd. 33, 1993, S. 289–303.
Weiß, O., Einführung in die Sportsoziologie, Wien 1999.
Welskopp, T., Das Banner der Brüderlichkeit. Die deutsche Sozialdemokratie vom Vormärz bis zum Sozialistengesetz, Bonn 2000.
Whitehand, J.W.R. u. C.M.H. Carr, England's Interwar Suburban Landscapes: Myth and Reality, in: Journal of Historical Geography, Bd. 25, 1999, S. 483–501.
Wick, U. u.a., Es begann 1842. 150 Jahre Sport in Essen, Essen 1992.
Wilkinson, P., English Youth Movements, 1908–1930, in: Journal of Contemporary History, Bd. 4, Nr. 2, 1969, S. 3–23.
Williams, G., Rugby Football, in: Mason, T. (Hg.), Sport in Britain. A Social History, Cambridge 1989, S. 308–343.
Williams, J., Churches, Sport and Identities in the North, 1900–1939, in: Hill, J. u. J. Williams (Hg.), Sport and Identity in the North of England, Keele 1996, S. 113–136.
–, Cricket and England. A Cultural and Social History of the Inter-war Years, London 1999.
Wilson, G.B., Alcohol and the Nation. A Contribution to the Study of the Liquor Problem in the United Kingdom from 1800 to 1935, London 1940.
Winkler, J. u. R.-R. Karhusen, Verbände im Sport. Eine empirische Analyse des Deutschen Sportbundes und ausgewählter Mitgliedsorganisationen, Schorndorf 1985.
Wirsching, A., Die Weimarer Republik. Politik und Gesellschaft, München 2000.
Wisotzky, K., Die Jahre der Gewalt – Essen 1914 bis 1945, in: Borsdorf, U. (Hg.), Essen. Geschichte einer Stadt, Bottrop 2002, S. 365–467.
Woyke, M., Einfamilienhausidyllen, Shopping-Center, Golfplätze. Grundzüge der interdisziplinären Suburbanisierungsforschung und erfahrungsgeschichtliche Perspektiven, 12.9.2006, http://hsozkult.geschichte.hu-berlin.de/forum/id=776&type=diskussionen.
Wrigley, C., The Co-operative Movement, in: Mitteilungsblatt des Instituts für Soziale Bewegungen, H. 27, 2002, S. 103–116.
Zentralkommission für Arbeitersport und Körperpflege, Die Arbeitersportbewegung im Jahre 1926, Berlin 1927.
–, Geschäftsbericht 1929, Berlin 1930.
Ziemann, B., Sozialmilitarismus und militärische Sozialisation im deutschen Kaiserreich 1870–1914, in: Geschichte in Wissenschaft und Unterricht, Jg. 53, 2002, S. 148–164.
Zimmer, A., Vereine – Basiselement der Demokratie. Eine Analyse aus der Dritte-Sektor-Perspektive, Opladen 1996.
–, Vereine – Zivilgesellschaft konkret, Wiesbaden 2007[2].
–, u. E. Priller, Gemeinnützige Organisationen im gesellschaftlichen Wandel. Ergebnisse der Dritte-Sektor-Forschung, Wiesbaden 2004.
Zimmermann, H.-P., ›Der feste Wall gegen die rote Flut‹. Kriegervereine in Schleswig-Holstein 1864–1914, Neumünster 1989.

Register